화폐이야기

지은이들

김이한 서울대학교 불어교육과를 졸업하고 싱가포르 경영대학교에서 석사 학위를 받았다. 기획재정부 국제금융국 등에서 일했다. 현재 기획재정부 서기관으로 유럽부흥개발은행에 파견 근무 중이다.

김희재 서울대학교 경제학과를 졸업하고 런던정경대학에서 석사 학위를 받았다. 기획재정부 국제금융국 등에서 일했다. 현재 기획재정부 서기관으로 국제금융정책국에서 근무 중이다.

송인창 서울대학교 경제학과를 졸업하고 영국 요크대학교에서 경제학 박사 학위를 받았다. 기획재정부 국제금융국 등에서 국제금융과장, 외환제도과장을 지냈고 유럽부흥개발은행 이사를 역임했다. 현재 기획재정부 고위공무원이다.

양원호 서울대학교 경제학부를 졸업하고 브루넬대학교에서 경제학 박사 학위를 받았다. 기획재정부 예산실 등에서 일했다. 현재 기획재정부 사무관으로 재정관리국에서 근무 중이다.

유창연 연세대학교 경제학과를 졸업하고 런던정경대학에서 석사 학위를 받았다. 기획재정부 국제금융국 등에서 일했다. 현재 기획재정부 서기관으로 인사과에서 근무 중이다.

정여진 서울대학교 경제학부를 졸업하고 런던정경대학에서 석사 학위를 받았다. 기획재정부 국제금융국 등에서 일했다. 현재 기획재정부 사무관으로 정책조정국에서 근무 중이다.

황희정 연세대학교 경제학과를 졸업하고 런던정경대학에서 석사 학위를 받았다. 기획재정부 국제금융국 등에서 일했다. 현재 기획재정부 사무관으로 국제금융협력국에서 근무 중이다.

2013년 8월 20일 초판 1쇄 펴냄
2014년 1월 29일 초판 2쇄 펴냄

지은이 송인창 외 6명
펴낸곳 부키(주)
펴낸이 박윤우
등록일 2012년 9월 27일 등록번호 제312-2012-000045호
주소 120-836 서울 서대문구 신촌로3길 15 산성빌딩 6층
전화 02) 325-0846
팩스 02) 3141-4066
홈페이지 www.bookie.co.kr
이메일 webmaster@bookie.co.kr
ISBN 978-89-6051-336-5 03320

책값은 뒤표지에 있습니다.
잘못된 책은 바꿔 드립니다.

화폐 이야기

일곱 개의 키워드로 읽는 돈의 어제와 오늘 그리고 내일

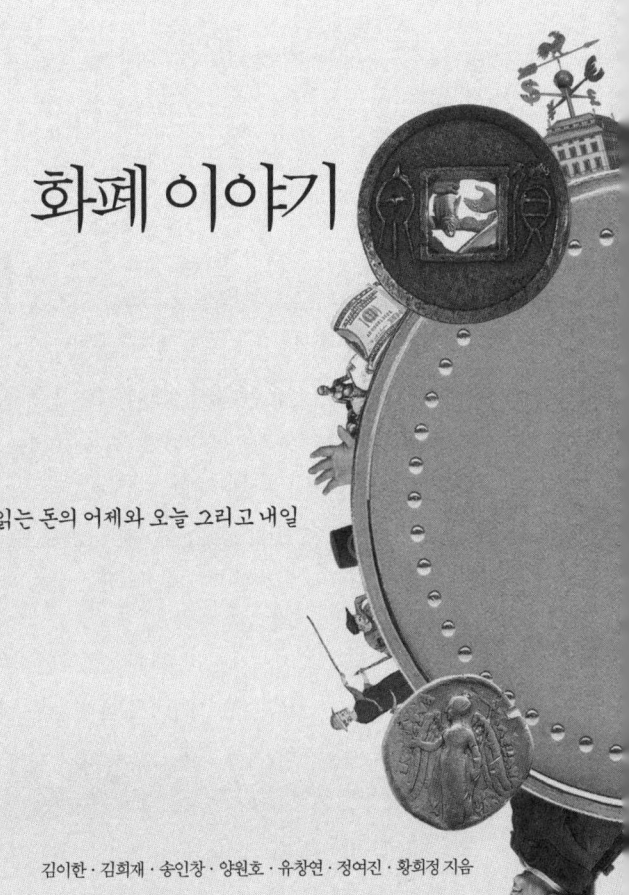

김이한 · 김희재 · 송인창 · 양원호 · 유창연 · 정여진 · 황희정 지음

부·키

차례

프롤로그 8

1장 화폐와 함께 떠나는 역사 산책

돌고 도는 화폐 15 | 화폐란 무엇인가 18 | 상품 화폐와 금속 화폐의 탄생 21 | 금속 화폐의 진화 25 | 비정형적인 괴에서 주조 화폐로 27 | 화폐의 암흑기, 그 빛을 잃다 33 | 화폐의 빛이 되살아나다 35 | 금세공인들의 약속 어음에서 시작된 지폐 38 | 법정 지폐의 발행 40 | 예금 화폐의 등장 44 | 신용 화폐의 시대 45 | 우리나라 화폐의 어제와 오늘 48 | 미래의 화폐를 상상한다 57

2장 금화와 은화의 아바타, 지폐의 홀로서기

황금에 대한 이중적 인식 67 | 어떻게 귀금속이 돈이 되었나 71 | 금속 화폐의 작은 도둑 큰 도둑 74 | 신대륙의 금과 은은 축복인가 재앙인가 78 | 금속 화폐의 위조와 변조를 막아라 83 | 지폐의 등장 85 | 지폐, 새로운 문제를 낳다 90 | 금속 화폐의 아바타로서 지폐 93 | 금 본위제를 종식시킨 대공황 96 | 지폐의 홀로서기 99 | 화폐의 남발을 억제할 수 있는 메커니즘 102

3장 금융의 빛과 그림자

금융을 따라다니는 운명적인 주홍글씨 109 | 빌리고 빌려 주는 것은 기본적인 경제 활동 113 | 중세의 금융, 윤리와 종교의 그림자에 가리다 117 | 대부업에서 은행업으로 진화한 메디치 가문 123 | 금융 혁신의 삼두마차 암스테르담, 스톡홀름,

런던 126 | 채권과 주식, 금융의 또 다른 진화 133 | 19세기 유럽의 지배자 로스차일드 가문 139 | 미국 금융 제도와 금융 산업의 설계자, JP모건 145 | 금융은 인간의 탐욕 수단일 뿐인가 152

4장 영란은행, 중앙은행의 살아 있는 역사

화폐와 국가 권력 161 | 영란은행 탄생 전야 165 | '민간 은행'으로서 영란은행 170 | '정부의 은행'으로서 영란은행 173 | '독점적 화폐 발행 은행'으로서 영란은행 177 | '은행의 최종 대부자'로서 영란은행 181 | 금 본위 제도의 지휘자 영란은행 186 | 전 세계에 수출된 영란은행표 중앙은행 191 | 오늘날 영란은행의 변신은 무죄? 196

5장 기축 통화, 파운드와 달러의 각축

세계 최고의 화폐, '기축 통화' 207 | 기축 통화의 특혜는 공짜가 아니다 212 | 인류 역사상 최초의 기축 통화로 부상한 파운드화 215 | 파운드, 금과 같은 반열에 오르다 220 | 전쟁의 상흔이 파운드화를 흔들다 225 | 달러, 새로운 슈퍼머니로 등극하다 233 | 달러 파워, 국제 통화 체제를 장악하다 242 | 그들에게는 여전히 소중한 조국의 얼굴 248 | 국제 통화 제도는 대립 아닌 공조의 역사 252

6장 애덤 스미스에게 배우는 화폐의 기본

'화폐는 분업과 교역을 촉진해 국부를 창출한다' 263 | '금과 은의 실질 가격이 개별 상품의 가격과 물가를 결정한다' 267 | '금은 복본위제는 성립하기 어려우니 금이 화폐의 기본이 되어야 한다' 271 | '금화와 은화는 물가 안정 측면에서 성공적인 화폐였다' 276 | '소중한 귀금속을 화폐로 사용하는 것은 어리석다' 279 | '과도한 지폐 발행을 경계해야 한다' 283 | '은행의 지폐 발행과 대출은 신중해야 한다' 287 | '지폐가 금화와 은화를 완전히 대체할 수도 없고 대체해서도 안 된다' 292 | 『국부론』을 덮으며 294

7장 화폐 이론과 화폐 정책의 달인 케인스

케인스와 화폐 301
- 『화폐 개혁론(A Tract on Monetary Reform)』(1923)

'인플레이션은 정의롭지 않고 디플레이션은 이롭지 못하다' 304 | '인플레이션으로 정부의 곳간을 채우지 마라' 308 | '물가는 화폐량과 일대일 관계는 아니지만 화폐로 관리할 수 있다' 311 | '화폐적 변동 요인은 환율과 구매력 비율을 같은 방향으로 움직인다' 314 | '금 본위제 복귀는 우리의 운명을 야만 시대의 유물에 맡기는 꼴이다' 317

- 『화폐론(A treatise on Money)』(1930)

'저축이 미덕이 아니고 소비가 미덕이다' 323 | '금화의 공급이 반드시 국부를 증가시키지는 않는다' 325 | '영국의 금 본위제로의 환원과 금융 긴축은 잘못된 선

택이었다' 330 | '금 본위제는 각국 중앙은행들이 협력해야 유지된다' 333 | '대공황은 고금리가 원인이다. 영란은행과 미국 연준은 금리를 낮추라' 336 | '화폐는 현재와 미래를 잇는 다리다' 338

8장 화폐를 다스리는 지혜와 절제

안정된 화폐와 경제적 번영 345 | 자유로워진 그러나 더 위험해진 화폐 349 | 화폐와 경제 이론 354 | 케인스주의 대 통화주의 358 | 모두가 환영할 만한 화폐 제도는 있을까 363 | 금의 귀환은 왕의 귀환? 369 | 화폐가 할 수 있는 일, 할 수 없는 일 375

에필로그
화폐의 역사가 가르쳐 주는 몇 가지 교훈 384

주 392 | 참고 문헌 410 | 사진 저작권 414

프롤로그

 어릴 적에 아버지 구두를 닦거나 심부름을 하면 어머니는 내게 50원을 주셨다. 그 돈을 꼭 쥐고 구멍가게로 뛰어가 등이 구부정한 할아버지에게 건네고 대신 달콤하고 향긋한 눈깔사탕 하나를 받아 입에 물고 나오곤 했다. 이것이 돈에 대한 첫 기억이다. 처음에는 궁금했다. 돈이라는 것을 가져가면 왜 사탕을 받을 수 있는지, 내게 더 소중한 구슬로는 왜 사탕을 받을 수 없는지, 그리고 무엇보다 조그만 은색 동전(50원)을 가져가면 사탕을 주는데 왜 더 크고 반짝반짝 금빛 나는 동전(10원)으로는 사탕을 살 수 없는지 늘 궁금했다. 자라면서 쓰는 액수는 커지고 사는 물건의 종류는 다양해졌다. 그렇게 돈에 익숙해지면서 이러한 궁금증은 사라졌다. 돈이 '무엇'인지에 대한 호기심은 없어지고 이제 '어떻게' 해야 돈을 많이 벌 수 있는지, 그리고 지금 가지고 있는 돈을 '어디에' 써야 하는지에 대한 고민만 남았다. 어린 시절의 호기심은 머릿속에서 소리 없이 사라졌고 그렇게 30년이 훌쩍 흘렀다.

공무원으로 근무하다가 영국으로 유학을 왔다. 런던에 둥지를 틀고 오랫동안 손에서 놓았던 경제학 책을 다시 볼 시간이 생겼다. 런던에서는 햇살이 정말 소중하다. 그날은 오랜만에 화창했고 평소처럼 도서관에서 곰지락거리기에는 아까운 날이었다. 우연이었다. 이리저리 거닐다가 발길이 어느 건물 앞에 다다랐다. 런던의 여느 건물들처럼 고색창연해 보이지만 창문이 없는 직사각형의 단조로운 형태가 단단한 금고를 떠올리게 하는 건물이었다. 바로 영란은행이었다. 그리고 그 건물 한쪽 모퉁이가 화폐박물관이었다. 박물관 안으로 들어서는 순간 내 쪽으로 돌진해 오는 아우성을 들은 듯했다. 진열장 안에 갇힌 화폐들이 내게 구조 요청을 하는 것이었다. 다시 시장으로 돌아가서 사람들의 손때를 묻히고 싶다고 소리치는 것 같았다. 그 순간 어릴 적 호기심이 나를 흔들었다. 머릿속에서 싹 사라진 줄 알았던 호기심이 마음 한구석에서 똬리를 틀고 있었던 모양이다. 박물관에 갇힌 화폐를 구출할 계획을 세웠고 이를 성사시킬 동조자들을 규합했다. 각자 작은 조각들을 만들기 시작했고 마침내 그 조각들을 끼워 맞춰 화폐를 구출할 사다리로 만든 것이 이 책이다.

누구는 '돈'이라고 부르고 누구는 '화폐(貨幣)'라고도 부르며, 또 다른 누구는 '통화(通貨)'라고 한다. 무슨 차이가 있는 걸까. 돈이라 하면 좁게는 만질 수 있는 구체적인 형태의 화폐를 일컫고, 넓게는 우리가 경제적 가치가 있다고 생각하는 모든 것을 일컫는 추상적 개념이기도 하다. 예를 들어 '돈이 많은 사람, 돈을 밝히는 사람'이라고 할 때의 돈은 넓은 의미로 경제적 가치를 일컫는 추상적 개념이다. 친근하지만 너무 세속적이다. 한편 통화라 하는 것은 화폐로 통용될 수 있는 다양한 금융 수단을 의미한다. 우리나라 금융 정책 당국이 통화라고 부르는 범주도 다섯 가지나 된다. 현금 통화, 협의 통화(M1), 광의 통화(M2), 금융 기관 유동성(Lf), 광의 유동성(L) 등이다. 왠지 학문적이어서 친근하지 않다. 그래서 우리는 이 책에서 화폐라는 용어를 사용하기로 했다. 함께 역사를 산책하는 동행자의 호칭으로 적당하다. 너무 가깝지도 않고 그렇다고 너무 낯설지도 않다.

흔히들 화폐는 인간의 발명품 중 최고 가운데 하나라고 한다. 다른 대부분의 발명품들과 마찬가지로 화폐는 인간의 필요에 따라 만들어졌고 새로운 환경에 맞추어 진화해 왔다. 앞으로 보다 나은 사회와 미래를 꿈꾸는 사람들에 의해 반듯한 모습으로 변모할 수도 있고, 아니면 반대로 아주 탐욕스럽고 이기적인 사람들에 의해 사악한 모습으로 바뀔 수도 있다. 화폐에는 그것을 만들고 사용하는 사람들의 생각, 마음, 기대, 욕망이 담겨 있다. 경제적 이해만이 아니라 종교적, 철학적, 예술적 요소들이 모두 녹아 있다. 그리고 그 생각은 한 사람이나 특수 계층의 생각이 아니라 시대정신이다. 그렇기에 화폐는 단순히 거래의 매개 수단을 넘어 한 시대의 역사와 문화를 오롯이 담고 있다.

인류의 화폐가 어떻게 시작되고 진화해 현대 사회까지 오게 되었는지, 화폐에 대한 인류의 애증과 윤리가 어떻게 전개되었는지, 화폐 제도에서 파생하는 권력관계와 이를 둘러싼 다툼의 역사는 어떠했는지, 선지자들의 화폐에 대한 식견이 무엇인지, 오늘날 화폐 제도를 관장하는 중앙은행의 표준을 제시한 영란은행은 어떠한 길을 걸어왔는지 등을 살펴봄으로써 박물관에 갇혀 있던 화폐를 곁으로 데려오는 것이 우리의 소박한 희망이었다. 영국인 특유의 꼼꼼함으로 기록된 수많은 자료들을 뒤적이는 시간은 지루하고 인내심을 요구하는 고행이었지만 학교 수업에서는 맛볼 수 없는 흥미로운 과정이기도 했다. 책으로만 알고 지냈던 화폐를 영란은행과 대영박물관에서 직접 대면하는 즐거움도 컸다. 아마 우리가 영국에 있지 않았다면 화폐 구출용 사다리를 만들 수 없었을 것이다. 자료도 구할 수 없거니와 날이 일찍 어두워져 독서나 사색을 할 수밖에 없는 소중한 시간도 없었겠기에. 그마나 늘 돈으로부터 구원받기를 원하던 미약하고 수동적인 위치에서 잠시나마 돈을 구출하는 우월하고 적극적인 위치에서 작업했다는 사실은 나름대로 즐거운 일이었다.

독자들도 우리가 겪었던 즐거움을 함께하면 좋겠다는 생각에서 미흡하지만 공동으로 작업한 결과물을 책으로 묶어 내놓는다. 오늘날 세간의 주목을 받는 금융 위기, 통화 전쟁, 환율 전쟁에 대한 해답을 기대하는 독자들에게 이 책은 실망을 줄지도 모르겠다. 난해하고 복잡한 경제 이론과 논쟁은 아예 처음부터 마음에 두지 않았다. 또 화폐를 둘러싼 드라마틱한 소설 같은 이야기도 이 책에는 없다. 흥미를 줄 수는 있지만 화폐에 대한 오해와 편견만 증폭시킬 우려가 있어 의도적으로 멀리했다. 잊고 있었던 화폐의 실체를 백지 같은 마음으로 있는 그대로 한번 마주하자는 것이 우리의 취지였다. 화폐는 케인스주의자들이 생각하듯 마음대로 요리할 수 있는 장난감이 아니다. 그렇다고 통화주의자들이 경고하듯 가까이 두기에 너무 위험해 멀리 두고 바라만 봐야 할 괴물은 더더욱 아니다. 화폐는 생활을 더 편리하고 윤택하게 하기 위하여 우리 스스로 만들어 낸 도구이다. 인류가 발명한 것은 귀금속을 반짝이는 금화나 은화로 주조하는 기술도 아니고,

존경하는 인물이 복사되어 있는 빳빳한 지폐를 인쇄하는 기술도 아니었다. 진정으로 인류가 발명한 것은 화폐라는 이름으로 사회 구성원들의 신뢰를 묶어 내는 기술이었다. 화폐의 본질은 신뢰이다.

프랜시스 후쿠야마(Francis Fukuyama)는 『신뢰(Trust)』라는 저서에서 사회적 자본으로서 신뢰가 사회 발전에 중요하다고 강조했다. 우리의 삶은 알게 모르게 신뢰에 의존하고 있다. 신호등의 색깔이 바뀔 때마다 우리는 합의한 규칙에 따라 직진, 우회전, 좌회전을 한다. 다른 운전자들도 그렇게 할 것이라는 신뢰가 없으면 차는 뒤얽히고 우리 생명도 위태로워진다. 대의 민주주의도 마찬가지이다. 선거로 뽑은 대표자가 개인의 사사로운 이해보다는 공익을 대표할 것이라는 신뢰에 기반을 둔 제도이다. 이런 측면에서 오늘날 화폐만큼 그 존재 가치를 전적으로 신뢰에 의존하는 사회적 제도가 있을까. 화폐의 '일반적 수용성'에 대한 신뢰가 사라지는 순간 화폐는 휴지 조각에 불과하다. 맹목적 과신은 늘 문제를 일으켰다. 화폐에 대한 분별없는 낙관과 광기는 금융 버블의 원인이었다. 한편 근거 없는 불신과 공포심도 문제였다. 화폐에 대한 불신이 깊어지면 화폐는 퇴장하거나 가치를 상실하고 금융 시장은 공황에 빠진다. 경제의 수레바퀴가 멈추는 것이다. 이 책에서 우리는 화폐와 함께하는 역사의 산책길에서 군데군데 과욕 때문에 화폐에 대한 신뢰를 추락시킨 경우들을 접하게 될 테고 이로부터 소중한 교훈을 얻을 것이다. 이 교훈은 화폐가 생활을 편리하고 윤택하게 하는 원래 쓰임새대로 사용될 수 있도록 우리에게 지혜와 절제를 가르쳐 줄 것이다.

2013년 3월 런던에서

1장

화폐와 함께 떠나는 역사 산책

돌고 도는 화폐

2008년 리먼 사태로 촉발[1]된 글로벌 금융 위기 여파 속에서 미국 정부는 위기에 처한 자국 금융 기관들을 돕고 침체에 빠진 경기를 부양하기 위해 대규모로 달러화를 찍어 냈다. 그 결과 달러화의 가치가 하락해 기축 통화로서의 지위에 불안감이 가중되면서 전 세계적인 통화 전쟁을 촉발했다. 이러한 와중에 2011년 3월 미국 유타 주에서는 과거에 미국 정부가 발행했던 금화와 은화를 달러화와 함께 법정 화폐로 인정하는 법안을 통과시켰다. 금화나 은화를 은행에 맡기면 해당 금액만큼 입금되는 체크 카드를 발급받아 사용할 수 있게 된 것이다. 결제는 당일의 금과 은의 시세로 이루어진다. 이러한 움직임은 1971년 닉슨 대통령이 달러화의 금 태환 정지를 선언하여 화폐와 귀금속과의 연계를 단절시킨 이래, 금은과 태환이 보장되지 않는 불환 지폐가 지배해 왔던 기존의 화폐 체계에 대한 불신이 상당한 정도에 이르렀음을 보여 준다. 비록 미국 주(州) 정부 차원이기는 하지만 금화와 은화를 화폐로 사용하려는 것은 현재 불환 지폐인 달러화가 지니고 있는 문제점이 심각하고, 이를 관리하는 중앙은행과 정부에 대한 믿음이 흔들리고 있음을 시사한다. 심지어 미국 공화당에서도 과거에 폐지되었던 금 본위제를 2012년 대선 공약으로 고려했다는 이야기가 있는 걸 보면 달러화를 대체할 수 있는 화폐에 대한 논의가 학문적 수준을 넘어서 현실의 정치적 쟁점으로 비화될 가능성도 엿보인다. 영국의 역사학자 토인비(Arnold Joseph Toynbee)의 "역사는 반복된다."라는 명언이 화폐에도 적용되는 듯하다. 과연 한때 전 세계적으로 통용되었던 금화와 은화가 오늘날 흔들리고 있는 화폐에 대한 사람들의 불신을 대체할 수 있을까.

미국 연방준비제도(Federal Reserve)와 달러의 붕괴에 대한 우려 속에 미네소타, 테네시, 아이오와, 사우스캐롤라이나, 조지아 등을 포함한 13개 주에서 자체적인 대안과 주 정부 별도의 화폐를 발행하는 방법을 모색하고 있다. (…) 지난 3월 유타 주는 게리 허버트 주지사가 연방 정부에서 발행했던 금화와 은화를 지불 수단으로 인정하는 법안에 서명하면서, 미국에서 달러 이외의 대체 통화를 도입한 최초의 주가 되었다. 법에 따라 금은 거래에 부과하던 세금이 폐지되고, 금화와 은화를 세금 납부 등 거래에 있어 미국 달러와 동일하게 취급하게 되었다. 미국에서 발행된 1온스 금화의 액면가(금 1온스 50달러)가 실제 가치(금 1온스 1700달러 가치)보다 훨씬 작기 때문에 새로운 법은 금화를 순도와 중량에 맞는 시세대로 교환할 수 있도록 했다.[2]

화폐는 인류 문명의 시작에서부터 우리의 경제적 삶과 사고에 심대한 영향을 미쳐 왔다. 그러나 오늘날 우리는 일상생활에서 화폐에 대해 별 생각을 하지 않는다. 기껏해야 주머니 속에서 나뒹구는 동전, 지갑 속에 꽂혀 있는 지폐 몇 장, 그리고 예금 통장에 찍혀 있는 숫자로 화폐와 만나는 것이 고작이다. 우리의 주된 관심은 주머니에 지갑에 예금 통장에 내 수중에 돈이 얼마나 있느냐는 것뿐이다. 사람들은 "세상의 화폐는 어제도 오늘도 내일도 똑같을 텐데 뭐가 문제인가?"라고 반문할지도 모른다. 다른 예를 한번 생각해 보자. 지구는 엄청난 속도로 공전과 자전을 하지만 정작 그 위에 살고 있는 우리는 속도를 느끼지 못한다. 지구의 공전과 자전의 원리를 모르더라도 걷다가 갑자기 넘어지거나 집을 찾지 못하는 경우도 없다. 그러나 화폐에 대해 무관심하다가는 실제로 큰 낭패를 볼 수 있다. 20년 동안 아껴 모은 예금을 찾아 주택을 구입하려고 보니 집값이 올라 모아 둔 돈이 턱없이 부족해 낙담할 수도 있다. 또는 미국 유학 중인 자녀의 등록금을 내기 위해 미국 달러화로 바꾸려 하니 원화 가치가 떨어져 모아 둔 돈으로는 어림도 없는 경우도 있다. 이러한 사례는 남의 일이 아니다. 언제가 자신이 겪을지도 모르는 일이다. 이처럼 우리가 화폐에 관심을 가져야 하는 이유는 무수히 많다. 이 책에는 복잡한 수식이나 도표 혹은 어려운 용어가 없다. 이제 가벼운 마음으로 화폐의 역사를 산책해 보자.

화폐란 무엇인가

통화 이론으로 노벨 경제학상을 수상한 밀턴 프리드먼(Milton Friedman)의 『화폐 경제학(Money Mischief)』³에서 언급된 '돌 화폐의 섬' 이야기는 흥미로우면서도 화폐의 본질을 생각하게 해 준다.

미크로네시아에 있는 야프(Yap)라 불리는 섬에서는 주민들이 문명사회에서 동전이 주조되는 것처럼, 옆 섬에 있는 돌을 가공해서 돌 바퀴로 만들고는 돈으로 사용한다. 특이한 점은 거래를 하고 나서도 돌의 주인은 따로 소유물 표시조차 하지 않고 그저 자신의 소유라는 것을 상호 인정하는 것만으로 만족할 뿐이다. 독일 정부가 이 섬을 지배하게 되었을 때, 길을 보수하려고 했으나 원주민들이 명령에 불응하자 벌금 부과로서 집집마다 몇 개의 돌 화폐에 검은 십자가 표시를 하자, 가난해졌다고 생각한 원주민들은 열심히 도로 공사에 참여했고, 다시 독일 정부가 십자가 표시를 지우자 소유권을 회복해서 예전처럼 부를 누리게 되었다고 인식했다.

매우 비논리적으로 보이는 원주민들의 반응과 비슷한 행태가 최근까지 선진국 정부들 사이에서도 벌어졌다. 1930년대 금 본위 제도 아래에서 각국 정부는 미국 뉴욕 연방준비은행 금고에 각자의 계정에 따라 금을 보관하고 있었고, 국제 거래 결과에 따라 각국의 계정에 기록된 금 보유 숫자가 바뀌었다. 각국 정부는 이 계정의 숫자가 달라질 때마다 금이 이동한 것으로 보고 민감한 반응을 보였다. 금이 적자 국가에서 흑자 국가로 실제로 이동하지 않았는데도 흑자 국가는 더 부

- 야프 섬의 돌멩이 화폐. 인근 팔라우 섬의 석재로 만들어졌으며 라이(rai)라고 한다.
- 돌멩이 화폐의 가치는 돌의 크기와 운반 과정에서 발생한 사상자의 수로 결정된다.

유해진 것으로 생각해서 지출을 늘렸고, 적자 국가는 더 가난해진 것으로 생각해서 지출을 줄였다. 이러한 일은 오늘날 우리의 일상생활에서도 벌어진다. 개인들도 계좌 이체를 통해 거래에 대한 지급을 하고, 계좌에 찍힌 숫자로 자신의 부(富)의 크기를 판단한다. 이처럼 우리가 사용하고 있는 지폐나 동전뿐 아니라 어떤 물건이라도 가치가 있다는 공통의 믿음만 있으면 화폐로서의 역할을 할 수 있다. 이 때문에 인류는 역사 속에서 다양한 화폐를 갖게 되었으며, 이러한 화폐들은 특정한 종류의 물질에 한정되지 않았다.

역사 속의 수많은 화폐들은 재료와 형태가 다르지만 대체로 비슷한 역할을 수행했다. 이를 유형화하면 크게 세 가지 기능으로 나뉜다. 우선, 화폐는 교환의 매개 수단으로서 기능한다. 원시 사회의 물물 교환을 생각해 보자. 키우던 닭을 팔아 팽이를 사려는 경우 다행히 반대의 거래를 의도하는 상대를 시장에서 만나면 쉽게 거래가 성사된다. 하지만 팽이를 팔아 닭을 사려는 사람이 흔하겠는가. 이처럼 화폐가 없으면 자신과 반대의 거래를 원하는 상대가 있어야만 거래가 성사된다. 이를 '욕망의 이중적 일치(double coincidence of wants)'라고 한다. 그러나 화폐 또는 화폐와 유사한 상품이 있으면 거래가 손쉽게 이루어진다. 닭을 쌀과 바꾸고 그다음에 쌀을 다시 팽이와 바꾸는 것이다. 왜 쌀로 바꾸는 것일까. 이는 쌀이 보편적으로 거래를 매개하는 수단으로 인식되기 때문이다. 이렇게 보편적으로 받아들여지는 매개 수단이 있으면 공식적인 화폐 없이도 거래는 수월하게 이루어진다. 이런 경우는 화폐가 없는 것이 아니고 사실 쌀이 화폐 역할을 한다. 이와 같이 화폐는 거래를 쉽고 효율적으로 할 수 있게 해 준다.

둘째, 화폐는 가치 척도로서의 기능을 한다. 화폐는 상품들 사이에서 가치를 상대적으로 비교할 필요도 없이 각 상품별로 절대적 가치를 부여할 수 있게 해 준다. 예를 들어 "자동차는 소 다섯 마리의 가치가 있다."라고 비교할 필요 없이 자동차는 "2000만 원이다."라고 평가할 수 있다. 만일 자동차의 가치를 소로 정한다면 여러 가지 문제가 발생한다. 중량이 얼마인지, 연령이 어느 정도인지, 수소인지 아니면 암소인지 등 불분명한 점이 한두 가지가 아니다. 또 갑자기 소 값이 폭락하거나 폭등했을 때 자동차의 가치가 덩달아 요동치는 일도 일어난다. 이에 반해 화폐는 오래 사용해 낡거나 찢어져도 동일한 가치이고 그 가치가 스스로의 수요 때문에 크게 변하는 경우도 없다.

마지막으로 화폐는 가치 저장과 투자 수단[4]으로서의 기능을 한다. 화폐가 있음으로써 현재의 소비를 뒷날로 미루는 것이 가능하기 때문이다. 이뿐 아니라 화폐를 다른 사람에게 빌려 줌으로써 이자를 받을 수도 있다. 이 기능 때문에 내구성이 있고 다른 상품과의 대체성도 높으며 쉽게 보유 가능한 금속 화폐가 널리 사용되었다. 한편 화폐가 가치 저장의 유용한 수단으로 등장하면서 축적된 부를 통해 신분·계급 사회를 더욱 공고히 했다는 비판도 있다. 그러나 반대로 화폐가 경제적 부를 추구할 수 있는 기회를 넓혀 신분·계급 사회의 붕괴를 촉진시킨 순기능도 했다. 어쨌든 화폐가 재원 조달을 용이하게 해서 경제적 욕구를 충족시킴으로써 물질적 풍요와 자본주의 발전에 기여했다는 것은 확실하다.

그러나 역사에 출현했던 모든 화폐가 이러한 기능들을 시종일관 제대로 수행하지는 않았다. 처음에는 긍정적인 측면 때문에 화폐로 기능했지만 시간이 지남에 따라 일부는 화폐 자체의 결함 때문에, 또 다른 일부는 화폐를 관리하는 권력자의 사욕 때문에, 또는 경제적 환경이 바뀜에 따라 더 이상 화폐로서 기능을 하지 못했다. 우리는 이 장과 이후 장들에서 이러한 수많은 사례를 만날 것이다. 화폐는 거래를 편리하게 하고 경제 활동을 활성화시키는 윤활유 같은 역할을 하지만, 때로는 부의 분배를 왜곡하고 권력자의 사욕을 채우며 경제 주체들을 공황 상태로 몰아가는 두 얼굴을 가진 야누스와 같다. 이 야누스의 탄생에서부터 출발해 보자.

상품 화폐와 금속 화폐의 탄생

일반적으로 화폐는 물물 교환의 과정에서 생겼다고 추정한다.[5] 초기 원시 사회에서는 인간의 욕구가 단순했고 이를 충족시키기 위해 필요한 재화도 다양하지 않았다. 따라서 채집과 수렵으로도 충분히 욕구를 충족시킬 수 있었다. 하지만 신석기 시대를 거치며 도구를 발명하고 기술을 습득해 생산성이 높아짐에 따라 자기 소비를 충족하고도 남는 생산물이 생겼고, 이를 다른 사람이 갖고 있는 재화와 교환하기 시작했다. 흔히 초기의 교환 방식으로 오늘날의 시장을 떠올리지만 원시 시대의 교환은 오늘날의 시장과는 거리가 멀었다. 아주 원시적인 초기의 물물 교환은 '암묵적 거래(silent trade)'로 알려져 있다. 『화폐의 역사(A History of Money)』 저자인 모건(Victor Morgan)은 암묵적 거래를 다음과 같이 설명했다. "거래의 당사자들은 서로 만나지 않는다. 사람들은 탁 트인 공간에 팔려는 물건을 가져다 놓고 커버를 덮어 두고 사라진다. 다른 무리의 사람들이 와서 교환하고자 하는 물건 앞에 자신이 가져온 물건을 놓아 둠으로써 교환 의사를 표현한다. 나중에 커버를 덮어 두고 갔던 사람이 나타나 앞에 놓인 물건을 살펴 보고 교환할 의사가 있으면 자신의 물건은 놔두고 앞에 놓인 것을 들고 간다. 그러면 거래가 성립한다. 하지만 상대방이 제공한 물건이 맘에 들지 않거나 가격이 적다고 생각될 때는 자신의 당초 물건에서 일부를 덜어 내고 다시 커버를 덮어 둔다. 이런 식의 가격 흥정이 계속된다." 이러한 교환 방식으로 거래가 성사되려면 시간이 오래 걸리고 거래할 수 있는 재화도 극소수에 불과했다.

하지만 화폐가 물물 교환의 불편함을 해소하기 위해 발명되었다는 주장에 대한 반론도 만만치 않다. 『화폐(Money)』의 저자인 펠릭스 마틴(Felix Martin)은 화폐는 물물 교환을 매개할 목적으로 발명된 것이 아니라 신용과 부채를 기록하고 청산하는 수단으로 발명되었다고 주장한다.[6] 그 예로 앞에서 언급한 야프 섬의 돌 화폐가 실제로 개별 거래의 구매자로부터 판매자에게 점유권이 이전되지 않고, 단지 물물 교환의 결과로 발생한 채권 채무 관계를 기록하고 청산하는 수단으로 활용되었다는 점을 든다. 바다 속에 가라앉아 있는 거대한 돌 화폐가 결코 개별 거래마다 주인을 바꾸었을 리 만무하고, 수많은 거래의 결과로 남는 채권 채무 관계를 기록하고 청산하는 수단으로 활용되었을 것이라는 설명도 이 주장을 뒷받침한다. 하지만 채권 채무 관계도 일정 기간 동안의 교환의 결과로 나타난 것이라는 점에서 개별 교환을 매개하느냐 아니면 일정 기간 동안에 발생한 거래들을 매개하느냐의 차이에 불과하므로 화폐의 기본적인 기능이 거래를 매개한다는 점을 부정할 수 없다.

　재화를 교환하면서 사람들은 자연스럽게 재화 사이의 가치를 비교하게 되었다. 이때 비교 기준으로 자주 사용하는 재화가 생겼고 이 재화가 자연스럽게 화폐의 역할을 담당했다. 신석기 시대에는 물물 교환에 적합한 상품이 화폐로 사용되었다. 초기에는 곡물, 가죽, 옷감 등 모두에게 사용 가치가 높은 생필품이 화폐 역할을 했다. 하지만 이러한 생필품들은 쉽게 상하는 데다 생산량이 일정하지 않아 시기에 따라 가치가 크게 변동하는 단점이 있었다. 이러한 이유로 교환 가치가 안정적인 화폐가 필요하게 되었다. 그러다가 점차 지배 계층의 재산 축적을 위한 수단으로서도 화폐가 필요해짐에 따라 보관과 운반이 용이하고 견고성도 뛰어나며 희소성까지 갖춘 상품이 화폐 역할을 했다. 동물의 뼈로 만든 소품, 조개, 장신구, 장식용 화살촉과 도끼[7] 등 장식품이 생필품을 대신해 상품 화폐로 널리 쓰인 것이다. 일반적으로 생필품이나 장식품을 비슷하다고 생각하지만 여기에는 큰 차이가 있다. 생필품 화폐는 무게(weight)가 그 가치를 좌우했지만, 장식품 화폐는 무게에 상관없이 일정한 형태를 갖추기만 하면 표지가격(tale)이 가치를 좌우했다. 생필품에서 장식품으로의 전환은 화폐의 가치가 그 내재적 가치(화폐를 구성하는 소재의 가치)에서 이탈하는 단초가 되었다. 그 이후 화폐의 역사는 내재적 가치에서 멀어지는 기나긴 여정이었다.

초기의 상품 화폐 가운데 가장 흥미로운 것은 조개껍데기로, 인류 역사상 가장 오랫동안 사용된 화폐였다. 중동, 중국 등 고대 문명 발생지를 중심으로 기원전 수천 년 전부터 사용했고 기원후에도 아시아, 아프리카, 태평양 도서들에서 널리 쓰였다. 심지어 일부 태평양의 섬들에서는 최근까지도 사용했다. 화폐로 사용한 조개껍데기는 카우리셸(cowrie shell)이라고 불리는 특별한 종류였다. 보물을 뜻하는 한자 보(寶)에 움집(宀), 옥(玉), 도자기(缶)와 함께 조개(貝)가 들어있는 것을 보더라도 조개껍데기가 예로부터 가치의 상징으로 받아들여졌음을 알 수 있다. 1942년 일본이 태평양에 위치한 뉴기니에 침공했을 때, 현지의 화폐 가치를 폭락시키려고 조개껍데기를 마구 퍼뜨

 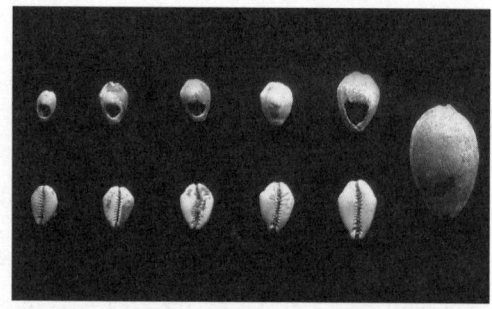

- 기원전 3000년경 메소포타미아 문명. 인류 최초의 금속 화폐에 대한 기록이 존재한다.
- 기원전 16~15세기 중국에서 널리 유통된 조개 화폐.

렸다. 당시 현지 지방 관리는 "일본의 행위로 그 지역의 경제적 금융적 안정이 위태로워졌다."라고 비난했다.

금속 화폐의 진화

신석기 시대에서 청동기 시대로 넘어오면서 인간은 금속을 다룰 수 있게 되었다. 종전의 상품 화폐로는 다양한 종류와 형태의 거래를 매개하기 위한 단위별 가치 측정이 어려웠고, 거래 규모에 알맞게 크기를 분할하는 것도 골칫거리였다. 경제 활동이 확대됨에 따라 거래의 빈도는 늘어났지만 부피가 커서 운반하기 어렵다는 점, 장기간 보관에 큰 비용이 들고 변질에 따른 가치 하락 리스크가 있다는 점, 화폐의 가치가 지역마다 크게 달라질 수 있다는 점[8] 등 상품 화폐의 문제점이 경제 활동과 교역의 확대에 장애가 되었다. 이러한 문제점을 극복할 수 있는 화폐가 금은과 같은 금속 화폐였다. 금속 화폐는 적은 양으로도 고유의 가치를 유지할 수 있는 내구성이 뛰어나고 보관과 휴대 및 운반이 편리하다는 장점이 있었다. 아울러 금속은 필요한 규모에 따라 나누고 표준화시키기 쉬우며, 필요시 다시 한데 모아 용해시킬 수 있다는 이점도 있었다.[9] 이와 함께 금속 화폐는 동일한 무게가 같은 가치를 보유해서 '질적 동일성'이라는 측면에서도 상품 화폐보다 우월했다.

당초에 금속은 무기, 장신구, 농기구 등을 만드는 데 쓰이다가 나중에 화폐로 사용되었다. 초기에는 주로 청동을 화폐로 사용했는데, 금속을 화폐로 사용했다는 최초의 기록은 기원전 3000년경 메소포타미아 문명에서 나타나지만 실제 화폐의 존재는 확인되지 않는다. 지금까지 발견된 세계 최초의 금속 화폐로 받아들여지는 것은 중국 춘추 전국 시대인 기원전 8~7세기경 청동으로 주조된 농기구 모양의 포전(布錢)과 칼 모양의 도전(刀錢)이다. 그리고 동그란 모양 중심에 사각형의 구멍이 있는 청동 동전도 이때부터 사용했다. 중국에서 이 동전은 화폐의 주종을 이루면서 비단, 소금, 조개껍데기 등의 상품 화폐와 함께 사용되었고 근세까지 이어져 왔다. 고대 중국에서는 청동만 주화로 만들어졌고, 금과 은은 '괴'의 형태로 고액 거래를 매개했지만 실제 화폐로 주조되지는 않았다는 점이 서양과 차이점이다.

철기 시대에는 철이 금속 화폐로 사용되기도 했지만 본격적으로 금속 화폐의 시대를 연 것은 금과 은이었다. 사실 금과 은은 희소성은 있지만 청동이나 철에 비해 생활에 직접적으로 유용하지는 않았다. 이처럼 실용성 측면에서 크게 뒤떨어지는 금과 은이 화폐로서는 청동이나 철보다 선호되었다는 사실은 화폐의 본질이 무엇인지에 대한 시사점을 던져 준다.

금과 은은 적은 양으로도 고가의 물건과 교환할 수 있어서 편리했다. 그뿐 아니라 잘 부식되지도 않고 공급량에서 변동이 크지 않아 다른 금속에 비해 화폐로 사용하기에 유리했다. 이러한 물질적 우수함에 더해서 금과 은이 왕과 귀족들의 전유물이자 부의 상징이었다는 점도 화폐로 사용된 이유에서 빠뜨릴 수 없다. 고대 바빌로니아 제국에서는 지배 계급이 금과 은을 신성시해 이들이 지불 수단이 되었다는 주장도 있다. 황금빛은 인간의 영원한 숭배 대상인 태양의 빛과 같다. 최고 권력자인 왕은 자신의 권위를 과시하기 위해 금으로 장식을 했던 만큼

금은 만인의 숭배의 대상이자 신뢰의 상징이었다. 이러한 금이나 은과 같은 귀금속을 화폐로 사용하는 것은 어쩌면 당연한 일이었는지도 모른다.

『자본론』을 저술한 카를 마르크스(Karl Marx)는 이렇게 적었다. "금과 은은 처음부터 화폐가 아니었지만 화폐는 처음부터 금과 은이었다." 금과 은을 화폐로 사용한 이유는 불분명하다. 그러나 금은이 당시에 권력의 상징이었고 경이와 찬사의 대상이었다는 점이 화폐로 사용되는 데 중대한 영향을 미쳤음은 틀림없는 사실이다. 또 처음 화폐를 사용할 때는 지금처럼 개인들 간 일상 거래를 위해서가 아니라 이웃하는 종족 사이에서 친선의 징표로 선물을 교환하거나 멀리 있는 종족과 특산물을 교역할 때 한정적으로 사용되었다. 이런 점을 감안할 때 금과 은의 물질적 특성보다는 사회적 종교적 우월성이 화폐로 채택되는 데 결정적인 영향을 미쳤을 가능성이 높다.

비정형적인 괴에서 주조 화폐로

금속 화폐도 처음부터 오늘날과 같은 형태로 주조되어 사용된 것은 아니었다. 초기에는 일정한 형태를 갖추지 못한 상태에서 화폐로 사용하다가 점차 그 형태가 표준화되었다. 이른바 괴(bar)가 초기의 표준화된 형태였다. 하지만 당시에도 금속 화폐의 가치는 무게와 순도에 좌우되어 거래 때마다 금속의 무게를 재고 순도를 확인해야 했다. 그런 번거로움을 덜기 위해 채택한 방법이 금속 괴의 표면에 그 무게와 순도를 확인하는 인장(stamp)을 찍는 것이었다. 그러나 인장은 위조하기 쉬운 단점이 있어 불완전했다. 또 일부를 잘라 내도 표시가 나지 않는 것도 문제였다. 따라서 인장을 찍는 것만으로는 신뢰를 얻기 어려웠다. 사람들은 금속 화폐를 일정한 모양으로 주조하는 방법을 고안했다. 기원전 13세기에 크레타에서 사용했던 원반 모양의 동전이 유적지에서 발견되기도 했다. 그러나 세계 최초로 금화와 은화를 오늘날과 같은 동그란 형태의 주화로 제작한 것은 기원전 7세기 소아시아(오늘날 터키 중서부)의 리디아 인들이었다. 그들은 초기에 금과 은을 합금한 호박금(electrum)으로 주화를 만들었다.

리디아(BC 650~BC 546)[10]의 최고 전성기이자 마지막 왕인 크로이소스(Croesus, BC 595~BC 546) 왕 시절에는 금과 은을 분리해 금화와 은화를 각각 일정한 크기로 주조하고 문양을 새겨 넣었다. 크로이소스 왕은 그리스 연안을 정복하고 활발히 무역을 했으며, 광산에서 나오는 막대한 금을 확보해 엄청난 부를 축적했다. 이 시대에 금화와 은화가 만들어진 이유는 아직까지 불분명하다. 하지만 리디아의 지리적 위치(수도인 사르디스는 에게 해와 유프라테스 강을 연결하는 교통의 요지다)를 감안하고, 지중해와 동아시아의 중심에서 교역이 왕성하게 이루어졌다는 점을 볼 때 무역 거래를 위해 화폐가 필요했던 것으로 추정된다. 또 당시의 주화는 왕국의 권위를 확립하기 위한 목적도 있었다. 초기에는 상인들이 주화를 제작했지만 점차 국가가 주조를 맡았다는 점도 이러한 사실을 뒷받침한다. 주화를 제작하던 국가와 도시들은 주화의 한 면에 자신들의 국가 상징을 넣었다. 리디아는 사자 머리, 아이기나는 거북, 코린트는 날개 달린 말, 그리고 아테네는 지혜의 상징인 부엉이를 화폐에 찍었다. 이렇게 도시나 국가의 상징을 그

- 기원전 7세기 서부 소아시아 리디아인들이 제작한 최초의 금은 주화.
- 기원전 6세기 해상 무역을 하던 그리스 도시 국가의 은화.

림으로 나타냈던 이유는 대부분의 사람들이 글을 읽지 못해 화폐 발행지를 알리는 데 훨씬 효과적이었기 때문이라는 해석이 있다. 그러나 화폐 발행지를 표시하는 동시에 국가 상징을 넣어 화폐의 신뢰를 확보하려는 의도가 있었다는 설명도 있는데, 그 해석이 더 설득력 있어 보인다. 리디아는 기원전 546년 페르시아의 왕 키루스 2세(Cyrus Ⅱ)에 의해 멸망했다. 페르시아의 다리우스 1세(Darius Ⅰ, BC 522~BC 486 재위)는 금화(daric)와 은화(siglos)를 주조했으며 페르시아의 상징인 사자와 황소를 화폐의 한 면에 새겼다. 나중에는 활을 쏘는 궁사를 새겼는데 이는 페르시아의 왕을 상징했다. 왕실의 권위를 높이고 신뢰를 확보하기 위해서였다.

 금화와 은화를 세계화시킨 것은 그리스의 도시 국가들이었다. 초기에 그리스 도시 국가들은 자체적으로 화폐를 주조하지 못했다. 리디아와 무역을 하면서 리디아의 화폐를 지불 수단으로 받았고 이때 화폐 주조법도 함께 배웠다. 해상 무역망을 발전시킨 아테네 등 그리스 도시 국가들은 기원전 6세기경 화폐를 주조하기 시작했다. 이후 그리스로부터 이탈리아를 거쳐 지중해 일대에서 그리스 인들에 의해 주화가 널리 유통되었다. 그리스에서 도시가 발달함에 따라 도로와 상

수도 같은 공공시설이 필요하게 되었으며, 이를 위한 경비 조달부터 해외 원정에 필요한 자금 마련을 위해 주화 주조가 활용되었다. 특히 라우리온 지역의 풍부한 은광을 소유했던 아테네는 화폐 주조의 중심지로서 주변에 지배력을 확대시키기에 훨씬 유리했다. 따라서 그리스의 화폐 유통도 마찬가지로 대외 무역을 위한 경제적 이유와 통치를 위한 정치적 요소의 합작품이었다. 기원전 6세기경 아테네 군주였던 솔론(Solon, BC 638~BC 558)은 화폐를 주조하면서 암묵적으로 주조 차익(seigniorage)을 남기는 관례를 최초로 만들었다. 당시 은 1달란트(talent)는 60미나(minae)였고 1미나는 100드라크마(drachmae)였다. 따라서 1달란트의 은은 6000드라크마와 같았지만 솔론은 1달란트로 6300드라크마를 주조했다. 결국 은화의 표면 가치는 실질 가치에 미치지 못했고 그 주조 차익은 왕에게 귀속되었다. 주화는 탄생 초기부터 가치 하락의 숙명을 안고 등장했던 것이다. 아테네가 기존의 은화 외에 새로운 동화와 금화를 주조한 것은 각각 기원전 407년과 기원전 408년이었다. 이렇게 갑자기 새로운 화폐를 주조한 계기는 펠로폰네소스 전쟁(BC 431~BC 404에 벌어진 아테네와 스파르타 사이의 전쟁으로, 이 전쟁에서 승리한 스파르타는 그리스의 맹주가 되었다)[11] 을 수행하기 위해 대규모 자금이 필요했기 때문이다. 앞으로 우리는 전쟁이야말로 인류로 하여금 새로운 화폐 제도를 고안하게 한 가장 중요한 요인이었다는 사실을 고대와 근대 및 현대사에 걸쳐 만나게 될 것이다.

    스파르타, 아테네 등 지중해의 그리스 도시 국가들이 펠로폰네소스 전쟁으로 인한 국력 소모에 따라 쇠락의 길로 접어들 즈음에 그리스 반도 북부 내륙에서 마케도니아가 부상했다. 필리포스 2세(Philippos

Ⅱ, BC 359~BC 336 재위)는 기원전 338년 카이로네이아 전투의 승리로 그리스를 대부분 통일했다. 그의 아들 알렉산더 대왕(Alexander the Great, BC 336~BC 323 재위)은 이집트, 페르시아, 인도 서부를 점령했으며 화폐의 주조와 보급에도 중대한 발자취를 남겼다. 그리스의 광대한 지역을 아우르고 멀리 페르시아까지 정복한 알렉산더는 정복한 국가의 지배자들이 소유하던 금과 은을 화폐로 주조해 광활한 영토에서 동일한 화폐를 사용하도록 했다. 페르시아의 귀금속이 그리스로 유입되면서 엄청난 양의 화폐로 전환되었다. 이러한 화폐량의 증가와 화폐 사용의 보편화는 광범위한 지역 사이의 교류를 증대시켜 경제적 번영과 통합의 중요한 기반이 되었다. 반면에 알렉산더 대왕은 화폐의 증가로 인한 인플레이션과 이에 따른 경제적 문제를 발생시킨 최초의 지배자이기도 했다. 알렉산더가 화폐에 미친 영향은 그가 죽은 후에도 나타났다. 알렉산더를 승계한 왕들이 그의 얼굴을 동전의 한 면에 새겨 넣은 것이다. 그 전까지는 화폐에 국가의 상징이나 신의 모습을 새겼을 뿐 사람의 얼굴은 넣지 않았다. 알렉산더 이후 왕조의 얼굴이 화폐에 등장하기 시작한 것이다.

로마에서는 기원전 3세기 전까지는 아에스(aes)로 알려진 조악한 수준의 동화만 사용하고 있었다. 로마 화폐의 근간이 된 은화라고 알려진 데나리우스(denarius)가 처음 주조된 것은 기원전 268년이었다. 로마는 포에니 전쟁(BC 264~BC 146, 세 차례에 걸친 로마와 카르타고의 전쟁)에서 카르타고에 승리를 거두고 지중해 서부의 패권을 차지하면서 그리스 문화의 영향으로 은화와 동화를 대량 주조했다. 로마 전성시대를 연 율리우스 카이사르(Julius Caesar, 로마 공화정의 마지막 콘술)는 자신의 얼굴을 화폐에 넣었다. 이는 기존의 화폐에 신이나 신화를 새겨 왔던 로마의 전통과 관례를 무시하는 처사였다. 전통을 무시하는 이러한 태도는 반발을 일으켰고 결국 카이사르는 암살(BC 44)을 당하고 말았다. 암살을 주도한 브루투스(Brutus)는 기원전 42년 자신의 얼굴을 화폐에 넣었는데 그 또한 암살의 희생자가 되었다. 로마 공화정 시대에 콘술은 황제가 아니고 가장 큰 권력을 행사하는 귀족에 불과했다. 이런 콘술이 황제로서의 권력을 행사하려고 할 때 귀족들의 집단적 반발을 일으켰다. 그러한 예 중 하나가 콘술 자신의 얼굴을 화폐에 새기는 것이었다. 카이사르의 후계자를 자처하고 왕위에 오른 옥타비아누스(후에 아우구스투스 왕이 되었다)는 자신의 얼굴 대신 카이사르의 얼굴을 화폐에 넣고 자신은 신의 아들(son of the God)로 남아 오랫동안 왕위를 지켰다.

초기 로마는 대외 팽창 정책으로 인해 정복지로부터 지속적으로 귀금속이 공급되고 화폐 발행도 증가했다. 하지만 동시에 교역도 크게 늘어남으로써 공화정 시기에는 심각한 인플레이션은 발생하지 않았다. 그러나 3세기 이후 로마 제국이 절정에 이르고 나서는 영토 확장이 중단되고 정복을 통한 전리품이 줄어들었다. 반면에 왕실은 지출을 계속 증대시켜야 했다. 대규모 전쟁은 없었지만 시민들의 환심을 사기 위해 그들에게 많은 재물을 제공했던 탓이다. 로마 황제들이 이 재원을 확보하기 위해 은화의 은 함유량을 점차 줄인 결과 지속적인 화폐 가치의 하락과 인플레이션이 발생했다. 네로(Nero, 37~68) 황제는 화폐의 순도를 줄이는 방법 외에도 도금된 화폐를 만들어 재원을 충당하기도 했다. 상당 기간 동안 로마의 은화는 유통이 가장 활발한 국제 통화였지만 점차 순도가 줄어들고 가치가 하락하면서 해외에서는 은 함량이 높은 일부 은화만 요구하기에 이르렀다. 로마 내에서도 사람들이 순도가 높은 은화는 시장에 내놓지 않자 유통되는 돈은 모두 순도 낮은 불량 은화뿐이었다. 54년 중량 100퍼센트였던 은화는 68년에는 90퍼센트로, 211년에는 50퍼센트로 줄었고, 268년에 이르러서는 원래 중량의 4퍼센트밖에 되지 않았다. 296년에 디오클레티아누스(Diocletianus, 245~316) 황제가 중량이 100퍼센트인 화폐를 주조하는 등 화폐 개혁을 통해 화폐 가치의 안정을 꾀했지만 쇠퇴하는 제국의 운명을 되돌릴 수는 없었다. 결국 군대에 봉급조차 지불할 수 없게 되면서 동로마와 서로마로 분열했던 로마는 다른 제국들과 마찬가지로 훈족, 게르만족 등의 침략으로 쇠퇴했고 로마 화폐도 제국과 운명을 같이했다.[12]

화폐의 암흑기, 그 빛을 잃다

476년 서로마 제국의 멸망은 서유럽에서 화폐의 몰락을 불러왔다. 도시는 활기를 잃었고 교역은 위축되었으며 화폐의 유통이 현저히 줄어들었다. 브리튼 섬(현재의 영국)의 경우 화폐 사용이 전면 중단되었고, 다른 지역에서는 화폐를 사용하기는 했지만 도시가 축소되면서 화폐 유통이 감소했다. 지방 분권이 이루어지면서 지역마다 지배자는 있었으나 로마처럼 전역에 화폐를 발행해 유통시킬 만한 강력한 세력이 없었기 때문이다. 이후 봉건 사회가 도래하면서 사회 구조상 화폐의 기능이 축소될 수밖에 없었다. 주군과 신하 사이의 관계는 기본적으로 서비스의 계약 관계보다는 '충성의 맹세와 보호의 약속'에 의해 이루어졌기 때문이다. 특히 지역 영주들이 부의 대부분을 차지하고 백성들을 완전히 지배해 교역도 활발하지 못했다. 닫힌 사회이자 자급자족 사회로 복귀한 것이다.

왕권이 약화되고 봉건 제후들의 권력이 커짐에 따라 화폐 주조권이 분열되면서 화폐 가치는 급락했고, 지방 봉건 영주들이 주조한 다양한 화폐들이 뒤섞여 유통되었다. 화폐의 공급과 마찬가지로 화폐의 수요도 위축되었다. 인구의 대부분을 차지하는 농촌 지역의 농민들은 자급자족으로 가계를 꾸렸고, 장원 제도하에서는 농지의 사용료를 화폐가 아니라 수확물과 노동 제공으로 지불했다. 화폐는 영주들이 잉여 수확물을 거래하고 사치품을 구입하는 용도 정도로만 사용했다. 일반 사람들은 화폐로 거래할 일이 없어진 것이다. 금화는 시장에서 화폐로 유통되기보다는 목걸이나 기념품으로 유통되는 것이 오히려 흔해졌다.

중세의 화폐는 이처럼 소수 계급의 전유물이었다. 대외 무역에서 지급 수단으로 사용하거나 국가에 세금을 내거나 교황에게 수입을 바치는 정도로만 사용되었을 뿐이다. 이 시기에는 은화만 서유럽에서 주된 유통 수단으로 명맥을 유지했고 금화는 9세기 이후에 주조가 중단되었다. 금화가 사라진 중요한 이유는 은화에 비해 가치가 과소평가되었기 때문이다. 금화는 유통시키지 않고 금고 속에 보관하거나 녹인 후 금괴로 팔아 은화를 획득하는 데 사용되었다. (금화와 은화의 교환 비율이 1 대 10인 반면에 시장에서 금과 은의 교환 비율은 1 대 15라고 해 보자. 금화 1개를 녹여 금괴로 만들어서 은과 교환한 다음 은화로 만들면 은화

15개를 얻을 수 있다. 반면에 금화로 은화와 교환하면 은화 10개만 얻을 수 있으니 은화 5개를 손해 보는 셈이다.) 수차례에 걸쳐 금화의 상대적 교환 비율을 높여 갔지만, 시장에서의 금과 은의 교환 비율보다는 항상 금화의 교환 비율이 낮았기 때문에 금화는 자취를 감추었다.

이 시기에도 화폐의 가치 하락과 재주조는 반복되었다. 지배 계급의 재원 조달을 위해서가 아니라 일반인들의 위조(counterfeit)와 테두리 깎기(clipping) 때문이었다. 이러한 범죄 행위로 화폐의 가치가 용인하기 어려울 정도로 떨어지면 왕들은 기존의 화폐를 모아 중량과 순도가 다른 새로운 화폐로 찍어 냈다. 순도는 좋아졌지만 중량은 지속적으로 줄어들었다. 재주조에 따른 비용을 왕실이 부담하지 않았으므로 중량 감소는 피할 수 없었다. 반복적인 재주조 때문에 영국의 경우 처음에는 은 1파운드가 120페니로 만들어졌던 것이 15세기에 이르러서는 240페니로 주조되었다. 중량이 절반으로 줄어든 것이다. 이렇게 은화의 실제 중량은 표지된 중량에 미달했지만 거래도 장부상의 기록도 계속 은화의 중량이 아닌 표지가격(tale)으로 이루어졌다. 사람들은 이미 내재 가치와 결별한 화폐를 수용하는 데 익숙해졌다는 말이다.

화폐의 빛이 되살아나다

중세 내내 화폐의 암흑기가 지속된 것은 아니었다. 10세기 신성 로마 제국 이후 점차 다시 중앙 집권화가 이루어지면서 국왕이 주조한 화폐의 역할이 확대되었다. 또 11세기 이후 북부 이탈리아 도시를 중심으로 국제 무역이 발달하면서 금화 주조의 필요성이 다시 대두되었다. 무역을 통해 금화를 주조할 수 있을 만한 양의 금이 이탈리아 도시 국가들에 축적되면서 13세기 중엽 제노바, 피렌체, 베네치아 등에서 자체적으로 금화를 주조하기 시작했다. 지역 화폐인 은화와 달리 금화는 국제적인 결제 수단으로 사용되었다. 특히 상업 중심지였던 베네치아에서 발행한 두카트(ducat) 금화는 무게와 순도가 정확하게 유지되었기 때문에 국제 결제를 하는 대표 통화로서 역할을 했다. 이러한 영향으로 14세기에는 영국, 프랑스 등에서도 다시 금화가 주조되었다. 화폐가 주조되고 유통되자 이와 함께 은행업이 상업 도시를 중심으로 새롭게 성장하기 시작했다. 서로 다른 화폐는 국제 무역에 장애가 될 수밖에 없기 때문이다. 유통되는 수많은 종류의 금화와 은화의 가치를 정확하게 평가할 줄 아는 전문가가 필요했고 금세공인(goldsmith)들이 이 역할을 맡았다. 나중에 이러한 금세공인들이 환전 은행으로, 더 나아가 예금 은행으로 발전했으니 근대 금융의 단초가 이 암흑기에 만들어졌던 것이다.

화폐가 다시 빛을 발하는 데는 신대륙의 발견이 결정적인 계기가

- 16세기 후반부터 19세기까지 널리 유통되었던 스페인 실버에잇 은화.
- 1284년에 도입되어 지중해 교역의 중추적 역할을 한 베네치아 두카트 금화.

되었다. 15세기 포르투갈과 스페인에 의한 지리상의 발견은 유럽에 엄청난 변화를 불러왔다. 포르투갈에 의해 서아프리카의 금이, 스페인에 의해 카리브 제도와 아메리카 대륙의 금은이 대규모로 유럽에 유입되었다. 16~17세기에 걸쳐 신대륙에서 채굴된 은은 '실버에잇(silver eight)'으로 주조되어 스페인으로 흘러들었다. 이 은화는 '레알 코인(reales coin)', '페소(peso)', '달러(dollar)'라고 불리며 유럽뿐 아니라 아시아, 아메리카에서도 널리 사용되었다. 이른바 전 세계적으로 유통되는 국제 통화였던 것이다. 당시에는 한 국가의 부는 얼마나 많은 금과 은을 소유하느냐에 달려 있다고 믿었기에, 모든 국가가 금은의 보유량을 늘려 국부를 쌓으려 혈안이었다.

스페인으로 유입된 금과 은은 전쟁과 약탈 또는 무역을 통해 다른 유럽 국가로 흘러들어 갔다. 이렇게 유럽 전역으로 흘러간 금과 은은 대부분 화폐로 주조되었다. 하지만 그 결과 국부가 늘어난 것이 아니라 오히려 엄청난 물가 상승이 초래되었다. 특히 귀금속이 직접 유입되었던 스페인은 가장 심한 인플레이션을 겪어야 했으며 프랑스, 영국 등 스페인에 많은 상품을 수출하는 나라들에서도 전반적으로 인플레이션이 일어났다. 화폐의 유통량이 상품의 공급량과 균형을 이루어야만 국가의 부가 창출될 수 있는데, 당시에는 생산의 증가가 화폐의 증가를 따라가지 못했다. 지속적인 물가 상승은 지대 수입에 의존하던 봉건 영주들에게 큰 타격을 주면서 봉건주의 시대의 종말을 앞당겼다.

금세공인들의 약속 어음에서 시작된 지폐

13세기 후반 이탈리아 북부 도시를 중심으로 출현했던 초보적인 수준의 은행업이 점차 유럽의 다른 지역으로 퍼졌다. 당시 은행은 주로 화폐 보관과 장거리 무역 결제 기능을 수행했다. 은행들은 금고에 귀금속을 받아 보관하고 예금주의 지시에 따라 화폐를 지급하겠다는 약속 어음을 발행했다. 은행들은 채무자의 계좌에서 채권자의 계좌로 예금을 이체해서 거래에 대한 지급 결제가 이루어지게 했다. 일종의 지로(giro) 업무였다. 이러한 예금 이체는 국제 무역에서는 활발하게 활용되었지만 일상의 화폐 지급을 대신하지는 못했다. 그리고 은행은 일반 고객에게 대출을 하거나 초과 인출을 허용하는 것은 너무 위험해서 취급하지 않았다. 주로 무역업자들 사이에서 장거리 무역에 따른 위험을 해결하기 위해 환어음이 사용되었는데 이 환어음이 서양에서 지폐가 등장하게 되는 중요한 단초였다. 환어음은 일정한 기간 내에 일정한 금액을 채권자에게 지불하겠다고 채무자가 발행한 증서였다. 이 환어음은 다른 도시에서 실물인 금이나 은 주화로 쉽게 교환할 수 있었기에 유럽의 무역 도시들에서 활용되었다. 또 장거리 결제를 해결하려고 고안된 환어음은 채무자가 미래 시점에 갚겠다는 약속도 포함되어 있으므로, 자금 확보의 시간문제까지 해결해 주면서 점차 일반 상인들 사이에서 중요한 지불 수단이 되었다. 이렇게 은행들이 발행한 약속 어음과 상인들이 발행한 환어음은 상인들 사이에서는 널리 통용되었지만 금화와 은화를 대체해 일상적인 거래의 교환 수단에까지 이르지는 못했다. 본격적으로 화폐의 기능을 하는 새로운 지폐는 은행들이 발행한 은행권(bank note)에서 출발했다.

16세기까지 유럽에서는 금화나 은화가 여전히 화폐의 중심이었다. 그러나 17세기에 들어서 종이에 가치를 기록한 지폐가 등장해 점차 금화와 은화를 대체하기 시작했다. 런던에서는 금세공인들이 발행했던 금 보관증이 상인들 사이에서 지불 수단으로 통용되었다. 지금까지 내려오는 가장 오래된 보관증은 1633년에 발행된 것이다. 채무를 진 상인이 금세공인들에게서 받은 보관증에 배서해 주기만 하면, 보관증을 받은 상인은 증서에 적힌 만큼의 금과 은을 금세공인의 금고에서 언제든지 상환받을 수 있었다. 처음에는 보관증에 이름이 적힌 사람(named person)에게만 지불되던 것이 점차 소지인(bearer)이면 누구나 지불받을 수 있게 되었다. 그런데 이 금 보관증을 주로 발행하던 금세공인들은 새로운 수익 사업을 발견했다. 그들은 경험을 통해 모든 고객이 한꺼번에 예탁금을 상환해 달라고 요청하지 않는다는

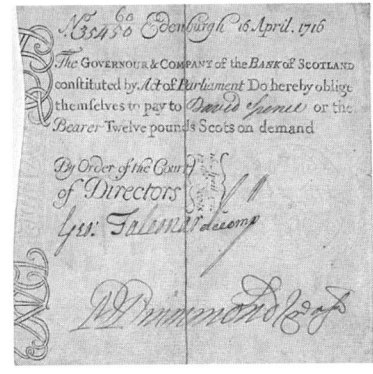 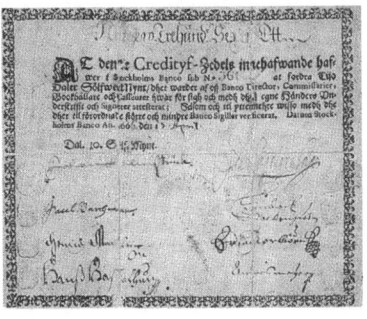

- 환전상들이 발행해 16세기 유럽에서 널리 유통되었던 환어음 증서.
- 17세기 스웨덴 스톡홀름은행에서 최초로 정부가 보증하는 법정 지폐를 발행했다.

것을 알게 되었다. 자기 금고에 예탁된 금화와 은화를 모두 묻어 둘 필요가 없다는 사실을 깨닫고는 점차 예탁된 금은을 상회하는 액수의 금 보관증을 발행했다. 이렇게 초과 발행되는 금 보관증은 사실상 유령 보관증이었고 현대적 의미에서는 일종의 대출이었다. 비록 법적으로 인정된 화폐는 아니지만 거래와 금융의 필요에 따라 지폐의 초기 형태로 은행권이 탄생한 것이다.

법정 지폐의 발행

민간 은행이 발행한 은행권이 사람들로부터 신뢰를 확보하는 데는 근본적으로 어려움이 있었다. 이러한 은행권에 대해 사람들의 신뢰를 확보하기 위한 장치가 '지폐의 법정화'와 '중앙은행의 설립'이었다. 유럽에서 법정 지폐는 정치적 경제적으로 혼란했던 상황에서 최초로 발행되었다. 정부 보증 지폐를 최초로 발행한 나라는 30년 전쟁(1618~1648)[13] 후의 스웨덴이었다. 당시 스웨덴은 전쟁으로 인해 금과 은이 고갈되면서 국가 재정이 바닥났고 이에 따라 스웨덴은 동 본위 제도로 전환했다. 그러나 동화(copper coin)는 크고 무거워서 불편했고 그로 인해 가치가 떨어졌다. 이를 해결하기 위해 1656년 비록 개인 소유이지만 사실상 국가의 비호 아래 설립된 스톡홀름은행이 발행한 은행권이 세계 최초의 법정 지폐가 되었다. 그러나 몇 년 지나지 않아 이 은행은 과도한 대출과 어음 발행 때문에 결국 문을 닫았다. 프랑스에서의 지폐 발행도 스웨덴과 비슷한 과정을 겪었다. 1716년 은행가 존 로(John Law, 1671~1729. 이 책에 자주 등장하는 인물로 자세한 내용은 뒤에서 설명한다)가 프랑스 왕의 비호 아래 설립한 프랑스은행(Banque Royale, 로가 1716년에 설립한 민간 은행 방크제네랄레Banque Generale가 1718년 중앙은행으로 전환되었다)이 중앙은행 역할을 했다. 프랑스는 이 은행이 발행한 지폐로 모든 세금을 낼 수 있다는 내용을 법으로 정하기도 했다. 하지만 지폐 발행을 남발하고 은행이 투기적 사업(미시시피 식민지 사업이라고 일컬어지는 프랑스의 해외 식민지 사업이다)에 투자하다가 결국 이 은행 역시 1720년에 파산했다.

유럽에서 최초로 성공한 법정 지폐는 영국에서 등장했다. 1688년 일어난 명예혁명 이후 집권한 윌리엄 3세(William Ⅲ)가 프랑스와의 전쟁으로 재정이 궁핍해지자 상인들에게서 120만 파운드의 자금을 차입하면서 이에 상응하는 화폐 발행권을 주었다. 이를 바탕으로 1694년에 다수의 대상인들이 공동 출자하는 주식회사 형태로 영란은행(Bank of England)이 설립되었다. 당시에는 모든 은행이 화폐를 발행할 수 있었고 영란은행이 발행한 은행권과 민간 은행이 발행한 은행권 사이의 차이는 없었다. 그러나 영국 정부는 '정부의 은행' 역할을 하는 영란은행의 권한을 강화했다. 1773년 영란은행의 지폐인 은행권을 위조한 자는 사형에 처한다는 법이 제정되었는데, 이는 영란은행의 지폐가 법화와 같은 지위를 부여받았음을 의미했다. 그리고 1793년부터 22년간 나폴레옹과 전쟁을 치르는 동안 급격한 인플레이션을 겪으면서 독점적인 발권력을 갖고 화폐 가치를 안정시켜 줄 중앙은행이 필요하자, 1844년 은행법을 개정해 영란은행을 제외한 여타 은행의 은행권 발행을 금지시킴으로써 영란은행의 독점적 화폐 발행권이 확립되었다. (영란은행의 역사는 4장에서 자세히 다루고 있으니 참고하기 바란다.)

　한편 민간에서 발행한 은행권이 최초의 지폐였던 유럽 국가들과 달리 영국 식민지 시대 미국에서는 정부 발행권이 최초의 지폐였다. 본국인 영국과의 무역에서 항상 적자를 보던 미국은 만성적으로 금화와 은화가 부족했다. 1690년 매사추세츠 식민지는 캐나다 퀘벡 지역을 둘러싸고 영국과 프랑스 사이의 전쟁에 동원된 병사들에게 지불할 영국 파운드화가 부족하자 7000파운드의 지폐를 자체 발행했다. 이는 일종의 차용 증서로서 금과 은 같은 준비금도 없이 정부의 신용만으로 발행된 최초의 지폐였다. 미국 내 다른 식민지들도 부족한 주화를 보충하기 위해 매사추세츠 식민지를 모방하면서 점차 지폐 발행이 늘어났다. 이 지폐들은 공공사업이나 정부 부채 지급에 사용되었으며 세금 납부에도 쓸 수 있었다. 하지만 식민지 정부가 금화나 은화로 지폐 상환을 약속하였음에도 불구하고 과다 발행으로 인해 가치가 하락했다. 지폐에 대한 일반인들의 신뢰도 낮아 실제 금속 화폐보다 낮은 가격으로 할인해 거래되었던 것이다. 식민지 정부의 과도한 지폐 발행은 영국 의회의 발행 제한 및 금지 조치로 이어졌고, 결국 이는 식민지의 불만을 불러일으켜 독립 전쟁이 일어나는 요인이 되었다. 미국 독립 전쟁(1775~1783) 당시 식민지를 대표하던 대륙 회의(Continental Congress)에서도 전비 조달을 위해 최초의 연방 어음인 콘티넨털(continental)이라는 화폐를 발행했다. 그러나 이 화폐 역시 견제 장치 없이 정부 신용에만 근거해 과도하게 발행함으로써 지폐의 가치를 크게 떨어뜨렸다. 정말 아무런 가치도 없다는 의미로 쓰이는 "한 푼의 값어치도 없는(not worth a continental)"이라는 표현도 여기에서 유래했다. 이러한 지폐 가치의 하락 및 인플레이션의 상처와 고통 때문에 미국에서는 1862년 남북 전쟁 중에 북부 연방 정부가 전비 지출을 위해 그린백(greenback)을 발행할 때까지 연방 정부의 지폐 발행이 철저하게 금지되었다.

미국 연방 정부의 지폐 발행 권한은 제한되었지만 크고 작은 수많은 상업 은행들이 설립되면서 자체적으로 은행권을 발행했다. 원칙적으로는 이 은행권들이 금화와 은화로 교환되어야 하지만, 실제 은행이 남발하는 은행권을 뒷받침할 금화와 은화를 갖고 있는지는 알 수 없으므로 은행권에 대한 신뢰도는 낮았다. 그 결과 은행권의 가치는 불안정할 수밖에 없었다. 이러한 혼란스러운 상황을 타개하기 위해 링컨 대통령은 1863년 연방은행법을 제정해 연방 정부가 인가하는 연방은행(national bank, '국법은행'이라 하기도 한다)만이 은행권을 발행할 수 있게 하고, 발권 은행들은 예금 및 은행권 발행액의 25퍼센트를 지급 준비금으로 보유할 의무를 부과했다.[14] 연방 은행들에게는 일정한 크기와 양식의 은행권을 발행하도록 강제했다. 한편 주 은행(state bank, 주 정부가 인가한 은행으로 '주법 은행'이라 하기도 한다)에 대해서는 은행권 발행액에 10퍼센트의 세금을 부과해 점차 주 은행의 은행권 발행을 축소시킴으로써 전국적인 단일 통화를 유도했다. 이후 은행 도산과 금융 공황을 수차례 겪으면서 이에 효과적으로 대처할 수 있는 중앙은행의 필요성이 대두되었다. 1914년 연방준비위원회(Federal Reserve Board, 이하 줄여서 '연준'이라 함)[15]가 설립되었고, 마침내 연준이 발행하는 은행권이 미국 지폐의 근간을 이루었다.

예금 화폐의 등장

지폐가 금속 화폐를 대체했지만 정작 금속 화폐의 최종 라이벌은 지폐가 아니라 수표 발행을 통해 계좌 이체되는 요구불 예금이었다. 17세기 영국에서 은행들은 고객들에게 '당좌 계좌(current accounts)'를 개설해 주고 고객의 현금을 예치받았다. 당좌 계좌의 소유인들은 계좌에 묻어 둔 화폐의 범위 내에서 다른 사람에게 자기 계좌에서 돈을 이체하라는 내용의 의뢰서인 수표를 발행할 수 있었다. 은행 당좌 계좌에 예금만 있으면 현금 지급 없이 수표를 통해 당사자들의 계좌 이체만으로 거래 결제가 이루어지니 예금은 현금 화폐와 다를 바가 없었다. 현금을 지급할 필요 없이 수표를 주면 받은 사람은 은행에 수표를 제시해 계좌 이체를 받게 되므로 현금과 같은 결과가 되었던 것이다. 사람들은 점차 화폐를 현금으로 보관하지 않고 은행 계좌에 넣고 수표를 사용했다.

이러한 예금과 수표 사용은 대규모의 새로운 화폐 창조의 길을 열었다. 은행들은 인출되지 않은 예금을 기반으로 자금이 필요한 고객들에게 대출해 줄 수 있었기 때문이다. 과거에 금세공인들이 보관하는 금은의 공급량이 변하지 않았음에도 중복하여 금 보관증을 발행했던 것과 마찬가지였다. 이러한 은행 대출은 화폐의 공급을 늘렸다. 이 대출을 받은 고객은 대출금의 대부분을 다시 은행에 예금하므로 은행은 다시 이를 기반으로 대출을 늘릴 수 있었다. 이른바 '화폐 창조'가 획기적으로 일어나게 된 것이다. 특히 예금 잔고 이상의 수표를 발행해도 은행이 지불에 응하는 일종의 대출인 당좌 대월 기법이 도

- 18세기 중엽 영국에서 시작된 산업 혁명.
- 제1차 세계 대전 이후 1923년 독일에서 발생한 초인플레이션.

입되면서 화폐 창조도 더 획기적으로 일어났다.

이러한 수표 제도가 18세기에는 런던에서만 활용되었지만, 1844년 은행권 발행이 영란은행으로 일원화되면서 민간 은행들의 은행권 발행이 불가능해지자 그들은 수익의 원천으로 은행권 발행 대신에 수표 제도를 활용했다. 제1차 세계 대전 직전인 1914년 영국에서는 동전이 1억 6000만 파운드, 지폐가 4000만 파운드였던 반면에 예금은 이들보다 훨씬 많은 10억 파운드였으니 화폐 경쟁의 진정한 승자는 지폐가 아닌 예금이었다.

신용 화폐의 시대

인류 역사에서 화폐가 등장하면서부터 화폐의 가치는 상품이나 금 또는 은과 같은 귀금속에 뿌리를 두고 있었다. 새롭게 선보인 지폐도 귀금속 화폐로 바꿀 수 있다는 암묵적 또는 명시적 보증 때문에 가치를 지녔다. 따라서 지폐 가치는 은행 금고에 보관되어 있는 금이나 은에 전적으로 의존했다. 18세기 영국에서는 명목상으로는 지폐를 금과 은으로 모두 교환할 수 있는 복본위제가 시행되고 있었지만 은화는 자취를 감추고 금화만 유통되었다. 은화의 금화에 대한 법정 교환비율이 시장 시세에 비해 너무 낮아 은화를 은괴로 녹이는 일이 비일비재했기 때문이다. 특히 영국은 은 본위제를 시행하는 중국과 인도에서 차, 향료, 사치품을 대량 수입하면서 은의 국제 가격이 상승하고 해외로 은이 유출되었다. 이는 사실상 화폐 단위의 가치를 금의 가치와 일치시키는 금 본위제나 마찬가지였음을 의미한다. 그러나 공식적으로 금 본위제가 확립된 것은 한참 뒤였다. 영국은 나폴레옹 전쟁(1797~1815) 후인 1821년 영란은행이 발행한 은행권의 금 태환성을 명문화하면서 세계 최초로 금 본위제를 확립했다. 이후 산업 혁명을 거친 경제력을 바탕으로 영국의 파운드가 세계 기축 통화가 됨으로써 1870년대 유럽에서 독일, 프랑스, 이탈리아 등의 국가들이 금 본위제로 이행했고 마지막으로 미국도 금 본위제를 채택했다.

제1차 세계 대전(1914~1918)이 일어나기 전까지는 금 본위제와 고정 환율 제도가 그런대로 순조롭게 운영되는 듯했다. 그러나 전쟁이 발발하면서 사정은 완전히 달라졌다. 모든 국가들은 전쟁 비용을 조달하기 위해 보유한 금 이상으로 지폐를 대량 발행하지 않을 수 없게된 것이다. 결국 1914년 금 본위제의 맹주였던 영국이 포기 선언을 함으로써 금 본위제는 붕괴되었다. 제1차 세계 대전 후 승전국들은 전쟁 중의 통화 남발에 따른 인플레이션으로 심각한 후유증에 시달렸고, 특히 패전국으로서 막대한 전쟁 배상금 부담까지 안은 독일은

- 1944년 브레턴우즈 협정을 통해 금과 미국 달러 간 교환 비율을 정하고 달러화에 기축 통화의 지위를 부여했다.
- 1971년 미국 닉슨 대통령의 선언으로 브레턴우즈 체제와 금 본위제가 붕괴했다.

화폐 남발로 극심한 인플레이션을 겪었다.[16] 인플레이션을 극복하기 위해 또다시 미국(1919), 영국(1925) 등이 금 본위제로 복귀했지만 결국 1929년 시작된 세계 대공황으로 인해 금 본위제는 영영 복원되지 못했다.

제2차 세계 대전(1939~1945)이 끝날 무렵인 1944년, 44개의 연합국들이 미국 브레턴우즈에서 금 1온스에 미화 35달러의 가치를 부여하고 각국의 화폐와 달러의 교환 비율을 고정시킴으로써 화폐의 가치를 유지하는 일종의 금 본위제인 금 환 본위제를 채택했다.[17] 이로써 달러만이 지폐와 금을 연결하는 최후의 보루 역할을 하게 되었다. 세계 각국은 금 대신에 미국 달러를 비축하려 했고 미국 달러화는 대량으로 해외로 빠져나가 각국의 중앙은행에 쌓여 갔다. 1960년대 베트남 전쟁(1960~1975) 등으로 미국의 국제 수지 적자가 발생하면서 전비 조달을 위해 달러를 대규모로 발행하자 달러 가치는 급락했다. 이에 보유한 달러의 가치 하락에 불안을 느낀 프랑스 등 일부 국가들이 미국 정부에게 금 태환을 요구하면서 미국의 금 보유고는 크게 줄었다. 결국 1971년 닉슨 대통령이 일방적으로 달러의 금 태환 정지를 선언하면서 달러와 금과의 연계가 종식되었다.

오늘날 대부분의 국가에서 화폐는 불환 지폐이다. 다시 말해 금속이나 주화 등으로 교환이 불가능하고 단지 정부의 강제력에 의해 법적 지불 수단으로 받아들여지는 시스템으로 바뀌었다. 이로써 지폐는 일정 액수를 나타내는 하나의 표시에 불과하며, 많은 사람들이 '그것이 가치 있다'고 생각하는 그 사실로부터 가치가 발생한다. 이를 명목 화폐라고 부르기도 하고, 정부에 대한 신용을 근거로 유통되는 것이므로 신용 화폐라고도 부른다.[18] 세상의 화폐는 비로소 금으로부터 해방되어 자유를 얻었다. 그러나 자유를 얻는 순간부터 화폐는 사람들의 신뢰를 얻기 위한 노력을 배가해야 했다. 자유에는 더 많은 책임과 자제가 따르기 때문이다.

우리나라 화폐의 어제와 오늘

우리나라에서도 화폐는 앞에서 살펴본 것과 비슷한 발달 과정을 거쳤다. 원시 사회에서는 다른 민족들과 마찬가지로 물물 거래를 주로 했고 조개나 모피류 등이 거래를 매개하는 화폐의 역할을 했다. 그렇다면 우리나라에서는 화폐가 언제 처음으로 사용되었을까. 「한서지리지」[19]에 나오는 고조선의 8조법[20]에서 50만 전이라는 화폐 단위가 등장한다. 조선 시대에 편찬된 『동국사략』과 『해동역사』에는 기원전 957년 기자 조선에서 금속 화폐인 자모전(子母錢)을 만들었다는 기록이 있다. 화폐나 화폐를 만드는 틀이 유물로 발견되지 않아 자체적으로 주조를 했는지는 불분명하지만 고조선에서 화폐를 사용했다는 점은 확실하다. 하지만 화폐보다는 곡물이나 직물이 일반적으로 통용된 상품 화폐였다. 고조선의 8조법에는 "남에게 상해를 입힌 자는 곡물로써 배상한다."라는 조문이 있는데, 이는 곡물이 상품 화폐로 널리 통용되었음을 암시한다.

『동국사략』에는 삼국 시대에 국가가 주화를 만들어 사용했다는 기록이 나온다. 마한에서는 기원전 109년 화폐를 주조했으며, 동옥저와 신라에서는 금과 은으로 만든 무문전(無文錢, 문양이 없는 동전)을 사용했다고 전해진다. 그러나 여전히 금속 화폐보다는 직물, 곡물, 철 등 상품 화폐가 주를 이루었다. 쌀과 베는 상품 화폐의 주종이었다. 삼한 시대에 진한은 철이 풍부해 외국과의 무역에서 철을 화폐로 사용했다. 고구려에서는 직물과 함께 철기 농기구나 무기를 화폐로 사용했고, 신라에서는 곡물과 직물 이외에도 소금, 농기구, 무기, 금은 세공품 등이 거래를 매개했다. 백제는 대외 무역에서는 귀금속을 사용하고 국내 거래에서는 쌀과 베를 사용했다. 세금은 포(布, 삼베), 견(絹, 비단), 사마(絲麻, 명주실과 삼실) 그리고 쌀로 받았다. 포와 견은 큰돈으로, 사마는 잔돈으로, 그리고 쌀은 큰돈과 잔돈 역할을 두루 했다.

화폐와 관련된 각종 기록은 고려 시대부터 남아 있다. 국가가 화폐를 주조해 유통시키기는 했지만 고려 시대도 자급자족의 농경 사회였기 때문에 화폐 유통이 활발하지는 못했다. 이들은 국내 거래보다는 대외 거래의 필요성 때문에 화폐를 만들기 시작했을 것으로 추정된다. 996년 성종 때 중국 엽전을 모방한 '건원중보(乾元重寶)'라는 철전이 최초로 주조되었다.[21] 중국의 건원중보를 모방해 앞면은 같지만 뒷면에는 우리나라를 뜻하는 동국(東國)을 새겨 넣었다. 이후 유사한 모양의 엽전들이 많이 만들어졌는데, 대각국사 의천의 화폐론에 따르면 엽전의 둥근 모양은 하늘을, 안의 사각 모양은 땅을 의미한다고 한다. 숙종 때인 1097년에 화폐 주조를 담당하는 관청으로 '주전도감'을 설치해 '동국통보', '해동통보', '삼한통보'를 주조했고, 1101년에는 호리병 모양의 '은병'도 은화로 유통되었다. 은병은 미곡 16~30석의 가치를 가진 고액권으로 한반도 모양을 본떠 은으로 만들었다. 그리고 동전들이 소액 거래를 매개했다. 국가가 화폐 발행을 통해 본격적으로 재화의 생산과 유통에 활력을 불어넣기 시작한 것이다. 그러나 우리나라에서는 일찍이 발달한 어음 제도와 고유의 시장 제도 등으로 인해 금속 화폐가 중국이나 유럽에 비해 활발하게 유통되지 못하고 수도인 개성을 중심으로만 거래되었다. 장날이면 각지에서 모인 사람들이 쌀과 직물 등으로 원하는 물건을 쉽게 거래할 수 있었다. 그나마 화폐가 가장 활발히 오가던 곳이 주막이라서 새로운 화폐를 유통시키기 위해 국가가 주막을 만들었다는 기록도 남아 있다.

또 우리나라 최초의 지폐인 '저화(楮貨, 소재는 닥나무 껍질)'도 고려 말인 1392년 공양왕 때 만들어졌으나 그리 활발히 쓰이지는 못했다.

- 996년 고려 성종 때 주조된 우리나라 최초의 주화인 건원중보의 앞면과 뒷면.
- 해동통보는 제작 연도가 확실하며 본격적으로 유통된 최초의 동전으로 고려 숙종 때(1102) 주조되었다.

그러다가 조선 개국으로 저화의 유통이 금지되었는데, 1402년 태종 때부터 다시 사용했다. 조선은 저화 통행법을 반포하고, 당시 화폐로 통용되던 추포(麤布, 거친 베)의 사용을 금지하고 나라에 바치는 공물을 저화로 받았다. 상인들에게 저화의 사용을 강제하는 등 강력한 사용 정책을 펼쳤지만 성공하지 못했다. 당초에는 저화 한 장의 가치가 쌀 두 말이었지만 1423년 세종 때에는 쌀 한 되의 가치에도 미치지 못했다. 당시 사람들은 상품 가치에 익숙해 있어서 소재 가치가 없는 저화에 대한 불신이 팽배해 있었고 이 때문에 화폐로 받아들이기가 어려웠던 것이다. 세종 때에는 조선통보 등 새로이 금속 화폐가 발행되면서 저화의 사용이 줄어들었고 성종 때에 이르러 저화는 자취를 감추었다.

조선 시대에 들어서 조정은 화폐 발행과 유통에 깊이 간여했다. 은병의 유통을 금지하는 대신에 1423년 세종 때 '조선통보(朝鮮通寶)'라는 동전을 주조해 지폐인 저화와 함께 유통시켰다. 또 세조 때에는 '전폐(箭幣)'라고 하는 화살촉 모양의 독특한 철전도 등장했다. 당시 여진족 침입 등 국방 문제가 중시되면서 유사시 화살촉으로도 사용하는 등 화폐의 경제성뿐 아니라 실용적 측면까지 고려한 것이다. 그러나 조선 전기의 상업 억제 정책으로 다른 화폐와 마찬가지로 활발히 유통되지 못했다. 더욱이 그 뾰족한 생김새로 인해 소지가 불편한 점도 유통을 어렵게 만든 요인이었을 것이다. 1633년 인조 때부터 주조하기 시작한 '상평통보(常平通寶)'는 처음에는 널리 유통되지 않다가 숙종 때부터 세금 납부 허용 등 국가의 정책적 뒷받침을 받으며 본격적으로 전국에 유통되었다. 당시는 병자호란과 임진왜란으로 생활 기반을 잃은 농민들이 도시로 몰려들어 상업이 활발해졌다. 이에 따라 상평통보가 지속적으로 유통되면서 화폐 경제가 발달했다. 상평통보는 우리나라 최초로 전국적인 규모로 200년이라는 장기간 활발하게 유통된 금속 화폐였다. 이를 발행한 곳은 중앙에서는 호조, 공조, 금위영, 창덕궁 등이었고 지방에서는 함경도, 평안도, 경기도, 전라도, 경상도 등 전국의 감영에서 주조해 주전소가 50여 군데에 이르렀다. 상평통보는 단자전(單字錢, 1678년 주조), 당이전(當二錢), 중형전(中型錢), 당오전(當五錢), 당백전(當百錢) 등으로 액면 가치를 달리해서 발행했다.

 1866년(고종 3년) 대원군은 왕실의 권위를 회복한다는 명분으로 경복궁을 중건하고 쇄국 정책을 뒷받침할 군대를 증강하기 위해 막대한 재원이 필요했다. 이러한 재정 수요를 충당하기 위해 실제 무게는 상평통보의 5~6배에 불과하지만 100배의 명목 가치를 갖는 당백전(當百錢, 일종의 상평통보로 뒷면에 호대당백戶大當百이라는 글자가 새겨져 있다)을 남발했다. 6개월 사이에 1600만 냥을 발행했는데, 당시 상평통보의 총 유통량이 1000만 냥이었다는 점을 감안하면 화폐 발행이 얼

- 1752년 조선 숙종 28년에 발행된 상평통보.
- 1866년 조선 고종 3년 대원군이 발행한 액면 가치가 가장 큰 상평통보 당백전.

마나 증가했는지를 알 수 있다. 이 때문에 양화(良貨)인 상평통보는 점차 자취를 감추고 악화(惡貨)인 당백전만 유통되면서 물가가 급격하게 상승하는 등 화폐 질서가 무너졌다. 1866년에 7냥 하던 쌀 한 섬이 2년 후에는 55냥으로 치솟았다. 결국 물가 상승으로 백성의 생활이 피폐해지자 발행 2년 만인 1868년 10월 당백전의 사용이 전면 금지되었고, 이로 인한 혼란으로 백성들의 화폐에 대한 불신은 고조되었다. '상평(常平)'이라는 이름은 '상시평준(常時平準)'으로부터 따왔다고 한다. 즉 가치를 항상 일정하게 유지하겠다는 의지의 표현이었는데 당백전 때문에 이름에 먹칠을 한 꼴이 되었다.

조선 시대 말 외국과의 무역이 활발해지면서 1882년(고종 19년)에 은으로 만든 '대동은전(大東銀錢)'을 주조했다. 외국의 화폐는 은화인데 비해 상평통보는 철전이라 거래가 불편해 은화 주조가 필요했던 것이다. 대동은전은 우리나라 최초로 서양 주화를 본떠서 만들어졌다. 이제까지 우리나라 주화와는 달리 가운데 네모난 구멍이 없으며 소재도 은이었다. 그러나 소재인 은의 확보가 어려워져 주조한 지 9개월 만에 제작을 중단했다. 화폐 질서를 바로잡고 서양식 금속 화폐를 도입하기 위해 1883년 '전환국'을 설치하고 은 본위제를 도입하려한 시도는 오히려 부작용만을 낳았다. 은이 충분히 확보되지 않아 은화의 주조액은 미미했고 실제 가치가 낮은 백동화만 대량으로 주조되었다. 백동화를 대량 주조하면서 1900~1905년 이른바 '백동화 인플레이션'으로 불리는 극심한 물가 상승을 불러왔다. 1900년 4월 당시 『한성신문』은 "곡식이란 곡식은 화륜선(火輪船)으로 다 빠지고 백동화만 나뒹구니 물가가 치솟아"라는 논설을 통해 쌀값이 약 6개월 동안 7배 폭등하는 당시 상황을 풍자하기도 했다. 이는 청일 전쟁(1894~1895)으로 국내 생산 기반이 무너지고 전후 계속되는 정국 불안과 일본의 극심한 경제 수탈로 국가 재정이 궁핍해진 데 그 원인이 있었지만, 보다 직접적으로는 백동화와 같이 소재 가치를 상회하는 액면의 화폐를 발행하면서도 이를 집중 관리할 수 있는 건실한 화폐 관리 체계를 갖추지 못했던 데 더 큰 원인이 있었다. 특주(特鑄, 개인이 화폐를 주조하고 이의 일부를 국가에 상납), 묵주(默鑄, 왕실의 묵인 아래 개인이 주조), 사주(私鑄, 면허세를 납부하거나 왕실에 상납도 하지 않는 개인에 의한 주조)는 물론 외국에서 주조해 밀수입되는 등 화폐 주조 및 공급의 난맥상이 극심하게 드러났다.[22]

구한말 우리나라의 화폐 제도는 정치적 상황만큼이나 혼란했다. 일본과 러시아 사이에서 정치적 외줄타기를 했던 대한 제국은 화폐 제도에서도 자주적인 결정을 내리지 못하고 오락가락하다가 결국 일본의 강압에 의해 그들의 의도대로 따를 수밖에 없었다. 대한 제국은 1901년 러시아의 도움을 받아 금 본위 제도, 중앙은행 설립, 화폐 단위 환(圜) 도입을 내용으로 하는 '화폐 조례'를 발표했다. 그러나 실제로 후속 조치가 따르지 않아 흐지부지되었고, 1904년 러일 전쟁에서 일본이 승리하고 한일협정서(1904.8.22)가 체결되자 우리나라 화폐의 운명은 일본의 손으로 넘어갔다. 1905년 일본은 일본 제일은행 부산 지점(1878년 세워져 1902년부터 은행권을 발행했다)에 공식 발권 기능을 부여했다. 대한 제국은 1909년 한국은행 조례를 제정하고 중앙은행으로서 한국은행을 주식회사 형태로 설립해 화폐 주권을 지키려고 마지막 안간힘을 썼다. 하지만 1910년 국권 피탈로 인해 한국은행은 1911년 조선은행으로 개칭되고, 1914년부터 원(圓)을 화폐 단위로 하는 조선은행권이 발행되었다.

해방과 더불어 미군정은 일제 강점기에 유통되었던 조선은행권을 법정 화폐로 선포하고 조선은행도 그대로 유지했다. 다만 1948년부터는 일제 잔재 청산뿐 아니라 북한에 의한 대남 교란 활동을 차단하려고 일본 오동나무 문양이 새겨진 기존의 조선은행권 대신에 무궁화가 새겨진 새로운 조선은행권을 발행했다. 우리나라의 중앙은행인 한국은행은 정부 수립 2년 후인 1950년 6월 12일에야 설립되었다. 한국은행은 6·25 전쟁 중인 1950년 7월 대구에서 최초로 한국은행권(1000원권, 100원권)을 발행해 기존에 유통되던 조선은행권과 함께 통용시켰다.

이후 세 차례에 걸쳐 화폐 개혁을 목적으로 하는 통화 조치가 단행되었다. 전쟁 중에 북한군이 위조 조선은행권을 찍어 내자 1950년 8월 '1차 통화 조치(대통령 긴급 명령 제10호)'로 조선은행권을 한국은행권으로 1 대 1 교환하도록 했다. 1953년 2월 정부는 전시의 인플레이션을 수습하기 위해 '2차 통화 조치(대통령 긴급 명령 제13호)'를 단행했다. 이는 당시 전쟁으로 인한 막대한 군사비 지출과 생산 활동 위축으로 물가가 급등했고, 통화의 대외 가치도 폭락하면서 경제가 큰 혼란에 빠지자 통화 가치를 안정시키기 위한 조치였다. 조선은행권의 유통을 전면 금지하고, 화폐 단위도 100 대 1의 교환 비율로 '원(圓)'에서 '환(圜)'으로 바꾸었다. 그 결과 화폐의 증가 속도가 현저히 둔화되면서 인플레이션을 진정시킬 수 있었다. 1962년 '3차 통화 조치(긴급 통화 조치법)'는 경제 개발 5개년 계획을 추진하면서 인플레이션을 방지하고 음성 자금을 산업 자금으로 유도할 목적으로 단행되었다. 이번에는 화폐 단위를 10 대 1의 교환 비율로 '환(圜)'에서 '원'(한자를 사용하지 않았다)으로 환원했다. 당초의 산업 자금을 조성한다는 목적은 달성하지 못했지만 오늘날까지 사용하는 '원' 표시를 도입했다는 데 의의가 있었다. 1970년대에는 경제 성장에 따른 고액권 발행의 필요성이 대두해 현재와 같은 액면 체제가 형성되었다. 가장 최근의 액면 체제 변경은 2009년 화폐 관리 비용 및 수표 발행 비용을 절감하기 위해 5만 원 고액권을 도입한 것이다.

  현재 우리나라는 한국조폐공사가 지폐 네 종류(1000원, 5000원, 만 원, 5만 원)와 동전 여섯 종류(1원, 5원, 10원, 50원, 100원, 500원)를 발행하고 있다. 한국조폐공사는 6·25 전쟁 중이던 1951년 10월 부산에 설립되어 한국은행의 의뢰에 따라 지폐와 주화를 발행한다. 한국은행은 화폐의 독점적 발행 권한을 부여받은 중앙은행으로서의 역할을 하고 있다. 통화량이나 금리를 정하기 위해 매월 한국은행 총재를 포함한 7인으로 구성된 금융통화위원회를 열고 있다. 한국은행의 최우선 정책 목표는 물가 안정이다. 한국은행은 통화 지표들 가운데 중심 지표를 선정해 2002년까지 통화 정책의 중간 목표로 활용했다. 그러

• 1950년 설립된 대한민국의 중앙은행인 한국은행(서울특별시 중구).

나 2003년부터는 금리 중심의 운영 체제로 전환함에 따라 통화 지표는 정책 운용의 정보 변수로만 활용하고 있다. 2013년 5월 말 현재 통화량은 지급 결제 기능을 강조한 통화 지표인 M1(협의 통화) 기준으로는 486조 원(현금 48조 원, 결제성 예금 438조 원)이고 정기 예·적금, 단기 금융 상품 등을 포함하는 보다 넓은 의미의 통화 지표인 M2(광의 통화) 기준으로는 1879조 원 수준이다.

미래의 화폐를 상상한다

지금까지 인류 문명의 시작에서부터 메소포타미아, 그리스와 로마를 거쳐 중세, 그리고 근대까지 서양을 중심으로 화폐의 진화 과정을 더듬어 왔다. 더불어 간략하게나마 우리나라 화폐의 역사도 살펴보았다. 가능하면 인류 전 시기에 걸쳐 출현했던 중요한 화폐들의 진화 과정들을 빠뜨리지 않으려 했지만 언급하지 못한 화폐들도 많다는 점을 밝히지 않을 수 없다.

또 앞에서 살펴본 화폐의 진화 과정이 모든 인류 문명이나 국가에 획일적으로 적용되지 않는다는 점 또한 말하지 않을 수 없다. 역사학자 토인비는 인류의 고대 문명을 크게 수메르(Sumer, 후에 바빌로니아로 발전), 이집트, 미노안(Minoan, 크레타 섬의 에게 문명), 중국, 마야(Maya, 오늘날의 과테말라 지역), 안데안(Andean, 잉카 문명으로 이어짐)이라는 여섯 개로 분류했다. 이 가운데 안데안을 제외한 다섯 문명들은 모두 화폐를 사용했다. 그러나 찬란한 잉카 문명을 낳은 안데안 문명은 화폐를 사용하지 않았음에도 훌륭한 문명을 만들었다는 점에서 화폐가 인류 문명의 필연적 산물이라고 하기도 어렵다. 특히 안데안은 다른 다섯 문명들보다 금은이 풍부했다는 점은 그야말로 아이러니하다.

앞으로 화폐가 어떻게 진화할까. 최근 화폐 제도에서 변화의 바람은 두 방향에서 불고 있다. 하나는 경제 의존도가 높은 지역 국가들끼리 단일 통화를 만들어 화폐적 통합을 이루려는 시도이다. 유럽 국가들은 유럽경제공동체(European Economic Community, EEC)를 결성해 1972년에 환율 변동을 1퍼센트 범위 내에서 안정시키는 스네이크 체제(snake in the tunnel, 여러 통화가 연계해서 움직이는 것이 뱀과 같다고 해서 붙여진 이름이다)로 알려진 고정 환율제를 채택한 바 있다. 1992년에는 마스트리흐트 조약을 통해 유럽연합(European Union, EU) 설립과 함께 단일 화폐 도입 계획을 확정했고, 실제 1999년 1월 1일부터 국내 문제로 참여하지 않은 영국, 스웨덴, 덴마크를 제외한 9개 국가가 유로(Euro)화를 사용하게 되었다. 오랫동안 국가 주권의 상징이던 자국의 화폐를 스스로 포기하고 유로화라는 공동의 화폐를 채택한 것이다. 이러한 유로 단일 통화의 탄생은 화폐의 새로운 진화 가능성을 보여 준 역사적 사건이었다. 단일 통화의 사용으로 유럽연합은 막대한 외환 거래 비용을 절약할 수 있을 뿐 아니라 회원국 간의 환율 변동에 따른 리스크로부터도 벗어날 수 있게 되었다. 이후 사용 국가가 늘어 현재는 유럽연합 회원국 가운데 17개 유로존(Eurozone, 유로화를 사용하는 국가들을 통칭한다) 국가들과 일부 특별 협약을 맺은 국가[23]들이 사용하고 있다.[24]

유로화는 사용 국가들 사이에서는 금 본위제를 능가하는 강력한 규칙을 갖고 있다. 각국 중앙은행은 화폐 발행 권한을 제약받아 과거 금 본위 제도에서처럼 마음대로 화폐를 찍어 낼 수 없게 되었다. 유로화는 출범 이후 10년 동안 비교적 순조롭게 정착하는 듯했지만 2009년부터 일부 회원국들의 재정 위기로 새로운 국면을 맞고 있다. 일부에

• 2002년부터 유럽연합 12개국에서부터 통합 화폐인 유로화를 사용하기 시작했다.

서는 유로 단일 통화 덕분에 2008년 이후의 글로벌 금융 위기에 직면해 유럽이 별다른 외환 위기를 겪지 않았다고 긍정적인 평가를 하기도 한다. 그러나 단일 통화 사용이 유럽 재정 위기의 원인으로 지목받고 있으며, 위기 대응책을 내놓는 데 단일 통화가 걸림돌로 작용하고 있다는 부정적 평가가 대세이다. 한편에서는 경제 위기를 겪고 있는 회원국들의 탈퇴로 인한 유로의 붕괴를 점치는가 하면 또 한편에서는 더욱 강력한 금융 통합을 위해 단일 금융 감독 기구를 설립함으로써 유로존은 화폐 통합에서 재정 통합으로 더욱 강화될 것이라는 긍정적 전망이 나오기도 한다. 앞으로 어떻게 전개될지 예측하기 어려워 단일 통화의 성패를 평가하려면 더 지켜봐야 할 것이다.

또 다른 화폐 진화의 추세는 물리적 실체를 갖던 화폐가 점점 투명인간처럼 우리의 시야에서 모습을 감추고 있다는 것이다. 금속 화폐를 대체했던 지폐도 예금 계좌의 숫자로 대체되고 있고, 이제는 이 숫자도 예금 통장에 찍히지 않고 컴퓨터 화면이나 휴대 전화에서나 볼 수 있다. 화폐는 더 이상 사람들의 손에서 손으로 도는 것이 아니라 계좌에서 계좌로 이동할 뿐이다. 신용 카드, 현금 카드, 교통 카드 등 각종 카드가 우리 지갑에서 과거 현금이 차지했던 자리를 점령한 지 오래이다. 하루 종일 현금이 없어도 전혀 불편하지 않은 세상이 된 것이다. 정보 통신 기술의 발달에 따라 등장한 전자 화폐는 일상적인 소액 거래에서 동전이나 지폐를 대체하고 있다. 1995년 영국의 몬덱스(mondex) 카드를 시작으로 전자 화폐가 등장해서 전 세계적으로 온오프라인에서 활발히 사용되고 있다.[25] 이 전자 화폐는 범용성 선불 카드로서 전자적인 매체(IC 카드, 네트워크 등)에 화폐적 가치를 미리 저장했다가 물품 및 서비스를 구매할 때 지불되는 결제 수단이다. 네트워크를 이용한 지급 결제로 시간적 공간적 제약을 받지 않고, 이용자에 대한 자격 제한이 없어 경제적 신용도가 낮은 미성년자들도 소액 결제가 편리해 활발히 사용하고 있다. 우리나라에서도 1999년 아이캐시(I-cash)가 출시된 이래 한국형 전자 화폐인 케이캐시(K-cash)를 비롯해 비자캐시(Visa-cash), 모바일 전자 화폐인 주머니(ZooMoney) 등 다양한 전자 화폐가 주로 교통이나 인터넷 쇼핑 등에서 사용되고 있다. 아직까지는 정보 유출의 위험이 있고 보안성에 대한 신뢰가 부족해 주로 소액 거래에서만 사용한다. 그러나 최근 생체 인식 기술을 적용한 전자 카드가 개발되는 등 보안성이 한층 강화되어 그 사용 범위가 넓어질 가능성도 있다.

가장 최근에는 화폐 발행이 중앙은행과 같은 중앙 관리 기구 없이 컴퓨터에 의해 자동으로 일어나는 비트코인(bitcoin)이라는 신종 디지털 화폐가 출현해 사이버상에서 거래되고 있다. 언젠가 발행 주체도 불분명하고 실체도 없는 화폐를 사용하는 세상이 올지 모른다.

비트코인은 2009년 '나카모토 사토시'라는 프로그래머가 만든 가상의 화폐로 온라인에서 거래되는 전자 화폐이다. 컴퓨터의 주어진 암호 문제를 풀 때마다 자동적으로 50비트코인이 생성되어 이체되는데, 암호가 풀릴 때마다 난이도가 올라가 통화량 증가 속도가 느려지도록 설계되었고, 최대 2100만 개까지 생성된다고 한다. 개인들은 비트코인을 컴퓨터의 전자 지갑에 저장하고 공개된 계정 간 거래를 통해 결제할 수 있다. 현재 1비트코인은 120달러이며(2010년 0.05달러였으나 금융 위기를 겪으며 가치가 급등해

2013년 4월 한때 230달러까지 오르기도 했다) 일부 소프트웨어, 온라인 서비스 등의 구매에 실제 사용되고 있다. 현재까지 약 1100만 개가 발행된 것으로 알려져 있으나 기존 화폐를 대체하기에는 한계가 있다고 여겨진다.[26]

  일부 사람들은 전자 화폐의 사용이 일상화되어 오늘날의 지폐나 주화와 같은 전통적인 화폐는 그 기능이 축소되거나 아예 사라질 것으로 전망한다. 반면에 어떤 부류는 지폐나 동전은 완전히 사라지지는 않고 과거 금 본위제에서 금이 지폐를 뒷받침했던 것처럼 여전히 전자 화폐의 모태로 존재할 것이라고 주장한다. 세계 최초의 신용 카드인 '다이너스클럽'이 우연히 한 사업가의 식당에서의 '식사(dine)'에서 비롯했다는 사실은 미래의 화폐 모습도 우연에 의해 달라질 수 있음을 시사한다. 다만 앞에서 언급한 두 가지 추세를 합쳐 보면, 다음번 화폐 진화의 모습은 유로화와 같은 지역 단일 통화를 넘어서 전 세계적으로 통일된 '세계 전자 화폐'일지도 모른다는 생각이 든다. 이러한 획기적인 화폐 출현의 열쇠는 어떻게 새로운 '세계 전자 화폐'가 전 세계 국가와 사람들로부터 광범위한 신뢰를 획득할 수 있느냐 하는 것이다.

  금속 화폐 시대에는 금이나 은과 같은 화폐 자체의 소재 가치가 사람들에게 신뢰를 주었고, 지폐 시대에는 각국 정부와 중앙은행의 통화 관리 능력이 신뢰를 주었다. 앞으로 과연 무엇이 세계 전자 화폐에 대해 신뢰를 줄 수 있을지는 아직까지 미지수이다. 이러한 광범위한 신뢰 확보가 어렵고 기존의 신뢰마저 흔들릴 때 화폐는 새로운 형태로 진화하면서 앞으로 나아가기보다는 과거로 회귀하려는 경향을 보일 것이다. 최근 들어 사람들이 과거에 화폐로 유통되었던 금화를 다시 그리워하는 이유도 바로 오늘날 화폐에 대한 신뢰가 흔들리고 있기 때문은 아닐까.

2장

금화와 은화의 아바타, 지폐의 홀로서기

황금에 대한 이중적 인식

　금이나 은과 같은 귀금속에 대한 인간의 집착과 탐욕은 인류 역사와 함께 시작되었고 이를 확보하기 위한 각축은 수많은 희생과 전쟁을 치르게 했다. 역사 속에서 황금은 한편으로는 아름다움과 권력의 상징이었지만 또 한편으로는 탐욕과 허영의 분신으로 받아들여졌다. 구약 성서의 출애굽기에 나오는 황금 언약궤(모세가 십계를 담은 법궤)와 황금 송아지(이집트에서 탈출한 이스라엘 백성들이 한때 숭배한 우상)는 모두 황금으로 만들어졌지만, 전자는 성스러운 신앙의 상징으로 인식되는 반면에 후자는 무지몽매한 인간의 맹목적 탐욕의 상징으로 그려진다.

　고대 이집트의 최고 예술 작품인 투탕카멘의 황금 가면은 이웃 나라 누비아(오늘날 이집트와 수단의 국경 지역)에 대한 무자비한 침략과 참혹한 노예 노동으로 확보한 황금으로 만들어졌다. 황금으로 자신의 영혼을 구원받으려 했던 콜럼버스의 황금에 대한 갈망은 그를 신대륙 발견의 위대한 역사적 탐험가로 만들었다. 스페인이 신대륙에서

- 언약궤 모형. 모세의 십계를 담은 언약궤는 성스러운 신앙의 상징이다.
- 투탕카멘 가면은 이집트 제18대 왕조 12대 왕인 투탕카멘의 무덤에서 발굴(1922)되었다.

확보한 금과 은은 중세 유럽에 경제 부흥의 새로운 바람을 일으켰지만 그로 인해 라틴 아메리카 아즈텍 문명과 잉카 제국은 역사 속으로 사라지는 운명을 맞았다.

금에 대한 인간의 갈망은 어느 시대에나 있었지만 인간은 이에 대한 경계 또한 늦추지 않았다. 그리스 신화에 나오는 미다스의 이야기는 금에 대한 인간의 탐욕이 비극을 낳을 수 있다는 경계를 담고 있다. 그리스 왕 미다스는 디오니소스의 은총을 받아 자신의 손이 닿는 것을 황금으로 변하게 하는 능력을 부여받고 좋아한다. 하지만 자신의 딸을 만지자 딸이 황금 조각상으로 변해 버렸고 빵과 포도주도 만지는 순간 황금으로 변해 먹을 수도 마실 수도 없게 되었다. 결국 디오니소스에게 애원해서 원래의 모습으로 돌아갔다는 내용이다. 한편 『유토피아(*Utopia*)』를 쓴 토머스 모어(Thomas More)는 아무런 가치도 없어 보이는 황금을 숭배하는 사람들을 조롱의 대상으로 삼았다. 그의 유토피아 세계는 음식은 도자기와 그릇에 담지만 변기는 금은으로 만들어지고 죄인은 황금 왕관과 황금으로 만든 귀고리와 반지를 하는 것으로 묘사된다.[1] 금의 화폐로서의 자격에 대한 비난도 있었다. 케인스(John Maynard Keynes)는 금 본위제를 '야만 시대의 유물'이라고 비판했고, 공산주의 혁명가 레닌은 공산주의가 승리를 거두면 대도시 거리에 황금으로 화장실을 짓겠다고 공언한 바 있다.[2]

이러한 귀금속에 대한 이중적 인식은 과거에 그치지 않고 오늘날까지 그대로 이어져 오고 있다. 세계적인 금융 투자가 워렌 버핏(Warren Buffett)은 과거 대표적 금속 화폐였던 '금화'에 대해 불편한 심기를 이렇게 표현했다. "금은 아프리카나 여러 곳의 땅을 파서 얻는다. 우리는 그것을 녹인 다음 다른 구멍을 파서 다시 그것을 묻는다. 그리고 그걸 지키는 사람에게 보수를 지급한다. 정말 쓸데없는 짓이다. 화성인들이 만일 이걸 본다면 정말 황당하다고 생각할 것이다."

한편 미국의 경기 부양책인 양적 완화(quantitative easing, QE)는 전 세계적인 금 사재기를 유발해 유례없는 금값 폭등을 초래했다.

> 미국 연방공개시장위원회(FOMC) 회의록이 23일 공개되면서 3차 양적 완화(QE3)에 대한 기대감이 높아지고 있다. 미국 현지에선 추가적인 경기 부양 조치가 '초읽기'에 들어갔다는 분석이 쏟아지고 있다. (…) 미국 연준의 3차 양적 완화 기대감이 확산되자 인플레이션 헤지용으로 금을 매입하는 투자자들이 크게 늘었다. (…) 억만장자 존 폴슨 폴슨&컴퍼니 회장과 헤지펀드 제왕 조지 소로스 소로스펀드 회장 역시 금 투자를 대거 늘렸다. (…) 이날 양적 완화 가능성을 강력 시사한 미국 연방공개시장위원회 의사록이 공개된 뒤 뉴욕 시장에서 12월 인도분 금값은 온스당 1658.20달러까

지 상승해 지난 5월 2일 이후 최고치를 기록했다.[3]

우리는 이렇게 서로 상반된 사람들의 반응을 어떻게 이해할 것인가. 인간의 영원한 숭배 대상이라고 알려진 '금'에 과연 초장기적인 거품이 있는 것인가. 예금 등 다른 투자 수단과 비교해 금은 이자 한 푼 낳지 않음에도 왜 그렇게 인기가 높은 것인가. 이 질문에 대한 일반적인 답변은 대략 이런 식이다. 미국 연준에서 계속 양적 완화 정책을 사용하며 돈을 더 풀게 되면 물가 상승 압력이 높아지고, 이에 따라 화폐의 실질 가치가 하락할 수밖에 없다. 따라서 화폐 가치의 하락을 헤지(hedge)하기 위해 실물 자산인 금에 대한 수요가 늘어나 금값이 올라갈 것으로 보인다. 쉽게 말해 투자자들은 종이로 만들어진 명목 화폐인 미국 달러화보다 한때 금속 화폐의 핵심 지위에 있었던 금이 상대적으로 더 귀해질 것으로 예상하기 때문에 화폐 대신에 금을 사 모으고, 이에 따라 금값이 올랐다는 것이다.

그렇다면 사람들의 안식처인 금이 왜 오늘날 대부분의 국가에서 더 이상 화폐로는 사용하지 않는 것인가. 역사적으로 어떠한 과정을 거쳐 금과 같은 금속 화폐가 지폐로 바뀌게 된 것인가. 금속 화폐가 아닌 지폐를 사용함에 따라 발생할 수 있는 부작용은 없는가. 향후 금과 같은 금속 화폐를 주요 지불 수단으로 사용하는 시스템으로 회귀할 가능성은 어떤가. 안정적인 화폐 시스템을 유지하기 위해 금속 화폐와 지폐의 역사가 주는 교훈은 무엇인가. 이 장에서는 이와 같은 문제 의식을 가지고 화폐의 중심이 금속 화폐에서 지폐로 옮겨 가는 변천 과정을 짚어 볼 것이다.

- 미국의 기업인이자 투자가 워렌 버핏. 뛰어난 투자 실력으로 '오마하의 현인'으로 불린다.
- 황금은 변하지 않는 특성 때문에 인류 역사와 함께 탐욕의 대상으로 자리매김해 왔다.

우선 고대와 중세 사회에서 금속 화폐가 수행한 역할을 조망해 본 후 지리상의 발견과 정복을 배후에서 부추겼던 귀금속에 대한 열망, 물밀듯이 유입된 금과 은이 유럽 경제에 미친 영향, 지폐가 등장해서 금속 화폐를 밀어내는 과정, 그리고 지폐가 끼친 폐해를 자세히 살펴보고자 한다. 금속 화폐가 지폐로 대체되는 과정은 화폐의 가치가 화폐를 구성하는 재료로부터 이탈하는 이른바 마음과 몸이 따로따로 노는 심신 이탈의 과정이기도 하다. 왜 화폐의 액면 가치와 소재 가치의 분리가 불가피했는지 그 분리 과정을 눈여겨보자.

어떻게 귀금속이 돈이 되었나[4]

오늘날 세계 모든 나라가 다양한 모양과 크기의 동전을 주조하고 있는데 그 재료로는 주로 알루미늄을 사용한다. 알루미늄은 오늘날 지구상에 존재하는 금속 가운데 가장 매장량이 많다고 알려져 있지만 인류가 이를 사용한 것은 1855년 파리 박람회에서 소개되면서부터였다.

고대에는 어떤 금속이 화폐로 사용되었을까. 석기 시대 말에 인류가 발견한 금속은 동, 구리, 금, 은, 합금이었다. 철은 이들 금속보다 늦게 사용되기 시작했다. 당시 이들 금속은 모두 가치가 높았고 화폐의 소재로 사용되었다. 초기에는 동(銅)을 가장 널리 사용했지만 교역이 발달하면서 동의 사용은 줄어들고 점차 금과 은이 사용되었다. 역사적으로 볼 때 은 본위제를 채택한 곳, 금은 복본위제[5]를 채택한 곳, 금 본위제를 채택한 곳 등이 있었지만 시간이 지날수록 점차 금 본위제가 득세하게 되었다. 특히 화폐의 자리를 놓고 은과 자주 경쟁 관계에 놓이기도 했던 '금'은 금속 화폐 재료 중 가장 흥미로운 물질이기도 하다. 화학 기호로 Au로 표시하는 금은 화학적으로 불활성이라 광채가 영원할 뿐 아니라 자연의 파괴력이나 변덕스런 날씨도 이겨낼 수 있는 것으로 알려져 있다. 또 금은 밀도가 매우 높아(1세제곱피트의 무게가 0.5톤이나 된다) 유연성이 탁월하므로 아주 적은 양으로도 큰 액수의 화폐 역할을 할 수 있다. 장식품 이외의 용도로는 대체로 쓸모가 없었다는 사실도 금이 화폐의 재료가 된 배경이다.

금이 화폐로 사용되는 데는 걸림돌이 하나 있었다. 겉보기에는 같은 금이더라도 그 순도가 다르다는 점이다. 물건의 대가로 받은 금이 순도가 높은 것인지 불량한 것인지 전문가조차 알기 어려웠다. 이 난관을 해결한 것은 금이 풍부했던 리디아의 사람들이었다. 이들은 리디아산 돌을 금 시금석으로 사용해 거래 대금으로 지급받은 금의 순도를 검사했다. 이 시금석에 금을 문지른 다음 돌 위에 남은 흔적을 24개의 바늘로 구성된 시험 도구를 문질러 남은 흔적과 비교했다. 이 바늘들은 각각 금과 은, 금과 구리, 금과 은과 구리가 다양한 비율로 혼합된 것으로서, 24캐럿이 순금을 나타내는 이유도 그중 24번째 바늘이 순금으로 만들어져 있었기 때문이다.[6]

순도도 문제였지만 무게도 문제였다. 무게에 따라 가치가 결정되는 금속 화폐를 교환할 때마다 중량을 재는 것은 성가시고 시간이 많이 드는 일이었다. 이렇게 거래마다 순도와 무게를 재는 불편을 해소하기 위해 사전에 순도와 중량을 표준화해 놓은 주화가 등장하기 시작했다. 그 시점은 금이 처음으로 화폐 역할을 한 지 족히 2000여 년 후인 기원전 700년경이었다.[7]

주화를 주조함으로써 앞서 언급한 순도와 무게를 일정하게 유지하는 문제를 어느 정도 극복했지만 늘 새로운 일이 일어났다. 순도가 낮은 재료로 중량이 미달한 주화를 몰래 주조해 유통시키거나 기존의 튼실한 주화에서 금을 깎아 이익을 취하는 위조범과 변조범들이 생겨난 것이다. 이들에게 사형이라는 중벌을 내려 보기도 했지만 위조와 변조를 근절할 수는 없었다. 이들과의 길고 긴 전쟁의 와중에 화폐 주조 기술은 비약적으로 발전했다. 하지만 보다 큰 도적은 내부에 있었다. 화폐를 주조하는 왕이나 권력자들이 의도적으로 순도를 속이거나 무게를 줄여 막대한 이득을 챙기곤 했던 것이다. 이러한 공권력에 의한 피해는 위조범과 변조범들이 끼치는 손실과는 비교가 되지 않게 광범위하고 심각했다. 이로 인한 손실과 피해는 고스란히 화폐를 사용하는 국민의 몫이었다. 물론 사람들도 손 놓고 당하지만은 않았다. 불량한 화폐는 신뢰를 잃고 퇴장하기 마련이었고 결국 그 피해는 경제 전체에 미쳤다. 화폐 주조를 왜곡한 왕이나 권력자들도 세금을 거둘 수 없을 정도로 경제가 망가지면 그로 인한 피해를 피해 갈 수는 없었다.

금속 화폐의 작은 도둑 큰 도둑

처음에는 주로 민간에서 금속 화폐를 만들었지만 점점 국가에 의해 강제로 통용되었다. 또 국가가 화폐의 수령을 법적으로 보장하는 '법화(legal tender)' 개념으로 변화해 갔다. 리디아의 기게스(Gyges) 왕은 민간인의 금속 화폐 발행을 금지하고 덤프(dump, 백금으로 만든 콩 모양의 화폐) 발행을 국가가 독점하는 체제를 확립[8]한 것으로 알려져 있다. 이와 같이 금속 화폐로서 법화가 통용될 수 있었던 데는 두 가지 요인이 있었다. 우선 국가에서 세금을 주화로 거두었기 때문이다. 강력한 국가의 등장으로 국민들에게 세금이 부과되었는데 그 세금은 오로지 국가가 지정한 특정 화폐로만 지불하게 했다. 페르시아의 다리우스 1세는 교역에서 사용할 금화를 주조했을 뿐 아니라 주화로 세금을 거둔 역사상 최초의 왕으로 알려져 있다.[9] 이후 정부가 세금을 어떤 종류의 화폐로 받는지 여부가 통용되는 화폐를 결정하는 데 강력한 영향을 미쳤다. 또 소득 대비 세금 지출 비율이 높아질수록 법화는 구매력이 다소 떨어지더라도 사적 거래에서 원활하게 통용될 수 있었다. 더구나 강력해진 국가는 외국 화폐를 법적으로 금지했기에 자국의 법화가 독점적 지위를 가지고 널리 통용될 수 있는 여건을 제공해 주었다. 둘째는 정부가 발행하는 법화는 소규모 민간이 발행하는 화폐보다 사람들에게 신뢰를 줄 수 있었기 때문에 자연스럽게 법화 사용이 확대된 측면이 있다. 예를 들어 화폐를 자유롭게 발행할 수 있었던 미국의 자유 은행 시기(free banking era)에 일부 소규모 민간 은행들이 화폐를 발행하고 잠적해 버리는 '와일드 캣 뱅킹(wild cat banking)'이 성행해 화폐의 신뢰성이 떨어지고 금융 제도 안정이 위협받았다.[10] 이러한 경험을 통해 국가가 수령을 보장해 주는 법화가 시장에서 더욱 널리 쓰이게 되었다.

그러나 이러한 금속 화폐도 몇 가지 문제점이 있었다. 우선 화폐로 유통되고 있던 주화가 마모되면서 금속 함유량이 점차 줄어드는 문제였다. 그러나 이러한 자연스러운 마모보다는 인위적인 왜곡이 큰 문제였다. 국가 권력이 강화되면서 화폐 주조를 관장하는 국가가 정해진 함유량보다 더 적은 양을 넣거나 순도를 떨어뜨리는 방식으로 이익을 얻는 주조 차익의 문제가 발생했다. 특히 국가가 화폐 주조의 독점권을 확보하면서 주조 차익 문제는 더 심각해졌다. 자연이 공급할 수 있는 금과 은의 양은 원천적으로 한계가 있어서 금속을 돈으로 사용하는 한 무한한 인간의 욕구를 충족시키기 어려웠다.[11] 주화 제조를 위한 금속 공급량이 전쟁, 대규모 공사, 왕실의 사치 등을 위한 수요량에 따라가지 못하면 대부분의 국가는 주로 약탈이나 무역을 통해 다른 지역에서 금을 들여오거나, 주화의 액면 가치를 그대로 둔 채 크기와 금속 함량을 줄임으로써 동일 양의 금속으로 더 많은 화폐를 만들어 내는 방법을 사용했다. 이른바 '통화의 타락'이라고 알려진 후자의 방식은 고대 이후로 정부 수입의 중요 원천이었다. 특히 국가가 제왕적 권력을 가졌고 체계적인 세금 제도가 없었던 고대에서는 빈번하게 악용되었다. 정부가 전쟁 등으로 돈이 필요할 때 국민의 저항이 클 것으로 예상되는 세금 인상보다는 돈을 찍어 내는 방식(화폐 공급량 확대로 민간의 실질 구매력을 떨어뜨리는 방식)으로 재정 수요를 충당하는 이른바 '인플레이션 세금'의 고전적 형태라고도 해석할 수 있다.

역사상 나타난 몇몇 사례를 보자. 우선 로마의 경우 은화에 함유된 은이 대폭 감소했다. 260년 갈리에누스(Gallienus)가 황제로 즉위했을 때 은화에 함유된 은의 양이 아우구스투스(Augustus) 황제 시절에 비해 60퍼센트 정도였는데 갈리에누스가 나라를 다스린 8년의 기간 동안 은 함유량은 4퍼센트까지 줄어들었다.[12] 결국 나중에 로마 은화에 함유된 은은 2퍼센트밖에 되지 않고 나머지 98퍼센트는 동이었다고[13] 한다. 로마의 역사가 타키투스(Tacitus)가 '돈이 전쟁의 버팀목'[14]이라고 했듯이 전쟁은 화폐를 타락시키는 단골손님 역할을 했다. 끊임없이 전쟁이 벌어졌던 중세 시대에도 많은 국가의 왕들은 화폐 주조 차익을 거두어들이기 위해 3~5년 간격으로 기존 주화들을 모두 회수한 다음 가치가 낮은 새 디자인의 주화로 대체하곤 했다. 14세기 프랑스 국왕인 장 2세(Jean Ⅱ)는 영국과의 전쟁에서 생포된 이후 당시 프랑스 영토 절반의 가치에 달했다고 알려진 자신의 몸값을 지불하기 위해 재위 첫해에만 18번, 그 후 10년 동안 70번이나 화폐를 개조해 화폐를 타락시킨 최고 전문가로 알려져 있다.[15] 1551~1651년까지 100년 동안은 유럽 대륙이 완벽하게 평화로웠던 해가 단 한 번도 없었는데 그 혼란의 중심에 스페인이 있었다. 당시에 스페인의 카를 5세(Karl V)는 막대한 귀금속이 신대륙에서 유입되었음에도 전쟁에 따른 왕실 재정을 충당하려고 화폐 가치를 떨어뜨렸다. 16세기 영국에서도 여러 전쟁의 불씨로 작용했던 루터의 종교 개혁(1517) 이후 헨리 8세(Henry VIII)가 프랑스, 스코틀랜드와의 갈등 관계 속에서 국가 채무 확대, 국유 재산 매각 등의 방법으로 군사 유지 비용과 같은 재원을 조달하려다 한계에 부딪히자 결국 화폐를 타락(앞에 '大great' 자를 붙이기 좋아하는 영국에서는 통화의 대타락The Great De-basement으로 알려져 있다)시켰다.[16]

한편 개인들은 자신이 보유한 금화와 은화의 가장자리를 칼로 깎아내는 방식(clipping)으로 이득을 챙겼다. 어떤 경우에는 주조소에서 갓 나온 금화와 은화가 유통되자마자 바로 용해되어 함량 미달의 불량 화폐로 다시 주조되기도 했다. 이 과정에서 경제 주체들 특히 은행업자나 금세공업자 같은 전문가들은 금은의 순도가 높은 양화는 자신이 보유하고, 순도가 떨어지는 악화만을 거래의 매개물로 사용했다. 물론 사람들의 손이 자꾸 닿으면서 자연스럽게 닳아 버리는 부분도 있었다. 이러한 과정을 거치면서 시간이 지날수록 불량한 악화는 시중에 많이 유통되는 반면에 양호한 양화는 시장에서 점차 자취를 감추었다. 이와 같이 양화는 퇴장하고 악화만 유통되는 현상을 엘리자베스 1세(Elizabeth I, 1533~1603)의 재정 고문이었던 그레셤(Sir Thomas Gresham, 1519~1579)은 여왕에게 보낸 편지에서 "악화가 양화를 구축(驅逐)한다.(Bad money drives good.)"[17]라고 압축적으로 표현했다. 그는 여왕에게 이러한 법칙이 있으므로 악화 발행을 자제해야 한다고 조언한 것이 아니라 반대로 금이나 은의 함량이 적고 순도가 낮은 화폐를 발행해 왕실의 부채를 줄이도록 부추겼으니 자신의 학문적 지식을 악용한 인물이라고 하겠다.

신대륙의 금과 은은 축복인가 재앙인가

14세기까지 중세 시대는 유럽에서 화폐와 금융의 암흑기였다. 정치적 경제적 혼란 속에서 경제는 활력을 잃고 교역은 끊어졌으며 화폐는 퇴장했다. 그러나 암울했던 14세기를 뒤로하고 맞이한 15세기에는 생활 수준과 경제가 상당히 진보하면서 점차 확대되는 화폐 수요에 비해 사용할 수 있는 금의 양이 심각하게 부족했다. 15세기에 유럽에서 산출된 금의 양은 당시의 수요에 비해 그 어느 때보다도 부족했는데, 한 추정에 따르면 1400년에 유럽 내부의 금 산출량은 1년에 4톤을 넘지 않았다고 한다.[18] 이 중 일부는 마모, 분실 등으로 사라지기도 했다.[19] 이처럼 수요에 비해 공급이 적었다는 것은 소량의 금을 발견하기만 해도 횡재를 할 수 있음을 의미했다. 공급의 감소와 수요의 증가에 따른 금값 상승으로 새로운 금 공급원을 찾기만 한다면 막대한 부를 거머쥘 수 있었기에 금을 향한 탐험은 떨치기 힘든 치명적 유혹이었다.

이러한 분위기에서 15세기에는 새로운 금을 찾으려는 위대한 탐험이 이루어졌는데 선두에 선 것은 포르투갈[20]과 스페인이었다. 특히 콜럼버스가 아메리카 신대륙을 처음 발견한 이후 스페인은 유럽으로 들어오는 금과 은의 공급을 획기적으로 늘릴 수 있는 기회를 선점했다. 당시 신대륙 탐험의 목적이 이교도를 기독교로 개종시키기 위해서라는 등 여러 가지 동기들이 나오지만 귀금속을 확보하기 위한 경제적 이유가 주요 동기로 작용했음은 분명하다. 콜럼버스가 산살바도르(San Salvador, 구세주라는 뜻으로 콜럼버스가 이름 지었다)에 도착한

● 중세는 봉건주의 도래로 인한 화폐의 암흑기였다.

1492년 10월 12일부터 다시 스페인으로 귀항을 시작한 1493년 1월 17일까지 콜럼버스의 일기에는 '금'이라는 단어가 65회 이상 언급되어 있다.[21] 또 1511년 스페인 페르난도 2세(Fernando II)는 "금을 가져와라. 가능하면 인도적으로. 그러나 어떤 위험을 무릅쓰고라도 금을 가져와라."라고 명령했던 것으로 알려져 있다.[22]

신대륙 발견 이후 라틴 아메리카에서 유럽으로 유입되는 귀금속의 양이 대폭 늘어났다. 1500년대에는 엄청난 양의 금과 은이 대서양을 가로질러 신세계에서 스페인으로 운반되어 15세기 말에 유럽이 보유하고 있던 금과 은의 총량은 1492년에 비해 무려 5배나 늘었다고 한다.[23] 귀금속을 싣고 남아메리카에서 출발한 배는 호위 선단의 삼엄한 보호를 받으면서 스페인의 항구 도시 세비야에 하역되었다. 엘리자베스 1세 때 '세계 최고의 도둑'으로도 알려진 영국 항해가 프랜시스 드레이크 경(Sir Francis Drake, 1543~1596)은 남아메리카에서 유럽으로 운송되는 금을 약탈하는 해적이었다. 한편 당시 유럽 열강들은 귀금속을 가져가기 위해 식민지들을 혹독하게 수탈했던 것으로도 악명 높다. 예를 들어 스페인 사람들은 금이 묻혀 있던 히스파니올라(현재의 산토도밍고) 광산에서 채굴을 위해 인디언들을 너무 혹독하게 부렸기 때문에 원래는 10만 명이 넘던 인디언 인구가 1519년에는 불과 2000명밖에 남지 않아 광산 일을 할 노예들을 아프리카에서 데려올 수밖에 없었다.[24] 해발 4000미터 높이에 위치한 볼리비아의 포토시에서는 수십만 명의 인디오들이 은을 채굴하다가 목숨을 잃었다.[25] 이후 포르투갈이 지배했던 브라질의 거대한 금 산지에서도 광산 개발이 시작되자 인디언의 사망률이 너무 높아져 원주민 인구가 10분의 1로 줄어들었으며, 이 때문에 아프리카로부터 많은 수의 노예들이 유입되었다.[26]

　신대륙으로부터 귀금속이 유입되는 것과 함께 동부 유럽 특히 헝가리에서 새로운 광산 및 채굴 기술이 개발되면서 16세기 유럽으로 들어오는 금의 양이 급격히 늘어났으며 이로 인해 유럽은 유례없는 물가 상승을 경험했다. 경제학자들은 이 기간을 '16세기 가격 혁명(Price Revolution of the Sixteenth Century)'이라고 부른다. '16세기 가격 혁명'은 경제적 영향에만 그치지 않고 유럽의 정치적 구도를 근본적으로 바꾼 것으로 평가받는다. 이 가격 혁명이 '근대 중앙 집권 국가'와 '상업 금융 자본주의' 출현의 단초가 되었기 때문이다. 당시의 인플레이션은 100년 이상 계속되었는데, 역사상 물가 상승이 이처럼 오랫동안 지속된 적이 그 전에는 한 번도 없었다. 이전에는 물가 상승이 주로 흉작, 전쟁, 전염병 때문에 발생했고 재앙이 지나가면 인플

- 콜럼버스가 신대륙을 발견함으로써 라틴 아메리카의 막대한 금과 은이 유럽으로 유입되었다.
- 세비야 광장 벽면에는 신대륙 발견으로 인한 과거 스페인의 풍요로운 생활상이 묘사되어 있다.

레이션은 이내 잦아들어 그 지속 기간이 길지 않았다. 화폐의 구매력을 대폭 감소시킨 이 '16세기 가격 혁명' 현상이 이렇게 장기간에 걸쳐 지속된 이유가 어느 하나 때문이라고 말하긴 어렵지만[27] 아메리카 신대륙의 귀금속이 인플레이션을 지속시키는 데 결정적이었다는 점은 분명하다. 이 가격 혁명은 금속 화폐 체제하에서 귀금속의 공급량에 따라 화폐의 공급량이 영향을 받으며, 외부로부터 과도하게 공급이 확대될 경우 물가 상승 등 부정적인 결과가 나타날 수 있음을 극명하게 보여 주었다.[28]

이와는 별개의 문제이지만, 왜 스페인은 신대륙에서의 노다지 발굴이 역사상 최고의 횡재라고 불릴 정도로 왕실에 엄청난 부를 안겨 주었음에도 이후 쇠락의 길을 걷게 되었던 것일까. 스페인은 풍부한 귀금속의 유입으로 사회 전반에 노동 경시 풍조가 만연했다. 사람들은 유입된 귀금속을 자본으로 활용해 생산적 활동을 확대시키기보다는 귀금속으로 다른 나라의 사치품을 사 모으는 데 혈안이 되었다. 또

일할 의욕을 상실하고 노동 가능한 인력이 신대륙으로 이주하거나 노동을 피해 수도원으로 들어감으로써 농업과 산업은 침체의 길을 걸었다. 교육 수준이 아주 높아 수학 및 과학적 발견을 이끌었던 유대인과 이슬람교도들을 종교적 이유로 모두 스페인 밖으로 추방해 버린 것(1492)도 큰 실책이었다.[29] 스페인 사람들은 귀금속을 새로운 이익 창출을 위한 자원으로 활용하지 않고 수입에 따르는 지불 수단으로 낭비하는 바람에 한쪽으로 금은이 들어와서 다른 쪽으로 신속히 빠져나가게 했고, 신대륙으로부터의 귀금속 유입이 줄어들자[30] 외채가 급증해 버렸다.

이와 함께 스페인 군주들은 빈번히 대규모 전쟁을 일으켰는데 이는 귀금속 소비에 기름을 붓는 형국이었다. 카를 5세는 이탈리아 지배 등의 문제를 놓고 프랑스와 거의 30년 동안 전쟁을 벌였으며, 영국 엘리자베스 여왕을 물리치기 위한 모험, 네덜란드의 독립을 막기 위해 80년에 걸쳐 벌인 싸움 등 끊임없이 전쟁에 매달렸다. 이로 인해 카를 5세의 아들 펠리페 2세(Felipe Ⅱ, 1527~1598)는 국왕의 채무 불이행이라는 드물고도 충격적인 사례를 처음(1576)으로 서구에 남겼다. 이후에도 스페인은 1596년, 1607년, 1627년, 1647년에 거듭 재정 위기를 맞았다.[31] 중요한 것은 금과 은이 아니라 부가 가치를 창출해 내는 생산 능력을 높이는 것이었다. 갑자기 늘어난 금과 은은 경제와 전혀 연결되지 않은 채 물가 상승만 불러왔을 뿐이다. 당시 스페인의 특징은 돈과 상품이 서로 분리되어 있는 형국이었다고 하겠다.

금속 화폐의 위조와 변조를 막아라

앞서 그레셤의 법칙(Gresham's law)을 설명하면서 말한 바 있지만, 개인들이 튼실한 양질의 화폐를 부실한 악화로 둔갑시키는 행위는 화폐의 건강을 관리하는 국가로서는 큰 골칫거리였다. 국가가 화폐를 주조하면서 주화에 군주의 얼굴이나 인장 등을 새겨 넣음으로써 중량과 순도를 보증하는 것만으로는 화폐의 가치를 온전히 지키기 어려웠다. 사람들은 경제적 이득을 취하기 위해 동전의 측면 또는 가장자리를 깎아 내어 금속 조각을 취하는 '깎아 내기(clipping)', 가죽 가방 안에 여러 개의 동전을 넣고 흔들어 떨어지는 가루를 모으는 '땀내기(sweating)' 등 갖가지 방법으로 주화를 훼손했다. 이에 따라 무게가 모자라는 주화가 유통되었고, 이런 악순환을 반복하면서 주화는 더욱더 가벼워지고 물가는 상승했다. 그러자 규모가 큰 거래의 경우 중량에 따르는 지불 방법이 다시 사용되기도 했으며, 주화를 개혁하라는 압력 또한 높아졌다. 주화 훼손 행위를 효과적으로 중단시킨 것은 밀링(milling)으로 알려진, 주화 둘레에 오돌토돌한 톱니 모양을 새기는 공정이었다. 이는 1663년 영국에서 처음 채택되었으며 그 뒤 주화의 동질성을 크게 높인 영국의 대주조 개혁(Great Recoinage, 1696~1698)으로 이어졌다.[32]

영국은 특히 화폐의 질을 유지하기 위해 많은 노력을 기울였던 국가로 손꼽을 수 있다. 화폐의 품질이 떨어짐으로써 영국 화폐에 대한 신뢰도가 하락하자 1124년 헨리 1세가 약 200명에 이르는 영국 내 화폐 제조 명인들을 모두 불러 모아 거의 100여 명의 오른손을 자르는 형벌을 내렸다는 것은 유명한 일화이다. 런던의 금세공인 조합(Goldsmiths Company)은 700년이 넘는 기간 동안 영국 주화의 순도를 판정하는 공식 심판 역할을 했다. '픽스의 시험소(Trials of the Pyx)'에서 가장 뛰어나고 신뢰도 높은 순도 검사를 했다고 알려지는데, 이곳에서는 '준법정신이 투철하고 신중한 런던 시민 12명과 솜씨 좋은 금세공인 12명'으로 이루어진 배심원단이 왕립 주조국(Royal Mint)에서 새로 발행한 주화의 공개 검사를 주재했다. 마치 경건한 종교 의식처럼 치러졌던 이 검사는 에드워드 1세(Edward I)가 재위하고 있던 1282년에 시작되었다. 대중 앞에서 투명하게 순도를 검사함으로써 군주가 화폐의 질을 떨어뜨리지 못하도록 하고, 유럽 전역에 영국의 화폐가 통용될 수 있도록 장려하는 역할을 했다.[33] 양화가 유지되는 영국의 전통은 유럽 대륙 통화의 불규칙성과 뚜렷한 대조를 이루었다. 제1차 세계 대전 이후인 1925년에 영국 정부가 경제적 혼란과 화폐의 가치를 유지하는 어려움에도 불구하고 금 본위제로 복귀하고자 했던 것도 화폐의 질을 중시하는 영국 국민들의 뿌리 깊은 전통과 관련 있을 것이다.[34]

지금도 세계적으로 위조 및 변조범을 물리치기 위해 주화의 위·변조를 방지하는 시스템은 계속 진화하고 있다. 각국의 주화 옆 테두리에는 대부분 톱니 모양이나 특수한 문자 등이 표시되어 있는데, 이 테두리 형태를 기술적으로는 톱니형(milled edge), 문자형(lettered edge), 무늬형(ornamented edge)으로 구분한다. 우리나라가 현재 사용하는 주화 중 50원, 100원, 500원짜리는 톱니형에 해당하며 각각 109개, 110개, 120개의 톱니가 새겨져 있다.[35] 참고로 위·변조 방지

노력은 지폐의 경우에도 예외가 아니다. 홀로그램·시변각 장치 및 잉크·은폐선·숨은 그림 등의 장치뿐 아니라 호주, 뉴질랜드 등에서 은행권 재질을 폴리머(polymer, 플라스틱 재질)로 변경했던 것처럼 다양한 방법을 활용하고 있다.

지폐의 등장

금속 화폐는 장거리 무역의 확대에 큰 기여를 했지만 경제가 발전하고 거래가 복잡해지면서 새로운 화폐가 필요했다. 금속 화폐를 사용할 경우 보관 비용과 운반 비용이 많이 들기 때문이다. 집이라도 사려면 주화를 얼마나 많이 들고 가야 할지 상상해 보라. 지폐는 비록 위조의 위험이 크기는 하지만 이러한 단점을 보완할 수 있다. 단위를 설정하는 데에도 훨씬 신축적이며 주화를 사용할 경우 '그레셤 법칙'이 나타나면서 주조 비용이 크게 발생한다는 문제도 극복할 수 있다. 지폐는 종잇조각에 크고 작은 숫자를 인쇄하기만 하면 되기 때문에 무시할 만한 비용으로 거의 무제한 발행할 수 있다.

1장에서 살펴보았듯이 어음의 유통이 지폐의 등장을 알리는 서곡이었다. 실물에 비해 금과 은이 부족하자 많은 지역에서 (특히 제한된 일정 지역 내 사람들끼리) 후추 등의 상품을 이용해 거래하는 물물 교환으로의 회귀 현상이 나타나기도 했다. 독일의 영주들은 심지어 은행가들을 '후추인(pepper man)'이라고 부르기까지 했다. 이러한 임시변통의 화폐가 나름대로 목적을 수행하기는 했지만 후추 같은 상품은 수입량이 일정하지 않아 가격이 매우 불안정했다. 그 결과 종이에 약속한 금액을 주고받기로 한 어음(이것은 원래 고급 채무자들이 발행한 약속어음이었다)을 유통하게 되었다.[36] 중세 이후 대규모 원거리 거래에서는 점차 금세공인(goldsmith)이나 보석상(jeweler) 등이 금을 보관하고 발행하는 금 보관증 등과 같은 것이 대금 결제 수단으로 사용되었다. 상인이나 부자는 금괴나 금화를 안전하게 보관할 필요를 느껴 금세공인들에게 보관료를 내고 금괴와 금화를 맡기고 대신에 금세공인들로부터 보관증을 받았다. 어음 중개상, 환전상[37], 대금업자 등도 이런 역할을 했다. 물건 구매자가 판매자에게 보관증을 건네주면 판매자는 보관증을 가지고 있다가 필요할 때 금세공인에게 찾아가 금괴를 받을 수 있었다. 앞으로 3장에서 은행을 다룰 때 자세히 논의하겠지만 금세공인들은 이른바 오늘날의 은행 역할을 함으로써 탐색 비용, 모니터링 비용, 강제 집행 절차에 소요되는 비용 등을 낮추는 한편 자산 다변화를 통한 효율성 제고도 꾀할 수 있도록 했다. 이러한 보관증이 나중에 은행권으로 발전했다. 한편 금세공인들은 평균적으로 예금된 금화의 일부만이 인출된다는 사실을 알게 되면서 대출 활동에도 나섰다. 본격적인 은행업의 시작이었다.

지폐의 등장과 발달 과정은 서양과 동양 사이에 큰 차이가 있다. 잠시 중국의 화폐가 어떠한 경로를 거쳐 발전했는지 살펴보자. 중국에서는 기원전 8~7세기 이후 주나라에서부터 춘추 전국 시대를 거치면서 칼이나 삽 모양의 청동전을 주조했는데 이 청동전이 활발히 유통되었다. 이후 기원전 3세기 진시황이 중국을 통일하면서 도량형과 함께 화폐를 통일해 중앙에 네모난 구멍이 뚫린 원형 청동 엽전이 만들어지기 시작했고, 이후 이러한 엽전은 중국 통화의 주축이 되었다.

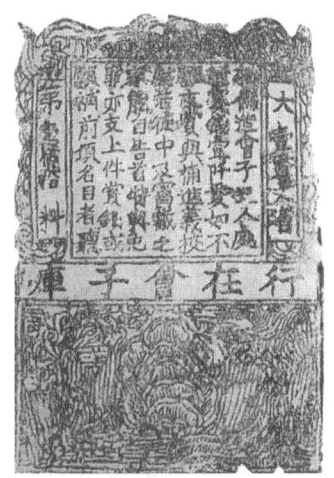 

- 11세기 중국 송나라에서 세계 최초로 발행된 지폐. 북송은 교자, 남송은 회자를 사용했다.
- 중세 금세공인의 작업장.

엽전은 가치가 낮고 금화와 은화는 주조되지 않았기 때문에 고액 거래를 위해 상대적으로 빨리 지폐가 필요했다. 11세기경 송나라에서 정부에 의한 최초의 법정 지폐인 교자(交子)가 발행되었다. 이어 13세기 원나라에서는 강력한 국가 권력으로 엽전을 억제하고 교초(交鈔)라는 지폐를 유일의 공식 통화로 삼아 재정 문제를 해결했다. 명나라에서는 엽전과 지폐를 병용했고, 16세기에 유럽에서 막대한 은이 유입되자 세금을 은으로 납부하는 '일조편법(一條鞭法)'이 시행되면서 처음으로 은이 법화의 지위에 올랐다. 19세기 청나라에서 처음으로 자체적으로 은화를 주조하기 시작했고, 이 시기에 유럽과 같은 근대적 지폐인 은행권을 발행해 유통하기 시작했다.[38] 당나라 헌종(憲宗, 805~820 재위)은 구리가 심각하게 부족해지자 청동 주화 대신에 지폐를 사용했다는 기록이 있지만, 일반적으로 세계 최초의 지폐는 11세기경 송나라에서 사용한 예금 증서인 교자(交子)로 알려져 있다. 이에 비해 유럽에서는 수백 년 뒤에야 지폐가 등장했다.

화폐 유통이 활발했던 서양이 지폐 사용면에서는 왜 동양보다 한참이나 뒤졌을까. 피터 번스타인은 유럽과 아시아를 비교하면서 다음과 같은 흥미로운 해석을 내놓은 바 있다.[39]

유럽에서 금화의 사용은 금을 민주화시켰다. 주화가 대중 사이에서 유통되었기 때문이다. 그러나 아시아의 통치자들은 그런 생각을 전혀 하지 않았다. 그들은 금의 아름다움과 금이 상징하는 권력을 즐겼다는 점에서는 서구인들과 같았지만 더럽고 비천한 사람들의 손에서 손으로 옮겨지는 화폐로 사용되기에는 금이 너무 소중하다고 생각했다. 대중 사이에서 유통되도록 금을 방출하면 국가의 권력을 약화시키는 결과를 낳게 된다고 본 것이다.

『동방견문록』을 쓴 마르코 폴로(Marco Polo)는 몽골의 지도자 쿠빌라이 칸(Khubilai khan)이 모든 거래를 지폐로 이루어지게 하는 것을 보고 매우 깊은 인상을 받고는 이를 일종의 마술처럼 생각했다는 기록도 있다.[40] 그러면 동양에서 종이 화폐가 이처럼 일찍 통용될 수 있었던 이유는 무엇일까. 칸의 제국에서는 종잇조각에 불과한 지폐가 왜 그렇게 널리 통용되었으며, 마르코 폴로는 왜 칸이 그 돈으로 온 세상의 물건을 모두 다 살 수 있을 것이라고 생각했을까. 마르코 폴로의 "목숨을 잃는 형벌을 감수하면서 그 명령을 감히 거역할 사람은 아무도 없었다."라는 기록에서 핵심적인 단서를 찾을 수 있다. 쿠빌라이 칸이 만든 지폐에 찍힌 그의 도장이 금이나 은과 같은 속성과 신뢰를 얻었던 이유는 그의 제국 안에서 그는 전능한 존재였기 때문이다.[41] 칸의 지폐 유통 능력은 화폐의 가치를 확립하고 유지하는 데 국가의 권력과 이에 대한 믿음이 핵심 요소라는 사실을 보여 준다.

서양의 지폐는 초기에 민간 은행이 발행한 어음이었던 반면에 동양의 지폐는 처음부터 국가가 발행권을 갖고 있었다는 사실은 지폐 발달에서 동서양의 차이를 극명하게 보여 준다. 금속 주화와는 달리 내재 가치가 없는 지폐가 사람들 사이에서 화폐로 수용되려면 신뢰가 절대적으로 필요하다. 중국은 강력한 왕권이 이 신뢰를 담보할 수 있었다. 서양은 사정이 달랐다. 서양에서 지폐가 사람들의 신뢰를 얻기까지는 오랜 시간과 성숙된 환경이 필요했다. 서양의 왕들은 왕이라고 해서 마음대로 종이에 숫자를 적어 놓고 화폐로 사용하라고 강제할 수 없었다. 그래서 서로 잘 아는 동업자들끼리 모여 자기네들의 신뢰를 바탕으로 자체 지폐를 만들어 사용할 수밖에 없었다. 이렇게 시작한 지폐 유통의 실험은 수없는 시행착오를 거쳤고, 사람들은 그 과정에서 신뢰를 지키는 지혜를 익혔다. 하지만 민간에서 자체적으로 발행한 지폐는 신뢰 확보가 쉽지 않아 주기적으로 금융 위기를 초래했다. 정부가 나서기까지는 오랜 시간이 걸렸다. 마침내 장기간에 걸친 논란 끝에 지폐의 법정화와 중앙은행의 설립이 이루어졌다. 중앙은행은 금은을 보관하고 이를 바탕으로 금 태환을 보장하는 증서를 발행해 이를 화폐로 사용하기 시작했고 그것이 오늘날의 지폐로 이어졌다.

지폐, 새로운 문제를 낳다

보다 쉽게 돈을 찍어 낼 수 있는 지폐 시스템은 상품 화폐나 금속 화폐 시스템에서는 걱정할 필요가 없었던 또 다른 위험을 안고 있었다. 역사적으로 수없이 목격한 바 있는 이른바 '지폐 남발의 위험'이다. 잘 알려진 몇 가지 사례를 살펴보자. 1789년 프랑스에서 루이 16세(Louis XVI)의 앙시앵 레짐(ancien regime, 구 절대군주 체제)이 붕괴된 후 정권을 잡은 혁명 정부는 과도한 세금을 매기지 않으면서 필요한 재정 수요를 충당하기 위해 '아시냐(assignat)'[42]라는 국채를 발행했다. 초기에는 교회에서 몰수한 토지를 담보로 아시냐를 발행해 성공적이었지만, 이후로는 부족한 재정 수요를 메우기 위해 발행을 남발해 심각한 인플레이션과 국내 자금의 해외 이탈 등 폐해가 발생했다. 극심한 인플레이션을 겪은 후 집권한 나폴레옹은 지폐 남발로 인한 폐해를 깨닫고 아시냐 발행을 중단했으며, 숱한 전쟁을 치르면서도 화폐의 건전성을 유지하기 위해 화폐 가치의 안정에 매달린 것으로 유명하다.

제1차 세계 대전에서 패전한 독일은 전쟁 배상 등을 위해 돈을 마구 찍어 내는 바람에 1920년대 초인플레이션을 겪었던 것으로 유명하다. 인플레이션이 가장 심했던 1923년에는 6개월 사이에 물가가 1600만 배 오르기도 했고, 때로는 월간 물가 상승률이 1000퍼센트를 넘은 적도 있었다. 이는 2년 전인 1921년에 비해 물가가 약 3만 배 오른 것인데 이러한 초인플레이션으로 인한 통화 붕괴가 일상에 미친 영향은 엄청났다. 종잇조각이 된 마르크로 인해 돈을 산더미처럼 수

- 아시냐는 프랑스 혁명기에 남발되어 통화 가치의 하락을 불러온 태환 불가능한 지폐이다.
- 독일은 제1차 세계 대전 이후 초인플레이션에 직면했다.

레에 싣고 가져가도 신문 한 장 사기도 어려운 경우가 있었고, 사러 가는 도중에 물가가 올라 구매를 포기하는 경우도 생겼다. 돈 가치가 너무 빨리 떨어져 하루에 월급을 두 번 받아야 하는 경우, 식당에서 코스 요리를 먹고 일어서는 순간 같은 값으로 같은 요리를 먹을 수 없는 경우 등의 일화도 있다. 임금 협상에서도 근로자들은 현금을 받으려 하지 않았고 물물 교환이 성행했다. 두 형제 중 월급을 절약해서 돈을 모은 형보다 그 돈으로 술만 마시고 맥주 캔을 보관해 두었던 동생이 훨씬 더 잘살게 되었다는 일화는 돈의 가치가 떨어지면 종잇조각이나 다를 바 없다는 사실을 극명하게 보여 준다.

유명한 경제학자 어빙 피셔(Irving Fisher)는 1911년 "태환 불가능한 지폐는 그것을 사용하는 나라에 거의 어김없이 재앙이 되었다."라고 기술한 바 있다. 인류가 지금까지 겪은 제1·2차 세계 대전 직후의 초인플레이션, 다수의 라틴 아메리카 국가와 저개발 국가를 비롯해 여러 나라에서의 급격한 인플레이션, 가장 최근의 예로 1970년대 전 세계적인 인플레이션 등을 상기한다면 피셔의 발언이 현실적 설명력이 높다는 것을 알 수 있다. 제2차 세계 대전 당시 독일의 나치가 강대국인 영국의 경제 시스템을 무너뜨리기 위해 강제 수용소에서 파운드화를 위조할 수감자들을 차출하고, 첩보원들에게도 위조지폐로 지불을 했으며, 몇 톤에 달하는 위조지폐를 영국 상공에 투하하는 방안도 검토했던 점[44]을 감안해 볼 때, 문란한 화폐 질서가 한 국가에 얼마나 나쁜 영향을 불러일으키는지를 미루어 짐작할 수 있다.

한편 지폐 시스템은 위기가 발생할 경우 네트워크 효과, 전염 현상 등으로 사람들이 한꺼번에 귀금속으로 태환하려고 하면 뱅크런(bank run)에 노출될 수 있는 취약성도 약점으로 거론된다. 1149년에 나온 『주화에 대한 논문(*Treatise on Coinage*)』이라는 책에서 중국 역사가 마 트완-린(Ma Twan-lin)은 지폐 사용의 위험성을 다음과 같이 경고한 바 있다. "종이가 돈이 되어서는 결코 안 된다. 다만 금속이나 농산물에 이미 존재하는 가치를 나타내는 표식으로만 사용되어야 한다."[45] 그의 주장의 핵심은 금속의 공급량이 종이보다 제한적이라는 것이며, 화폐 가치의 속절없는 추락을 막기 위해서는 금속 화폐를 이용하는 시스템이 필요하다는 것이다. 이와 같은 주장은 오늘날까지도 끊임없이 되풀이되고 있다. 앞으로 논의를 이어가면서 이에 대한 찬반 논거를 좀 더 살펴보겠다.

이러한 근본적인 불신 때문에 지폐가 등장하고 나서도 상당한 기간 지폐는 금속 화폐와 병행해서 사용될 수밖에 없었다. 요청할 경우 언제든지 금이나 은 등의 금속으로 태환해 주지 않는다면 사람들은 지폐를 가지려 하지 않았기 때문이다. 당시 지폐는 금속 화폐에 비해 그 비중이 훨씬 낮았는데, 예를 들어 경제사가 존 데이(John Day)는 "유통되는 화폐 중에서 금속으로 만들어진 것이 여전히 압도적인 비율을 차지했다. 산업 혁명의 문턱에 서 있던 18세기 중반의 영국에서도 주화가 당시 유통되던 화폐의 90퍼센트를 차지하는 것으로 추정되었다. (…) 1861년까지도 이탈리아에서 유통되는 화폐의 75퍼센트가 주화였다."라고 했다.[46]

금속 화폐의 아바타로서 지폐[47]

금속 화폐와 지폐가 절묘하게 절충된 결과로 나타난 것이 금 본위 제도였다. 금 본위제는 화폐의 가치를 일정한 양의 금으로 정해 놓고 금화의 자유 주조를 허용하며, 지폐는 항상 아무런 제한 없이 금화와 교환할 수 있게 하는 제도를 말한다. 금 본위제는 금을 기반으로 하는 국내 통화 운영 방식일 뿐 아니라 국제 통화 체제로서 환율 시스템이자 국제 수지를 조정하는 메커니즘이기도 하다. 각국 통화와 금의 교환 비율이 고정되어 있으므로, 각국 통화 사이의 환율도 금을 매개로 고정되어 있는 고정 환율 제도가 된다.

국제 금융에 정통한 학자인 배리 아이켄그린(Barry Eichengreen)은 금 본위제가 성공할 수 있었던 가장 큰 원인은 신용도에 대한 무조건적인 신뢰(한 나라가 금 본위제를 버리거나 금의 등가성을 변화시킬 수도 있다는 가능성을 거부하는 것)와 그러한 신용도를 보증하는 주요 국가들 사이의 협조에 대한 믿음이었다고 강조했다. 한편 로버트 먼델(Robert Mundell)은 "화폐들은 특정 무게의 금에 붙여진 이름에 지나지 않았다."라고 금 본위제를 간결하게 설명한 바 있다. 공개적으로 발표된 금과 화폐 가치의 비율은 확고부동한 것이었다. 1816년 영국이 금 본위제를 도입한 이후 금은 화폐 제도와 금융 시스템의 왕좌에 올랐으며, 가장 기본이 되고 변하지 않는 기준이라는 의미의 '황금률(golden rule)'이라는 단어는 금이라는 불변의 이미지를 강화시켜 주었다. 이러한 금 본위 제도가 나름대로 성숙한 모습을 나타낸 것은 1890년대경이다. 영국의 주도하에 성립된 이 제도는 그 후 제1차 세계 대전 직전인 1914년까지 국제 금융 및 국제 경제의 발전에 공헌해 왔다고 평가받는다. 당시 대부분의 주요 국가들은 금 본위제를 채택했고, 제1차 세계 대전이 일어날 때까지 서로 공조하고 협력하면서 금 본위제를 고수했다.

   금 본위제가 작동하는 원리는 흄(Hume)의 정화 메커니즘(price-specie flow mechanism)으로 알려져 있다. 이를 풀어 설명하면 다음과 같다. 수출보다 수입이 많아 무역 적자를 보는 나라들은 금이 해외로 유출되므로 화폐 공급량이 감소하고 이에 따라 물가 수준도 하락한다. 따라서 수입품의 상대 가격이 더 비싸져 수입이 감소하며, 자국의 수출 상품들은 외국 상품에 비해 더 저렴해지므로 수출이 늘어난다. 반대로 수입보다 수출이 많아 무역 흑자를 보는 나라들은 금이 국내로 유입되므로 화폐 공급량이 증가하고, 이에 따라 물가 수준이 올라간다. 따라서 수입품의 상대 가격이 더 싸져서 수입은 증가하며, 자국의 수출 상품들은 외국 상품에 비해 더 비싸져 수출이 감소한다. 이러한 원리로 무역 불균형이 해소되고 국제 수지가 균형을 향해 움직인다. 이 시스템하에서는 화폐 공급이 국가들 사이 금의 유출입에 의해 결정되는데, 중앙은행이 독자적으로 통화량을 조절할 수도 없고 최종 대부자의 기능도 할 수 없다.

　금 본위제의 장점으로는 대표적인 것이 화폐 공급량을 금 공급량에 맞추어 고정시키고 묶어 둠으로써 화폐 가치를 떨어뜨리고자 하는 시도를 원천적으로 차단할 수 있다는 점이다. 또 화폐가 금에 의해 뒷받침을 받기 때문에 어디서나 유통될 수 있다. 이는 곧 다른 나라의 화폐를 가지고 있는 사람들이 그 나라에 문제가 발생했다고 해서 곧장 그 나라 화폐를 버리지는 않으리라는 것을 의미했다. 아울러 환율 변동에서 오는 불확실성이 제거됨에 따라 국가들 사이의 무역을 촉진할 수 있다는 이점도 기대할 수 있다.

　그러나 단점으로는 금을 기반으로 하는 시스템이므로 금의 발견이나 새로운 채굴 기술, 전쟁, 외국인들의 화폐 수요에 대한 기호 변화와 같은 충격에 취약할 수밖에 없다는 점을 들 수 있다. 실물 경제 활동이 확대되는 속도를 금 공급량 증가가 따라가지 못할 경우 디플레이션이 발생한다. 아울러 국제 수지가 안 좋아지면 중앙은행은 금리를 올려 국내로 자금 유입을 촉진(또는 자금 이탈을 방지)하는 수밖에 없는데, 이 경우 금리 상승이 기업들의 생산 활동을 위축시키고 고용을 줄여 디플레이션을 더욱 악화시키는 결과를 낳곤 했다. 또 누적된 재정 적자로 정부의 부채가 큰 경우에는 금리 인상이 정부의 부담을 오히려 가중시킬 수도 있다. 예를 들어 금 생산량이 상대적으로 낮았던 1870~1880년대에 세계 경제의 성장 속도에 맞춰 화폐의 공급 확대가 보조를 맞추지 못해 디플레이션이 초래된 바 있다. 반면에 1890년대에는 알래스카와 남아프리카공화국에서 금이 발견됨에 따라 금 생산량이 대폭 확대됨으로써 제1차 세계 대전 발발 이전까지 화폐 공급량이 증가하고 물가가 상승했던 경험도 있다. 금 본위제의 핵심은 금과 화폐의 고정된 교환 가치를 유지하는 것이다. 그런데 정치나 경제 불안 등으로 이를 유지할 수 없을 것이라는 의심이 커질 경우 투기 세력이 활개를 치고, 자기실현적 예언(self-fulfilling prophecy)이 작동해서 결국 교환 가치가 깨지게 된다.

금 본위제를 종식시킨 대공황

제1차 세계 대전은 이전에 금 본위제가 작동되었던 경제 활동의 생태 지도를 완전히 바꾸어 버렸다. 유럽 각국은 과다한 전비 지출과 생산 시설 파괴의 후유증으로 심각한 물자 부족과 인플레이션을 겪고 있었다. 반면에 대서양 건너 미국은 명실상부한 세계 제일의 경제 대국으로 부상했고 전쟁 중 무역 흑자로 막대한 금을 축적했다. 종전에 금 본위 제도를 호령했던 영국은 이러한 경제 생태 지도의 지각 변동을 무시하고 다시 이를 부활하려는 시도를 했다. 1925년에 영국은 파운드화의 가치를 전쟁 전의 가치로 되돌리며 금 본위제로 복귀했다. 그러나 케인스가 '시계를 거꾸로 돌리려는 시도'라고 비난했듯이 영국의 금 본위제 복귀 결정은 도리어 경제 회복과 성장을 가로막는 부정적 결과를 초래했다. 파운드화의 과대평가 정책은 막대한 실업과 제조업의 침체를 가져왔다.

1929년에 시작된 세계 대공황은 금 본위제의 막을 내리게 하는 데 결정적인 역할을 했다. 대공황 발생 이전까지 미국은 주식 시장의 투기가 심했고, 과잉 유동성으로 인해 경기가 과도하게 호황을 보였다.

- 제1차 세계 대전의 참상.
- 제1차 세계 대전과 대공황은 금 본위제를 더 이상 지탱하기 어렵게 했다.

아울러 정부와 농업 부문의 부채 수준이 매우 높았는데, 물가가 떨어지면 이런 채무를 진 경제 주체들이 더욱 어려워진다. 또 농업 부문의 과잉 생산은 대공황 시기의 디플레이션을 심화시키는 역할을 했다. 이와 같이 디플레이션이 광범위하게 확대됨에 따라 금융 기관들의 모기지(주택 담보 대출) 관련 손실이 급증하고 유동성 금융 위기 및 통화 가치 붕괴가 찾아왔다. 이와 함께 각국에서 경쟁적으로 관세를 인상하고 무역을 규제하는 보호 무역주의가 등장하면서 교역이 위축되는 등 축소 균형으로 치달았다.[48] 미국 월 가(Wall Street)의 붕괴는 급속히 전 세계로 파급되었고 1931년에 은행 위기로 자본 유출이 심했던 오스트리아와 독일이, 그리고 국제 수지 악화로 금 보유량에서 압박받았던 영국 등의 국가가 금 본위제를 포기했다.[49] 미국마저 1933년 4월 5일에 루스벨트 대통령이 달러화의 가치 인하를 단행하면서 금 본위제를 포기했다. 이제 달러의 금 태환은 불가능해졌고 개인들은 금 보유가 금지됨에 따라 은행에서 달러와 바꿀 것을 요구받았다. 한편 프랑스 등 금 본위제를 끝까지 유지해 보려 했던 국가들은 수출이 다른 국가들보다 심하게 감소했으며, 디플레이션 때문에 고생만 더 하다가 결국 두 손을 들었다. 이처럼 주요 선진국들이 변동 환율제를 채택함에 따라 국제적인 금 본위 제도는 붕괴하고 말았다.

그렇다면 금 본위제가 제1차 세계 대전이나 대공황과 같은 충격에 이처럼 취약했던 원인이 무엇일까. 밀턴 프리드먼이 안나 슈워츠(Anna J. Schwartz)와 함께 쓴 『미국 화폐사』에서는 미국 대공황의 원인을 이렇게 진단했다. "일상의 불황이 대공황으로 변진 것은 미국 정부가 금 본위제를 고집해서 화폐 부족이 초래되었기 때문이다." 불황과 같은 위기 상황에서 화폐 가치의 안정만을 고집하는 것은 옳지 않다. 금 본위제는 화폐 가치의 안정에는 적절한 제도일지 모르지만 불황과 같은 상황에서는 정부와 중앙은행의 손발을 묶어 버리는 결과를 낳았다. 고용 및 경제 성장과 같은 국내 경제 목표가 금 본위제의 특성인 화폐 가치 안정이나 환율 유지보다 우선시된다면 정치적으로나 경제적으로 금 본위제는 더 이상 사람들의 마음을 잡을 수 없다. 그 당시에도 대외 균형보다는 고용이나 경제 성장과 같은 대내 경제 목표의 중요성이 높아짐에 따라 각국은 금 본위제를 포기하게 된 것이다. 아울러 금 본위제는 국가들 사이에 협조가 잘 이루어져야 유지될 수 있는 시스템이다. 그런데 영국 파운드의 상대적 고평가와 프랑스 프랑의 저평가는 심각한 갈등을 초래했고, 당시 프랑스는 금 본위제라는 국제 시스템의 안정성 유지보다는 자국의 이익을 우선시하는 정책을 추구했다. 그리고 영국에서 미국으로 국제 통화의 금융 리더십이 넘어가는 과도기의 리더십 부족도 금 본위제의 붕괴 원인으로 한몫했다.

돌이켜 보면 금 본위제를 채택했던 동안에 세계적으로 교역이 증진되었고 환율도 안정되었다고 평가받는다. 왜 당시에 금 본위 제도가 성공적이었을까. 경제 성장이 정치적 실수를 덮어 주었고, 유럽 내 국제적 채무 부담이 관리할 수 없는 수준으로까지 확대된 적이 한 번도 없었으며, 여러 나라들이 마지못해 조건을 달아 서로를 돕는 것이 아니라 국제적인 협조를 당연한 것으로 여겼던 환경이었기에 금 본위제가 정상적으로 작동했을 것이다. 영국의 정치가 겸 소설가인 벤저민 디즈레일리(Benjamin Disraeli)는 이 점을 잘 알고 있었던 것으로 보인다. 그는 1895년에 "영국이 상업적으로 우월한 지위를 누리며 번영할 수 있는 것이 금 본위제 덕분이라고 생각하는 것은 터무니없는 망상일 뿐이다. 금 본위제는 우리가 이룩한 상업적 번영의 원인이 아니라 결과이다."라고 했다. 인류 역사상 여러 상황들이 한데 어우러져 경제 시스템이 사람들의 기대대로 정상적으로 기능하던 시대가 있었다면 바로 이 시기가 그런 시대였다.[50]

지폐의 홀로서기[51]

금 본위제가 붕괴되었던 시기에 벌어진 국제적인 환율 인하 경쟁과 보호 무역주의의 대두라는 아픈 경험은 훗날 국제통화기금(International Monetary Fund, IMF)의 창설로 이어졌다. 이미 세계 경제는 더 이상 금을 매개로 하는 고정 환율 체제로 환원하기에는 전체 규모도 확대되고 각국의 이해관계도 복잡하게 얽혀 있었다. 따라서 주요 선진국들은 극심한 환율 변동이 경제 불안의 원인이라고 생각하고 환율 안정에 중점을 둔 새로운 국제 통화 제도를 모색하게 되었다. 제2차 세계 대전이 끝날 무렵인 1944년 새로운 국제 통화 질서를 확립하기 위해 미국 브레턴우즈(Bretton Woods)에서 44개국의 대표들이 모인 가운데 IMF를 창설했으며 이를 '브레턴우즈 체제'라고 한다. 이 체제하에서 국제 통화 제도는 미국 달러화를 '기축 통화'로 하는 금환 본위 제도(gold-exchange standard system)였다. 미국의 달러화만이 금과의 일정 교환 비율을 유지하고 각국은 자국 통화와 기축 통화인 달러와의 기준 환율을 설정하고 유지함으로써 환율을 안정시키고자 했던 제도이다. 브레턴우즈 체제하에서는 일시적인 국제 수지 불균형이 생길 경우 IMF가 국제 수지 적자 국가들에게 자금을 공여함으로써 불균형을 해소하고자 했고, 국제 수지의 구조적 불균형 상태에서만 환율을 변동시키는 것이 허용되었다. 결국 브레턴우즈 체제는 '조정 가능 고정 환율 제도(adjustable pegged exchange rate system)'를 통해 환율을 안정시키고 국제 수지의 불균형을 해소함으로써 국제 무역을 증진시키는 것을 목적으로 했다.

　이러한 브레턴우즈 체제는 1960년대까지는 그런대로 안정적으로 작동되었지만 다음과 같은 근본적인 문제들을 내포하고 있었다. 첫째, 이른바 '트리핀 딜레마(Triffin's dilemma)'[52]라고 알려진 것으로 '국제 유동성 공급'과 '달러화의 신뢰도 확보'가 상충 관계를 갖는다는 문제이다. 세계 경제에 충분한 유동성을 공급하기 위해서는 미국 경상 수지의 지속적인 적자가 불가피한데, 이는 달러화의 신인도를 악화시키는 방향으로 작용한다. 반면에 미국이 달러화의 신인도 제고를 위해 자국의 국제 수지 적자를 축소시킬 경우 유동성 부족에 따른 세계 경제의 디플레이션 위험이 확대되는 딜레마에 처하게 된다. 이처럼 달러는 가치 안정과 국제 유동성 공급 역할을 동시에 수행할 수 없었고 달러를 기축 통화로 하는 브레턴우즈 체제도 흔들릴 수밖에 없었다. 둘째, 각국의 경제 성장 속도가 다르고 물가 상승률이 다른 상황에서 달러화를 매개로 하는 고정 환율 제도를 유지하기가 쉽지 않다는 점이다. 예를 들어 1970년대 초반 1차 유류 파동이 일어났을 때, 석유 가격 상승이 각국 경제에 미친 여파는 각각 달랐고 이에 대응하는 정부의 정책도 상이했다. 그 결과 국가 간 물가 상승률의 격심한 차이가 발생했으며 이런 상황에서 환 투기가 가세해 고정 환율을 유지하기가 쉽지 않았다.

실제로 1960년대 베트남 전쟁을 하며 미국의 국제 수지가 계속 악화됨에 따라 대외 유동성 부채가 증가하고 달러화는 공급 과잉 상태에 빠졌다. 결국 1960년과 1968년을 각각 전후해 일부 국가들은 미

- 1944년 브레턴우즈 협정에 의해 워싱턴에 설립된 IMF는 국제 통화 질서의 중책을 맡고 있다.
- 2011년 6월 크리스틴 라가르드가 IMF 역사상 최초의 여성 총재로 취임했다.

국에 달러화의 금 태환을 요구했고, 또 일부 국가들은 런던의 금시장을 통해 달러화를 금으로 전환했다. 달러화와 금과의 투기적 거래가 유발되자 국제 통화 질서가 다시 흔들리기 시작했다. 이러한 통화 위기를 해결하기 위해 IMF는 특별 인출권(special drawing rights, SDR)을 창출해 유동성을 공급하고, 국가 간 협력을 통한 금풀제(London Gold Pool, 1961~1968)와 금의 이중 가격제 등을 실시함으로써 달러화의 국제 신뢰도를 회복하기 위해 노력했지만 역부족이었다. 결국 1971년 8월 13일 미국의 닉슨 대통령은 달러화의 금 태환 중지를 선언했다. 이는 곧 오랫동안 형태를 바꿔 가며 유지되었던 지폐와 귀금속의 끈이 완전히 떨어졌음을 의미한다. 또 정부가 종이로 지폐를 찍어 내기만 하면 되기 때문에 화폐 공급량에 제한을 받지 않게 되었음을 뜻하는 것이기도 하다.

화폐의 남발을 억제할 수 있는 메커니즘

금속 화폐의 단점을 극복하면서 출현한 지폐도 분실 위험이 높고 운반 비용이 많이 드는 문제가 여전히 있기 때문에 은행 및 결제 시스템의 발달과 함께 이제는 예금·수표·어음, 전자 화폐 등이 널리 사용되는 시대를 맞이했다.[53] 한 가지 강조하고 싶은 것은 오랜 기간 동안의 화폐 역사를 살펴볼 때 화폐의 재질이 어떤 것이든(심지어 전자 화폐라고 하더라도) 중요한 것은 사회 구성원들의 화폐 가치에 대한 신뢰이며, 이 신뢰가 유지되는 것이 원활한 화폐 유통을 위한 필수 요건이라는 점이다. 노벨 경제학상 수상자인 로버트 먼델(Robert Mundell)이

"위대한 국가는 위대한 화폐를 보유한다.(Great powers have great currencies.)"라고 비유했듯이 한 나라의 경제력은 그 화폐의 위상과 통용 정도를 결정한다.

사실 금융 시장에서 자금의 거래는 대부분 화폐를 통해 이루어지지만, 자금 수요자가 진정으로 원하는 것은 화폐가 아니라 화폐로 구매할 수 있는 재화나 서비스(즉 명목 가치보다는 실질 가치)이다. 따라서 화폐는 재화 및 서비스와 안정적인 관계를 유지하는 것이 중요하다. 이와 같이 화폐 가치의 안정이라는 측면에서만 보면 확실히 금속 화폐가 지폐보다 더 바람직하다는 생각을 하지 않을 수 없다.[54] 그럼에도 왜 인류는 금속 화폐 대신 지폐를 선택했을까. 우리는 그 이유를 나폴레옹 전쟁에서 상징적으로 찾을 수 있다. 정치적으로 보면 나폴레옹 전쟁은 유럽 대륙을 지배하려는 나폴레옹이 이끄는 프랑스군과 이에 대항하는 영국의 웰링턴이 이끄는 연합 동맹군과의 대결이었다. 하지만 경제적 측면에서 보면 프랑스의 금속 화폐와 영국의 지폐 사이의 대결이기도 했다. 존 로의 주식 버블, 앙시앵 레짐의 지폐 남발, 혁명 정부의 아시냐의 남발로 인해 극심한 경제적 혼란을 목격한 나폴레옹은 금속 화폐를 고집했다. 반면에 영국은 영란은행을 동원해 지폐를 찍고 국채 발행을 통해 전쟁 재원을 마련해 나폴레옹에 맞섰다. 결국 나폴레옹 전쟁은 금속 화폐에 비해 지폐가 재원 조달 측면에서 상대적으로 우월하다는 것을 증명했다. 나폴레옹은 점령한 유럽의 각 왕실에서 빼앗은 금과 은으로 전쟁 재원을 조달했지만 영국 정부가 찍어 내는 지폐와 채권을 대적하지는 못했다. 금속 화폐가 화폐 가치의 안정성이라는 측면에서는 지폐보다 훨씬 우월했지만 재원 조달 측면에서는 지폐의 상대가 되지 못했다. 나폴레옹 전쟁에서 승리한 영국은 발권 은행의 단일화, 완전 지급 준비 제도 등 지폐 제도를 보완해 지폐에 대한 신뢰를 더욱 강화했고 '지폐 천하'를 열었다.

앞으로 화폐 가치가 혼란스러운 상황이 오면 금이 다시 화폐의 울타리 역할을 하는 게 아닌가 하고 궁금할 것이다. 번스타인은 "달러·유로·엔이 모두 전 세계의 국경을 넘나드는 지불 수단으로서의 기능을 수행하지 못하는 일이 벌어지지 않는 한 금이 보편적인 화폐라는 전통적 역할로 회귀할 것 같지는 않다."라고 예견했다. 물론 명목 화폐의 남발에 대한 헤지의 한 수단으로서 내재 가치를 보유한 금이 화폐보다 선호받는 것은 분명하다. 선진국들이 재정 적자와 부채를 해결할 수 있는 믿을 만한 정책을 내놓기 전까지는 금 가격이 대폭 하락할 것 같지도 않다. 그러나 역사적으로 볼 때 금이 적합한 투자 수단인가에 대해서도 회의적인 시각이 많다.

투자의 귀재 짐 로저스(Jim Rogers)조차 『상품시장에 투자하라』라는 저서에서 금은 여타 다른 상품보다 매력적인 투자처가 아니라고 단언했다.[55] 2009년 금융 위기가 절정으로 치달을 무렵 금 가격이 온스당 2300달러까지 오를 것이라는 전망이 나오며 금 투기를 부채질했다. 그러나 이 가격은 인플레이션을 감안했을 때 1980년 1월의 금 가격(당시 850달러)과 같은 수준이다. 1980년부터 금에 투자했다면 금 가격이 2300달러까지 상승하더라도 30년 동안 수익률은 제로라는 결론이다. 2010년의 금 가격은 인플레이션을 감안하면 1265년의 금 가격과 같다고 한다. 다시 말해 745년 동안 금에 투자했다면 수익은 전혀 없다는 의미이다. 물론 인플레이션으로 잃은 것이 없다는 점에서 그나마 위안을 얻을 수는 있지만 말이다. 가치 저장 수단으로서 금의 무력함에 대해 이런 묘사도 있다. "재산을 모두 금으로 저장했다가 후대에 물려주면서 후손들에게도 재산을 계속해서 금으로 축적하도록 한 15세기 금 본위제 지지자들은 하늘나라에서 아래를 내려다보다가 그들 후손의 재산이 500년 동안 90퍼센트 가까이 하락한 것을 보고 발끈했을 것이다."[56]

금이 명목 화폐에 대한 헤지 수단으로 활용된다는 것과 명목 화폐를 대체해 화폐로 기능한다는 것은 전혀 다른 차원의 문제이다. 명목 화폐 대신에 금이 화폐 기능을 수행할(일종의 금 본위제 또는 금 환 본위제) 가능성에 대해 회의적인 의견이 많다. 금을 화폐로 사용하는 것은 현실적으로 가능한 대안이 아니며, 현재의 명목 화폐 제도를 지혜롭고 절제 있게 운영하는 데 관심을 가지는 것이 더 설득력 있다는 뜻일 터이다. 2008년 글로벌 금융 위기 이후 양적 완화 정책 등을 통해 주요국 중앙은행들이 풀어내는 글로벌 유동성이 혹시라도 국제적 자본 이동의 변동성을 증폭시키면서 세계 경제와 각국 경제에 부작용을 끼치지나 않을지 머리를 맞대고 고민해야 할 시점이다.

결국 금과의 연계가 단절된 지폐 시대에서 화폐 가치의 안정을 위해 중요한 것은 인플레이션을 적절한 수준으로 통제할 수 있는 사회적 '절제 메커니즘'이 제대로 작동하는지 여부이다. 폴 새뮤얼슨(Paul Samuelson)도 "절제 없는 시장 경제를 맹신하는 사람은 정서적인 불구자"라고 말한 바 있다. 밀턴 프리드먼이 주장한 바 있는 다음과 같은 언급을 앞으로 모두 고민해야 할 과제로 제시하면서 이 장을 마치고자 한다. "재정 수입 조달 방법의 하나로 불환 화폐를 사용하려는 유혹이 궁극적으로 상품 본위제(아마도 이런저런 종류의 금 본위 제도가 되겠지만)로 복귀하지 않을 수 없는 상황을 유발할 것인가 하는 문제는 여전히 미해결로 남아 있다. 상품 본위 제도의 대안으로서 가능성이 돋보이는 것은 앞으로 수십 년에 걸쳐 선진국들이 화폐 증발에 대해 효과적인 통제 기구를 만들어 세계의 모든 지역에 걸쳐 장기간 안정된 물가 수준을 보장할 재정 및 금융 제도를 개발하는 것이다."[57]

3장

금융의 빛과 그림자

금융을 따라다니는 운명적인 주홍글씨

2011년 9월 뉴욕 맨해튼에서 "월 스트리트를 점령하라.(Occupy Wall street.)"라는 구호를 앞세우고 시작된 반(反)월 가 시위는 유럽과 아시아 등으로 확산되어 일부 지역에서는 아직까지 이어지고 있다. 시위대들은 금융업자들의 탐욕이 글로벌 금융 위기를 초래했다면서 금융 투자가들이 받는 천문학적 연봉과 보너스를 성토한다. 퀀텀펀드를 운영하는 소로스(George Soros)는 2007년 한 해에만 270억 달러를 챙겼다. 공휴일 빼고 실제 일한 날짜만 따지면 하루 평균 1억 달러를 번 셈이다. 1억 달러는 연봉 2만 달러인 우리나라 평균적인 직장인이 5000년 동안 일해야 벌 수 있는 금액이다. 소로스의 하루 노동이 우리 같은 근로자 5000년의 노동과 동등한 가치가 있다는 것일까.

금융과 금융인들에 대한 부정적 인식은 최근의 금융 위기에서 불쑥 나온 것이 아니다. 금융업에 대한 불신과 반감은 인류 문명 발달과 그 역사를 같이하며 서구 문명의 정신적 지주인 기독교 정신에도 깊이 뿌리내려 있다. 아리스토텔레스는 저서 『정치학(*Politics*)』에서 "화폐

- 2011년 월 스트리트 시위에서 시위자가 1퍼센트의 독점을 비난하는 시위를 하고 있다.
- 하루에 평균 1억 달러를 번다는 조지 소로스는 20세기 최고의 펀드 매니저로 손꼽힌다.

는 교환 수단으로 만든 것이지 이자를 낳으라고 만든 것이 아니다." 라고 했으며 또 "모든 종류의 재산 획득 기술 가운데 고리대금이 자연의 원칙에 가장 배치된다."라고 하며 금융업을 비판했다. 서양에서는 산업 혁명이 한창 진행되었던 19세기 중반까지도 대부업에서 5퍼센트 이상의 금리를 받지 못하도록 법으로 엄격히 제한했다. 오늘날에도 이슬람 금융에서는 대출을 하고 이자를 받는 행위를 금지하고 있다. 이처럼 예로부터 노동으로 돈을 벌지 않고 이자로 생활하는 계층에 대한 부정적 이미지가 이어져 내려왔다.

자본주의는 금융이 오랫동안 짊어지고 있던 이러한 부정적 인식의 족쇄를 풀었다. 족쇄를 푸는 정도에 그치는 것이 아니라 오히려 날개를 달아 주었다. 사람들은 더 이상 금융 기관과 금융업에 종사하는 사람들이 사회에 기여하는 것 없이 부당 이득을 얻고 해악을 끼친다고 생각하지 않는다. 각국 정부는 금융 산업을 발달시키려고 혈안이고 젊은이들은 금융 분야에서 일자리를 구하기 위해 안달이다. 가장 잘

사는 나라는 금융이 가장 발전한 나라이고, 가장 높은 연봉을 주는 직장이 금융 기관이다. 영국에서 금융업 및 이와 관련된 산업의 비중은 국내총생산의 약 13퍼센트를 차지하는데 이는 전체 제조업을 합한 비중과 맞먹는다. 영국의 다른 산업이나 다른 지역이 실업과 경기 침체로 허덕일 때도 금융업의 중심인 런던 시티는 활기가 넘친다. 또 금융업 종사자들의 평균 연봉은 다른 업계보다 평균 3배가 많다.

1700년대 영란은행 직원들을 묘사한 다음 대목은 흥미롭다. "직원들은 글씨를 잘 쓰고 암산을 하는 수준이면 충분했다. 그들의 보수는 형편없어서 1694년 설립 당시의 연봉 50파운드가 1797년까지 유지되었다." 오늘날 가장 뛰어난 인재들이 금융 쪽으로 몰리는 것과 대조적이다. 도대체 무엇이 금융에 대한 사람들의 인식을 바꾼 것일까. 2000년 이상 금기시해 왔던 금융이 왜 갑자기 인류의 구원자로 둔갑했을까. 오늘날 금융은 인류가 경제 활동을 시작한 이래로 경제 발전과 사회 진보에 지대한 영향을 미쳤고, 신용과 부채의 발달은 인류 문명을 진보시킨 그 어떤 기술 혁신 못지않게 중요했다는 찬사도 자연스럽다. 역사적으로 은행과 채권 시장의 발달은 이탈리아 르네상스의 물적 기반이었으며, 금융이 무역 강국 네덜란드와 해가 지지 않는 대영 제국 건설의 초석이었다고 평가한다.[1]

그러나 경제 위기가 있을 때마다 금융은 위기의 주범으로 몰리고 있으니 원죄를 안고 태어난 것인가. 이 장에서는 고대의 고리대금업에서부터 근대 메디치은행, 그리고 19세기 금융 제국을 이룩한 로스차일드 가문 등 은행업의 발자취를 살펴보고자 한다. 이 과정에서 우리는 금융을 바라보는 사람들의 인식이 어떻게 변했는지를 보게 될 것이고 금융이 인류에 미친 긍정적 측면과 부정적 측면을 균형 있게 조망할 수도 있을 것이다. 여기서 우리의 주된 목적은 화폐의 진화와 금융의 발달 사이의 관계를 살펴보는 것이다. 그러나 둘 사이의 선후 관계를 역사적으로 규명하려는 것은 아니고 둘 사이의 인과 관계를 논리적으로 밝히려는 것도 아니다. 역사적으로 경제적 채권 및 채무가 반드시 화폐를 매개로 한 것은 아니었다. 따라서 금융은 화폐가 없는 사회에서도 성립할 수 있다. 하지만 화폐가 없는 채권 및 채무 관계를 상상해 보라. 얼마나 복잡하고 다툼이 많겠는가. 이런 면에서 금융은 화폐를 사용하면서 본격화했다고 말해도 크게 틀리지 않는다.

오늘날 화폐 발행과 금융은 한 동전의 양면이다. 사실상 화폐 발행이 금융이고 금융이 화폐 발행인 시대가 된 것이다. 왜일까. 고객에 대한 은행의 대출은 해당 은행에 고객의 요구불 예금을 만들어 줌으로써 이루어진다. 금융(대출)이 곧 화폐 발행(예금)이다. 과거에는 이와 달랐다. 초기에 화폐는 주로 거래를 매개하고 세금을 내는 수단 정도로만 인식되었다. 물론 금화를 가치의 저장 수단이나 투자의 수단으로 보았던 사람들도 있었을 것이다. 그러나 대부분의 사람은 내일 시장에서 빵과 우유를 사고 겨울이 오면 땔감을 사며 가축 사료를 사고 농지 임대료를 내기 위해 금화를 모았다. 이웃에게 빌려 줘서 이자를 받으려고 금화를 모은 사람은 별로 없었을 테니까 말이다. 그러나 오늘날 우리는 투자를 하기 위해 온갖 정보에 촉각을 곤두세운다. 모두 다 '돈'으로 '돈'을 버는 금융에 관심이 지대하게 된 것이다.

자, 이제 이렇듯 돈에 대한 인식이 변화한 흥미로운 역사 과정을 더 들어 보자.

빌리고 빌려 주는 것은 기본적인 경제 활동

인류가 문자를 발명해서 최초로 점토판에 새긴 것은 역사도 철학도 문학도 아닌 채권 채무와 관련된 사업 거래 내용이었다. 오츠(Dr Oates)가 "문자는 회계 기록을 목적으로 메소포타미아에서 발명되었다."라고 밝혔듯이 금융의 기원은 5000년 전 고대 메소포타미아 문명에서 발견된 점토판에도 기록되어 있다.[2] 이 점토판에는 이것을 소지한 자는 추수할 때 일정량의 보리를 받는다고 새겨져 있고, 조금 더 뒤에 만들어진 점토판에는 만기에 일정량의 은을 주고받는다고 기록되어 있다. 또 점토판에는 빌려 준 사람이 돌려받을 양과 지급 기일이 기록되어 있다. 그 내용은 17세기에 금세공인들이 발행한 은행권에 새겨진 '소지자에게 이 금액을 지급하기로 약속한다.(I promise to pay the bearer on demand the sum of.)'는 내용과 유사하다.

고대 메소포타미아의 대부 체계는 상당히 발전된 형태였다. 채무는 양도가 가능해 이름이 적힌 '채권자'가 아니라 '소지자'에게 지급할 수 있었다. 대부자는 주로 왕실이나 사원이었지만 개인 대출업자도 생겨났다. 기원전 6세기경에 바빌로니아의 에기비(Egibi) 가족은 5대에 걸쳐 광활한 농지를 소유하면서 땅과 자금을 빌려 주고 이자를 받는 대부업(전당포에 가까웠다)을 했다. 바빌로니아와 이웃한 니푸르에서는 마라슈(Maraschu) 집안이 등장해 연못이나 수로를 임대해 주는 형태의 금융업을 했다. 당시 대부업은 농지, 가축, 농기구, 종자 등 생산에 필요한 자금과 물자를 빌려 주고 추수 후에 받는 기본적인 형태였다. 이자는 일반적으로 가축의 자연 번식률을 반영해서 정했는데,

20퍼센트에 이르는 경우도 있었다. 이자를 정하는 기본은 채무자의 신용도였다. 당시 왕실과 권력자들의 금융 행위가 광범위하게 퍼지고 피해가 속출해 이를 규제할 필요가 있었다. 이러한 배경에서 만들어진 것이 함무라비 법전(Laws of Hammurabi, 함무라비 왕의 재위 기간은 BC 1792~BC 1750)이었다. 이 법전은 3년마다 채무를 면제해 주도록 정하고 있었지만 이러한 법 규정에도 불구하고 대부업자들은 상당한 이익을 기대할 수 있었다. 초기에는 주로 곡식으로 예치하고 대출되었지만 점차 과일, 가축, 농기구로 확대했고 결국 금이나 은과 같은 귀금속이 금융 거래를 매개했다. 당시 바빌로니아에서는 금속 화폐가 사용되지는 않았다는 점에서 금융 발달이 화폐 발달을 훨씬 앞섰다는 것을 보여 준다.

바빌로니아와는 달리 이집트에서는 국가에 의한 다른 형태의 금융업이 발달했다. 이집트에서는 금, 은, 동으로 금속 화폐가 주조되었지만 금속 화폐는 주로 대외 거래에서 사용했고 일상 거래를 매개하는 것은 곡식이었다. 특히 이집트는 상당히 체계적이고 엄격한 중앙집권 체제를 갖추고 있었기 때문에 국가가 나서서 곡식 창고 은행 제도(warehouse banks)를 만들고 지급 이체 제도(giro banking)를 발달시켰다. 사람들은 곡식을 왕실 창고나 민간 창고에 맡기고 채권과 채무가 생길 때마다 창고에 통보해서 결제했다. 오늘날의 지로 시스템과 흡사했다. 특히 프톨레미 1세(Ptolemy Ⅰ, BC 323~BC 330 재위)는 그리스 등과의 대외 거래에 필요한 지급 수단인 금, 은과 같은 금속 화폐를 확보하기 위해 대내 거래에서는 금속 화폐 대신에 곡식을 사용하도록 적극 장려했으므로 이 곡식 창고 은행 시스템이 최고로 번

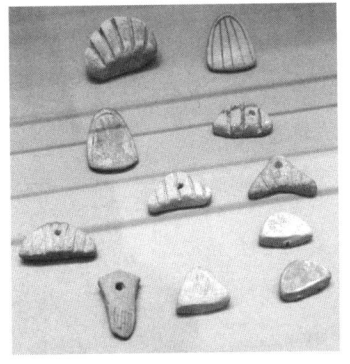

- 메소포타미아 문명에서는 채무 거래를 점토판에 기록했다.
- 아우렐리우스 황제 때 주조된 로마의 동전.

성했다. 수도 알렉산드리아에 중앙은행 역할을 하는 중앙 창고를 만들어 전국적으로 지방 창고들 간에 발생하는 채권과 채무 관계를 청산했다.

금속 화폐를 널리 사용한 그리스 도시 국가들에서는 그것을 기반으로 하는 금융업이 융성했다. 그리스 시민들보다는 외국인들이 금융업에 종사했다. 도시 국가마다 다른 화폐를 사용했기 때문에 환전이 금융의 중요한 업무가 되었다. 당시 은행들은 오늘날과 같이 저축 계좌와 현금 계좌를 개설하고 거래했는데, 요즘과는 반대로 저축 계좌 예치에는 이자를 지불하지 않고 오히려 현금 계좌에 이자를 지불했다. 저축성 계좌는 그야말로 금고와 같아 고객이 맡긴 현금이나 귀중품을 은행이 대출에 사용할 수 없었던 반면에 현금 계좌에 예치된 화폐는 다른 고객들에 대한 대출 재원으로 활용 가능했기 때문이다. 대출에는 일반적으로 귀금속이나 노예를 담보로 했는데 농기구나 전쟁 장비는 담보로 받지 못하도록 규제했다. 그리스는 대부업에 대한 금리 제한이 없어 금리는 일반적으로 6~10퍼센트였으나, 위험성이 높은 무역 금융에는 20~30퍼센트의 높은 금리를 적용했다. 특히 아테네가 그리스 도시 국가들 사이에서 주도권을 차지한 가운데, 해상 교역의 중심에 위치한 불모지 섬에 기반을 둔 델로스가 기원전 3세기 말 해상 무역의 금융 중심지로 등장해 400년간 그 위상을 유지했다. 아테네에서는 주로 금속 화폐인 현금을 매개로 금융이 발전한 반면에 델로스에서는 신용 거래가 주종을 이루었다. 델로스에는 로마인들이 이주해 금융 세력으로 성장했으며 후에 지중해를 장악한 로마는 다른 그리스 도시들을 파괴하면서도 델로스만은 정책적으로 금융 중심지로 계속 발전시켰다. 이렇게 해서 델로스는 로마 금융의 모델이 되었다.

유럽 최초로 대제국을 건설한 로마 제국은 화폐 주조와 금융 기법을 그리스로부터 고스란히 전수받아 상당히 세련된 금융 수단을 갖추었다. 로마 제국이 전쟁으로 획득한 전리품, 노예, 정복지의 실물 자산들이 활발하게 로마 경제로 유입되었다. 이처럼 전쟁을 통한 영토 확장에서 오는 실물 자산의 유입과 지중해를 통한 해상 무역 거래로 로마 제국 경제는 안정적으로 성장할 수 있었다.[3] 로마는 교역의 확대를 뒷받침하기 위해 정복지의 광산에서 획득한 귀금속을 금속 화폐로 주조해 유통시켰다. 즉 실물 자산의 증가에 맞춰 화폐를 발행해 화폐 유통량을 늘리는 정책을 적극적으로 펼쳤던 것이다. 로마 제국의 영역에서 화폐로 유통된 귀금속의 규모가 251억 달러에 상당했을 것이라고 추정한 연구 결과도 있다.[4] 또 당시 대규모의 화폐 유통량으로 볼 때 조직화된 금융 행위가 있었음에 틀림없다[5]는 연구도 있다. 포스터(Hoggson Foster)의 연구에 따르면 로마인들은 화폐를 성직자의 관리 아래 두거나 국가의 공공 예치소에 맡기기도 했지만 대개는 오늘날의 은행과 같은 역할을 했던 환전상에게 맡겼다고 한다. 로마에는 기원전 2세기에 제우스신 동상이 세워진 금융가도 있었다고 한다. 환전상은 예금주의 계좌에 재산이 있는 한 예금주가 발행한 어음을 결제하고 정산해 주었다. 국가가 나서서 국민의 재산 보호를 위해 공공 예치소를 제공하기도 했다. 로마 유적 중에는 화재로 파괴된 건축물의 대리석 바닥에서 불에 녹아 버린 많은 동전들이 발견되기도 했는데, 그런 곳이 공공 예치소로 추정된다. 로마가 발행하고 유통시켰던 방대한 양의 화폐는 발전된 금융 체제를 낳았고, 이것으로 그들은 금융 시스템을 구축했다.

중세[6]의 금융, 윤리와 종교의 그림자에 가리다

정치적 위기와 급격한 인플레이션, 이민족 침입으로 인한 서로마 제국의 멸망(476)은 서유럽 세계의 정치적 군사적 약화와 함께 경제적 위축을 불러왔다. 서로마 제국의 멸망 이후 수 세기 동안 서유럽에는 지속적인 경기 침체, 통화량 축소 등 경제 활동의 급격한 몰락으로 인해 금융 활동에 대한 기록이 거의 없다. 저명한 화폐 역사가인 로버트 로페즈(Robert Lopez)[7]에 따르면 게르만족의 이동과 마자르족의 중부 유럽 진출, 그리고 이슬람 세력의 남부 유럽 진출은 불안정한 정치 상황을 지속시켰고, 경제는 로마 시대에 비해 퇴보했다고 한다. 이러한 침체는 교역과 금융 거래를 위축시켰으며, 거래 당사자 간에 현물 지급을 선호하게 만들어 화폐 사용이 줄어들었다. 또 화폐 교환을 담당하던 환전상들은 금속 화폐를 유통시키지 않고 금고에 저장해 둠으로써 화폐를 퇴장시켰다.

중세에 금융이 위축된 원인에 대해서는 서로 해석이 다르다. 일반적으로는 앞에서 살펴본 것처럼 정치적 혼란과 경제적 침체가 금융을 위축시켰다는 해석이 대세이다. 여기에 또 다른 해석은 문화적 요인이 금융 발전에 제약 요인으로 작용했다고 보는 견해이다. 즉 이자 수취와 대부업을 죄악시하는 기독교의 득세가 금융업을 쇠퇴시켰다고 본다. 당시 기독교의 교회법은 대부업자들을 악덕업자로 취급해서 기독교인들에게는 이자를 수취하는 대부업이 교회법으로 금지되었다. 유대교를 믿는 유대인들의 경우에만 가능했기에 이로써 유대인들은 기독교 득세 이후 유럽 전역에서 대부업을 하는 대표적인 민족이 되었다.

셰익스피어의 희곡 「베니스의 상인」의 무대가 베니스인 것은 결코 우연이 아니었다. 1492년 스페인과 포르투갈에서 기독교로 개종을 거부해 추방당한 유대인들은 천신만고 끝에 베니스에 정착했다. 당시 상업 중심지는 피사였다. 피사는 피보나치(Fibonacci)의 고향으로, 그는 1202년에 『산술책(Liber Abaci)』을 발표해 유럽에 아라비아의 십진법을 소개한 인물이다. 이전까지는 계산할 때 i, ii, iii과 같은 로마 숫자를 사용해 불편이 이만저만이 아니었다. 그는 또 투자 이익을 이자율로 할인하는 개념과 분수 및 소수점 개념도 최초로 만들었다. 피보나치의 이러한 수학적 업적은 상업 부기, 환전, 이자율 계산을 발전시키는 데 크게 기여했다. 그로 인해 사람들은 돈을 빌려 주고 돈을 버는 데 수학이 어떻게 유익한지를 알게 되었다.

그런데 피보나치의 고향인 피사를 제치고 어떻게 베니스가 금융의 중심지가 되었을까. 베니스는 당시 경제의 중심지였던 오스만 튀르크 지역과 지리적으로 가깝다는 이유 외에도 유대인이 베니스에 정착했기 때문이다. 「베니스의 상인」에 묘사된 고리대금업자를 통해 당시의 경제상을 살펴보자.[8]

유대인 고리대금업자 샤일록은 고객 바사니오에게 3000두카트(ducat)[9]를 빌려 주는데, 바사니오의 친구인 상인 안토니오가 배를 담보로 보증을 서고 불이행 시 살 1파운드를 제공한다는 증서를 써 준다. 결국 채무를 이행하지 못하자 샤일록은 사실상 안토니오의 죽음을 뜻하는 살 1파운드를 요구한다. 법원은 샤일록이 담보물을 요구할 권리는 인정하지만 동시에 안토니오의 죽음도 허락하지 않는다. 법원은 시민권이 없는 샤일록이 기독교인의 죽음을 계획한 대가로 그의 재산을 몰수하고 개종을 요구해 결국 샤일록은 강제 세례를 받고서야 죽음을 모면하게 된다. 셰익스피어의 희곡은 대부업의 실상을 정확하게 반영하고 있다. 이를 통해 당시에는 높은 이자율을 부과할 수 있을 정도로 대부자의 힘이 막강했고, 금융과 관련한 갈등을 폭력적 수단이 아니라 법정이 해결했으며, 인종적 종교적 소수였던 채권자는 다수였던 채무자의 적개심 때문에 취약한 입지에 처해 있었음을 알 수 있다. 이처럼 중세 시대 금융의 위축을 당시 기독교의 득세로 인한 종교적 윤리적 측면과 따로 떼어 설명하기는 어렵다.

영국에서 이자가 합법화된 것은 1545년이었다. 그것도 허용되는 최고 금리가 10퍼센트였다. 10퍼센트를 넘는 이자 수취는 대부법에

서 금지했다. 1624년에는 최고 금리가 8퍼센트로, 1652년에는 6퍼
센트로, 그리고 1713년에는 5퍼센트로 낮아졌다. 18세기와 19세기
초반까지 금리 제한의 필요성에 대해 큰 논쟁이 있었다. 금리 제한에
찬성하는 쪽에 애덤 스미스(Adam Smith)가 있었고, 그 반대쪽에서는
로크(John Locke)가 있었다. 경제학의 시조인 애덤 스미스가 자유 시
장 원리에 반하는 이자 제한에 찬성하고 사회학의 거두인 로크가 사
회적 약자를 보호하는 이자 제한에 반대했다는 것은 아이러니가 아
닐 수 없다. 이자 제한에 찬성하는 쪽은 이자를 제한하지 않으면 높은
이자를 지급하려 드는 방탕하고 낭비적인 사람들에게만 자금이 몰려
정작 자금을 필요로 하는 무역업자나 사업가에게는 돌아가지 않는다
고 주장했다. 이에 맞서 이자 제한에 반대하는 쪽은 국내에서 이자를
제한하면 높은 이자를 받을 수 있는 해외로 자금이 빠져나가 국내의
자금이 줄어들게 된다고 주장했다. 마침내 1833년에 무역 금융 할인
에서 이자 제한이 풀리게 되었고 1856년에 모든 거래에서 이자 제한
이 폐지되었다.[10]

돈을 빌려 주고 이자를 받는 것은 기독교인들 사이에서는 죄악시되
었다. 물론 금융에 대한 부정적 사고는 유럽이 기독교화되기 이전인
그리스와 로마 시대에도 팽배해 있었다. 그리스 철학자 플라톤은 저
서 『국가론(Politeia)』에서 이렇게 적었다. "시민들은 무역이나 제조업
에 종사하지 말아야 한다. 왜냐하면 무역이나 제조업은 사람을 타락
시키기 때문이다. 이런 일은 외국인들의 몫이다." 또 당시에는 돈을
빌리는 것에 대해서도 부정적이었다. "돈을 빌리는 것은 멍청함과 유
약함의 극치다. 돈을 가지고 있다면 더 이상의 돈이 필요 없으므로 돈

을 빌리지 마라. 돈이 없다고 해서 돈을 빌리지 마라. 왜냐하면 결코 갚을 수 없기 때문이다. 가난으로 인한 고통의 짐이 무거워 내 등 위에 채권자를 태우는 것은 현명한 결정이 아니다. 글자를 가르치거나 아이들을 학교에 보내거나 문지기가 되거나 선원이 되어 삶을 사는 것이 '돈 갚으라'는 독촉을 받는 것보다 훨씬 덜 비참하다." 로마를 기독교화했고 13세기까지 기독교 사상에 큰 영향을 끼친 이론가였던 아우구스투스(Augustus) 황제는 이렇게 말했다. "이자를 받고 돈을 빌려 주는 것은 죄악이다. 돈은 대가 없이 나누어 주든지 아니면 이자 없이 빌려 줘야 한다. 빌려 주더라도 나중에 갚으라고 강요하면 안 된다. 가난한 사람에게 돈을 주는 것은 신에게 돈을 빌려 주는 것과 같고 천국으로 갈 수 있는 상으로 보답받는다. 일시적인 것을 주고 영원한 것을 얻어라. 세속적인 것을 주고 천국의 것을 얻어라." 기독교의 이러한 엄격한 교리가 금융업을 위축시킨 것은 어찌 보면 너무나 당연한 일이었는지도 모른다.

잠시 곁길로 들어갔는데 다시 금융사 산책으로 돌아가자. 신성 로마 제국의 등장(962), 십자군 전쟁(11~13세기)을 거치면서 위축되었던 중세의 경제 활동도 조금씩 변화가 일어났다. 동서양의 교류가 확대되면서 상업 도시가 발달하고 시민 사회의 기틀이 잡혔다. 몇몇 항구 도시와 지중해의 지배권은 무슬림 세력의 지배에서 벗어났다. 지정학적 안정을 바탕으로 아시아와의 원거리 무역도 재개되었다. 더불어 유럽 지역 왕들이 세금 징수, 전쟁 비용 충당 등을 위해 화폐를 발행하면서 화폐 유통도 활발해졌다.

흑사병으로 잠시 주춤하기도 했지만 인구가 다시 늘어나면서 상인 계급도 등장했다. 상업 활동이 두드러진 곳은 지중해에 위치한 이탈리아와 따뜻한 난류가 흐르는 북부 유럽 항구 도시였다. 특히 북부 유럽의 상인들은 그들만의 치안과 안녕을 꾀하기 위해 한자 동맹[11]을 결성하고 정치적 군사적 연합 세력을 구축했다. 하지만 한자 동맹 도시들은 이탈리아에 비해 금융에 대한 지식과 경험이 부족해 동맹한 도시들끼리 불만과 분쟁의 소지를 없애기 위해 물물 교환 형식의 무역을 했다. 그 결과 발트 해 연안의 한자 동맹 도시들은 교역량의 확대에도 불구하고 화폐와 금융업의 발전을 이루지 못했다.

반면에 이탈리아 도시들에서는 금융의 싹이 돋았다. 교역의 확대와 화폐 경제의 발전은 교역에 필요한 자본의 수요를 낳았다. 이탈리아의 재력가들은 상업 자본가로서 교역에 투자하기 시작했다. 교역량 확대로 지급 결제 수단인 화폐에 대한 수요가 증가하고, 대출 만기를 연장하는 교섭이 활발해졌으며, 지급 결제에 대한 부도 위험을 줄이려는 움직임이 일었다.

당시 금융에 종사하던 사람들은 세 가지 부류로 분화했다. 재물을 담보로 대출을 담당한 전당포 업자, 화폐 교환을 담당하고 예금을 수탁하고 관리한 환전상, 그리고 해상 무역에 대출을 하거나 직접 투자하는 상인 은행가(merchant banker) 부류였다. 이러한 분화는 이탈리아에서 두드러졌는데, 대규모 대출을 담당하는 새로운 형태의 환전상들이 출현하고 해상 무역을 주도하던 상인들이 금융을 주도했다. 특히 해양 무역에 치중했던 이탈리아 북부의 도시 국가들은 은행업에서 비약적인 발전을 이루었으며 이들의 자금력은 이탈리아 르네상스의 물적 기반이 되었다. 기록을 보면 환전상이 시장에 벤치(bench)

를 놓고서 이자를 받고 대출하는 금전 거래를 했다고 나와 있는데, 이것이 오늘날 쓰는 은행(bank)의 어원이라는 설도 있다.

대부업에서 은행업으로 진화한 메디치 가문[12]

14세기 초반 이탈리아에서는 바르디(Bardi), 페루치(Peruzzi), 아치아이우올리(Acciaiuoli) 등 피렌체의 세 가문이 금융을 꽃피우는 듯했다. 그러나 세 가문의 주 고객이었던 영국 에드워드 3세와 나폴리 로베르트 왕이 채무를 이행하지 못하면서 파산하고 말았다. 이는 대부업자가 채무 불이행에 취약했던 당시 현실을 보여 주는 사례이다. 반면에 메디치 가문은 이러한 한계를 극복하고 대부업자가 금융 권력으로 진화할 수 있는 성공 가능성을 보여 주었다. 메디치 가문은 사업의 규모를 키우고 사업 내용을 다각화하는 한편 당시 권력자들이었던 교황 및 황제들과 결탁함으로써 오랫동안 사업적으로나 권력 획득 측면에서 모두 성공했다. 이 가문은 교황 두 명, 프랑스 왕비 두 명을 배출했으며, 당시 최고의 정치 이론가였던 마키아벨리(Niccolò Machiavelli)가 '메디치 가문사'를 집필했을 정도로 당대 최고의 가문이었다. 메디치가의 위대한 건축 유산은 현재까지도 피렌체에 수많은 관광객을 불러 모으고 있다. 메디치가는 200년 이상 금융의 최강자로 위세를 떨쳤고 예술과 학문을 후원해 르네상스의 든든한 후원자로서 칭송과 찬사를 받았지만 가문의 시작은 보잘것없었다. 1390년대에 메디치 가문을 일으킨 조반니 메디치(Giovanni Medici)[13]가 등장하기 전까지 이들은 금융업자로서보다는 폭력을 자제하는 비교적 선량한 갱단으로 알려져 있었다. 1343~1360년에 메디치 가문 출신 가운데 다섯 명 이상이 중범죄로 사형 선고를 받았다는 사실도 이 가문의 배경을 뒷받침한다.

조반니는 성실하고 열심히 일하는 은행가로서 보잘것없던 가문을 일으켜 세웠다. 1385년 조반니는 친척이 운영하는 대부업 회사의 로마 지점 관리자로 부임해 외환 거래인으로 명성을 쌓았다. 로마에서 그는 바티칸 교황의 금고로 들어오는 유럽 각지의 화폐들을 환전해 주었다. 1397년 고향 피렌체로 돌아온 그는 베니스, 로마, 제네바, 피사, 런던, 아비뇽에 지점을 세워 환전 업무를 확대하는 한편 무역 거래에서 사용하는 환어음을 인수하는 업무로 세(勢)를 불려 갔다. 상인들 사이에서 채무자가 채권자에게 발급한 환어음은 그 자체가 지급 수단으로 사용될 수 있지만 현금이 필요한 채권자는 은행에 액면보다 낮은 가격으로 할인해서 넘긴다. 인수한 은행은 만기가 되면 채무자로부터 액면대로 지급을 받아 이익을 남겼다. 교회는 이자를 비난했지만 이런 식으로 돈 버는 것까지 막지는 못했다. 필요한 자본금은 일반인의 자금을 받았다가 매년 이윤을 나누는 방식으로 보상해 주었다. 그리고 무역 거래에서 발생하는 단기 어음 할인은 대부업과는 달리 무역 활동을 촉진하는 것이라고 교황청을 설득해 대부업법의 규제를 피해 갔다. 이처럼 메디치 가문이 대부업에 대한 교회법의 규제를 피해 가는 과정에서 초기 은행업이 탄생했다고 말하기도 한다.[14]

메디치가는 체계적인 장부 기록 방법을 사용하고 지점장들과는 고용 관계가 아니라 파트너로서 이윤을 나누는 방식을 사용하는 등 경영 혁신도 이루었다. 그들은 매년 평균 30퍼센트가 넘는 이윤을 남겼

- 조반니 메디치는 메디치가가 중세 최대의 금융 명문가로 자리 잡는 기틀을 세웠다.
- 『군주론』을 집필한 전략가 마키아벨리는 메디치가의 후원을 받았다.

다. 메디치가의 급작스러운 성공은 피렌체의 다른 가문들과 일반인들의 미움을 사서 1433~1434년에는 베니스로 피신해야 했고, 1494년에는 재산이 압수당하고 군중에 의해 은행이 불길에 휩싸이기도 했다. 1537년에 이르러서야 비로소 다시 피렌체로 돌아가 투스카니 대공작 작위를 얻어 1743년까지 작위를 유지했다. 대부업에서 시작해 권력의 상부까지 오른 메디치가의 성공을 닐 퍼거슨은 이렇게 평가했다. "금융에서 작다는 것은 결코 아름답지 못하다.(In finance, small is seldom beautiful.)" 2008년 세계적인 금융 위기 때 자주 듣던 문구와 매우 유사하다. 이른바 '대마불사(too big to fail)'인 것이다.

메디치가가 개인 사업 형태로 운영하던 금융 업무는 점차 체계적인 은행 조직으로 발전해 갔다. 대출 경쟁에서 앞서기 위해서는 유동성 확보가 필수적이었고 안정적으로 지급 결제를 대행하는 조직이 필요했기 때문이다. 특정 가문이 사적으로 운영하던 조직이 법인 형태로 바뀌었다. 유럽 전체를 아우르는 은행 네트워크는 거래 규모가 증가하면서 대규모 자본을 확충할 필요가 있었기에 이들은 개인 지분을 팔면서 외부 자본을 끌어들였다. 외부 자본의 유입은 지배 구조의 투명성 제고와 의사 결정권의 적절한 배분이라는 바람직한 변화를 가져왔다. 1397년에 메디치가와 바르디가가 합작으로 세운 메디치은행(Banco Medici)은 소유권 다각화로 규모를 키워 종전의 소규모 고리대금업 수준을 뛰어넘은 대표적 사례였다. 이후 메디치은행은 바르디가와 결별한 뒤 자금을 예치받고 상인들에게 자금을 대출하는 분야에 집중했고 예금 금리와 대출 금리의 차이를 수익의 원천으로 삼았다. 백년 전쟁 동안 전성기를 누렸던 메디치은행도 1494년 피렌체의 새로운 집권 세력에 의해 은행 면허가 취소되고 모든 재산을 몰수당하면서 역사에서 사라졌다. 또 1453년 동로마 제국이 오스만 튀르크에 멸망하면서 아시아와의 무역이 위축되자 점차 유럽의 금융 중심은 이탈리아 도시 국가들로부터 북부와 서부 유럽으로 이동했다.

금융 혁신의 삼두마차 암스테르담, 스톡홀름, 런던

이탈리아 제노바 지역의 상인 은행가들은 비단의 제조와 판매, 포르투갈의 세금 징수권 확보, 백반 채굴 등 국제 거래 업무에 참여하고 있었다. 특히 스페인 지역의 왕국들과 다양한 금융 거래를 했는데, 상환 청구권이 첨부된 증서로 자금을 빌려 오고 어음을 만들어 자금을 빌려 주었다. 이 차입 증서는 만기가 1~2년이었으며 스페인 지역의 왕들은 장래의 재정 수입으로 지급을 보증했다. 이러한 금융 거래는 공공적 성격의 은행인 오늘날의 중앙은행 기능과도 비슷했다. 또 자본을 확보하기 위해서는 은행의 투명성이 필요해 복식 부기와 같은 장부 기록법의 발전이 이루어졌다. 다시 말해 은행에서 발행한 증서가 가치의 안정성, 유동성을 확보하기 위해서는 은행 자체의 안정성과 투명성의 확보가 필수적이라는 뜻이다.

무역의 중심이 이탈리아에서 북부 및 서부 유럽으로 옮겨 가면서 이탈리아의 은행업 역시 네덜란드, 스웨덴 등지로 이식되었다. 암스테르담과 런던, 스톡홀름은 금융업 혁신을 통해 근대식 은행과 중앙은행의 선구자가 되었다.[15] 17세기로 넘어서며 유럽에서는 사적 금융뿐 아니라 공적 금융의 역할을 수행하는 독특한 금융 기관이 생겨났다. 이러한 변화는 암스테르담, 스톡홀름, 런던에서 일어났다.

지금도 그렇지만 옛날부터 유럽에서 상인 정신이 가장 강한 나라는 네덜란드이다. 이들은 영토의 대부분이 수면보다 낮은 척박한 환경에도 불구하고 전 세계를 상대로 무역을 하여 유럽의 강대국이 되었다. 네덜란드는 짧은 기간이기는 하지만 대영 제국에 앞서 전 세계 무역을 주름잡은 나라였다. 그리고 금융에서도 한때는 가장 앞서 가는 나라였다. 존 로가 금융과 화폐에 눈을 뜬 것도 암스테르담에서 동인도회사, 암스테르담외환은행, 증권 거래소 등을 목격하면서부터였다. 1609년에 설립된 암스테르담외환은행(Amsterdam Exchange Bank)은 당시 상인들의 실제적인 어려움을 해결하기 위해 세워졌다. 그런데 문제는 통일된 화폐가 없다는 것이었다. 네덜란드 국내만 해도 14군데에서 서로 다른 화폐를 발행했고, 유통되는 외국 화폐의 종

- 1609년에 세워진 암스테르담외환은행의 거래 모습.
- 1657년에 설립된 스톡홀름은행.

류도 다양해서 지급하거나 환전하는 데 어려움을 겪었다. 암스테르담외환은행은 상인들에게 표준화된 화폐로 표시되는 예금 계좌를 개설하고 예금을 받았다. 그리고 수표와 자동 이체 시스템을 도입했다. 타인에게 지급이 필요한 고객이 자기 계좌에서 다른 사람의 계좌로 예금을 이체하도록 은행에 지시하면, 계좌 사이의 자금 이체가 이루어졌다. 이러한 장치 덕분에 점차 실물 주화의 이전 없이도 거래가 가능해졌고 환전의 불편함도 사라졌다. 그러나 암스테르담외환은행은 오늘날 은행의 가장 핵심 기능인 신용 확대의 기능을 충분히 수행하지는 못했다. 거의 100퍼센트에 가까운 지급 준비금을 보유하는 정책으로 일관했기 때문이다. 이들은 받은 예금에 대해서는 그에 상응하는 가치의 귀금속과 주화를 보관했다. 1760년에 이르러서도 예금 총액이 1900만 플로린(florin)에 미치지 못했던 반면에 지급 준비금은 1600만을 넘었다. 뱅크런의 우려는 없었지만 신용 화폐를 창출하는 기능은 수행하지 못했던 것이다.

영국 경제학자 애덤 스미스에게 암스테르담은행의 성공은 큰 관심사였다. 그는 『국부론』에서 암스테르담은행을 상세히 분석했다. 경제학자인 애덤 스미스가 관심을 가진 것은 화폐 환전 업무 때문이 아니었다. 애덤 스미스는 암스테르담은행의 설립 목적부터 앞에서 설명한 것과는 다르게 보았다. 그는 이 은행의 설립 목적이 환전이 아니라 자국 화폐의 가치를 유지하는 것이라고 여겼다. 프랑스나 영국같이 큰 나라는 자연적 마모나 중량 미달로 화폐 가치가 저하되는 것을 재주조를 통해 막을 수 있었다. 하지만 암스테르담(당시는 네덜란드라는 국가가 형성되기 전이다)과 같은 작은 도시는 재주조를 통해 자국 화폐의 가치를 회복할 방법이 없었다. 영국, 프랑스 등 큰 나라는 국내에서 유통되는 화폐의 주종이 자국 화폐였지만 작은 나라에서는 외국 화폐가 더 많았기 때문이다. 네덜란드 화폐는 실제 가치보다 저평가되어 환율에서 손해를 보았고, 이를 해결하기 위해 고안한 방법이 암스테르담은행을 설립해 그곳에서 발행되고 결제되는 무역 환어음을 전담하는 것이었다. 이 은행은 고객들로부터 예치받은 네덜란드 화폐를 중량에 관계없이 온전한 화폐만큼의 가치를 인정해 주었다. 또 약간의 관리 비용을 제하고 계좌에 넣어 은행 화폐로 사용할 수 있게 해 주었다. 6개월 내에는 언제든지 인출할 수 있는 인도 영수증도 발행했고 이 인도 영수증은 6개월마다 금은 5퍼센트, 은은 0.25퍼센트의 보관료를 내고 연장할 수 있었다. 은행 화폐는 온전한 화폐 가치와 같았고 현금 화폐에 비해 거래도 안전하고 편리했기 때문에 오히려 프리미엄이 붙었다.

암스테르담은행은 은행 화폐라는 신용 화폐를 상거래에 이용한 최초의 은행이었다. 당초에는 저환율의 불이익을 보상하기 위한 공공의 목적으로 설립되었지만 많은 수익을 내면서 암스테르담 시에 막대한 이익을 안겨 주었다. 이들은 오늘날의 은행이 채택하고 있는 수익 창출 방법을 대부분 활용했다. 계좌 신설과 증설에 대한 수수료, 연체에 대한 높은 과태료, 소액 거래에 대한 과징금, 높은 보관료 등으로 예대 마진 없이도 수익을 챙겼던 것이다. 이 은행의 고객은 1200여 명의 상인들이었다. 나중에 은행은 자체적으로 은행 화폐를 현금 화폐보다 5퍼센트 높게 팔고 4퍼센트 높게 사는 방식으로 1퍼센트의 수익도 남겼다. 암스테르담은행은 현금 화폐보다 은행 화폐의 가치가 더 높을 수 있다는 것을 보여 준 첫 사례였다.

암스테르담외환은행이 설립된 지 약 50년이 지난 1657년에 스웨덴 중앙은행인 스톡홀름은행(Stockholm Banco)이 세워졌다. 이 은행의 역할은 환전 이외에 대출이었다. 예금의 일부분만 지급 준비금으로 보관하고 나머지는 대출에 사용했다. 이러한 관행은 오늘날은 부분 지급 준비금(fractional reserve banking)이라 부르며 모든 은행이 채택하고 있는 것이다. 예금자들이 한꺼번에 몰려와 인출하는 경우는 매우 드물었으므로 예금액 중 일부만 지급 준비금으로 보유하면 문제가 되지 않았다. 부분 지급 준비금 관행이 생김으로써 비로소 은행은 신용 화폐를 창조하는 본연의 기능을 담당할 수 있었다. 그 전까지는 은행이 단지 사회 내에 있는 화폐를 남는 사람에게서 부족한 사람에게 이전하는 역할만 했다가 비로소 남는 사람의 화폐를 받아 화폐의 필요성이 더 높은 사람에게 줄 수 있게 된 것이다. 그로 인해 은행의 대출 능력은 강화되었지만 예금의 안전성은 떨어졌다.

런던은 암스테르담이나 스톡홀름보다 금융의 발달이 늦었지만 영국이 산업 혁명을 이끌며 대영 제국으로 부상하면서 전 세계의 성공적인 금융 모델이 되었다. 17세기 런던에서는 금세공인 은행가들(goldsmith banker)이 대표적 은행업자들이었다. 금세공인들은 금과 은을 세공하면서 런던의 부자들이나 상인들의 금화나 귀금속들을 책임지고 보관해 주는 일을 했다. 이들은 금화나 귀금속을 맡긴 사람들에게 그 증거로 보관 영수증을 발행했는데, 그것이 화폐 역할을 한 '골드스미스 노트(goldsmith note)'였다. 많은 양의 금화를 휴대하기는 불편했으므로 보관증으로 거래를 하기 시작했고, 점점 더 많은 사람들이 굳이 은행에 가서 금화로 바꾸는 대신에 보관증을 화폐로 사용하기에 이르렀다. 이 금세공인 은행가들도 사람들이 한꺼번에 금화를 찾아가지 않는다는 사실을 알았고, 금고에 금화를 넣어 두고 묵히는 것이 아까워 금화를 바탕으로 대출을 하기 시작했다. 이렇게 대출자들이 받은 은행의 약속 어음은 거래에서 화폐처럼 지급 수단으로 사용되었다.

이러한 상황에서 1694년 영란은행의 창설은 변화의 시발점이자 금융 시스템이 획기적으로 발전할 수 있는 기반이 되었다. 당초 영란은행은 영국 정부의 전비를 조달할 목적으로 설립되었다. 영란은행은 정부의 세수를 담보로 은행권을 발행했다. 장차 거둘 세금으로 되갚는다는 약속이 은행권 발행의 근거였으니 전 국민의 세금을 담보로 영란은행이 화폐를 발행한 것이나 마찬가지였다.[16] 영란은행은 일반 민간 은행들과 경쟁하면서 이윤을 추구하는 영업을 했으나, 점차 화폐 독점 발행권을 가진 최종 대부자로서 '은행의 은행'이라는 중앙은 행으로 전환되었다. 중앙은행의 탄생은 빈번한 금융 위기를 극복하고 금융 시스템을 안정시키는 데 획기적인 계기가 되었다. 영국의 성공적인 중앙은행 시스템은 전 세계적으로 벤치마킹되었다. 프랑스는 1800년에, 독일은 1875년, 일본은 1882년, 스위스는 1902년에 각각 중앙은행을 설립했다. 미국만 중앙은행을 설립하려는 법안이 두 차례나 좌절되는 진통을 겪으면서 1914년에야 연준이 세워졌다.

19세기 영국의 은행들은 대형 상업 은행과 중소 저축 은행이라는 두 가지 다른 길로 분화해 나갔다.[17] 1858년에 주식회사 체제의 은행을 금지하는 법이 폐지되자 이를 계기로 런던 앤 웨스터민스터(London & Westminster), 내셔널 프로빈셜(National Provincial), 버밍햄 앤 미들랜드(Birmingham & Midland) 등 기존의 소규모 은행이 대규모 상업 은행으로 전환했다. 또 새로운 상업 은행도 설립되었는데 오늘날까지 영국 은행을 대표하는 로이드(Lloyd)와 바클레이즈(Barclays)가 이들이다. 상업 은행과 경쟁한 것은 중소 저축 은행들(savings banks)로, 이들은 상업 은행들과 예금 유치 경쟁을 벌였다. 저축 은행들은 1913년 영국 전체 예금의 4분의 1을 차지할 정도로 비중이 높았다. 1913년 유통되는 은행권은 불과 4550만 파운드인 반면에 예금액은 12억 파운드에 달했다. 도대체 그동안 무슨 일이 벌어진 것일까. 은행권 발행을 영란은행이 독점하면서 일반 은행들은 새로운 영업 전략을 모색했고 그 해답이 예금과 수표 제도였다. 고객은 예금을 예치하고 수표를 통해 거래 지급을 했고 은행에는 현금이 쌓여 갔다. 은행은 이를 대출해 이자를 챙겼다. 예금은 현금과 다를 바가 없었다.

물론 아주 작은 소액 거래에서는 수표를 사용할 수 없지만 구멍가게에서 생필품을 사고 전기료를 지불하는 데는 불편이 없었다. 오히려 지급 여부가 확실하다는 장점도 있었다. 영란은행의 독점적 지위와 규제적 금융 법규가 예금과 수표 제도라는 영국 특유의 금융 제도를 발전시켰던 것이다.

채권과 주식, 금융의 또 다른 진화

앞에서 은행이 신용 창조를 통해 금융을 발전시키는 과정을 살펴보았다. 고대에 남는 재화를 빌려 주고 추수가 끝난 후에 되받던 원시적 금융이 점차 화폐의 대차를 통해 체계적이면서 대규모로 이루어졌다. 그러나 금속 화폐는 공급에 제한이 있어서 일반 거래를 매개하기에도 충분하지 않은 상태였으므로 늘어나는 금융 수요를 충족시키기에는 미흡했다. 이러한 금속 화폐 대신 지폐를 화폐로 사용했지만, 지폐의 신뢰도는 은행이 금고에 보관하고 있는 금이나 은 같은 지급 준비금에 의해 지탱되므로 이를 초과하는 지폐 발행은 위험을 자초하는 것이었다. 그래서 발견한 탈출구가 예금이라는 신용 화폐였다.

은행들은 자금에 여유가 있는 사람들로부터 예금을 받아 자금이 필요한 사람들에게 대출해 주었다. 이 과정에서 예를 들어 은행이 쌀 또는 금화를 받아 쌀이나 금화로 대출한다면 화폐가 창조될 여지가 전혀 없다. 개인 사이의 금융 거래에 은행이 끼어드는 것 이상의 의미가 없는 것이다. 하지만 은행은 고객으로부터 쌀이나 금화를 받으면 고객의 계좌에 예금을 기재해 주고 쌀이나 금화는 고스란히 은행이 보관한다. 대신에 거래가 필요한 개인이 수표를 통해 은행에 지불을 요청하면 은행은 계좌 이체를 통해 지급을 완결시켜 준다. 은행은 그렇게 보관된 쌀이나 금화를 이자를 내고 빌리려고 하는 사람들에게 대출을 해 준다. 그것도 쌀이나 금화를 주는 것이 아니고 계좌를 만들어서 예금을 기재해 줄 뿐이다. 당초에 자신의 쌀이나 금화를 맡긴 고객의 계좌에 있는 예금과 대출받은 고객의 계좌에 찍힌 예금은 모두 같다. 수표를 통해 거래를 할 수 있고 은행에서 쌀이나 금화로 찾을 수도 있다. 대출받은 사람은 만기에 은행에 되갚을 의무가 있다는 것 말고는 모두 같다.

이러한 예금이라는 신용 화폐는 금속 화폐와 지폐를 합한 액수를 훨씬 초과해 모든 유럽 국가의 화폐의 근간을 이루게 되었다. 하지만 이러한 신용 화폐가 채울 수 없는 수요가 있었다. 위험성이 높은 대규모의 투자 수요였다. 은행은 대출에 신중할 수밖에 없다. 만일 은행의 대출이 위험하다고 생각되면 고객들이 예금을 찾아가려 할 테고 그러면 은행은 당장 돌려줄 돈이 없어서 파산할 것이기 때문이다. 이렇게 신용 화폐로도 채울 수 없는 투자의 욕구를 채우기 위한 수단이 바로 채권과 주식이다.

채권의 발전은 14~15세기 각축을 벌이던 이탈리아 중세 도시 피렌체, 피사, 시에나에서 이루어졌다.[18] 이들 도시는 서로 영토와 재물을 빼앗는 치열한 전쟁을 벌였으며 전쟁은 엄청난 재원을 필요로 했다. 당시에는 시민들이 직접 무기를 들고 싸우는 것이 아니고 용병을 사서 전쟁을 치렀으므로 병사를 사기 위해서는 막대한 돈이 필요했다. 영국 출신의 유명한 용병 호크우드(Sir John Hawkwood)는 돈을 많이 준다면 누구 편에나 서서 싸웠는데 경우에 따라 밀란, 파다우, 피사, 그리고 교황 편에 서서 전쟁을 하기도 했다. 피렌체는 15세기 초반에는 채무가 5만 플로린에 불과했지만 돈을 퍼붓는 거듭된 전쟁 때문에 1527년에는 채무가 500만 플로린으로 100배나 증가할 정도였다. 그러면 누가 채권을 샀을까. 피렌체 정부는 초기에 몇몇 부유한 사람들에게 강제로 채권을 사게 했는데, 이 채권에 대해서는 이자를 받아도 대부 금지 원칙에 위배되지 않았다. 채권은 다른 사람에게 양도가 가능했고 나중에는 피렌체 시민의 3분의 2가 정부 채권을 소유할 정도로 보편화되었다. 시민들은 무엇을 믿고 채권을 샀을까. 이 채권의 주요 보유자는 채권을 발행한 집권층이기도 했다. 다시 말해 채권 발행인이 주요 보유자였으므로 전쟁에서 지지 않는 한 채권이 파산할 위험이 적다는 것이 사람들의 생각이었다.

채권은 유럽의 다른 지역에서는 또 다른 형태로 발전했다. 13세기 프랑스 북부 도시와 벨기에 겐트(당시는 스페인으로부터 독립 전쟁을 하던 네덜란드 영토)에서는 중세부터 내려왔던 종신 연금 채권을 팔았다. 이를 모방해 유럽 각국이 종신 연금 채권을 발행했는데 프랑스나 스페인 왕실의 종신 연금 채권은 실패한 것으로 알려진 반면에 네덜란드와 영국은 번성했다. 이들 사이에 어떤 차이가 있었을까. 프랑스와 스페인 왕실은 부실한 재정 관리와 거듭된 파산으로 인해 채권이 팔리지 않았다. 스페인 왕실의 경우 1557~1662년 사이에 아홉 번이나 파산했으니 누가 그러한 채권을 사려 하겠는가. 반면에 암스테르담은 종신 연금 채권뿐 아니라 복권 채권(lottery loan, 투자자들은 아주 작은 확률로 엄청난 수익률을 올릴 수 있다) 등 새로운 채권도 발행했다. 종신 연금 채권의 경우 1650년에는 소유자가 6만 5000명에 이르기도 했다. 초기에는 스페인으로부터 독립을 쟁취하는 전쟁에 필요한 자금을 모으기 위해 발행했던 채권이 나중에는 해외 식민지 개척을 위한 자금 수요를 충당하기 위해 발행되었다. 1632년에 5000만 길더였던 채권 규모는 1752년에는 2억 5000만 길더로 확대되었고, 수익률도 연 2.5퍼센트로 안정되었다. 그만큼 투자자의 신뢰가 높았던 것이다.

영국의 경우 1688년 명예혁명으로 제임스 2세(James Ⅱ)를 축출하고 네덜란드의 오렌지 공을 윌리엄 3세로 맞았다. 이는 네덜란드의 금융이 영국에 유입되는 계기가 되었다. 이미 영국은 의회가 왕실의 재정을 통제하고 있었고 1717년 금 본위 제도가 확립되어 화폐의 절하도 없었다. 1672년 찰스 2세(Charles Ⅱ) 때 파산한 이래 현재까지 파산이 없을 정도로 왕실의 재정이 튼튼했다. 이러한 배경하에 런던은 국제적인 채권 거래의 중심지가 되었다. 영국 정부는 민간 은행이나 개인으로부터 돈을 빌리고 영란은행이나 왕립 아프리카회사 등이 발행한 채권을 주었다. 처음에는 3~6개월 단기 채권이었으나 점차 장기 채권으로 바뀌었다. 화폐 자산을 가진 사람들이 채권 매입에 뛰어들었고 1698년 신동인도회사가 발행한 채권 200만 파운드는 발행 3일 만에 소화되기도 했다.

주식을 통해 최초로 투자 자금을 조달한 것은 네덜란드였다. 1690년대 당시 네덜란드는 유럽 금융의 중심이었다. 네덜란드에서는 채권 시장을 통해 국채가 거래되고 세계 최초의 중앙은행이라고 할 수 있는 암스테르담외환은행이 설립되어 신뢰할 수 있는 지폐를 발행했다. 하지만 네덜란드 사람들의 금융 혁신의 창의성은 주식회사(joint stock company)의 발명에서 그 진가를 발휘했다. 해상 무역권을 두고 포르투갈, 스페인과 치열한 경쟁을 벌이던 네덜란드는 여섯 개로 흩어져 있던 인도 무역 선단을 하나로 묶어 규모를 키우고 항구적인 회사로 만들 필요가 있었다. 그렇게 해서 1602년 네덜란드의 동인도회사(United East India Company)가 설립되었다. 자금은 이 회사의 주식을 일반인들에게 팔아 마련했다. 전국 각지의 상인들, 농민들 그리고 하인들까지 이 주식을 샀으며 1143명의 주주 가운데 대부분이 소액 주주였다. 조달한 금액은 645만 길더에 달했다. 이보다 2년 전에 설립된 영국의 동인도회사의 자본이 100만 길더에도 미치지 못했음을 볼 때 엄청난 성공이었다. 이 주식은 유통 시장에서 활발히 거래되었고, 1607년에 이르러서는 주식의 3분의 1이 소유자가 바뀌었다. 1608년에는 거래소가 세워져 종래 야외에서 거래되던 주식이 12시와 2시 사이에 실내에서 거래되었다. 은행들은 동인도회사의 주식을 담보로 인정해서 대출하고, 고객은 이 대출로 주식을 구입함으로써 주식과 신용 창조의 연계가 이루어졌다. 이렇게 해서 기업, 주식 거래소, 은행의 삼각 금융 연계가 완성되었다. 이 동인도회사는 1650년까지 원금의 8배에 달하는 배당을 지급할 정도로 성공을 거두었다.

반면에 프랑스의 경우에는 주식을 활용한 금융이 정반대의 결과를 낳았다. 암스테르담에서 금융의 혁신을 목격한 스코틀랜드 출신의 존 로는 프랑스 왕실에 접근해 1718년 중앙은행인 왕실은행(Banque Royale)을 세웠고 1719년에는 미국, 인도, 중국에서 무역을 독점하는 서방회사(Compagnie d'Occident)를 만들어 프랑스 왕실의 재정 수요를 획기적인 금융 기법으로 충족시키려 했다. 주당 500리브르(livre,

- 스코틀랜드 출신의 존 로는 프랑스 전체를 공황으로 몰아넣었다.
- 재정 위기는 프랑스 혁명의 단초가 되었고 루이 16세는 사형에 처해진다.

프랑스의 옛 화폐 단위)인 서방회사의 주식은 주식 투자 광풍으로 1720년 2월에 1만 5000리브르까지 치솟기도 했다. 그는 화폐의 본질이 금이나 은이 아닌 공공의 신뢰라고 믿고 있었고 프랑스의 절대 왕정이 그러한 절대적 신뢰를 줄 것으로 보았다. 그러나 서방회사가 수익을 내지 못하자 로는 왕실은행의 화폐 발행을 통해 서방회사의 주가를 지탱해 보려고 안간힘을 썼다. 하지만 1720년 프랑스 국민에게는 엄청난 투자 손실을, 그리고 정부에게는 막대한 부채를 남겨 놓고 은행과 회사 모두 문을 닫았다. 이는 역사적으로 주식 시장에서 인류가 경험한 최초의 버블이었다. 로의 무모한 시도는 프랑스인들에게 지폐와 주식에 대한 강한 거부감을 갖게 했고, 이후 프랑스가 은행업과 주식 시장의 발전에서 이웃 유럽 국가들에 비해 뒤처지는 원인으로 작용했다. 또 로가 더욱 어렵게 만든 프랑스 왕실의 재정 문제는 결국 프랑스 혁명의 단초가 되었다.

로의 사례는 한 개인의 화폐와 금융에 대한 아이디어가 역사의 진로를 바꾼 사례였다. 그것도 스코틀랜드 사람이 자기 나라도 아닌 프랑스의 역사를 바꾸었다. 로는 진정한 금융 혁명가였을까, 아니면 도박꾼에 불과했을까. 출중한 경제학자들 대부분이 로의 선구적인 안목을 높이 평가하는 것을 보더라도 그를 단순한 도박꾼이나 사기꾼으로만 치부해 버리기는 어렵다. 마르크스는 "로는 사기꾼과 선지자적인 면을 동시에 갖고 있다."라고 했고 알프레드 마셜(Alfred Marshall)은 "매혹적인 천재다."라고 했으며, 슘페터(Joseph Schumpeter)는 "나는 항상 로를 유일무이한 존재로 여겼다. 그는 탁월한 재능과 심오한 지식 체계로 경제학을 이해했고 이는 그를 일류 화폐 이론가로 만들었다."라고 칭송했다.[19]

19세기 유럽의 지배자 로스차일드 가문

17세기 암스테르담과 런던에서 시작된 금융 혁신이 유럽 각지로 번지면서 산업 혁명과 자본주의의 성장에 촉매로 작용했다. 금융은 실물 경제의 성장과 앞서거니 뒤서거니 하면서 혁신을 계속해 나갔다. 물론 금융이 항상 경제 성장에 도움을 준 것은 아니었다. 인간의 과욕과 방심은 투기와 과잉 투자로 이어져 금융 버블의 위험을 잉태하기도 했으니 말이다. 18세기에는 은행업과 채권 및 주식 시장을 무대로 활약한 로스차일드(Rothschild) 가문과 모건(JP Morgan) 가문 등 금융 명가들이 출현해 금융의 전성기를 만들었다. 금융 가문의 성장 과정을 통해 금융의 발전사를 살펴보기로 하자. 이 두 가문을 소개하는 것은 이들의 빼어난 축재 수완을 칭송하거나 혹은 그들의 냉혈한 금전욕을 비난하기 위한 것이 아니다. 이 두 가문의 성장 과정을 통해 우리는 금융과 금융인이 어떻게 경제적 정치적 영향력을 확대했는지를 보고자 하는 것이다.

유럽에서 가장 오랜 역사를 가진 금융 가문을 꼽는다면 단연 로스차일드가[20]일 것이다. 어떤 이들은 세계 최고의 부자는 빌 게이츠가 아니라 로스차일드 가문이라고 말하기도 하지만 실제로 이 가문의 재산이 얼마인지는 정확히 알기 어렵다. 19세기 로스차일드가는 유럽 전역에 대저택 41채를 보유할 정도로 부유했는데, 그중 영국 버킹엄셔에 있는 워데스던 저택은 가문의 찬란한 영광을 보여 준다. 이 저택의 호화로움은 영국 왕실 소유인 버킹엄 궁이나 햄튼코트를 뛰어넘는다. 로스차일드(Rothschild)는 중세 독일어로는 '로트쉴러'로 '붉은 방패'라는 뜻이다. 로스차일드 가문을 일으킨 마이어 암셸 로스차일드(Mayer Amschel Rothschild, 1744~1812)는 프랑크푸르트의 게토[21]에서 희귀 동전이나 골동품 등을 거래하는 상인이었는데, 붉은 방패는 그의 골동품 가게에 걸어 놓은 집안의 표식이었다. 골동품 가게를 하던 암셸이 어떻게 유럽 제일의 금융가로 우뚝 서게 되었을까. 골동품 사업에서 나오는 이익으로는 은행을 시작할 자본금을 마련할 수 없었을 텐데 말이다.

자본주의가 채 발달하기 전인 18세기에는 전제 군주가 거두는 세금이 유일한 거대 자본이었다. 암셸은 독일 헤센의 영주였으며 광적인 동전 수집가였던 빌헬름 9세(Wilhelm IX)의 눈에 들어 금융업을 시작

• 워데스던 저택. 1889년에 건축된 로스차일드 가문의 별장으로 영국 버킹엄셔에 있다.

하게 되었다. 그는 프랑스 점령군으로부터 빌헬름의 재산과 증권을 지켜 준 대가로 빌헬름이 발행하는 수익성 높은 국채를 독점적으로 거래할 수 있는 권리를 부여받았다. 당시 헤센의 영주는 남는 돈을 주체하지 못하고 투자처를 찾기 위해 은행가가 절실하게 필요하던 차였다. 그는 로스차일드를 시켜 그 돈을 신중하게 빌려 주도록 함으로써 특혜를 바라는 귀족 친척들의 원망을 사지 않고 최대한의 이익을 낼 수 있었다. 왕실의 반목과 무관한 개인 은행가는 경제적 계산에 충실하면서 정치적 문제들을 피할 수 있었다.

한편 당시의 근대 민족 국가는 운명적으로 돈에 대해 탐욕스러울 수밖에 없었다. 전쟁을 수행하기 위해서든 경제 발전을 위해서든 시간이 갈수록 필요한 돈은 기하급수적으로 증가했다. 성공한 금융 가문의 역사를 보면 전쟁으로 재정이 바닥난 정부에 돈줄 역할을 하거나, 군대에 전쟁 물자를 대 주거나, 승전국이 보복으로 부과하는 배상금 지급 의무에서 벗어날 수 있도록 도와준 일이 있었다는 사실을 알 수 있다. 또 정부가 점점 더 고급문화와 정치적 인기에 영합하다 보면 수입보다 지출이 훨씬 더 많아졌다. 19세기에는 프랑스 혁명 등으로 인한 민주주의 확산으로 시민들의 재산을 함부로 빼앗을 수도 없었다. 세금을 올려 대중의 반발을 불러일으키기보다는 돈을 빌리는 편이 더 안전했던 것이다. 그러한 군주들과 정치인들에게 개인 은행가들은 공개적인 감시를 피할 수 있는 비밀 금고가 되었고, 개인 은행가들은 국가의 재정을 도와주면서 스스로의 자본을 안전하게 증식할 수 있었다.

암셸이 거대 자본을 모은 데에는 정보력이라는 무기가 있었다. 그는 다섯 아들을 유럽의 주요 금융지로 보냈다. 첫째 아들 암셸(Amschel)은 프랑크푸르트, 둘째 살로몬(Salomon)은 빈, 셋째 네이선(Nathan)은 런던, 넷째 카를(Carl)은 나폴리, 막내 제임스(James)는 파리에서 각각 기반을 잡았다. 유럽 각지에 퍼진 아들들의 정보력과 일사불란한 팀워크는 가문의 전성기를 만들었다. 다섯 형제는 시장 사이의 서로 다른 가격과 환율 덕을 독점적으로 누렸는데, 이른바 차익 거래였다. 예를 들어 런던보다 파리에서 금 가격이 높으면 파리에 있는 제임스가 금을 팔아 환어음을 받은 뒤 이를 런던에 보내고, 런던에 있는 네이선이 이 환어음으로 더 많은 금을 구매했다. 로스차일드 가문이 영국의 금융가인 시티에서 빛을 발한 것은 워털루 전쟁 때였다. 나폴레옹이 영국을 고립시키려고 유럽 대륙에 봉쇄령을 내렸을 때 이 틈을 뚫고 대륙으로부터 금 밀수를 할 수 있는 상인은 로스차일드 가문뿐이었다. 영국 정부는 국채를 발행하고 금화를 모아 전쟁을 이끌던 웰링턴에게 자금을 전달하는 역할을 네이선에게 맡겼다. 로스차일드 형제가 구축한 신용망과 막대한 규모의 금 수송 능력에 전쟁의 성패가 달려 있었던 것이다. 네이선은 전쟁 와중에 많은 양의 금을 조달하고 수송해서 영국 정부로부터 막대한 수수료를 챙겼다.

워털루 전쟁은 유럽 국가들과 국민에게는 불행이었지만 로스차일드 가문에게는 금융업의 기반을 확보한 결정적 기회였다. 1815년 6월 18일, 영국 웰링턴 장군이 이끄는 반(反)프랑스 동맹은 나폴레옹에 맞서 벨기에의 워털루라는 작은 마을에서 유럽의 운명을 결정지을 최후의 전투를 벌였다. 네이선은 전쟁의 결과가 유럽 증권 시장에 엄청난 영향을 미칠 것이란 사실을 잘 알고 있었다. 그러나 네이선에게 종전은 달가운 뉴스가 아니었다. 전쟁 동안 수행했던 전시 자금 중개도 지속할 수 없게 되고 치솟았던 금 가격은 떨어질 게 뻔했다. 네이선은 속설[22]과 달리 나폴레옹 전쟁으로 일확천금을 얻은 것이 아니라 막대한 손실을 입었다. 전쟁으로 손해를 보았지만 네이선은 전쟁

- 1815년 6월 18일 반프랑스 동맹의 워털루 전쟁 승리는 유럽의 역사를 바꾸었다.
- 네이선 로스차일드는 로스차일드가를 유럽 최고의 금융 명문가로 만들었다.

후 영국의 채권 가격이 오를 것이라 보고 그간 쌓아 놓은 금으로 영국 국채를 더 사들였다. 영국 국채 가격이 오르기 시작하자 매입을 더욱 늘렸고 1817년 채권 가격이 40퍼센트 이상 오르자 채권을 팔았다. 물가 상승률과 경제 성장을 감안해 보았을 때 네이선 로스차일드가 벌어들인 이익은 현재 가치로 6억 파운드(약 1조 원)에 이르렀다. 이는 채권 역사상 기념비적 거래로 회자된다. 네이선은 한때 당시 영국 거래소 상장 채권의 62퍼센트를 소유하기도 했다.

로스차일드가는 금융사에서 '채권'을 금융 기법의 중심으로 활용한 선구자였다. 로스차일드 런던 지점은 1815년부터 1859년까지 모두 14종류의 국채를 발행했는데, 그것이 런던에서 발행된 채권 총액의 절반을 넘었다. 주로 거래한 것은 영국 국채였지만 프랑스, 프러시아, 러시아, 오스트리아, 브라질 채권도 판매했다. 독일의 법률 전문가 요한 하인리히 벤더(Johann Heinrich Vender)는 『국채의 거래(On the Traffic in State Bond)』에서 로스차일드의 국채 거래를 이렇게 평가했다. "기존의 유럽 귀족이 가지고 있던 부동산보다 유동성이 풍부하고 높은 수익을 창출하는 새로운 부의 수단이 등장했다. 국채 시스템으로 사회 경제적으로도 유럽의 구세대 귀족의 권력이 쇠퇴하고, 과거 토지가 가지고 있었던 특권이 채권으로 옮겨 갔으며, 사회의 새로운 지배 세력이 탄생했다." 14세기 이탈리아 도시 국가들에서 전쟁 자금의 조달 수단으로 고안된 채권이 로스차일드가에 의해 가장 효과적인 금융 수단으로 진화했던 것이다. 지금도 세계 각국의 정부와 회사들이 채권을 발행해 엄청난 자금을 조달하고 있으며 최근 그리스, 스페인, 포르투갈 등 유럽 국가들이 채권을 싼 이자에 발행하지 못해 어려움을 겪는 모습을 보면 채권의 힘이 실로 막강함을 알 수가 있다.

로스차일드가는 점차 유럽 각국의 왕실과 친분을 맺었다. 국가의 재정도 이 가문의 손에 좌우되었으며 정부는 전쟁 참여와 지원에도 로스차일드 가문의 힘을 빌려야 했다. "로스차일드가의 지원이 없으면 유럽의 어떤 왕도 전쟁을 일으킬 수 없다."라는 말이 널리 회자되었을 정도였다. 로스차일드가는 돈이 필요한 왕실의 채권 거래를 주선하면서 유럽 금융의 지배자로 군림했다. 로스차일드 가문은 가문 내 근친결혼, 재산의 비밀 관리, 장남의 가문 승계 등을 철저하게 지키며 가문이 가진 영향력과 비밀의 누수를 막았다. 오늘날까지 로스차일드 은행은 주식 시장에 상장을 하지 않고 있다. 따라서 영업 활동에 관한 연간 보고서를 공개하지 않는다. 과거 250년 동안 로스차일드 가문이 전 세계적으로 얼마나 많은 사업에 투자하고 또 얼마나 많은 돈을 벌었는지는 잘 알려져 있지 않다. 이러한 가족 중심의 배타적인 운영이 세계 최고의 금융 제국을 세웠을지 모른다. 하지만 이러한 금융 비즈니스 모델이 앞으로도 유효할지는 불투명하다.

미국 금융 제도와 금융 산업의 설계자, JP 모건[23]

국제 금융계에서는 흔히 "JP모건의 지난 170년 역사를 보면 미국 금융과 미국 경제의 모든 것을 알 수 있다."라고 말한다. 월 가에서는 JP모건을 '구루(guru)'라 부른다. JP모건은 미국 금융계를 지배해 온 최고 실력자이자 금융 이외에 철도, 철강, 통신 등 실물 경제에서도 결정적 영향력을 행사해 온 막후 실세였기 때문이다. JP모건은 항상 미국의 금융 산업과 금융 제도 변화의 중심에 있었기에 이들의 성장 과정은 그대로 미국의 금융 발전사이기도 하다. JP모건이라는 명칭은 창업자인 존 피어폰트 모건(John Pierpont Morgan, 1837~1913)[24]의 이름에서 왔다.

피어폰트는 1837년 뉴욕 인근의 코네티컷 주에서 태어났다. 피어폰트의 아버지 대에 모건가는 보험업과 부동산 투자, 고리대금업으로 부를 축적했다. 1861년 피어폰트는 'JP모건 앤 컴퍼니'를 창업했다. 남북 전쟁 동안에는 증권을 사고팔거나 금 투기를 하고, 곡물과 영국의 철을 중개했다. 피어폰트 모건은 철도 사업에서 성공의 기반을 다졌다. 남북 전쟁 이후에는 영국과 유럽 투자자들의 자본을 기반으로 급속 성장했다. 그러나 철도 사업에 사기와 부패가 만연하고 과잉 투자가 이루어지면서 배당도 받지 못하는 투자 사업들이 많아졌다. 영국의 투자자들은 자신들의 이익을 대변해 주면서 배신하지 않는 현지의 대리인이 필요했는데, 피어폰트는 영국 자본가들이 원하는 적임자였다. 피어폰트는 철도 경영자들로부터 주주들의 권한을 지켜 주면서 그들의 이해를 충실히 대변했다. 투자처인 미국에서 멀리 떨어져 있는 런던의 투자자들은 피어폰트에게 점점 더 많은 권한을 양도했고 피어폰트는 그들의 막강한 대리인으로 활동했다.

1893년부터 시작된 장기 불황 속에서 많은 철도 회사들이 부채와 과도 경쟁으로 인해 파산했고 파산한 철도 회사들은 모건은행에 의해 재편되었다. 이 과정에서 미국 철도 회사의 3분의 1이 모건의 수중에 들어갔다. 어떻게 이런 일이 가능했을까. 19세기 후반 대부분의 기업 주식은 일반 대중에게 널리 분산되어 소유되기보다는 가족 구성원, 이사들, 은행가들이 나누어 가졌다. 그 결과 합병과 인수는 닫힌 문 뒤에서 비공개로 진행되었고 협상 중재 역할은 어느 정도 협력 관계에 있는 개인 은행가들이 맡았다. 피어폰트는 의결권 신탁(voting trust)을 강제했다. 기존 주주들의 의결권을 자신이 지명한 몇몇 사람들에게 위임하도록 해서 의결권을 빼앗는 것이었다.

피어폰트의 영향력과 실력은 1907년 금융 위기에서 가장 두드러졌다. 당시 미국은 최종 대출자인 중앙은행이 없었다. (미국 연준은 1914년에야 설립되었다.) 1907년 뉴욕 소재 신탁 회사들이 무너지면서 은행들에까지 여파가 미치자 미국 재무부는 정부 기금에서 2500만 달러를 모건에게 주고 신탁 회사 지원을 위해 알아서 사용하도록 했다. 모건은 마치 '1인 중앙은행'처럼 어떤 기업을 죽이고 살릴 것인지 판단할 권한을 가졌다. 은행과 신탁 회사로 구성된 구조팀을 조직해 뉴욕 증권 거래소의 폐쇄를 피하고 뉴욕 시를 금융 위기에서 구했다.(1907년 금융 위기는 뉴욕 시에 한정되었다.) 우유부단함 없이 확고한 신념을 가지고 간단명료하게 행동하는 모건의 행동 방식이 이러한 위기 극복의 동력이었다고 한다. 모건은 위기 대처 능력이 뛰어났고 타이밍과 배경을 적절히 이용하는 뛰어난 감각으로 마음먹은 결과를 이끌어 냈다. 그의 영향력을 이해하는 열쇠는 무수한 투자자들이 그를 맹목적으로 추종하고 권한을 위임했다는 사실이다. 다른 사람들의 돈을 굴리는 일에서 누구보다 뛰어났던 모건은 국가와 해외 투자자들의 잠재된 힘을 이용해 산업과 금융의 경계를 허물고 적극적인 경영자 역할을 했다.

물론 모건에 대한 부정적인 시각도 많다. 모건은 1907년 금융 위기의 해결사가 아니라 오히려 금융 위기의 주범이라는 견해도 있다. 모건이 소유하던 제너럴일렉트릭(General Electric, GE)과 경쟁 관계였던 웨스팅하우스를 무너뜨리기 위해 웨스팅하우스전기(Westinghouse Electronic)의 기술이 인체에 해롭다는 소문을 퍼뜨려 결국 1907년 도산하게 만들었고, 이로 인해 1907년 금융 위기가 촉발되었다는 것이다. 1907년 금융 위기 직전에 2500만 달러의 은행 차입을 통해 테네시석탄철강회사를 인수한 무어앤슐레이증권회사가 금융 위기로 상환이 어려워 모건에게 자금 지원을 요청하자 모건은 자기 소유의 US스틸 채권과 무어앤슐레이증권회사 소유의 테네시석탄철강회사 주식을 맞교환했다. 당시 모건의 US스틸은 보잘것없는 신생 회사인 반면에 테네시석탄철강회사는 미국 12개 대기업에 포함되는 우량 회사였기에 모건은 이 거래로 막대한 이득을 챙기고 미국 철도 및 철강 업계를 거머쥘 수 있었다.[25]

1913년 존 피어폰트 모건이 사망하자 런던에서 금융 수업을 받고 있던 아들 잭 모건이 JP모건의 새 주인이 되었다. 그는 1943년 병으로 죽을 때까지 31년 동안 아버지 이상으로 모건 왕국을 확장시켰다. 1914년 제1차 세계 대전은 JP모건에게 대도약의 계기가 되었다. 1915년 영국 정부는 월 가에서 가장 영향력이 큰 JP모건을 전시 자금 조달 및 무기 매입 대리인으로 지정했고, 5월에는 프랑스도 그 역할을 JP모건에게 맡겼다. JP모건은 전시 공채 판매를 통해 엄청난 수익을 올릴 수 있었다. 그 무렵 영국과 프랑스 등 연합국들은 자체적으로 전쟁 비용을 조달할 길이 없었다. 잭 모건은 이들을 위해 '자유 채권'

- JP모건 설립자이자 19세기 금융 권력의 최정점에 서 있었던 존 피어폰트 모건.
- 월 스트리트 23번지에 위치한 JP모건 건물은 간판이 없는 것으로 유명하다.

이라 불리는 전시 공채를 발행해 전시 자금을 공급했던 것이다. 제1차 세계 대전이 계속된 5년 동안 모건이 조성해서 연합군에 빌려 준 돈은 10억 달러에 달했다. JP모건은 전시 공채 판매를 통해 높은 수수료를 챙기는 동시에 자신이 조성한 자금으로 동업자인 뒤퐁과 계열사였던 US스틸 등에서 화약과 대포 등 각종 군수 물자를 독점 가격으로 비싸게 사들이는 방법으로 부를 불렸다. 전쟁으로 큰 이익을 남긴 JP모건은 그 뒤 전 세계를 상대로 최고 공신력을 가진 미국의 대표 은행으로서 전시 공채 등 위험성이 큰 정크본드(junk bond, 투자 적격 신용 등급 이하의 채권) 중개에도 적극 나섰다. JP모건이 제1차 세계 대전 때 유럽 시장에서 전시 공채를 팔았다는 사실은 단지 JP모건이 막대한 돈을 벌었다는 것 이상의 의미를 갖는다. 그동안 런던 금융 시장이 쥐고 있던 세계 금융의 패권이 급속히 미국 월 가로 이동하기 시작했다는 뜻이기도 하기 때문이다. 이때부터 '월 가 패권 시대'가 열렸으며 그 중심에 JP모건이라는 금융의 절대 강자가 있었다.

1929년 10월에 미국 경제 대공황이 발생하자 US스틸, 제너럴일렉트릭, ATT 등 JP모건을 중심축으로 하는 모건 그룹의 주가가 폭락했다. 공황이 가장 극심했던 1929~1933년까지 4년 사이에 2만 5000개의 은행 가운데 9000개가 쓰러졌다. 사람들이 은행에서 예금을 빼내 장롱에 숨겨 두는 이른바 현금 퇴장사태가 일어났고 은행들도 기업과 개인에 대한 대출을 중단했다. 지독한 신용 경색이 발생한 것이다. 금융 위축으로 당시 제조업 가운데 고용 효과가 큰 건설업계와 자동차업계의 가동률이 50퍼센트 이하로 떨어지면서 공황 전에 260만 명이던 실업자 수가 공황이 정점에 달했던 1933년에는 1300만 명으로 급증했다. 하지만 대공황은 JP모건에게 영토 확장의 기회이기도 했다. JP모건은 공황으로 쓰러진 수많은 기업과 은행들을 모두 사들였다. 1930년대 중반 JP모건의 수중에 들어온 기업으로는 자산 규모가 1억 달러 이상인 초대형 기업만 해도 '퍼스트내셔널뱅크' 등 은행 14개, 생명 보험 회사 4개, 제너럴일렉트릭과 ATT 같은 전기·전화·가스 등 공기업 8개, 철도 회사 4개, US스틸 등 자동차·철강 제조업체 12개 사에 이르렀다. 여기에 중견 기업까지 합하면 JP모건 산하의 기업체 수는 440개 사였다. 자산 총액으로는 770억 달러로, 미국 상장 기업 200개 사 자산 총액의 40퍼센트에 이르렀다.

 대다수 미국 국민들이 공황과 전쟁으로 고통받는 과정에서 오히려 거대 공룡으로 성장하는 JP모건은 사회의 공적으로 여겨졌다. 대공황이 시작되면서 잭 모건이 여러 차례 괴한의 습격을 받고 JP모건 사옥에는 사제 폭탄이 투척될 정도로 JP모건에 대한 미국 국민의 증오는 정점에 달했다. 국민의 분노가 빗발치자 미국 의회는 1933년 금융 독점 방지법인 '글래스 스티걸 법(Glass-Steagall Act)'이라는 금융 칸막이법을 제정해 은행업과 증권업의 겸업을 금지했다. 동시에 기존에 겸업을 하는 금융 기관들을 강제 분리시켰다. 이에 따라 JP모건에서 증권 등 투자 업무를 맡고 있던 부서가 '모건스탠리'라는 이름으로 강제 분리되었다. 그 후 JP모건은 주식 채권 등 유가 증권 투자를 할 수 없었고 여수신 업무 등 상업 은행 영업만 해야 했다. 상업 은행이 된 JP모건은 다른 상업 은행과는 달리 지점을 내지 않고 광고도 하지 않았다. 대신 정부와 은행, 대기업, 소수의 부유층 백인 고객만 상대하는 종전의 '귀족주의 영업 전략'을 구사하면서 변함없는 금융 파워를 과시했다. 여타 상업 은행들이 예대 마진을 주된 수입원으로 하는 영업에 만족했던 것과 달리 JP모건은 수익의 대부분을 정부와 우량 대기업 및 은행에 대한 거액 대출, 증권 발행 주선, 외환이나 기타 금융 상품의 거래 업무 등에서 얻었다.

한편 JP모건에서 독립한 후 모건스탠리도 투자 은행업계의 강자로 군림했다. 모건스탠리는 기업 공개(IPO) 시장을 선점했으며, 증권 발행 및 매매, 자산 관리 등으로 기능을 세분화했다. 제2차 세계 대전 이후에는 인수 합병(M&A) 시장이라는 새로운 황금 어장의 큰손으로 활약했다.

JP모건은 지금도 변함없이 국제 금융 시장의 큰손이다. 국제 금융계의 격언 중 하나가 "위기 때 커넥션이 드러난다."는 것이다. 2008년 세계 금융 위기 당시 JP모건은 월 가의 위기 해결사로서 실체를 드러냄으로써 이 격언을 입증했다. 미국은 금융 위기로 월 가의 5대 투자 은행 중 3개(리먼브라더스, 메릴린치, 베어스턴스가 파산하고 골드만삭스와 모건스탠리는 살아남았다)가 파산해서 자존심을 구겼다. 이 와중에도 JP모건은[26] 베어스턴스를 인수해 오히려 몸집을 불렸으며(JP모건이 베어스턴스를 인수한 가격은 LA 갤럭시가 축구 선수 베컴에게 지불한 몸값보다 적었다), 메릴린치를 인수한 뱅크오브아메리카(Bank of America, BOA)와 함께 미국 은행계를 이끌어 가는 쌍두마차로 활약하고 있다. JP모건이 언제까지 세계 금융의 중심에서 활약할지 자못 궁금하다.

금융은 인간의 탐욕 수단일 뿐인가

이 장에서 우리가 던진 의문은 화폐와 금융의 관계였다. 화폐 진화와 금융 발전은 어떤 관계에 있을까. 앞에서 금융의 발전사를 살펴볼 때 화폐는 금융 발전의 전제 조건이었다. 금융이 융성했던 시대와 지역에는 언제나 화폐가 활발하게 발행되고 유통되고 있었다. 인류 최초의 금융 거래는 처음 금속 화폐를 만든 고대의 메소포타미아 문명에서 시작했다. 고대 로마의 세련된 금융업 발전의 배경에는 로마 황제들의 지속적인 금화 주조와 그에 따른 유통량 증가가 있었다. 이에 비해 로마 제국의 몰락으로 화폐가 퇴장하면서 중세는 금융의 암흑기를 맞았다. 11~13세기 이후 이탈리아 도시들을 중심으로 동방 무역이 재개되면서 도시 국가들은 금화를 다시 주조하기 시작했다. 금화가 국제 거래의 결제 수단으로 사용되면서 은행업의 발전을 가져왔다. 자금의 수요와 공급을 연결해 주는 금융이 발전하기 위해서는 화폐가 필요했고, 화폐의 활발한 발행과 유통은 금융 발전에 필요한 토양이 되었음을 역사는 말해 준다.

그렇다면 화폐와 금융은 인류의 경제 발달에 어느 정도 큰 영향을 끼쳤을까. 금융 역사가들 사이에서도 금융이 경제 성장에 얼마나 기여했는지에 대해서는 의견이 분분하다. 하지만 금융 혁명이 산업 혁명보다 앞섰다는 사실에는 의심의 여지가 없다.[27] 니얼 퍼거슨은 『금융의 지배』에서 "고도화된 금융 제도가 경제 성장을 일으켰다든가, 경제 성장이 금융 발전에 박차를 가했다든가 하는 단순한 인과 관계로 바라보는 시각보다는 두 과정이 서로 의존하면서도 서로 강화되었다고 보는 것이 정확한 논리다."라고 했다. 인과 관계를 따지지 않더라도 인류의 경제 발전에는 금융의 발달이 큰 기여를 했다. 신용과 채무 등 금융 혁신은 18세기의 산업 혁명이나 오늘날의 정보 기술 혁신만큼이나 인류의 경제 발전에 이바지했다. 메디치 가문 이후 성장한 은행들은 '돈이 있는 사람으로부터 돈이 필요한 사람에게 자금이 순조롭게 이동하도록' 하는 중개 역할을 담당해 왔다.[28]

금융이 경제 발전에 기여를 했다는 일반적인 사실을 받아들인다고 해도 여전히 다음과 같은 의문이 남는다. 오늘날 국가나 개인의 가난이 탐욕스러운 금융업자들의 착취의 결과인가, 아니면 충분한 자금을 공급하는 발달된 금융 제도와 금융 기관이 없기 때문인가. 금융은 인류를 평등하게 했는가, 아니면 오히려 불평등을 키웠는가. 금융은 경제 위기의 주범인가, 아니면 해결사인가. 대다수 사람들의 답변이 부정적일 것이라 생각한다. 특히 오늘날 글로벌 금융 위기의 와중에서는 더욱 그럴 터이다. 역사적으로 보면 금융이 경제 위기를 초래한 주범이었든 아니면 위기를 증폭시킨 공범이었든 문제의 원인이었던 적이 한두 번이 아니었다.

● 곰팡이 핀 튤립. 17세기 가장 비싼 꽃으로 팔렸던 'Semper Augustus(영원한 황제)'이다.

앞에서 우리는 존 로의 미시시피 계획이 인류 최초의 버블이었다고 했다. 혹자는 17세기 네덜란드에 발생했던 '튤립 버블'을 내세우며 버블은 금융과 관계없이 인간의 본성 때문에 발생한다는 '금융을 위한 변명'을 늘어놓을지도 모른다. 튤립 버블은 1635~1637년에 걸쳐 네덜란드에서 튤립 투기로 인해 벌어진 가격 상승과 폭락을 일컫는다. 노동자의 1년 수입이 200길더였던 당시에 튤립 구근 하나의 값이 5200길더까지 치솟다가 1637년 2월 5일 폭락하면서 많은 사람들이 막대한 경제적 손실을 감수해야 했다. 겉보기에는 금융과 관계없이 사람들의 튤립에 대한 애정에 투기와 사기가 가세하면서 벌어진 것처럼 보인다. 하지만 그 속내를 찬찬히 들여다보면 금융이 버블을 키우는 데 한몫했음을 인정하지 않을 수 없다. 그 튤립 버블의 발생지가 네덜란드이고 발생 시기가 1630년대라는 사실이 금융과 관련이 있음을 암시한다. 당시 네덜란드는 세계 제일의 금융 중심지였고 1630년

대는 암스테르담 증권 거래소가 설립되어 동인도회사의 주식(1602년 설립) 등이 활발하게 거래되던 시기였다. 사람들이 튤립 구근에 큰 금액을 투기할 수 있었던 것도 사실 금융 제도와 기법 때문이었다. 튤립 구근을 보관하는 금고업이 융성하고 은행들은 튤립 구근을 담보로 대출을 했다. 선물 거래가 도입되어 현금 없이도 거래할 수 있게 되었던 것이다. 또 튤립 구근의 소유권은 증권화되어 1636년에는 암스테르담 증권 거래소에서 거래되기 시작했고 이후에는 로테르담, 할렘, 알크마, 호른 등 지방에서도 거래되었다. 금융이 부채질하지 않았다면 당시 튤립에 대한 애정이 버블 현상으로까지 번지지는 않았을 것이다.

최근의 크고 작은 경제 위기만 해도 그렇다. 1929년 대공황을 필두로 1990년 이후 일본의 장기 불황, 1992년 남아메리카의 외환 위기, 1997년 동아시아 금융 위기, 2001년 벤처 위기, 2007년 아이슬란드 금융 위기, 2008년 글로벌 금융 위기 등에서 금융은 빠지지 않고 위기의 원인이 되거나 위기를 확대시킨 일련의 책임에서 자유롭지 못한 것이 사실이다. 특히 금융 자본주의라고 일컬어지는 오늘날에는 거의 모든 위기의 주범으로 지목되고 있다. 과연 금융은 태생적으로 위험한 것이 아닌지 의문이 들지 않을 수 없다.

아리스토텔레스는 화폐 경제의 부작용을 예견하고 경계했다. 화폐를 더 가지려는 인간의 탐욕은 한계가 없기 때문에 결국 돈으로 돈을 버는 것은 인간을 타락시킨다고 보았다. 오늘날 인간의 욕망을 무조건 비난할 수는 없지만 탐욕의 위험성 또한 크다. 2008년 이후의 글로벌 금융 위기만 해도 그렇다. 이번 금융 위기는 예금 및 대출 업무라는 은행의 전통적인 자금 중개 기능으로 인한 것이 아니고 은행이 이중 삼중으로 대출 자산을 재구성해 증권으로 재판매하면서 발생한 문제였다. 월 가 금융인들의 도덕적 해이와 무모한 위험 선호 행위, 신용 평가사들의 잘못된 리스크 평가, 그리고 금융 감독 기관들의 방만한 감독 등이 복합적으로 작용해 위기를 사전에 통제하지 못했다.

위험하기 때문에 금융은 적절하게 규제되어야 한다는 주장에 반대하는 사람은 없다. 선량한 다수의 신뢰를 악용하려는 위험이 산재하기 때문이다. 금융을 어느 정도까지 강하게 규제하느냐 하는 문제는 '탐욕'을 어떻게 보느냐 하는 근본적인 입장과도 관련된다. 일부 경제학자들은 탐욕이야말로 경제를 발전시키는 원동력이며 자본주의의 진수라고까지 치켜세우는 반면에 다른 경제학자들은 탐욕을 규제하지 않으면 경제적 불평등은 확대되고 경제는 혼란에 휩싸일 것이라고 경고한다. "우리가 저녁 식사를 할 수 있는 것은 정육점 주인이나 제빵업자의 자비심 때문이 아니고 그들이 자기의 이익을 추구하기 때문이다."라는 애덤 스미스의 명문(名文)은 탐욕의 긍정적 힘을 웅변적으로 대변한다. 하지만 그런 애덤 스미스도 금융을 완전 자유방임하라고 하지는 않았다. 사실 애덤 스미스는 자유 무역을 옹호했지만 화폐와 금융에서는 규제의 필요성을 인정했다. 우리는 여기에서 '탐욕'에 대한 철학적 경제적 논쟁을 하려는 것은 아니다. 이에 대한 논쟁은 경제 사상사의 핵심 주제였으며 자본주의와 사회주의의 이념적 대결의 한 축이었던 만큼 여기서 다루기에는 무리가 있다. 금융의 역사 산책을 마치면서 강조하고자 하는 것은 인류 역사에서 금융이 수행했던 가장 기본적인 역할, 즉 '돈이 필요한 곳에 돈이 돌게 하는' 본질적인 기능은 막을 수도 없고 막아서도 안 된다는 사실이다.

앞에서 살펴본 금융의 역사가 우리 경제에 주는 시사점은 무엇일까. 많은 전문가들이 우리 경제의 문제점 가운데 하나로 실물 부문과 금융 부문의 불균형을 지적한다. 우리나라에는 세계 최고 수준의 경쟁력을 가진 제조업체는 있지만 글로벌 수준의 은행이 없다는 사실이 이러한 불균형의 한 사례라고 한다. 이를 뒷받침하는 것은 금융 부문이 자신들의 국내외 전체 수익 가운데 해외로부터 벌어들이는 수익이 고작 2퍼센트대 수준이라는 사실이다. 글로벌 은행들이 해외에서 벌어들이는 수익은 50퍼센트를 넘는다고 한다. 실물 부문에서 수많은 우리 기업들이 수출입을 통해 막대한 수익을 올리는 현실과는 대조적이다. 왜 우리 금융 산업은 아직까지 상대적으로 실물 부문에 뒤처지고 국내에 안주하고 있을까. 혹 심한 규제 때문에 대형 글로벌 금융 기관으로 성장하기 어려웠고, 이에 따라 글로벌한 대형 은행을 육성하기 위해서는 규제를 대폭 완화해야 하는 것일까. 심지어 한국인에게는 금융 DNA가 부족하다는 자조 섞인 비판마저 들리곤 한다. 이처럼 금융 산업을 발전시키기 위해 대형 은행, 글로벌 은행을 육성하자는 목소리도 있지만 다른 한편에서는 반대의 목소리도 만만치 않다. 우리나라 금융 산업이 대형화하지 않고 글로벌화가 덜 된 덕에 2008년 금융 위기의 영향을 비교적 적게 받았다는 것이다. 또 대형 은행이 생기면 금융 부문에 대한 재벌의 지배가 불가피하다든지, 금융 투기를 조장해 금융 버블로 인한 경제 불안이 심화된다든지, 금융 소득자인 고소득층에 유리해 소득 불균형이 심화된다든지 하는 걱정 섞인 반대 의견도 있다.

우리 금융 부문이 실물 부문에 비해 상대적으로 뒤처진 이유에 대한 진단도 다양하고 그에 대한 처방도 분분하다. 하지만 분명한 것은 우리 경제는 아직까지 금융업에 비해 제조업이 상대적으로 국제 경쟁력이 있다는 사실이다. 경제 성장 과정에서 우리 경제는 과거에 비해 금융 자본을 축적하고 금융 기법도 많이 발전시켰다. 하지만 금융 자본과 금융 기법은 상대적으로 숙련된 노동과 제조 기술에 비해 국제 비교에서 아직 뒤처져 있는 상태이다. 금융 산업이 제조업처럼 국제적인 수준에 도달하려면 시간이 더 필요하다. 현재로서는 과연 우리의 금융 자본이 국내의 기업과 가계의 금융 수요를 충족시키고 나서 얼마만큼 해외에 공급할 수 있을지도 의문이다. 물론 금융 자본의 효율적 배분을 왜곡하거나 금융 시장을 위축시키는 규제는 풀어야 한다. 그러나 금융이 선진국으로 진입하는 황금 도로라든지, 국부를 증진시키는 마법의 산업이라는 환상에 빠져 금융업을 무리하게 발전시켜 보겠다는 발상은 경계해야 한다. 어떻게 금융 부문의 안정성을 지키면서 금융 산업의 경쟁력을 끌어올릴 수 있는지가 우리의 과제이다.

4장

영란은행, 중앙은행의 살아 있는 역사

화폐와 국가 권력

고대에 인간이 왜 화폐를 만들기 시작했는지는 아직까지 논쟁거리이다. 일부에서는 거래를 매개하는 경제적 필요성 때문에 화폐가 만들어졌다고 주장하지만 또 한편에서는 권력을 과시하기 위해서라고 주장하기도 한다. 분명한 것은 1장에서 살펴본 바와 같이 초기 화폐들의 문양과 발행 주체를 고려해 볼 때 고대부터 화폐와 국가 권력은 긴밀하게 연결되어 왔다는 사실이다.

왜 그럴까. 한편으로는 왕과 권력자들이 화폐에 자신의 얼굴이나 왕실의 상징을 새겨서 권위를 높일 수 있었고 광활한 지역을 다스리며 경제적 통합을 이룰 수 있었다. 또 한편으로는 중량이 미달하는 금화나 은화를 발행해서 주조 차익을 챙길 수도 있었다. 화폐 발행권은 지배 계급의 독점적 권리였다. 조세 제도가 발달하지 않아 세금 수입만으로는 왕실의 호사스러움을 감당하기에 턱없이 부족했다. 부족한 재원은 개인이나 사원으로부터 강제로 차입하거나 왕실의 땅을 매각하거나 외국 선박들을 포획해서 물건을 빼앗는 등 갖가지 방법으로 보충했다. 그 가운데 하나가 화폐의 중량을 공식적으로 낮춘다든지 비싼 은 대신에 값싼 동(銅)으로 주조하고 종전과 같은 가치의 화폐로 유통시키는 방법이었다. 비잔틴에서는 왕실이 화폐 발행권을 일개 개인에게 팔았다는 기록도 있다.

왕실과 국가가 재정 수입을 늘리려는 목적으로 화폐를 이용하는 바람에 질서가 무너지는 시기도 있었지만 대부분은 화폐를 건실하게 유지하려고 노력했다. 화폐의 위조와 변조를 막고 적당량의 화폐가 시장에서 유통되도록 해서 화폐의 가치를 유지하는 것은 왕실의 곳간을 채우고 안위를 도모하는 데도 필요했다. 그래서 세금 제도가 발달하지 않고 왕실의 씀씀이를 통제하는 제도가 없었지만 권력자들 마음대로 사익을 채우기 위해 화폐 제도를 왜곡시키는 경우는 드물었다.

열에 아홉은 전쟁이 문제였다. 평상시에는 잘 유지되던 화폐의 가치가 전쟁 때문에 불안해지는 경우가 대부분이었던 것이다. 우선순위 면에서 왕실과 국가의 안위가 화폐 가치의 안정보다 앞서는 것은 예나 지금이나 마찬가지였다. 12세기 피렌체, 베니스 등 이탈리아 도시 국가들은 지중해 해상권을 놓고 치열하게 경쟁하는 과정에서 전쟁을 자주 벌였다. 당시 전쟁은 용병들에 의해 수행되었고 도시들은 용병에게 지불할 몸값을 채권 발행을 통해 조달했다. 이 도시 채권들은 당시 시장 금리보다 이자율이 낮았기 때문에 할인해서 팔았고 만기도 장기이거나 평생 연금을 주는 형태였다. 이 채권들은 일반인들 사이에서 거래되었다. 특히 시장 금리의 변화를 반영해서 거래 가격이 정해졌다는 점에서 오늘날의 국채와 유사했다.

이탈리아 도시 국가들의 채권 발행을 통한 재원 조달 관행은 이후 프랑스, 스페인, 독일 등 유럽의 왕들에게도 전수되었다. 1522년 프랑스에서는 왕이 파리 시(市)에 조세 수입권을 내주고 그 대가로 파리 시는 자신의 시 청사를 담보로 20만 리브르(livres) 규모의 채권을 발행해 왕실의 곳간을 채우는 데 협력했다. 그러나 당시 영국은 유럽 대륙의 국가들에 비해 정부 재정을 확보하는 수단이 한참 뒤처져 있었다. 금융 기법도 발달하지 못했고 상인들의 자본 축적도 허약한 수준이었다. 영국은 다른 유럽 국가들에 비하면 150년이나 뒤진 1689년에야 차입을 통해 재원을 마련하기 시작했다. 영국의 차입 역사가 시작되는 즈음에 런던 시티의 상인들이 출자한 영란은행(Bank of England)이 탄생했고, 그 후 영란은행은 유럽 각국 정부의 '차입의 모델'이 되었다.

하지만 영란은행의 진정한 가치는 정부에 자금을 대 주는 역할의 선구자라는 점에 있지 않다. 영란은행은 오늘날 화폐 및 금융 제도에서 가장 중요한 역할을 하는 중앙은행의 효시였다는 사실에서 의미가 있다. 300여 년 넘는 영란은행의 성장 과정이 바로 중앙은행 제도의 생생한 역사였다. 영란은행의 성장 과정에서 흥미로운 부분은 상인들이 출자해서 만든 은행이 어떻게 민간 은행의 색깔을 지우고 공공의 이익을 대변하는 중앙은행으로 변신했는가 하는 점이다. 이러한 변천 과정에 대한 이해가 부족하기 때문에 미국 연준이 오늘날에도 공공의 이익보다는 사익을 챙기는 민간 은행이라든지, 로스차일드가 실제 주인이라든지 하는 다소 황당한 주장들이 난무한다.

영란은행의 성장에서 또 하나 주목할 것은 세계 최초의 기축 통화인 영국 파운드화를 관리하고 당시의 국제 통화 제도인 금 본위 제도

- 중앙은행의 효시인 영국의 영란은행 전경.
- 머빈 킹 총재. 2003년 6월부터 2013년 6월까지 10년간 영란은행 총재로 재임했다.

가 원활하게 작동할 수 있게 지휘한 그 역할이다. 영란은행의 이러한 역할에 힘입어 유럽의 변방에 불과했던 섬나라 영국은 산업 혁명과 식민지 쟁탈전을 통해 전 세계를 호령하는 무역 대국으로 부상함과 동시에 국제 자본의 흐름을 지휘하는 금융 대국으로도 자리 잡을 수 있었다.

그러나 화폐의 역사 측면에서 영란은행이 주목받는 가장 중요한 이유는 지폐가 금속 화폐를 대체할 수 있도록 지폐에 대한 신뢰를 지켜 주는 '닻'의 역할을 했다는 점 때문이다. 민간 은행으로 시작한 영란은행이 공적인 기능을 담당하는 중앙은행으로 변모하는 과정은 인류가 시행착오를 거치면서 지폐에 대한 신뢰를 확보하는 방법을 익혀가는 과정이기도 했다. 이러한 영란은행의 진화가 없었다면 오늘날과 같이 지폐가 지배하는 세상은 오지 않았을 것이다. 따라서 영란은행의 역사를 모르고는 오늘날 지폐로 대변되는 화폐 제도를 이해하기 힘들다. 지금부터 영국 왕실에 돈을 대 주던 영란은행이 전 세계 화폐와 금융을 지휘하는 마에스트로로 성장하고 '지폐 천하'를 여는 후견인 역할을 하는 과정을 살펴보자.

영란은행 탄생 전야

권력 측면에서나 보나 재정 측면에서 보나 중세 영국의 왕들은 다른 유럽의 왕들에 비해 강력하지 못했다. 자원이 빈약한 영국에서 왕실의 수입은 이탈리아나 네덜란드에 양모를 수출할 때 거두는 관세에 의존했다. 이 관세는 수입업자들이 농민들 대신 영국 왕실에 주고 나중에 영국 농민들로부터 양모를 살 때 왕실에 지급한 금액만큼 가격에 반영해 부과하는 방식이었다. 13세기 이탈리아 수입업자(이들은 동시에 금융업을 하였다)들이 주로 그 역할을 맡았는데 그들은 대부분 피렌체 출신들로 통상 롬바드(Lombards)라고 불렸다. 이들이 거주했던 거리가 영란은행이 위치한 스레드니들 가(Threadneedle Street) 바로 옆인 롬바드 가(Lombard Street)였기 때문이다.

영국 의회는 왕실의 조세권을 철저히 감시했기 때문에 영국의 왕들은 마음대로 세금을 거두어들일 수 없었다. 이 때문에 왕들은 롬바드라 불리는 이탈리아 양모 무역상들과 비밀 협상을 통해 관세를 올려 받는 방법을 사용하기도 했으나 재정을 메우기에는 턱없이 부족했다. 1600년 이후 찰스 1세(Charles Ⅰ)와 크롬웰(Oliver Cromwell)의 내전, 제임스 2세와 윌리엄 3세의 내전 등 두 차례에 걸친 내전으로 영국의 국고는 바닥 난 상태였다. 특히 찰스 2세(Charles Ⅱ, 1630~1685. 크롬웰 공화정 때 프랑스에 망명했다가 귀국해서 1660년에 왕위에 올랐다)는 재정 압박을 해소하려고 런던의 금세공인 은행가들로부터 거액을 차입했으며 일정한 양의 금을 정부에 예탁하도록 했다. 그러나 네덜란드와의 전쟁(1665~1667)으로 재정이 극도로 궁핍해지자 1672년에 정부 채무 139만 파운드의 이행을 중지하고 금세공인 은행가들이 런던타워에 예치해 놓았던 금 예치금을 몰수해 버렸다. 이 사건으로 수많은 금세공인들이 파산하고 정부의 신용은 크게 손상되었다.

1689년 제임스 2세의 딸 메리(Mary)와 결혼한 윌리엄 3세가 왕위에 올랐을 때는 재정이 최악이었다. 설상가상으로 프랑스의 루이 14세와 전쟁까지 수행해야 했다. 1690년 영국-네덜란드 연합 함대와 프랑스 함대가 맞붙은 비치헤드 전투에서 연합 함대가 패배하면서 영국은 글로벌 파워를 되찾기 위해 강력한 해군 재건이 시급했다. 그러나 재정은 고갈된 상태였고 정부의 신용은 밑바닥까지 추락해 차입도 불가능했다. 1694년 정부 지출은 250만 파운드가 필요했지만 정부 수입은 200만 파운드에 불과했다. 바로 1년 전인 1693년에 복권 채권으로 조달한 100만 파운드는 이미 바닥이 난 상황이었고 계속 발행할 수도 없었다. 의회는 이전에 런던시티뱅크(The City of London Bank, 1682)와 국립신용은행(The National Bank of Credit, 1683)의 설립에 대해 특혜를 우려해서 무산시킨 적이 있었다. 그러나 1694년은 사정이 달랐다. 더 이상 특혜의 소지가 있다는 이유로 주식회사 형태의 은행 설립을 반대할 처지가 아니었다. 1688년 명예혁명으로 새로 왕위에 오른 윌리엄 3세 및 메리 여왕과 의회(의회 다수당은 휘그당이었고 신교도들이 중심이었다)의 관계는 우호적이었고 재정은 더 열악했다. 의회로서도 은행 설립 외에는 바닥난 재정을 메울 수 있는 대안이 없었다.

이렇게 재정적으로 어려운 정부에 접근해 새로운 재원 조달 방법을 제시한 것은 윌리엄 패터슨(William Paterson, 1658~1719)을 비롯한 시티의 상인들과 은행가들이었다. 사실 패터슨 뒤에는 시티의 큰손들로 구성된 신디케이트가 있었다. 이 신디케이트에는 호블런(Houblon) 삼형제(Sir John, Sir James, Sir Abraham)[1], 히스코트(Sir Gilbert Heathcote), 얀센(Sir Theodore Jansen) 등 당시 쟁쟁한 시티 상인들이 망라되어 있었다. 이들은 시티 상인들의 자금으로 민간 은행인 영란은행을 설립해 정부에 대출하는 방안을 제안했다.

영란은행의 탄생에는 두 사람이 큰 역할을 했다. 한 사람은 런던 시티의 무역상인 윌리엄 패터슨이었고, 또 한 사람은 정부 관리였던 몬터규(Charles Montagu, 1661~1715. 1694~1699년 사이에 재무 장관을 지냈다. 뉴턴과 절친한 사이였으며 뉴턴을 왕립 주조국의 국장으로 임명했다) 재무 장관이었다. 패터슨은 스코틀랜드 출신의 성공한 무역상으로 영란은행 창설의 일등공신이었다. 그는 1691년 시티 상인들을 대표해 영란은행 설립 법안을 의회에 제출했고 영란은행법 입법 과정에서 의회와의 협상을 주도했으며 설립 후에는 영란은행의 이사가 되었다. 잉글랜드와 스코틀랜드의 통합에도 일조했고, 1705년 존 로가 스코틀랜드에 토지 은행을 세우려는 법안을 제출했을 때는 이를 저지시킨 장본인이기도 했다. 또 한 사람의 공신이었던 당시 재무 장관 몬터규는 영란은행법이 대법원과 의회를 통과하는 데 화려한 연설로 혁혁한 공을 세웠다.

윌리엄 패터슨이 제출한 방안은 몇 차례 수정을 거친 끝에 1694년 마침내 영란은행의 설립으로 이어졌다.[2] 설립 자본금 120만 파운드는 12일 만에 조성되었다. 자본금은 최소 25파운드부터 최대 1만 파운드까지 투자할 수 있었고 500파운드 이상을 투자한 사람은 은행의 중요 결정에 투표할 권리를 주었다. 2000파운드 이상을 투자한 사람에게는 영란은행의 이사 자격이 주어졌다. 공모를 통해 1520명이 주주가 되었고 24명은 이사가 되었다. 이사 중에는 영란은행법을 기초했던 윌리엄 패터슨도 포함되어 있었다.[3] 영란은행의 설립은 장래 국민의 세금을 담보로 정부에 자금을 빌려 주는 방식이라는 점에서 신선함이 있었다. 국가는 은행에 영구적 채무를 지기는 하지만 영구히 갚을 필요도 없었다. 매년 이자만 지불하면 되는 것이었다. 이자 지급은 선박세와 주세로 담보되었다. 이렇게 해서 국왕은 전쟁에 필요한 자금을 확보했고, 자본을 모은 상인들은 거액의 대출을 해 주고 8퍼센트의 이자 수입을 안정적으로 챙기는 은행가로 변신할 수 있었다.

영란은행의 탄생을 정부의 재원 조달 필요성과 시티 상인들의 이윤

- 1694년 당시 영란은행 헌장을 제정하는 논의 현장.
- 윌리엄 패터슨. 스코틀랜드 출신의 무역상으로 영란은행 탄생의 일등공신이었다.

획득이라는 동기만으로 설명하는 것은 충분하지 않다. 여기에는 대단히 중요한 정치적 외교적 배경이 하나 더 있었다. 당시 네덜란드는 스페인으로부터 독립을 했지만 이웃한 강대국인 프랑스로부터의 새로운 위협에 놓여 있었다. 이때 네덜란드는 젊은 오렌지공 윌리엄(Prince William of Orange, 후에 영국의 윌리엄 3세가 되었다)을 중심으로 단결했다. 구교와 가까운 제임스 2세에 항거하던 영국 휘그당(Whigs, 영국 노동당의 전신)이 윌리엄을 영국 왕으로 옹립하려고 은밀하게 접근했을 때 그는 심각하게 고민할 수밖에 없었다. 만일 영국 왕이 된다면 영국과 네덜란드 동맹을 형성해 프랑스 루이 14세에 대적할 수 있지만 실패한다면 신생 독립(1648)한 네덜란드 공화국의 세력도 약해져 존립 자체가 위태로워지기 때문이었다. 이러한 위험을 안고 윌리엄은 1688년 11월 5일 영국 토베이 항구에 도착했고 마침내 메리와 결혼해 공동 왕위에 올랐다. 왕위에 오른 윌리엄에게 영란은행은 프랑스를 무찌르고 조국 네덜란드를 지킬 수 있는 비장의 무기였다. 영국 왕실의 재력만으로는 프랑스에 대적할 수 없었지만 영국과 네덜란드 상인들의 재력을 동원할 수 있다면 승산이 있었다. 바로 영란은행의 활용이었다.

한편 1567년 스페인의 알바 공작(The Duke of Alva)은 당시 스페인의 지배를 받던 네덜란드 지역의 총독으로 임명되고 나서 6년간 신교도와 네덜란드 독립주의자들을 무자비하게 처형했다. 스페인의 무자비한 압제를 피해 영국으로 도망쳐 온 사람들 가운데 얀 호블런(Jean Houblon)이라는 인물이 있었는데, 그가 바로 영란은행의 초대 총재인 존 호블런의 할아버지였다. 영란은행에 투자한 일부 사람들에게는 이와 같이 조국을 지키려는 숭고한 정신이 내재해 있었다. 이처럼 영란은행의 탄생 배경에는 당시 복잡하게 얽힌 유럽의 정치적 상황이 작용하고 있었다.

'민간 은행'으로서 영란은행

설립 당시 영란은행은 금세공인 은행가들이 주축이었던 점을 비롯해 여러모로 기존의 은행들과 다를 바가 없었다. 하는 일도 오늘날의 중앙은행 역할과는 거리가 멀었고 공적 기능이라고는 찾아볼 수 없었다. 다른 은행에 비해 자본의 규모가 컸다는 것 외에는 특별한 점이 없었다.

초기의 영란은행은 런던 시티의 상인들만을 대상으로 했다. 시티의 상인들로부터 자금을 예치 받아 은행권을 발행하고 무역 어음을 할인해서 이윤을 챙겼던 것이다. 다만 두 가지 점은 다른 민간 은행들과 차이가 있었다. 하나는 정부에 대출해 주는 은행이라는 점이다. 초기에는 정부 대출에서 독점권이 없었지만 점차 법 개정을 통해 정부에 대출할 수 있는 유일한 은행으로서 독점권을 확보하고, 모든 정부 부채의 관리자 역할을 부여 받았다. 영란은행은 재무부뿐 아니라 육군, 해군 등 다른 정부 부처와도 거래를 했다. 또 하나는 설립 형태가 주식회사라는 점이다. 당시 의회가 영란은행의 설립을 꺼린 이유도 주식회사라는 점 때문이었다. 주식회사는 주주들이 출자액 내에서만 책임을 지는 형태이다. 당시의 은행들은 개인 회사든가 아니면 여러 사람이 공동 책임을 지는 파트너 회사로, 이들은 무한 책임을 지는 형태였다. 이에 비해 주식회사는 주주들의 책임을 면제해 주어 다른 이해관계자들의 권리 보호라는 면에서 소홀한 점이 있었다. 따라서 주식회사 형태의 은행 설립은 의회 입법이 필요했고 이 때문에 의회는 주식회사인 영란은행을 한시적으로만 허용했다.

1694년 설립 당시 영란은행의 전 직원은 19명에 불과했다. 그러다가 1734년에는 100명으로, 1792년에는 300명으로 늘었다. 설립 당시 보수가 높은 사람들은 연 50파운드, 수위들은 25파운드를 받았는데 이 보수는 1797년까지 오르지 않았다. 직장으로서 영란은행의 인기는 높지 않았다. 사람들에게 '무료하지만 안정적인(dull but safe) 직장' 정도로만 여겨졌다. 초기에는 근무 기강도 해이했다. 음주, 흡연, 도박, 사기가 내부에서 횡행했고 1767년에는 직원이 업무 관련 비리로 사형당하는 일도 있었다. 이러한 영란은행의 업무가 확대된 것은 나폴레옹 전쟁 때문이었다. 전쟁으로 인해 영란은행의 정부 대출은 크게 증가했고, 전쟁 중에 1파운드나 2파운드 은행권과 같은 소액권이 발행되기 시작했다.(그 전에는 5파운드 이상의 고액권만 발행했다.) 영란은행은 나폴레옹 전쟁 이후 금 본위 제도 시행(1816), 런던 외 지점 설치 허용(1826) 등으로 업무가 확대되고 직원 수도 900명으로 늘었다. 1914년 제1차 세계 대전 전까지 이 규모가 그대로 유지되다가 전쟁으로 영란은행의 직원 수는 4000명으로 증가했고 그들 대부분은 여성이었다. 전장에 나간 남성을 대신한 여성 고용이 대폭 늘었던 것이다. 1894년에 여성이 처음 영란은행에 발을 내딛은 사실에 비추어 보면 이는 급격한 변화라 할 만했다.

영란은행은 1946년까지도 형식상으로는 민간 은행이었고 그 소유

주는 영란은행 주식에 투자한 시티의 상인들이었다. 공적 기능을 담당하는 영란은행의 법적 틀을 바꾸려는 노력은 꾸준히 전개되었다. 우선 1931년 금과 외환 보유액 관리 업무가 재무부로 이관되었다. 다만 지금은 외환 보유액 관리 업무를 재무부로부터 위임받아 영란은행이 담당하고 있다. 제2차 세계 대전이 끝나자 클레멘트 애틀리(Clement Attlee) 수상의 노동당 정부는 철도, 가스, 전기, 석탄 광산 등 기간산업을 국유화했다. 금융도 예외는 아니었다. 1946년 영란은행의 주주들에게는 영국 국채로 보상해 주고 모든 주식을 영국 정부 소유[4]로 전환하면서 영란은행은 민간 소유 은행에서 국책 중앙은행으로 탈바꿈했다. 하지만 영란은행은 오래전부터 실질적으로 중앙은행의 역할을 해 왔기 때문에 큰 파장은 없었다. 은행의 이사들은 그대로 근무했고 언론도 조용했다. 250년 역사의 민간 은행으로서 영란은행의 마지막 순간은 의외로 고요했고 누구도 주목하지 않았다.

 이러한 조직의 변화보다 더 중요한 것은 영란은행의 기능과 역할의 변화였다. 기능과 역할의 변화도 조직의 성장만큼이나 서서히 일어났다. 그 변화를 주도한 것은 영란은행 총재나 재무 장관의 구상이 아니었고 학자들의 이론도 아니었다. 경제 상황과 금융 시장의 변화가 영란은행의 변신을 유도했다. 영란은행은 정부에 대출해 주는 역할 때문에 특혜적 독점적 지위를 누렸으며 동시에 공적 의무도 떠안게 되었다. 영란은행은 다음의 세 가지 역할을 수행하면서 진화해 나갔다. 먼저 정부의 자금을 관리하고 일시적으로 자금이 부족할 때 돈을 빌려 주는 '정부의 은행'으로서의 역할이다. 다음으로 독점적인 화폐 발행 권한을 통해 한 나라의 통화량을 조절함으로써 통화 가치를 안정시키는 역할이다. 마지막으로 한 나라의 금융 시스템이 원활히 작동할 수 있도록 금융 기관들의 최종 대부자로서 역할이다. 금융 기관을 상대로 예금을 받고 대출을 해 주는 '은행의 은행'인 것이다. 이제 영란은행이 어떻게 이 세 가지 역할을 수행하게 되었는지를 살펴보자.

'정부의 은행'으로서 영란은행

영국 정부와 왕실은 프랑스와의 전쟁 등으로 심각한 재정 위기에 직면하자 재원을 확충할 목적으로 1694년 영란은행을 설립했다. 정부는 재정을 충당하기 위해 120만 파운드의 자금을 차입하는 대신에 매년 9만 6000파운드를 이자로, 4000파운드를 관리비 등으로 해서 총 10만 파운드를 영란은행에 지급하기로 약속했다. 당시 영국 정부의 재정을 확충하기 위해 여러 방안들이 나왔는데 그 가운데 세 가지가 실제로 실행되었다. 그중 하나가 영란은행의 설립이었다. 영란은행 설립 외에 다른 방안도 두 가지 있었다. 하나는 1693년에 입법되어 시행된 복권 채권(lottery loan)이었다. 정부는 한 장에 10파운드 하는 복권 채권을 10만 개 발행했는데 이 가운데 9만 7500개는 매년 1파운드씩 16년에 걸쳐 돌려준다. 나머지 2500개는 매년 돌려받는 1파운드 외에 최대 1000파운드를 추가로 받게 된다. 이 복권 채권은 영국 최초의 정부 채권이었다. 또 하나는 재무부 채권(exchequer bills)이었다. 1696년 재무부는 이자 지급 조건이 붙어 있는 5~20파운드의 소액 채권을 발행했다. 이자는 하루에 100파운드당 3펜스였다. 이 재무부 채권은 영국 정부의 단기 재원 조달 수단으로 중요하게 활용되었다. 재무부 채권은 거래의 지급 수단으로 활용되기는 했지만 인수할 때마다 배서를 해야 했고 1년 후에 상환되기 때문에 화폐로서는 영란은행이 발행하는 지폐의 맞수가 되지 못했다. 나중에는 영란은행이 재무부 채권의 발행과 상환을 맡아 관리했다.

'정부의 은행'으로서 영란은행의 독보적인 입지가 순탄했던 것만은 아니었다. 여러 차례의 크고 작은 도전이 있었는데 가장 심각한 것은 설립 초기에 시도되었던 토지 은행 설립 추진이었다. 영란은행에 반감을 갖고 있던 토리당(Tories, 영국 보수당의 전신)은 영국 국내의 토지를 담보로 은행권을 발행하는 토지 은행의 설립을 추진했다. 왕실 의사였던 챔버린(Dr. Chamberlen)이 1693년 처음 의회에 설립안을 제출했고 1696년 마침내 의회가 토지 은행의 설립을 승인했다. 설립을 주도한 사람들은 시티 상인들을 '신교도 대부업자'로 비하했던 지주나 성직자 등의 보수 계급들이었다. 이들은 영란은행의 기존 주주는 토지 은행에 투자할 수 없도록 했다. 이러한 상황에서 시티 상인들은 토지 은행에 투자하지 않았고 결국 토지 은행은 소기의 자본을 모으지 못해 6개월 만에 사라지고 말았다. 이 사건을 계기로 영란은행은 오히려 자본금을 확충했고 정부 대출이 확대되었으며 '정부의 은행'으로서의 독점적 지위는 굳건해졌다.

그러나 영란은행에 대한 도전은 여기서 끝나지 않았다. 1711년 설립된 사우스시회사(South Sea Company, 남해회사로 부르기도 한다)는 영란은행을 해체하려는 토리당의 또 다른 시도였다. 이들은 남아메리카에서의 무역 독점권을 갖는 회사를 설립해 모인 자본금으로 영란은행으로부터 빌린 정부 차입금을 모두 갚고 영란은행을 해체하려는 의도가 있었다. 1720년 6월에 이 회사의 주식은 100파운드에서 1050파운드까지 치솟았으나 실제로 수익을 내지 못하면서 결국 거품은 꺼지고 문을 닫기에 이르렀다. 토리당의 의도가 실현되기 전에 거품이 꺼진 것이고 영란은행으로서는 다행이었다. 정부의 권유로 영란은행은 파산한 사우스시회사의 주식을 400만 파운드에 인수하면서 해체 위기를 넘겼다. 영란은행으로서는 다행이었지만 사우스시회사의 주식 버블로 인해 영국에서는 이후로 약 100년간 주식 발행과 투자가 거의 이루어지지 않았다.[5]

영란은행의 최초 정부 대출금 120만 파운드는 점점 늘어났다. 영란은행의 자본금은 1697년에는 220만 파운드로, 1708년에는 440만 파운드로, 1709년과 1710년에 두 차례 자본 납입을 통해 총 555만 파운드로 늘어났다. 이후 20만 파운드의 채무를 탕감함으로써 자본금이 535파운드로 감소하기도 했다. 그러다 1722년에는 다시 340만 파운드의 증자를 통해 400만 파운드의 사우스시회사 주식을 인수해서 자본금은 895만 파운드로 늘어나고 총 정부 대출은 935만 파운드가 되었다. 1746년에는 수차례의 증자를 통한 자본 납입으로 자본금이 1078만 파운드로 증액되었고 총 대출은 1168만 파운드에 이르렀다. 그 후로는 오랫동안 자본금과 대출금의 변동이 없었다. 당초 영란은행법에서는 정부가 영란은행으로부터 대출을 받으려면 의회의 승인을 받도록 했다. 왕이 마음대로 대출받는 것을 견제하기 위해 의회가 만들어 놓은 제동 장치였다. 초기에는 이 제동 장치가 작동되었지만 나중에는 유명무실해져 정부 채무는 급증했다. 제동 장치를 무력화한 것은 잦은 전쟁과 영란은행 차입 이외에 다른 정부 부채 수단의 발달이었다.

영국은 1756~1815년까지 60년 사이에 무려 36년간 전쟁을 치렀다. 특히 나폴레옹 전쟁으로 인해 정부의 부채는 기하급수적으로 늘었다. 1748년 7억 1000만 파운드였던 정부 채무는 나폴레옹 전쟁이 끝난 1815년에는 8억 2000만 파운드로 늘어났다. 정부 부채 급증에 대한 제동 장치를 무력화시키는 데는 두 차례 수상(재무 장관을 겸임했다)을 역임한(1783~1801, 1804~1806) 윌리엄 피트(William Pitt)가 큰 역할을 했다. 자유 무역의 신봉자를 자처한 피트는 자신이 애덤 스미스의 학생임을 자랑스러워했다. 그는 식민지 경영보다는 무역을 통해 영국의 이익이 극대화된다는 애덤 스미스의 무역 이론에 따라 미국의 독립을 저지하는 전쟁에 반대했다. 미국을 식민지로 계속 잡아두는 것보다 무역을 통해 더 많은 이익을 챙길 수 있다고 보았던 것이다. 피트는 애덤 스미스의 무역 이론 수업에서는 우수한 학생이었지만 금융 이론 강의에서는 낙제생이었다.[6] 지폐 발행 남발의 위험성을 지적한 애덤 스미스의 경고를 무시하고 지폐 발행을 통해 재정 적자를 불리고 인플레이션을 초래하고 말았기 때문이다. 피트 수상 이후로 영란은행은 정부에 대출을 해 줄 뿐 아니라 정부의 은행으로서 단기성 재무부 채권과 장기성 국채를 관리하는 기관으로서 국가 채무를 관리하게 되었다.[7] 새로운 금융 수단이 생기면서 영국 정부의 적자는 수직으로 상승했다.

'독점적 화폐 발행 은행'으로서 영란은행

영란은행은 설립 초기에는 은행권 발행이 체계적이지 못했다. 영란은행의 은행권은 1694년부터 1791년까지는 외부의 독립적인 인쇄공들이 찍었다. 은행이 한 달 치 지폐 용지를 공급한 다음 매일 새벽에 인쇄판을 가져다주고 저녁에 수거하는 방식이었다. 1791년부터는 인쇄판의 외부 반출로 인한 도난 위험을 우려해 인쇄공들을 은행 안으로 불러들여 은행권을 찍었다. 그러다가 은행 내부에 자체 인쇄 담당 조직이 생긴 것은 1808년이었다. 인쇄술은 형편없었다. 심지어 영란은행의 은행권 감식 전문가조차 진짜 은행권과 가짜 은행권을 구별하지 못할 정도였다고 한다. 위조는 큰 문젯거리였다. 1697년 정부는 영란은행의 은행권이 위조되는 것을 막기 위해 위조범을 중형에 처했다. 그럼에도 불구하고 위조는 끊이지 않았다. 영란은행의 은행권은 초기에는 한정된 상인들 사이에서만 고액권으로 유통되었으므로 위조 문제가 심각하지 않았다. 하지만 나폴레옹 전쟁으로 금속 화폐가 퇴장하자 이를 대체할 1파운드와 2파운드 지폐를 발행하면서 위조 문제는 심각해졌다. 일반인들은 지폐에 대한 지식이 부족했을 뿐 아니라 글을 못 읽는 사람들도 많았기 때문이다. 1793년부터 1815년 사이에만 무려 600명의 위조범들이 체포되었는데 그 가운데 절반이 교수형에 처해졌다. 위조범들에 대한 이러한 강력한 처벌은 1832년에야 완화되었다.

영란은행이 은행권 발행에서 독점적 지위를 갖는 과정은 정부와의 길고 긴 협상의 연속이었다. 1694년 영란은행법에는 예상과는 달리 은행권 발행에 대한 일체의 언급이 없었다. 은행의 설립자들은 의회의 반대 가능성 때문에 영란은행법에서는 언급하지 않았지만 당연히 은행권 발행을 염두에 두고 있었다. 의회를 통과한 영란은행법에는 영란은행은 "120만 파운드 이상의 차입과 은행 공식 인장을 찍은 어음, 채권, 계약서의 발행이 금지된다.(The Bank of England should not borrow or give security by bill, bond, covenant or agreement under their common seal more than the £1,200,000.)"라고만 적혀 있다. 영란은행은 공식 인장이 찍힌 어음은 120만 파운드 한도 내에서만 발행했지만 예금을 받고 이에 상응해 발행하는 현금 지폐는 공식 인장 없이 현금 출납인의 사인만을 넣어 자유롭게 발행했다.

영란은행은 초기에 은행권 발행의 독점적 지위보다는 존속 자체에 신경을 써야 했다. 앞에서 살펴보았듯이 영국 의회는 주식회사 형태의 민간 은행인 영란은행을 설립하는 데 호의적이지 않았다. 그래서 1694년 영란은행법 제정 당시에 영국 의회는 이를 한시적 조직으로 규정했다. 즉 1705년까지 최소 11년간은 존속을 보장하지만 이 기간 후에는 12개월 전에 통지만 하면 언제든지 정부 부채를 상환하고 영란은행의 문을 닫을 수 있었다. 영란은행이 원할 때 부채 상환을 요구할 선택권은 없었지만 일정 기간이 지난 후 영국 정부는 영란은행을 해산할 권리를 갖는 형태였다.

영란은행은 설립 직후부터 은행권을 발행했지만 시중 은행에 비해 별도의 특권적 지위가 부여된 것이 아니었다. 당시 금세공인 은행들도 은행권에 해당하는 금 보관증을 발행하고 있었으므로 실제로 영란은행과 시중 은행은 별 차이가 없었다. 1708년에는 주식회사나 6

명 이상의 파트너를 가진 회사가 은행권을 발행할 수 없도록 법을 개정했다. 당시에는 은행들이 개인 회사였기 때문에 이러한 법 제정은 별 효과가 없었다. 단지 나중에 주식회사 형태로 은행권을 발행하는 은행을 설립할 수 없다는 것이 영란은행의 잠재적인 경쟁자의 출현을 막는 데는 도움이 되었다. 영불 전쟁, 미국 독립 전쟁, 나폴레옹 전쟁 등 지속되는 전란에 따른 막대한 전비 지출은 영국 정부를 빚더미에 앉게 했다. 채권자로서 영란은행의 협상력은 해가 갈수록 커져 갔다. 1694년 설립 이래 수차례의 법 개정을 거쳐 마침내 1844년 영란은행은 화폐 발행의 독점권을 확보할 수 있었다.[8]

영국은 나폴레옹 전쟁(1797~1815)을 치르면서 급격한 인플레이션을 겪게 되자 독점적인 발권력을 갖고 화폐 가치를 안정시킬 중앙은행이 필요해졌다. 전쟁으로 금 보유고가 감소하자 정부는 1797년 2월 우선 영란은행이 금으로 상환하는 것을 금지하는 조치를 취했다. 이 조치는 1821년까지 계속되었다. 이어 1844년에 영국 정부는 로버트 필(Robert Peel) 수상의 주도로 화폐 발행 권한을 영란은행에 집중하는 내용의 '필 조례'를 발표했다. 이 조례는 은행권 발행을 금 보유고와 직접 연계시키고 은행권 발행에 대한 독점적 권한을 영란은행에 부여하는 것이었다. 당시 영국에는 은행권을 찍어 내는 발권 은행들이 있었는데, 이 조례로 영란은행을 제외한 다른 은행들은 화폐 발행이 금지되었다. 이를 계기로 은행권을 발행하던 은행들은 점차 세력을 잃게 되었다. 이러한 과정을 거쳐 개별 은행들이 발행한 은행권은 사라지고 영란은행이 독점적인 은행권 발행 기관이 되었다.

그러나 1844년의 영란은행의 독점적 은행권 발행은 잉글랜드와 웨

● 영란은행권 20파운드 지폐.　　　● 스코틀랜드왕립은행권 20파운드 지폐.

일스 지역에 국한된 것으로, 스코틀랜드와 북아일랜드에까지 적용되는 것은 아니었다. 흔히 영국 화폐로 알고 있는 영란은행권은 영국의 4개 지역 중 잉글랜드와 웨일스에서만 강제적으로 유통되는 법화(legal tender)이다. 스코틀랜드와 북아일랜드에는 법화인 은행권은 없으며 상업 은행들이 발행한 은행권이 영란은행권과 함께 유통되고 있다. 지금까지도 스코틀랜드의 3개 은행(스코틀랜드은행, 스코틀랜드왕립은행, 클라이스데일은행)과 북아일랜드의 4개 은행(아일랜드은행, 퍼스트트러스트은행, 노던은행, 얼스터은행)이 은행권을 발행하고 있다. 현재 스코틀랜드와 북아일랜드에서 발행된 상업 은행들의 은행권 규모는 총 10억 파운드를 상회한다. 다만 이들 은행이 각자 은행권을 발행하기 위해서는 반드시 그만큼의 영란은행권을 영란은행에 예치하고 있어야 한다.

　사람들은 영국 중앙은행의 이름이 왜 영국은행(The Bank of the UK)이 아니고 영란은행(The Bank of England)인지 의아해한다. 이는 영란은행의 독점적 화폐 발행권이 잉글랜드와 웨일스에 국한되기 때문이다. 사실 영란은행은 설립 초기에 런던 시티 지역과 웨스트민스터에서만 영업을 했기 때문에 런던은행(Bank of London)이라 불리기도 했다. 1826년에서야 런던 이외의 지점 설치가 허용되었고 1844년 이후 독점적 은행권 발행을 계기로 점차 잉글랜드와 웨일스로 영향력을 확대할 수 있었다.

'은행의 최종 대부자'로서 영란은행

'은행의 최종 대부자'로서 영란은행의 역할은 현실적인 필요 때문에 장기간에 걸쳐 서서히 확립되었다. 1694년 설립될 당시에 영란은행이 '은행들의 은행'으로서 '최종 대부자' 역할을 하리라고 생각한 사람은 아무도 없었다. 영란은행의 설립자들은 시티의 상인 자본가들이었고 자본을 굴릴 수 있는 가장 안전한 투자처가 정부라고 생각해 민간 은행으로서 주식회사 형태의 영란은행을 설립했다. 당시에는 '은행의 은행'이라는 개념조차 없었다.

그러면 영란은행은 언제부터, 그리고 왜 최종 대부자의 역할을 한 것일까. 이에 대해서는 전문가들 사이에서도 의견이 분분하다. 그 역할이 영란은행법에 적시되어 있든지, 아니면 영란은행 이사회 의사록에 공식적으로 언급된 시기를 확인하는 것이 가장 확실하지만 도움이 될 만한 기록이 전혀 남아 있지 않다. 일반적으로 최종 대부자라면 금융 위기에서 자기 은행의 지급 준비액에 연연하지 않고 재할인을 통해 일반 은행과 단기 차입 시장에 유동성을 공급하는 역할을 우선해야 한다. 최종 대부자로서의 이러한 역할을 감안할 때 영란은행이 그런 위상을 갖춘 시점이 1763년이라고 주장하는 견해가 있다.[9] 당시 7년 전쟁으로 헤이그, 암스테르담에서 기업들이 도산하고 그 여파가 영국에도 미치자 지급 준비율이 6퍼센트까지 하락했지만 영란은행이 어음 재할인을 대폭 확대했다는 것이 이러한 견해의 근거이다. 설득력이 크지는 않지만 그만큼 영란은행이 최종 대부자로서의 역할을 한 시점을 확정하기가 어렵다는 말이기도 하다. 결국 영란은행의 최종 대부자로서의 역할은 누군가가 한순간에 일임한 것이 아니라 금융 시장과 금융 정책 담당자들의 의식에서 차츰차츰 자리 잡았다고 할 수 있다.

일반적으로는 1866년을 영란은행이 '은행들의 은행'으로 기능하는 시기로 본다. 19세기 중반에 영국은 세 차례에 걸쳐 금융 공황을 겪었다. 처음은 1845년 정점에 달했던 철도 산업에 대한 투기 열풍이 급격히 식으면서 1847년 9월 리버풀은행(Liverpool Bank)이 문을 닫았다. 이를 계기로 본격적인 예금 인출 사태가 번져 나갔다. 두 번째로 1857년 선물과 옵션 투자의 붕괴에서 비롯된 미국발 금융 공황인 '웨스턴 블리자드(Western Blizzard)'가 영국을 강타했다. 뉴욕 은행들의 지급 정지 선언으로 자금을 받을 수 없게 되자 영국 은행들의 지급 정지가 이어졌던 것이다. 세 번째는 1866년에 '오버런드 거니(Overend-Gurney)'가 파산하면서 영란은행에서 다시 예금 인출 사태가 발생했다. 1847년과 1857년의 금융 위기 당시에 영란은행은 급격한 금 유출을 겪게 되고 대출을 곧바로 중지해 버렸다. 그 후 금 예치 없이 화폐를 발행해도 책임이 면제된다는 정부의 보증을 받은 후에야 대출을 재개했다. 그리고 이자율을 6퍼센트에서 10퍼센트로 인상했다. 그러나 1866년의 금융 위기에는 예금 인출 사태가 일어나자마자 신속하게 대응했다. 대출을 중단하지 않고 오히려 이틀 만에 신속하게 1000만 파운드의 자금을 시장에 공급했다. 이를 계기로 금융 위기가 발생하면 대출을 줄이는 시중 은행과 달리 영란은행은 시장 안정을 위해 자금 공급을 확대한다는 인식이 확립되었다.

1890년 영란은행이 위기에 처한 베어링스은행(Barings Bank)의 구제에 발 벗고 나선 것은 이미 영란은행이 사익(私益)을 추구하는 민간 은행에서 공적인 역할을 하는 중앙은행으로 완전히 전환되었음을 보여 주는 사례였다. 베어링스은행은 1762년 존과 프랜시스 베어링(John & Francis Baring) 형제가 창업한 이후로 영란은행과 무역 어음 할인 및 국채 발행 시장을 양분해 온 경쟁사였다. 1880년대 남아메리카 국가들의 경제 활황을 맞아 아르헨티나에 집중적으로 투자했다가 1890년 아르헨티나의 경제 거품이 꺼지면서 대규모 손실을 봤고, 이로 인해 시장에서 예금자들의 인출 사태로 유동성 위기에 직면했다. 이때 영란은행은 런던에 소재한 은행 책임자들을 소집해서 지원 자

● 베어링 형제. 프랜시스 베어링(왼쪽), 존 베어링(가운데), 찰스 월(오른쪽).

금을 조성했고, 이 덕분에 베어링스은행은 무사히 위기를 넘길 수 있었다. 이 과정에서 영란은행은 베어링스은행에 대한 지원에 미온적이었던 로스차일드은행을 적극 설득해 참여시키기도 했다.

만일 영란은행이 민간 은행이었다면 자신의 최대 경쟁사를 구하려고 힘썼을 리 만무하다. 영란은행은 '은행의 은행'으로서 베어링스은행이 도산할 경우 런던 금융 시장이 입게 될 타격을 우려해 구제에 발 벗고 나섰던 것이다. 이렇게 위기를 넘긴 베어링스은행은 1995년에 파생 금융 상품을 거래하던 직원 닉 리슨(Nick Leeson)의 사기 거래에 따른 13억 파운드의 천문학적인 손실로 결국 단돈 1파운드에 네덜란드의 ING 금융 그룹에 인수되는 운명을 맞았다. 명실공히 중앙은행으로 공적 기능을 담당하고 있던 영란은행이었지만 이번에는 베어링스은행을 다시 구제하는 것보다는 외국 은행에 인수되는 것이 런던 금융 시장의 피해를 최소화할 수 있다는 판단에서 구제에 나서지 않았다.

'최종 대부자' 개념을 처음 도입한 사람은 당시 『이코노미스트(The Economist)』의 편집장이었던 월터 배젓(Walter Bagehot, 1826~1877. 1860년부터 17년간 장인이 발행한 잡지의 편집장이었다)이었다. 1873년 배젓은 주기적인 금융 위기를 극복하기 위해 영란은행이 유동성을 충분히 공급해야 한다고 주장했다. "영란은행은 개별 기관이 아니라 금융 시장 전체에 유동성을 공급해야 한다. 부실 은행은 비록 그 규모가 막대해서 파산으로 인한 연쇄 효과가 크더라도 지원해서는 안 된다. 지불 능력은 있지만 유동성이 부족한 은행에만 현금을 지원하되 벌금으로 높은 금리를 부과해야 한다." 그의 이러한 주장은 현대의 관

• 월터 배젓. 『이코노미스트』 편집장으로 중앙은행의 최종 대부자 이론을 정립했다.

점에서는 '시장 지원 대(對) 개별 은행 지원', '부실 은행의 지원 대상 포함 여부', 그리고 '벌금 금리 대 낮은 금리' 등 여러 가지 논쟁으로 이어져 오고 있다. 배젓의 아이디어는 당시 영란은행이 최종 대부자로서의 역할을 공식적으로 맡는 데 결정적인 이론의 근거가 되었다.

영란은행을 업무 측면에서 민간 은행에서 중앙은행으로 바꾼 사람은 몬터규 노먼(Montagu Norman, 1871~1950) 총재였다. 1920년부터 1944년까지 무려 24년간 총재를 역임한 그는 250년 영란은행 역사에서 최장수 수장이었다. 노먼은 영란은행을 민간 은행에서 명실상부한 중앙은행으로 환골탈태시킨 인물로 평가받는다. 그는 영란은행은 다른 민간 은행과 경쟁하지 않는다는 원칙을 확립했고 국제적인 통화 협력 업무에 보다 집중토록 해서 1946년 국유화 이전에 이미 영란은행은 '은행의 은행'으로서 기능을 했다. 영란은행 총재로서 그는 기축 통화로서 파운드화의 위상을 지키고 금 본위제를 수호하는 역할에 적극 나섰다. 처칠 당시 재무 장관을 설득해 제1차 세계 대전 후 영국이 다시 금 본위제로 복귀하도록 하는 데도 그의 역할이 컸다고 한다. 당시 영란은행의 금 보유액이 1000만 파운드에 불과해 처칠이 금 본위제로의 복귀를 망설일 때, 미국 연준과 JP모건으로부터 각각 2억 달러와 1억 달러의 신용 대출 약속을 확보해[10] 처칠이 금 본위제로 돌아서기로 결심을 굳히도록 설득했다. 그리고 당시 미국 연준의 실세였던 스트롱(Benjamin Strong) 미국 뉴욕연방은행 총재와 호흡을 맞춰 가며 금 본위제를 지탱했던 것도 노먼 총재였다.

금 본위 제도의 지휘자 영란은행

18세기 산업 혁명을 거치면서 영국은 세계 최고의 경제력과 군사력을 바탕으로 식민지를 넓히고 세계 무역을 장악함으로써 역사상 어느 나라도 이루지 못한 절대적인 무역 강국이 되었다. 당연히 영국의 파운드화가 전 세계 기축 통화로 자리매김하였고 런던은 세계 금융의 중심지가 되었다. 파운드가 기축 통화가 되었다는 것은 영란은행이 더 이상 영국의 중앙은행에 머무는 것이 아니라 전 세계 중앙은행들을 조율하는 지휘자가 되었다는 것과 같은 의미이다. 그 역할은 1914년 제1차 세계 대전이 발발하기 전까지 성공적으로 수행되었다.

그러나 영란은행이 그 역할을 언제 시작했는지는 불분명한 측면이 있다. 영국이 주조법에 의해 금 본위제로 전환했던 1816년은 이와 관련해 중요한 의미가 있는 해이다. 1800년대 중반까지만 해도 금 본위 제도를 채택한 나라는 그렇게 많지 않았다. 영국을 비롯해 영국의 경제 식민지인 이집트, 캐나다, 오스트레일리아와 포르투갈, 칠레 정도 였다. 프랑스, 러시아, 페르시아 등과 일부 남아메리카 국가들은 금은 본위 제도를, 그리고 중부 유럽의 다수 국가들을 포함해 거의 대부분의 국가는 기존의 은 본위제를 버리지 않고 있었다. 그러나 영국이 금 본위제를 채택한 지 80년 후인 1800년대 말에는 거의 모든 나라들이 금 본위제로 전환했고(독일 1871년, 미국 1873년, 네덜란드 1875년, 프랑스 1878년, 일본 1897년) 은 본위제를 고수한 나라는 중국, 페르시아, 남아메리카 몇 개국밖에 없었다. 영국의 금 본위제는 실질적으로 세계 화폐 시스템의 표준이 되었다.

영국은 왜 금 본위제를 채택했을까. 영국에서 금 본위제가 진지하게 논의된 것은 1810년 '금속괴위원회(Bullion Committee)'의 보고서가 나오면서부터였다. 나폴레옹 전쟁으로 물가가 급등하자 의회는 '금속괴위원회'로 하여금 그 원인을 조사해 보고하도록 했다. 위원장이었던 프랜시스 호너(Francis Horner)는 다음과 같이 결론을 내렸다. "너무 많은 돈이 너무 적은 물건을 좇기 때문이다.(Too many money chased too few goods.)" 이때부터 의회는 은행권 남발이 문제임을 인식하고 은행권의 발행을 제한하고 그 가치를 일정량의 금속의 가치와 연계하는 방안을 궁리하게 되었다. 드디어 1816년 소버린(sovereign)이라는 123.27그램의 1파운드짜리 금화를 만들었고, 5파운드 은행권은 소버린 5개와 교환이 보장되었다. 이로써 금 본위제가 확립되었다. 그리고 1844년에는 영란은행에 은행권 발행의 독점권을 부여하면서 영란은행에는 발행한 은행권 액수만큼의 금을 보유할 의무를 부과했다.

금 본위제는 국제적으로는 고정 환율제를 의미한다. 영국 파운드에 함유된 금의 중량은 미국 달러에 함유된 금의 중량보다 4.86배가 많다. 그래서 파운드와 달러는 금 함유량 비율대로 1파운드=4.86달러로 교환되었다. 금 본위제 하에서는 환율 변동의 불확실성이 없어서 무역을 촉진할 수 있었다. 따라서 무역 강국인 영국에는 도움이 되는 통화 제도였다. 반면에 화폐 공급이 금의 공급에 묶여 있어서 신축적인 화폐 공급이 불가능하다는 단점이 있었다. 금 본위제가 원활하게 작동하려면 금 이외에 금과 같은 역할을 할 수 있는 화폐가 있어야 한다. 파운드화가 그 역할을 했고 파운드화의 공급을 영란은행이 담당했다. 파운드화는 금과 함께 국제 결제 수단 및 국제 지급 준비 수단으로서의 지위를 누렸다. 1860~1914년 사이에 세계 교역의 60퍼센트 이상이 파운드화로 결제되었다. 이러한 맥락에서 금 본위제는 파운드화 본위제였다고도 평가할 수 있다. 케인스는 전 세계적으로 금 본위 제도를 수호하던 영란은행을 '국제 금융 오케스트라의 지휘자'라고 칭송했다.

금 본위제가 세계적으로 운영되기 위해서는 금의 유동성과 안정성을 보장할 수 있는 강력한 대부자가 국제 금융 시장에 존재해야만 했다. 제1차 세계 대전 이전에 국제 금융 시장에서 최종 대부자는 영란은행이었으며, 영란은행과 금 본위제는 서로를 지탱해 주었다. 당시 금 본위제가 원활히 운용될 수 있었던 것은 영국의 국제 수지와 금 보유 상태가 건실했기 때문이다. 1781년 영란은행법이 개정되면서 영란은행은 발행한 은행권의 상환 수요가 있을 경우 곧바로 지불할 수 있을 만큼 충분한 금을 보유할 의무가 부과되었다. 또 식민지 경영을

- 케인스. 금 본위제를 수호하는 영란은행의 역할을 국제 금융계의 오케스트라로 비유했다.
- 처칠. 제2차 세계 대전을 승리로 이끈 처칠 수상도 금 본위제의 붕괴를 막지 못했다.

통해 아프리카 등지에서 대규모 금광을 발굴하면서 금이 충분히 공급될 수 있었다.

그러나 2장에서도 살펴보았듯이 제1차 세계 대전으로 인해 금 본위 제도는 원활한 작동을 멈췄고 미국을 제외한 주요 국가들의 금 태환은 정지되었다. 금의 운송을 방해한 독일 잠수함이 없었더라도 막대한 화폐 발행을 통한 재원 조달의 필요성으로 화폐와 금과의 연계는 유지될 수 없었다. 제2차 세계 대전에서 히틀러로부터 유럽을 구했던 국민 영웅 윈스턴 처칠도 금 본위 제도와 기축 통화로서 파운드화를 지키지 못했다. 1925년 당시 재무 장관이었던 처칠은 금 본위제로 환원을 선언[11]했지만 오히려 경제에 주름만 늘렸다. 금 본위제를 부활하자마자 영국 경제는 급전직하로 추락하기 시작했다. 무역 적자로 줄어드는 금을 메우기 위해서는 이자율을 높게 유지해 해외 투자자들로부터 금이 국내로 들어오도록 해야 했다. 그러나 그렇지 않아도 국제 경쟁력을 상실한 기업들에게 고금리는 큰 부담이었다. 실업률은 1920년 3퍼센트에서 1926년 18퍼센트로 치솟았으며, 여기저기서 파업이 그치지 않으면서 정국이 혼란에 휩싸였다. 영국 정부는 심각한 위기에 직면했다. 이런 와중에 1929년 10월 24일 뉴욕 증시가 대거 폭락했다. 대공황의 시작이었다. 제1차 세계 대전으로 인한 대규모 전비 지출과 전후 계속된 국제 수지 적자로 인해 영국의 금 보유량이 크게 감소하면서 파운드화의 금 태환성에 대한 각국의 불안감은 점점 커져 갔다. 마침내 영란은행에 거액의 파운드화의 금 태환을 요구하는 각국의 요청이 쇄도했고, 이에 부응할 수 없었던 영국은 1931년 9월 파운드화의 금 태환 정지를 공표하기에 이르렀다.

오늘날에도 영란은행은 세계에서 두 번째로 많은 금을 보유하고 있다. 미국 연준 다음 가는 금 보유 기관이다. 영란은행은 지하 1층과 2층에 금괴를 보관하고 있다. 약 40만 개의 금괴가 보관되어 있는데, 금괴 1개는 400트로이온스(troy ounce, 13kg에 해당한다)이다. 이 금의 주인은 영란은행이 아니다. 영국에서 금의 실제 소유자는 재무부이다. 이외에도 다른 나라 중앙은행들의 금을 맡아서 보관해 준다. 그뿐 아니라 런던금시장협회 회원들의 금도 보관해 준다. 하루에 금괴 1개당 3.5펜스(우리나라 돈으로 600원 정도다)의 보관료를 받는다. 우리나라 한국은행이 외환 보유액으로 소유한 금 70톤도 영란은행 지하 금고에 보관되고 있다. 이제 영란은행은 금 본위 제도의 수호자에서 금을 보관하는 금고의 수위로 전락했다. 금이 다시 국제 통화가 될 날은 오지 않을 것이다. 하지만 금은 여전히 화폐 남발로 인해 발생하는 인플레이션에 가장 효과적인 헤지 수단으로 인식되고 있다. 재정 적자와 부채를 해결할 수 있는 믿을 만한 정책이 나오기 전까지 금의 인기는 식지 않을 것이다. 재정 적자와 부채를 해결하지 못하면 각국 정부는 화폐를 남발할 수밖에 없기 때문이다. 이것이 바로 이자도 낳지 않는 금을 역사상 가장 오래되고 지속적인 버블 대상으로 만드는 이유이기도 하다.

전 세계에 수출된 영란은행표 중앙은행

모름지기 오늘날의 대다수 화폐 제도와 금융 시스템은 '영국산(made in England)'이라고 해도 과언이 아니다. 특히 중앙은행 제도는 그렇다. 영란은행의 성공 사례는 전 세계를 주름잡은 대영 제국의 위세만큼이나 기세등등하게 유럽 각국과 미국, 호주 등 전 세계로 수출되어 벤치마킹되었다. 그런데 '중앙은행(central bank)'이라는 용어가 사용된 것은 1920년대 들어서이다. 따라서 처음부터 영란은행에 중앙은행이라는 상표가 붙어서 수출된 것은 아니었다. 하지만 그 전까지 세상에 없던 중앙은행이라는 개념을 만들고 다듬어 낸 것이 영란은행이었다는 점은 누구도 부정할 수 없다. 영란은행 자체는 그보다 정확히 87년 전에 네덜란드 암스테르담에 세워진 암스테르담외환은행(1607년 설립되었다)을 본떠서 만들어졌다. 영란은행은 설립 당시에는 그 전에 세워졌던 은행들과 별반 차이가 없었다. 규모가 큰 민간 은행이고 정부에 대출한다는 점만 다를 뿐이었다.

우리가 영란은행을 '중앙은행 제도의 살아 있는 역사'라고 부르는 이유는 영란은행이 300년 넘는 기간 동안 화폐와 금융의 영욕의 역사를 고스란히 담고 있기 때문이다. 영란은행의 조직과 기능은 화폐와 금융 제도의 진화와 발맞추어 발전해 왔다. 영란은행이 없었다면 지폐가 금속 화폐를 대체하지 못했을 것이다. 금속 화폐를 대신해 민간 은행들이 은행 약속 어음을 찍어 내자 금융 시장은 주기적인 금융 위기로 혼란에 빠졌다. 사람들은 종전의 금속 화폐 대신에 사용하는 은행권에 대한 신뢰가 약하기 때문에 사소한 풍문이나 일개 은행의 도산에도 민감하게 대응해 대규모 인출 사태가 촉발되곤 했다. 과거 금화나 은화가 사람들에게 신뢰를 주었던 것과 달리 은행권의 신뢰가 이렇게 흔들리자 영란은행이 대신해서 이를 잡아주었다. 또 자유로운 국제 무역과 자본 이동이 가능하도록 국제적으로 안정적인 환율 체제를 유지하는 중앙은행의 역할도 영란은행이 만들어 낸 작품이었다. 금 본위 제도가 원활하게 작동하는 데에는 영란은행의 힘이 절대적이었다.

하지만 영란은행이 만들어 낸 중앙은행이라는 제도가 당시 모든 나라에 순조롭게 전파되어 뿌리를 내린 것은 아니었다. 유럽 국가들은 영란은행을 표본으로 삼아 자국의 중앙은행을 세우고 기능을 확충해 나갔다. 프랑스는 1800년(프랑스은행Banque de France 설립), 독일은 1875년(독일국립은행Reichsbank 설립), 일본은 1882년(일본은행日本銀行 설립), 스위스는 1907년에 각각 중앙은행을 설립했다. 그러나 미국은 다른 국가들에 비해 중앙은행 설립에서 우여곡절을 겪었고 설립 시기도 늦었다. 여기에는 대규모 금융 자본에 대한 강한 국민적 반감이 작용했기 때문이다. 또 '연방주의 대 분권주의', '동부 대 서부', '보수

- 알렉산더 해밀턴. 강력한 연방 정부를 주창한 연방주의자로 중앙은행 설립에 적극적이었다.
- 토머스 제퍼슨. 미국 독립 선언문을 기초하였으며 분권주의자로 중앙은행에 회의적이었다.

대 진보', '공화당 대 민주당'이라는 미국 내의 복잡한 정치적 대립이 중앙은행의 설립에 합의를 이루는 데 큰 걸림돌이 되었다.[12]

일찍이 중앙은행을 둘러싼 첫 대립은 설립을 추진하려는 동부의 상공인들을 중심으로 하는 연방주의자들과 설립에 반대하는 남서부의 농민들을 중심으로 한 분권주의자들 사이의 대립이었다. 미국은 두 차례에 걸쳐 중앙은행이 설립되었지만 한시적으로만 존속하다가 해체되었다. 영국으로부터 독립을 쟁취한 후 초대 워싱턴 대통령 때인 1791년 당시 재무부 장관이었던 연방주의자 알렉산더 해밀턴(Alexander Hamilton)의 주도로 설립되었던 제1미국은행은 20년이 지난 1811년 의회의 존속 시한 연장 거부로 해체되었다. 3대 토머스 제퍼슨(Thomas Jefferson, 1801~1809 연임) 대통령과 4대 매디슨(James Madison) 대통령이 이끄는 분권주의자들은 과도한 중앙 권력과 자본력에 대해 회의적이었기 때문에 의회에서 기간 연장에 동의하지 않았다. 5년 후에 퀘벡 주 편입을 둘러싼 영국과의 전쟁(1812~1815)으로 국고를 탕진한 미국 정부는 재정의 어려움을 해소하려고 1816년 두 번째 중앙은행인 제2미국은행을 설립했다. 하지만 이번에는 의회의 연장 동의에도 불구하고 당시 대통령이었던 분권주의자 앤드루 잭슨(Andrew Jackson, 1829~1837 연임)이 인가 연장을 거부함에 따라 1832년에 해체되었다.

이후로 미국 금융 시장은 소규모 은행들이 난립했다. 그러나 미국 경제가 커지고 글로벌화되면서 더 이상 금융을 시장 기능에만 맡겨 놓을 수 없었다. 정부는 계속되는 금융 위기의 희생물이 양산되도록 방치할 수는 없었던 것이다. 특히 1907년 금융 위기로 인해 중앙은행의 설립은 탄력을 받았지만 설립 방법을 둘러싸고 장기간의 대립과 갈등이 반복되었다. 대체로 뉴욕을 중심으로 한 동부, 정부의 과도한 개입을 우려하는 보수층, 그리고 공화당은 민간 은행들로 구성된 중앙은행을 선호한 반면에 남서부 지역의 농업을 기반으로 하는 진보적 성향의 민주당은 월 가를 중심으로 한 금융 자본의 득세를 우려해 정부의 통제를 받는 중앙은행을 선호했다. 5년간에 걸친 타협과 협상의 줄다리기 끝에 제1차 세계 대전 직전인 1913년 12월 23일 '연방준비법'이 통과되었고, 1914년 11월 16일 중앙은행이 정식으로 출범했다. 미국 전역을 대표하는 12개 지역의 독립적인 지역 연방준비은행들로 구성되며 연방준비위원회가[13] 이들을 대표했다. 이와 같이 미국식 중앙은행 제도는 독립과 분권을 강조했지만 본질적으로는 영란은행을 본떠 만들어진 것이었다. 12개 지역 연방준비은행들은 영란은행과 마찬가지로 민간 금융 기관이 출자한 민간 소유의 은행이며, 보유한 국채와 금을 담보로 화폐를 발행했다. 국가의 채무와 화폐 발행을 연동시켜 놓은 구조는 영란은행을 모델로 한 것이었다.

그렇다면 오늘날 중앙은행의 필요성과 그 역할에 대해서는 이견 없이 공감대가 형성되어 있을까. 대답은 다소 회의적이다. 최근까지도 중앙은행의 역할에 대한 반감으로 은행 자유주의에 대한 논쟁이 재현되었으며, 지금도 금융 위기가 발생할 때마다 중앙은행의 역할과 관련해 비슷한 논쟁이 등장하고 있다. 반복되는 논쟁에서 공격받는 쪽은 중앙은행을 지지하는 쪽이다. 중앙은행에 반대하는 쪽의 요지는, 민간 은행들은 효율적이고 자체 조절 능력을 갖추고 있으므로 중앙은행의 개입은 불필요하고 인플레이션을 야기할 뿐이라는 것이다. 초기에는 중앙은행의 필요성에 대한 이념적 논쟁이었고 이후에는 중앙은행의 필요성보다는 역할에 대한 논쟁으로 발전했다. 중앙은행의 적극적인 통화 정책이 나은지 준칙에 의한 통화 정책이 나은지에 대한 논쟁, 그리고 금융 감독이 엄격한 게 나은지 아니면 느슨한 게 나은지에 대한 논쟁으로 이어졌다. 이러한 논쟁의 기저에는 과연 금융 부문에도 다른 산업 부문처럼 자유 경쟁의 원칙이 적용될 것인가에 대한 서로 다른 입장이 있다. 항상 맞는 답은 없었다. 금융이 안정된 시기에는 자유 은행주의자들의 목소리가 높다가 금융 위기 뒤에는 중앙은행주의자들의 목소리가 더 높아졌다. 중앙은행의 역할에 대한 논쟁은 앞으로도 계속될 것으로 보인다. 금융과 화폐가 계속해서 진화하고 이에 따라 중앙은행의 역할도 변할 수밖에 없기 때문이다.

중앙은행의 필요성에 대한 초기 논쟁에서 균형적인 입장을 견지했던 인물이 앞서 나왔던 배젓이었다. 그는 이론적으로는 은행 자유주의를 옹호했지만 현실적으로는 중앙은행인 영란은행의 폐지에 반대했다. 배젓은 은행들이 자신의 신용을 유지하고 생존하기 위해서는 지급 준비금을 충분히 보유해야 한다는 사실을 잘 알기 때문에 화폐 남발을 자제할 것으로 보았다. 그는 당시 영란은행의 우월적 지위로 인해 전체 금융의 안전이 영란은행 이사회의 결정에 달려 있다는 것을 몹시 못마땅하게 생각했다. 그러면서도 그는 왜 영란은행을 폐지하는 것보다는 그 기능을 개선하는 쪽을 선호했을까. 그는 이렇게 적었다. "누가 내게 영란은행을 폐지하는 쪽을 선택하겠느냐고 묻는다면 나는 그런 어린애들 같은 생각은 하지 않는다고 답할 것이다. 사업에서 신용은 국가에서 충성심만큼이나 가치 있는 것이다. 현재 존재하는 신용을 잘 활용하는 것이 바람직하다." 그는 영란은행이 다른 은행들과의 이윤 추구 경쟁을 그만두고 민간 은행들의 신용을 보완하는 역할을 해야 한다고 했다. 이른바 '은행들의 은행'으로서 영란은행의 역할을 강조했던 것이다.

오늘날 영란은행의 변신은 무죄?

영란은행은 오래전부터 런던 시티의 금융인들 사이에서 '스레드니들 스트리트의 노파(Old Lady of Threadneedle Street)'라고 불린다. 이는 1792년 제임스 길레이(James Gillray)라는 삽화 작가가 붙여 준 별명이다. '스레드니들 스트리트'는 영란은행 건물이 위치한 거리의 이름이고, '노파'는 세상 물정 모르고 고리타분하며 잔소리 많은 깐깐한 사람을 지칭한다. 그만큼 영란은행은 시대의 변화를 따라가지 못하는 진부한 조직으로 인식되었다. 케인스는 그의 저서 『화폐 개혁론(A Tract on Monetary Reform)』의 서문에서 "이 책을 영란은행 총재와 이사들에게 헌정한다."라고 적었다. 당시 자유방임적 사고에 빠져 화폐 가치를 시장에 맡겨 두고 손 놓고 있던 보수적인 영란은행 사람들에 대한 조롱이었다. 그러나 케인스가 살아서 오늘날의 영란은행을 보았다면 아마도 반대로 충고했을 것이다. "너무 흔들리지 말고 중심을 꽉 잡으라고."

1986년에 있었던 영국 금융의 빅뱅은 아직까지 전 세계 금융 혁신 가운데 가장 획기적이고 성공적인 사례로 꼽힌다. 당시 전 세계를 휩쓴 금융 자유화의 거센 풍랑 속에 런던 금융 시장의 위상이 위태롭다고 판단한 대처 행정부는 대대적인 금융 혁신을 단행했다. 은행, 증권, 보험 사이의 칸막이를 허물어 다양한 자회사를 거느리는 대형 금

• 지폐 도입에 대한 저항을 풍자한 제임스 길레이의 삽화 '스레드니들 스트리트의 노파'.

융사의 형성을 유도했던 것이다. 그리고 증권 거래소 회원 자격을 개방해 외국 증권사들의 런던행을 유도했다. 또 증권 매매 수수료를 자유화해 수수료 인하 등 경쟁을 촉진시켰다. 이러한 대형화, 국제화, 경쟁력 강화 덕분에 런던은 오늘날까지 뉴욕과 함께 세계 금융의 중심지로 우뚝 서 있다. 금융 거래 규모로는 런던이 뉴욕보다 뒤지지만 뉴욕 금융 시장은 주로 미국 금융 기관들로 구성된 반면에 런던 금융 시장은 그야말로 다국적 금융 기관들로 이루어져 있다. 그만큼 글로벌 금융의 측면에서는 런던이 뉴욕보다 앞섰다는 의미이다.

하지만 런던 금융 시장의 국제화, 개방화, 자유화가 순탄하지만은 않았다. '검은 수요일(Black Wednesday)'로 불리는 1992년 9월 16일은 영란은행에는 치욕의 날이다. 파운드화의 평가 절하를 예상한 조지 소로스의 퀀텀펀드는 1992년 초부터 파운드화를 공매도해 파운드화가 평가 절하되도록 압박을 가했다. 당시 유럽환율제도에 가입해서 고정 환율을 유지하고 있던 영국은 파운드화의 환율을 사수하기 위해 외환 보유액을 소진해 가면서 환율 방어에 나섰지만 외환 보유액은 금방 바닥을 드러냈다. 외화 차입과 금리 인상으로 마지노선을 지키려고 안간힘을 써 보았지만 역부족이었다. 9월 16일 영국은 유럽환율제도에서 탈퇴하면서 고정 환율을 포기하고 파운드화의 평가 절하를 수용했다. 이 과정에서 영란은행은 시장에 맞서는 것이 얼마나 위험천만한 것인지를 배웠다. 사실 영란은행을 무릎 꿇게 한 것은 조지 소로스 개인이 아니라 시장이었다. 만일 조지 소로스 개인의 파운드화 공매도 공격이 시장에서 인정받지 못하고 개인의 돌출 행동에 그쳤다면 영란은행은 파운드화 방어에 성공했을 것이다. 하지만 당시 시장은 파운드화의 가치가 너무 높게 책정되어 당시 환율이 도저히 유지될 수 없다고 생각했다. 이러한 시장의 평가가 있었기에 조지 소로스의 공격은 성공할 수 있었다. 이 과정에서 영란은행은 패배를 맛보았지만 소중한 교훈을 얻었다. 이때의 교훈이 10년 후 영국이 유로화 채택을 거부한 결정적 이유가 되지 않았을까.

  오늘날 영란은행은 전 세계 중앙은행 가운데 가장 혁신적인 조직이다. 1994년 이후로 조직을 양분해서 한쪽은 통화 안정을 맡고, 다른 한쪽은 금융 안정을 담당하고 있다. 영란은행의 목적은 예나 지금이나 마찬가지로 금리 정책과 통화량 조절을 통해 물가 안정을 유지하고 경제 성장을 지지하는 것이다. 하지만 구체적인 정책 수단과 정책 우선순위는 경제 상황과 금융 시장의 변화에 따라 바뀌어 왔다. 최근의 금융 위기 상황에서는 금융 시장 안정에 중점을 두고 있다. 금융 시장의 안정은 전체 금융 시스템을 위기 요인으로부터 보호하는 것이 핵심이다. 1997년 영란은행에서 금융감독청으로 이관되었던 금융 감독 업무가 2008년 글로벌 금융 위기를 계기로 다시 영란은행으로 환원되었다. 영란은행은 '금융 안정'을 단순한 건전성 확보에 그치지 않고 효율성 제고로 해석한다는 점에서 인상적이다. 이러한 영란은행의 인식은 런던의 시티를 세계 최고의 금융 센터로 계속 유지하려는 적극적인 노력으로 이어진다. 여기서 시티란 런던 동쪽의 1제곱마일인 지역을 지칭하는데 주로 은행, 증권, 보험, 법률, 회계 등 금융과 관련된 서비스업 회사들이 자리 잡고 있다. 과거에는 금융만이 아니고 섬유, 축산, 총기류 등 일반적인 상품들을 거래하는 상인들이 주거했다. 닭을 주로 거래하던 폴트리(Poultry), 총기류를 팔던 건 스트리트(Gun Street), 재단사들이 있던 스레드니들 스트리트(Threadneedle Street), 구둣방들이 모여 있던 슈 레인(Shoe Lane) 등의 옛 모습이 거리 이름으로만 남아 전해져 온다. 런던을 금융 중심지라고 하는 이유는 이 시티 지역 때문이다.

  시티 지역이 금융의 중심지로 성장할 수 있었던 데는 영란은행의 힘이 컸다. 영란은행이 오로지 정부에 대출해 주기 위해 설립되었다고 보는 것은 맞지 않다. 당시 시티 상인들에게는 낮은 이자율로 안정적인 자금을 공급해 주는 한편 벌어들인 자본을 안정적으로 맡기고 굴릴 수 있는 은행이 필요했다. 이러한 시티 상인들의 필요가 정부의 대출 수요와 맞아떨어진 결과 영란은행이 탄생했다. 초기 영란은행의 가장 활발한 영업은 무역 어음 할인이었다. 시티의 상인들은 외상으로 팔고 받은 무역 어음을 영란은행으로부터 즉시 현금화할 수 있었다. 이를 통해 그들은 자기 자본보다 훨씬 큰 규모로 해상 거래를 확대할 수 있었다. 영란은행은 1820년 이후에는 무역 어음 할인 업무를 민간 상업 은행들에게 맡기고 손을 놓았다가 1800년대 후반부터는 금융 기관들을 상대로 단기 자금 시장에서 자금을 공급하는 역할을 했다. 영란은행은 초기 채권 시장의 발달에도 큰 기여를 했다. 초기에는 채권 시장의 대부분이 정부 채권이었고 영란은행은 이 정부 채권 거래의 70퍼센트 이상을 주관했다. 외환 시장에서는 어떠할까. 영란은행은 파운드화의 가치 안정을 위해 재할인율을 조정하거나 시장에서 직접 파운드를 사고파는 활동을 하기도 한다. 영란은행은 주식 시장과 상품 시장에도 간접적으로 간여하고 있다.

  2012년 11월 16일, 영란은행과 런던 시티 그리고 전 세계 금융계는 깜짝 놀랐다. 조지 오스본(George Osborne) 영국 재무 장관이 2013년 7월 1일부터 영란은행을 이끌 차기 총재로 캐나다 사람인 마크 카니(Mark Carney)를 지명했기 때문이다. 카니는 319년의 영란은행 역사에서 119명의 전임자들과는 달리 첫 외국인 총재가 되었다. 그는 글로벌 투자 은행인 골드만삭스 출신으로 캐나다 중앙은행 총재를 역임했다. 전 세계 중앙은행들의 모임인 국제결제은행(Bank for International Settlement, BIS)의 금융안정이사회(Financial Stability Board)의 장으로 금융 기관 감독에 관한 규칙을 만드는 작업을 총괄하고 있다. 왜 영국 정부는 영란은행의 수장으로 규모도 작고 역사도 일천한 캐나다 중앙은행 총재를 영입한 것일까. 사람들은 카니의 능력으로 캐나다가 2008년 금융 위기를 무사히 넘겼고, 그가 금융 감독 전문가라는 점을 임명 이유로 꼽는다. 그러나 카니를 선택한 내면에는 영국 정부의 보다 전략적이고 치밀한 계산이 있었다. 영국 정부는 런던 시티를 국제 금융의 중심지로 유지하기 위해서는 국제 금융 시장과 소통할 수 있는 사람이 필요했고, 그런 측면에서 카니를 적임자로 보았다. 그가 외국인이라는 점에서 국내 여론, 국민, 정치인들을 상대하기에는 절대적으로 불리하다. 하지만 런던 시티는 전 세계를 상대하고 유럽중앙은행(European Central Bank)에 맞서야 하기 때문에 국제적으로 금융계의 신뢰를 받는 사람이 필요했다. 임명 자체만으로 영국 정부는 런던이 개방적이고 국제화된 금융 중심지임을 전 세계에 각인시키는 데 성공했다. 다시 한 번 영국 정부의 선택에 감탄하지 않을 수 없다.

2013년 2월 7일, 카니는 영란은행 총재 후보자로서 의회의 임명 동

- 마크 카니. 캐나다인으로 2013년 7월부터 임기가 시작되는 영란은행 총재에 임명되었다.
- 런던 시티. 세계의 금융 중심지로 런던 시내에 위치한 특별 자치 지역이다.

의를 얻기 위한 청문회에서 세상을 놀라게 했다. 전통적으로 영란은행이 채택하고 있는 물가 안정 목표제에 추가해서 성장과 고용 목표제를 함께 고려할 의사가 있음을 밝혔던 것이다. 그리고 이자율 설정 시한을 현재의 1개월에서 15개월까지 연장해서 저축하려는 사람들과 투자하려는 사람들에게 장기적인 예측 가능성을 높여 주려는 아이디어도 밝혔다. 2013년 7월 1일 영란은행 총재에 취임하면서 카니의 도전이 시작되었다. 과연 이러한 카니의 생각이 보수적으로 알려진 영란은행에서 얼마나 수용될 수 있을지, 그리고 장기적으로 낮은 경제 성장과 높은 물가 상승률로 허덕이는 영국 경제를 구조할 수 있을지는 미지수이다. 그러나 물가 안정 목표제 자체도 1992년에서야 영란은행이 명시적으로 채택했다는 점에서 장구한 영란은행의 역사에 비하면 그들의 전통으로 보기도 어렵다. 따라서 극단적인 거부 반응을 보일 필요도 없다. 사실 영란은행의 역할이 변화하는 기저에는 인플레이션이 우리에게 주는 부정적인 이미지와 강박 관념이 예전 같지 않다는 사실이 반영되어 있다. 더 이상 화폐를 물가 억제라는 시각으로만 보는 것이 맞지 않는 시대가 온 것일까.

이제 영란은행은 부정적 이미지를 가진 과거의 '노파(old lady)'가 아니다. 세상 물정 모르는 꼬장꼬장한 이미지에서 완전히 벗어나 춥고 어두운 런던의 겨울에 따스하고 향기로운 애프터눈 티(afternoon tea, 점심과 저녁 사이에 갖가지 빵과 함께 마시는 홍차)를 건네는 인자한 '올드 레이디'의 모습으로 변모하고 있다. 영란은행의 이러한 노력이 오늘날 런던 시티의 경쟁력을 지탱시키는 원동력이다. 영란은행의 변신은 일개 경제학자의 이론이나 특정 정치 세력의 이념으로 이루어진 것이 아니다. 영란은행이 변신하는 원동력은 항상 변화하는 국가 경제와 금융 시장의 수요였다.

오늘날 전 세계 모든 국가에 중앙은행이 있지만 국가마다 그 목적이나 기능이 제각각 다른 이유도 국가마다 경제 구조와 금융 시장이 다르기 때문이다. 영란은행이 중앙은행의 효시라고는 하지만 중앙은행의 공개 시장 정책은 미국 연준이 발전시켰고, 중앙은행 대출 정책은 독일 분데스방크가 발전시켰다는 역사적 사실은 중앙은행이라는 제도는 각국이 처한 경제 환경에 따라서 각기 다른 길을 걸을 수밖에 없음을 시사한다. 영란은행은 물론이고 세상 어디에도 국제적으로 정립된 중앙은행 제도의 표준은 존재하지 않는다. 우리나라의 중앙은행도 우리 경제의 구조와 상황에 어울리는 역할을 모색하고 수행해야 한다.

영국은 현재 유럽연합 탈퇴 문제로 시끄럽다. 2013년 봄 지방 선거에서 유럽연합 탈퇴를 주장하는 정당인 유킵(UK Independence Party,

UKIP)이 보수당과 노동당을 밀쳐 내며 약진했다. 이러한 분위기로 볼 때 아마도 영국이 유로 단일 통화에 가입하는 날은 오지 않을 것이고, 영란은행이 역사의 한 페이지로 사라지는 일은 없을 것이다. 영란은행이 그 요새 같은 건물 안에서 지키고 있는 것은 금괴만이 아니다. (실제 영란은행 지하 금고에는 1개당 13킬로그램 하는 금괴 40만 개가 보관되어 있다.) 금괴보다 더 소중한 것은 영란은행 319년 역사에서 갈고 닦은 소중한 금융 기법과 경험이다. 이 귀중한 지혜가 전 세계의 중앙은행들뿐 아니라 정책 담당자들과 공유되어 인류가 잘못된 화폐로 인해 경제적 손실을 입거나 불공정한 탐욕이 인류의 삶을 질곡으로 빠뜨리는 재앙이 더 이상 일어나지 않았으면 하고 기대해 본다.

5장

기축 통화, 파운드와 달러의 각축

세계 최고의 화폐, '기축 통화'

2008년 금융 위기로 전 세계 국가들이 충격에 휩싸이고 혼란에 빠졌다. 이때 해외 출장이나 유학을 위해 환전을 하던 사람들은 언뜻 이해할 수 없는 일을 겪어야 했다. 금융 위기의 진원지가 미국인데도 미국의 달러화는 오히려 강세를 보이고 우리의 원화는 약세를 보였다. 미국의 금융 기관들이 리스크 관리를 제대로 못해 총체적 부실에 빠졌다고 한다. 또 위기에 처한 금융 기관들에 대한 자금 지원이 불가피해 미국 정부의 재정 악화는 더욱 심각해질 전망이라고 한다. 많은 전문가들은 장기적으로 미국 경제의 침체가 예상된다는 견해를 내놓았다. 그런데 의아스럽게도 심각한 문제에 봉착한 미국 달러화 가치는 높아졌다. 미국의 경제 상황이 악화되는데도 미국 화폐인 달러화에 대한 수요가 많아지고 가치가 높아지는 역설적인 상황이 벌어진 것이다.

이러한 결과는 금융 위기의 여파로 세계 경제 상황이 계속 악화된다면 그래도 믿을 건 달러화밖에 없다는, 즉 달러화가 그나마 최고의 안전 자산이라는 인식 때문이다. 왜 사람들은 미국의 경제 상황과 무관하게 달러화의 가치에 무한한 신뢰를 보내는 것일까. 이는 달러화가 오늘날 가장 유용한 국제 통화이자 명실상부한 기축 통화이기 때문이다. 그렇다면 도대체 기축 통화라는 지위가 무엇이기에 미국 달러화는 이러한 특별 대우를 받는 것일까.

'국제 통화'와 '기축 통화'가 의미하는 바가 동일하지는 않다. 국제 통화란 국제적으로 통화의 세 가지 기능 즉 계산 단위, 지불 수단, 가치 저장의 기능을 수행하는 통화이다. 국제 무역에서 물건 가격이 당해 통화로 주로 표시되고, 수출업자 및 수입업자들이 무역 대금 결제 시 당해 통화를 널리 사용하는 것이다. 개인이나 국가 특히 외환 보유액을 운용하는 중앙은행들이 당해 통화로 표시된 자산을 널리 보유한다면 그 통화는 국제 통화라고 할 수 있다. 역사적으로 수많은 화폐들이 국제 통화로 부상했고 동시대에 국제 통화가 여러 개 공존하기도 한다. 오늘날에도 달러화 외에 유로화, 파운드화, 엔화 등이 국제 통화로 기능하고 있다.

• 엘리자베스 2세 여왕의 초상이 새겨진 영국 파운드화.
• 과거 대통령들의 초상이 새겨진 미국 달러화.

그러나 기나긴 화폐의 역사에서 기축 통화라고 부를 수 있는 화폐는 파운드화와 달러화뿐이다. 기축 통화는 국제 통화 중에서도 가장 핵심적이고 가장 널리 사용되는 통화이다. 기축 통화는 앞에서 말한 일반적인 화폐의 기능을 국제적으로 수행할 뿐 아니라 다른 화폐의 가치를 결정하는 기준이 된다. 기축 통화는 통화의 세 가지 기능을 모두 수행하지만 그중에서도 가장 중요한 기능이 가치 저장 기능이다. 개인이나 국가가 당해 통화로 표시된 자산을 널리 보유하고 있다는 사실은 사람들이 장기적으로 당해 통화의 가치가 안정적으로 유지될 것임을 믿는다는 의미이다. 이는 해당 통화가 가지는 지위의 척도가 될 수 있다.

미국 달러화는 오늘날 명실상부한 기축 통화이다. 세계 외환 거래의 85퍼센트가 달러로 이루어지고, 전 세계에서 발행되는 해외 채권 가운데 50퍼센트 이상이 달러 표시 채권이다. 각국 중앙은행은 외환 보유액의 60퍼센트 이상을 미국 달러 표시 자산으로 운용하고 있다.[1]

사람들은 세계 경제가 위기를 맞아 기축 통화인 달러화마저 신뢰를 잃고 가치가 하락한다면 그 밖에 다른 통화들은 더 심각한 가치 하락을 겪을 것이라고 생각한다. 따라서 딱히 투자할 다른 대안이 없는 상황에서는 달러화에 수요가 몰리게 된다. 사람들의 이런 생각과 반응이 결국 위기 때마다 '강한 달러'를 만드는 것이다. 우리의 실책이든 아니면 다른 국가들의 실수로 인해서든 경제 위기 때마다 원화의 가치가 폭락해 금전적으로 큰 손실을 보았거나 심각한 경제 위기로 번지지나 않을까 노심초사했던 경험에 비추어 본다면 달러화의 이런 우월적 지위는 참으로 부럽다. 달러화가 이러한 지위를 갖기까지는 우여곡절이 많았다.

미국 달러화는 어떻게 오늘날 누구도 넘볼 수 없는 기축 통화의 지위를 누리게 되었을까. 미국의 경제 규모가 전 세계에서 가장 크기 때문이라는 사실을 부인할 수는 없다. 그러나 전 세계 국내총생산(GDP)의 약 20퍼센트에 불과한 미국의 현재 경제 규모로는 오늘날 달러화의 우월적 지위를 제대로 설명하기 어렵다. 달러화 시장에 유동성이 풍부하기 때문에 필요시 다른 통화로 교환이 용이하다는 점을 중요한 이유로 드는 사람들도 있다. 그러나 이는 달러가 기축 통화라는 지위를 확보하고 있기 때문에 나타난 결과일 뿐 원인은 아니다.

달러의 안정적인 기축 통화로서의 지위를 설명하는 가장 설득력 있는 이론으로 네트워크 외부성을 들 수 있다. 미국은 두 차례의 세계대전을 거치면서 유럽의 경제 기반이 무너지자 전후 국제 자금 공급의 85퍼센트를 담당했다. 이때 확립된 달러 사용 관습이 관성적으로 지속되고 있다는 것이 이 이론의 설명이다. 일단 대부분의 사람이 거래를 달러화로 표시하고 결제하는 상황에서 혼자 결제 통화를 변경할 경우 절차가 번거롭고 환 위험이 발생하는 등 추가 비용이 들기 때문에 사용 통화를 쉽게 변경하려 하지 않는다는 것이다. 이 때문에 일단 한 통화가 기축 통화의 지위에 오르면 장기간 지속된다는 것이 이 이론의 논지이다. 화폐를 일종의 언어라고 생각해 보자. 우리는 어떤 언어를 배워야 할까. 배우기 쉽다든가 문학적 표현이 풍부하다든가 음성적으로 좋은 소리가 난다든가 글자가 멋있다든가 하는 것은 별로 중요하지 않다. 사람들은 대다수가 현재 사용하는 언어를 배워야만 그 공동체의 일원으로서 생활을 영위할 수 있다. 대다수 사람들이 이미 익히고 사용한다는 사실만으로도 그 언어는 계속 쓰임이 있는 것이다. 이처럼 현재 통용되는 언어는 통용된다는 사실만으로 계속해서 자신의 존재감을 강화시킬 수 있다. 화폐도 마찬가지이다. 공동의 통용 언어가 기축 통화인 것이다.

미국 달러화가 기축 통화로서 지위를 유지하는 또 다른 이유는 달러화가 일단 최대의 국제 통화 지위를 차지한 이후 비교적 안정적으로 그 가치를 유지해 왔다는 점이다. 간혹 달러화의 가치가 흔들리는 사건이 발생할 때마다 미국은 자국의 통화 정책을 적절히 운용하고 다른 국가들의 중앙은행들로부터의 협조를 유도해 달러 가치를 안정적으로 유지시켜 왔다. 2008년 글로벌 금융 위기에서도 미국 정부는 일부 금융 기관들의 문을 닫게 하는 한편 다른 금융 기관들에는 대규모 자금을 투입해 구제함으로써 금융 위기를 극복하고 달러 가치를 안정시켰다. 그리고 대표적인 무역 수지 흑자국인 중국에 대해서는 위안화 절상을 지속적으로 요구해 오고 있다. 이러한 경험 때문에 사람들은 향후에도 미국이 달러 가치를 안정적으로 유지하기 위해 노력할 것이며 또 그렇게 할 능력이 있을 것이라 믿는다. 그래서 미래의 불확실성이 확대될 경우 달러 표시로 된 자산을 선호하는 것이다. 나아가 위기가 닥치면 안전판을 두텁게 하기 위해 오히려 평소보다 더 많이 달러화를 보유하려고 한다. 그 때문에 위기의 원인에 상관없이 달러화의 가치는 오히려 올라가는 기이한 결과를 낳는다.

기축 통화의 특혜는 공짜가 아니다

미국이 기축 통화국이라는 지위로부터 얻는 이익은 실로 막대하다. 가시적이고 표면적인 이익은 미국 국민들과 기업들이 누리는 거래의 편리성일 것이다. 해외 어디서든 달러를 사용할 수 있으니 해외여행이나 출장 갈 때 편리하다. 기업들은 해외 거래 결제가 달러로 이루어지니 계약 이후 환율이 변동할 때 발생하는 환 위험을 걱정할 필요가 없다. 환 위험이 없으면 이를 회피하기 위한 보험이나 선물환 거래도 필요 없으므로 다른 나라의 기업들보다 비용을 절감할 수 있어 경쟁력이 강화된다. 그러나 이와 같은 표면적 이익은 겉으로 드러나지 않는 이익에 비하면 오히려 미미하다고 할 수 있다.[2]

눈에 보이지 않지만 매우 큰 실질적 이익 중 하나가 바로 주조 차익(seigniorage)을 통한 이익이다.[3] 100달러 지폐를 인쇄하는 비용은 고작 몇 펜스에 불과하지만, 외국인들은 이 100달러 지폐를 수중에 넣기 위해 100달러에 해당하는 상품과 용역을 미국인들에게 제공해야 한다. 현재 해외에서 유통되고 있는 달러 현금은 약 5000억 달러로 추정된다. 그렇다면 미국인들은 얼마 안 되는 화폐 인쇄 비용으로 5000억 달러의 상품과 용역을 추가로 소비할 수 있었다는 뜻이 된다. 주조 차익은 현금에서만 발생하는 것이 아니다. 미국 정부가 발행하는 국채도 마찬가지이다. 세계 각국은 외환 보유액의 60퍼센트 이상을 달러 표시 자산으로 운용하고 있고, 이 대부분이 미국 국채 또는 준정부 기관의 채권이다. 인쇄하는 데 비용이 얼마 들지 않는 미국 채권(현재는 인쇄하지 않고 소유자만 등록하므로 인쇄 비용조차 들지 않는다)을 보유하기 위해 세계 각국은 미국에게 이 채권 규모만큼의 재화와 용역을 제공해야 했으니 미국인들은 채권을 판 금액만큼 추가적으로 더 소비할 수 있었던 것이다. 더군다나 다른 국가들이 미국 채권을 계속 보유하려고 한다면 갚을 필요도 없다. 그래서 미국은 무역 적자가 누적되어도 다른 나라들과는 달리 큰 걱정이 없다. 일종의 대출 한도가 없는 마이너스 통장을 가진 것과 마찬가지이기 때문이다.[4] 여기에다 돈을 빌려 준 은행이 갚으라고도 하지 않는다. 이런 기축 통화국의 이익은 다른 국가들이 과도한 경상 수지 적자에 직면해 겪는 어려움과 대비해서 '눈물 없는 적자(deficit without tears)'[5]라고 일컬어진다.

그러나 기축 통화국인 미국이 누리는 가장 부러운 특혜는 자신들이 금융 위기의 주범이든지 과도한 대외 채무를 지든지 상관없이 우리나라가 1997년 외환 위기 때 겪었던 것과 같은 유동성 위기에 처할 위험이 없다는 것이다. 대외 채무가 모두 달러로 표시되어 있으니 돈을 찍어 갚으면 그만이기 때문이다. 게다가 달러 표시 채권을 매입하기 위해 세계에서 자본이 유입되므로 돈을 찍는 수고마저 줄어든다. 재정 적자 문제로 스페인이 7퍼센트에 달하는 국채 이자율에 허덕여야 할 때 미국은 열악한 재정 상황에도 불구하고 1~2퍼센트의 저렴한 금리로 국채를 찍어 팔아도 시장에서는 다들 사려고 야단이다. 이쯤 되면 기축 통화국이라는 지위는 단순한 명예직이 아닌 실질적인 특혜를 주는 지위라고 하겠다. 기축 통화국이 아닌 나라들로서는 억울한 이야기일 수 있다. 1960년대 프랑스 드골(Charles de Gaulle) 대통령 밑에서 재무 장관을 역임했고 그 뒤에 대통령까지 지냈던 데스탱(Valery Giscard d'Estaing)은 이러한 특혜가 부당하다고 생각했던 사람이었다. 그는 달러화가 누리는 이익을 '과도한 특권(exorbitant privilege)'이라고 했다.

그러나 기축 통화가 주는 이익이 공짜로 생기는 것은 절대 아니다. 기축 통화의 지위는 생각보다 지키기 어려운 자리여서 이를 유지하기 위해 기축 통화국은 스스로 화폐 가치의 안정을 위해 많은 노력을 기울여야 한다. 때로는 세계 경제 전체를 안정적으로 유지하는 세계 경제의 파수꾼으로서 무겁고 힘든 역할을 수행해야 한다. 앞서 말한 바와 같이 기축 통화의 지위를 유지하기 위해서는 통화 가치를 안정적으로 유지해야 하고 또 앞으로도 그 가치가 안정적으로 유지될 것이라는 신뢰를 확보하는 것이 중요하다. 즉 통화 가치가 급격히 절상되지도 또 급격히 절하되지도 않도록 해야 하는 것이다. 기축 통화국은 급격한 절하나 절상을 막기 위해 국제 수지를 균형에 가깝게 운용하고 안정적인 물가 상승률과 건전한 재정을 유지해야 한다. 그러면서도 대외적으로는 과잉 유동성으로 과열되거나 과소 유동성으로 위축되지 않도록 세계 경제의 성장 속도에 맞추어 유동성을 적당한 수준에서 안정적으로 공급해야 한다.

이는 말처럼 쉬운 일도 아니거니와 국내 경제 정책을 운용하는 데 심각한 제약 요인으로 작용하기도 한다. 특히 국내 경제 상황만 고려해 통화 정책을 운용할 수 없으므로 통화 정책의 자율성이 제한된다. 해외에 유통되는 통화가 많으니 통화량 조절이 어렵고 정책이 당초 의도된 효과를 발휘하기도 어려워질 수 있다. 기축 통화 국가가 이러한 의무 이행을 소홀히 하거나 통화 가치를 유지할 능력을 의심받게 되면 기축 통화국의 지위는 바로 경쟁자의 도전을 받는다. 국제 금융 시장만큼 쏠림 현상이 심한 시장도 없다. 일단 달러화에 대한 신뢰가 무너지면 달러화 수요는 썰물처럼 빠져나갈지도 모를 일이다.

영국의 파운드화가 그러한 교훈을 잘 보여 주는 사례이다. 현재 필적할 만한 경쟁자가 없는 달러화라고 하지만 달러화의 기축 통화 역사는 채 70년도 되지 않는다. 제1차 세계 대전 이전까지만 해도 기축 통화는 파운드화였다. 제1차 세계 대전과 제2차 세계 대전 사이에 달러화가 파운드화보다 앞서 갔지만 기축 통화로서의 지위가 완전히 확립되지 못한 상태에서 파운드화와 경쟁했다. 그렇다면 파운드화는 어쩌다가 미국에 기축 통화국의 지위를 내주게 되었을까. 장기적인 추세로 볼 때 점차 경제력이 약해진 영국이 기축 통화국의 지위를 잃게 된 것은 당연한 역사의 흐름으로 여길 수도 있다. 그러나 실제 기축 통화의 지위가 넘어가는 과정을 보면 파운드화에 대한 신뢰 확보에 실패해 몰락을 자초한 영국 정부의 무능력과 실책, 그리고 달러화의 지위를 성공적으로 확대시킨 미국 정부의 적극적인 정책적 노력도 무시할 수 없다. 이제부터 영국과 미국이 서로 기축 통화 국가의 지위를 놓고 대결하는 흥미로운 과정을 보다 구체적으로 살펴보자.

인류 역사상 최초의 기축 통화로 부상한 파운드화

세계 최초의 국제 통화는 기원전 5세기에 사용되었던 그리스 은화 드라크마(drachma)로 알려져 있다. 이후 강대국들의 흥망성쇠에 따라 국제 통화도 변천 과정을 겪었다. 그러나 어느 시대에나 국제 통화가 항상 있었던 것은 아니었다. 국제 교역에서 압도적으로 주도적 위치를 점하는 국가가 등장해 그 영향력을 상당 기간 지속한 경우에만 그 나라의 통화가 국제적으로 사용될 수 있었기 때문이다. 그리스 이후 로마의 아우레우스(aureus), 데나리우스(denarius), 솔리더스(solidus)가 유럽과 아시아 일부 지역까지 통용되면서 국제 통화로 등장했다. 13세기에는 이탈리아가 국제 교역의 중심으로 떠오르면서 도시 국가들에서 주조된 제노인(genoin), 플로린(florin), 두카트(ducat) 등이 국제 무역에서 활발하게 통용되었다. 15세기 신대륙 발견 이후에는 스페인의 은화인 실버에잇(silver eight)이 유럽, 아메리카, 아시아에서 국제 통화로 유통되었다. 17세기부터 네덜란드가 무역과 금융의 강국으로 부상하면서 18세기 무렵에는 네덜란드의 길더(guilder)가 국제적으로 널리 사용되었다. 영국은 17세기부터 네덜란드에서 중앙은행 제도, 국채 발행 제도 등 금융 시스템을 적극 도입[6]해서 금융 시장의 기반을 마련했다. 이후 해상 무역권을 장악한 대영 제국이 국제 무역을 지배하면서 영국의 파운드가 길더의 바통을 이어받아 국제 통화가 되었다. 국제 교역과 금융뿐 아니라 준비 자산으로서의 파운드화의 지위는 급격히 확대되어 19세기부터는 단순한 국제 통화를 넘어 명실상부한 기축 통화로 자리매김했다.[7]

파운드화가 국제 통화로 등장하는 역사의 첫 페이지에서 우리는 의외의 인물을 만나게 된다. 바로 우리에게는 만유인력을 발견한 과학자로 알려진 뉴턴(Isaac Newton)이다. 파운드화가 19세기부터 기축 통화로 기능하게 된 배경에는 몇 가지 우연과 필연이 작용했다. 금은 복본위제를 사용하던 프랑스, 미국 등 여타 국가들과 달리 영국은 1816년 최초로 금 단일 본위제를 채택했다. 금은 복본위제는 금과 은

- 만유인력을 발견한 위대한 과학자 뉴턴은 영국 화폐 발전에도 공헌했다.
- 19세기 영국 왕립 주조원 건물.

의 시장 가격에 따라 서로의 교환 비율이 변하기 때문에 통화 가치를 안정적으로 유지하기 어려운 제도였다.[8] 영국이 다른 국가들보다 먼저 금 본위제로 이행했던 우연에는 뉴턴의 역할이 있었다. 케임브리지대학의 교수였던 뉴턴은 1696년 절친한 친구였던 당시 재무 장관 찰스 몬터규의 권유로 왕립 주조국의 감독관으로 부임했으며, 1699년에는 왕립 주조국의 수장인 국장에 임명되었다. 당시 영국도 금은 복본위제를 사용하고 있었다. 영국 정부는 1717년 뉴턴에게 가장 정확하게 금화와 은화의 가치를 책정하고 교환 비율을 정하는 막중한 임무를 맡겼다. 뉴턴은 객관적이고 정확하게 교환 비율(1기니 금화=21실링 은화)을 정했지만 이후 시장에서 금 가격은 상대적으로 내리고 은 가격은 상대적으로 올라 버렸다. 따라서 뉴턴이 정한 법정 교환 비율이 금화에는 유리하고 은화에는 불리하게 책정한 결과가 되었다. 다시 말해 법정 교환 비율에서 정한 금화의 가치는 실제 가치보다 높게, 반대로 은화의 가치는 실제보다 낮게 책정한 결과가 되었던 것이다. 이로 인해 영국의 상인들은 외국에서 더 높은 가격을 받을 수 있는 은화를 모두 녹여 은괴로 만들어 수출해 버렸다. 영국 내 은화는 고갈되었고 자연스럽게 금화만 유통되었다. 과연 뉴턴이 이러한 결과를 의도했는지 아닌지는 확인되지 않는다. 하지만 결과적으로 유통되는 화폐의 주종이 금화가 되면서 금이 지급 결제의 기준으로 자리 잡았다. 이후 1816년 영란은행이 발행하는 지폐의 가치를 일정량의 금에 연동시킴으로써 금 본위제가 공식적으로 확립되었다.

영국이 안정적이고 신속히 금 본위제로 이행할 수 있었던 또 다른 요인은 영국에서 일어난 산업 혁명이었다. 금 본위제는 은화를 통화에서 배제하고 금화를 중심으로 한다. 그런데 금화는 일상생활에서 통용되기에 지나치게 가치가 높다는 문제가 있었다. 따라서 금 본위제가 실현되려면 일상의 소소한 거래에 사용할 수 있는 소액의 동전(소재가 동銅인 화폐를 지칭하는 것이 아니고 소액 금속 주화를 지칭한다)이 필요했다. 이러한 동전은 실제 금속의 가치보다 높은 가치가 법적으로 부여되므로 위조를 방지하는 일이 통화 질서 유지에 필수적이었다. 그러나 사람 손으로 주화를 만드는 기존 방식으로는 정교한 동전을 만들 수 없어 위조 방지에 어려움이 있었다. 영국의 경우 일찍이 산업 혁명을 이루었기 때문에 기계로 동전을 주조할 수 있는 기술이 있었다. 이런 이유로 영국은 위조를 방지하면서 일상생활에 필요한 동전을 기계로 제작해 공급할 수 있었다.

이러한 우연들은 19세기 빅토리아 시대에 무역, 경제, 금융의 중심으로 떠오른 영국이 국제 통화 체제를 신속하게 지배하고 파운드화가 기축 통화로 자리 잡을 수 있도록 날개를 달아 주었다. 다른 나라들은 당시 세계 제일의 무역 대국이자 금융 대국인 영국의 화폐 제도를 수용함으로써 환 위험을 최소화하고 거래의 편리성을 증진시키고자 했다. 1870년경 독일을 시작으로 유럽 주요국들과 일본, 미국까지 금 본위제로 이행했다. 이후 영국은 세계 경제와 국제 금융 시장의 리더로서의 역할을 충실히 이행했다. 파운드화에 대한 신뢰는 점차 확대되어 1899~1913년 사이에 각국의 외환 보유액에서 파운드화가 차지하는 비중이 4배 이상 증가했고, 파운드화는 전 세계 외환 보유액의 약 40퍼센트를 차지하게 되었다. 오늘날 미국 달러가 전 세계 외환 보유액의 60퍼센트를 차지하는 것과 비교하면 파운드의 비중이 상대적으로 낮아 보일는지도 모르겠다. 하지만 당시 파운드의 역할, 보다 중요하게는 파운드를 발행하는 영란은행의 영향력은 현재 미국 연준의 영향력보다 훨씬 막강했다는 점에 주목할 필요가 있다.

  국제적으로 금 본위제가 확립된 1870년대부터 제1차 세계 대전이 일어나기 직전인 1913년까지 금 본위제 아래에서 국제 금융 시장은 안정되었고 국제 무역과 세계 경제는 지속적으로 성장했다. 오늘날 국제 금융 시장에 위기가 발생할 때마다 금 본위제로 복귀하자는 목소리가 이따금 들리는 이유는 이와 같은 번영의 시대에 대한 향수 때문일 터이다. 이러한 금 본위제의 성공 이면에는 앞 장에서 살펴본 영란은행이 있었다. 영란은행은 각국 통화 당국의 적극적인 협력을 확보해 국제 금융 시장의 파수꾼 역할을 성공적으로 수행했다.

파운드화, 금과 같은 반열에 오르다

금 본위제는 말했듯이 화폐 가치를 일정량의 금에 고정시키고 화폐와 금과의 자유로운 태환을 허용하며, 중앙은행은 금 태환 요구에 대비해 금을 보유하는 제도이다. 국가들 사이에서 금의 수출입이 자유롭다면 금 가격은 국제적으로 동일할 것이고, 두 국가가 금 본위제를 채택하면 이 두 국가의 통화는 금을 통해 교환 비율이 고정된다. 즉 고정 환율 제도가 되는 것이다. 금 본위제가 안정적으로 운영되기 위해서는 두 가지 전제 조건이 충족되어야 한다. 첫째, 각국이 대내적으로 화폐와 금과의 교환 비율 즉 화폐 가치를 안정적으로 유지할 수 있어야 한다. 따라서 각 나라는 화폐 가치에 영향을 미치는 물가나 시장 이자율 등을 안정적으로 운용할 수 있어야 한다. 둘째, 금의 자유로운 수출입이 보장되어야 한다. 그래야만 국제적으로 금 가격이 일정할 테고 금을 매개로 한 화폐 가치의 상대적 안정이 보장될 것이기 때문이다.

금 본위제의 가장 큰 장점은 일단 앞에서 언급한 두 가지 전제 조건이 충족되면 국제 수지의 불균형이 발생하더라도 자동적으로 조절되고 국제 자본도 위기를 증폭시키지 않고 안정시키는 방향으로 움직이게 된다는 점이다. 예를 들어 영국과 프랑스 두 나라 사이에서 영국이 무역 수지 적자(프랑스는 무역 수지 흑자)를 보고 있다고 가정해 보자. 프랑스의 수출업자들은 영국 수입업자들에게 받은 파운드화를 금으로 교환해 자국으로 가지고 갈 것이므로 영국의 금 보유량은 감소한다. 화폐는 금 보유량의 일정 비율만큼만 발행되므로 영국 내에는 화폐량이 축소되어 디플레이션이 발생한다. 이는 영국 생산품의 가격이 하락한다는 의미이므로 영국 상품의 수출 경쟁력 강화로 이어진다. 따라서 수출 경쟁력이 개선되어 무역 수지의 불균형이 해소된다. 이것이 바로 2장에서 언급한 바 있는 흄의 '정화 메커니즘'이다. 그러나 금 본위제 아래에서 실제로는 무역 수지 불균형이 모두 금의 이동으로 조정되지는 않았다. 영란은행은 국제 수지 적자로 인한 금 보유량 감소가 예상될 경우 선제적으로 개입해 시장 이자율을 높이는 정책을 시행함으로써 인위적으로 디플레이션을 유도했다. 이러한 정책은 동일한 국제 수지 조정 효과를 발휘하면서도 금 보유액의 변동을 최소화하는 장점이 있다.

무역뿐 아니라 자본 시장에서도 불균형의 자동 해소 원리가 작동했다. 금 본위제에서는 모든 화폐의 가치가 일정량의 금과 연계되어 있어서 화폐에 대한 신뢰가 있는 한 그 가치는 크게 변하지 않는다. 하지만 시장에서 화폐의 가치는 수요와 공급에 영향을 받지 않을 수 없으므로 일시적인 국제 수지 불균형이 발생한다. 화폐의 수요와 공급이 불일치하면 화폐의 상대적 가치도 어느 정도는 변동되는 것이 일반적이다. 예를 들어 영국의 대 프랑스 무역 수지가 적자인 상황에서는 파운드화에 대한 공급이 수요를 초과해 파운드화의 가치가 상대적으로 하락한다. 만약 파운드화 가치가 계속 하락할 것으로 예상된다면 국제 자본들은 파운드화를 매도하고 프랑스 프랑화를 매입하려 들 것이다. 그러나 금 본위제 하에서 국제 수지 불균형을 조정하는 메커니즘이 정상적으로 작동될 것이라고 믿는다면 국제 자본들은 파운드화의 가치가 일시적으로 하락하더라도 조만간 다시 상승해 금 비율을 반영한 환율로 복귀할 것이라고 기대한다. 이러한 기대가 형성되면 파운드화 가치가 약간만 떨어지더라도 국제 자본은 차익을 노리고 오히려 파운드화 매입에 나서게 되고 이에 따라 파운드화의 상대 가치는 오르게 된다. 파운드화의 가치가 안정적으로 유지될 것이라는 국제 자본의 기대가 파운드화의 안정에 실제로 기여하는 자기실현적 예언 효과가 나타나게 되는 것이다.

이는 오늘날 국제 자본이 환율 변동의 폭을 확대시키는 방향으로 자기실현적 예언 효과를 나타내며 위기를 증폭시키는 현상과는 정반대의 결과이다. 정반대의 결과를 낳는 이유는 바로 환율 안정성에 대한 신뢰의 차이이다. 오늘날에는 대부분의 국가가 변동 환율제를 채택하고 있다. 또 적절한 환율 수준에 대한 국제적인 합의나 공감대도 없다. 더욱이 정부 개입으로 통화 가치를 유지하기에는 상대적으로 국제 자본의 규모가 너무 크다. 일단 특정 통화에 대한 불안감이 형성되면 투매가 발생하고 실제로 그 투매가 통화 가치를 폭락시키는 부정적인 자기실현적 예언 효과가 잊을 만하면 발생하곤 한다. 따라서 통화 가치의 안정에 대한 신뢰는 금 본위제가 긍정적 효과를 발휘하기 위한 필요조건이었다고 할 수 있다.

통화 가치의 안정에 대한 신뢰는 금 본위제 채택만으로 자동적으로 확보되는 것은 아니었다. 금 본위제가 앞에서 설명한 이론대로 작동하기 위해서는 각국 통화 당국의 적극적인 정책 공조가 필수적이다. 그 이유는 다음 두 가지로 설명할 수 있다. 첫째, 각국 중앙은행은 디플레이션에 따른 비용을 수용해야 했다. 이론상 금 본위제의 국제 수지 불균형 자동 해소 메커니즘은 국제 수지 적자가 조정되는 과정에서 발생하는 디플레이션을 해당 국가가 감수해야 함을 의미했다. 디플레이션은 실업과 임금 하락 등 경제 주체들의 고통을 수반하므로 국민의 눈치를 보아야 하는 정부 쪽에서는 반가운 일이 아니었다. 만약 일부 국가들이 국제 수지 적자를 조정하는 과정에서 발생하는 디플레이션을 회피하기 위해 금리를 인하하는 등 확장적 통화 정책을 시행해 버린다면 그 국가의 화폐 가치는 계속 하락하고 화폐 가치의 안정적 관계는 무너질 것이다. 정치적으로 일반 국민 특히 노동자들의 영향력이 강한 국가일수록 정치인들이나 정책 담당자들에게 디플레이션은 어떤 수단을 강구해서라도 피하려고 하는 최악의 경제 상황이다. 단기적 경기 부양보다 통화 가치의 안정이 더 중요하다는 사회적 공감대가 확립되어 있거나, 적어도 통화 당국이 화폐 가치의 안정을 최우선 과제로 추진할 수 있을 만큼 독립성이 있는 경우에만 금본위제가 유지될 수 있었던 것이다. 둘째, 때로 세계 경제가 과열 양상을 띠거나 불황의 기미를 보이기도 했는데, 이러한 경기 변동을 최소화하기 위해서는 일률적인 이자율 조정이 필요했다는 점이다. 만약 일부 국가만이 과열을 막기 위해 긴축 정책을 실시하면 그 국가의 통화 가치가 상대적으로 높아지고 그에 따른 추가적인 손실과 비용을 치러야 된다. 따라서 어느 나라도 다른 국가들의 동조 없이는 선뜻 긴축 정책을 시행하지 못할 것이다. 특히 단순한 경기 변동을 넘어서 금융 위기가 발생하면 일상적인 자동 조절 기능만으로는 위기를 진정시키기 어렵다. 그러므로 각국 통화 당국이 함께 협력하면서 직접적이고 예외적인 개입을 할 수밖에 없었다.

가장 대표적인 사례는 1890년에 일어난 베어링스은행 사태였다.

영국의 대형 상업 은행이었던 베어링스은행의 부실이 심각한 수준으로 드러나면서 영국에서는 금융 위기가 촉발되었고 파운드화 가치에 대한 하락 압력이 커졌다. 파운드 또는 파운드 표시 자산을 보유하고 있던 투자자들은 파운드가 폭락하기 전에 금으로 교환하기 위해 영란은행에 몰려들었다. 일부 투자자들의 이런 행태는 영란은행의 금 보유분이 조만간 부족해질지도 모른다는 의혹을 부추김으로써 다른 투자자들까지 파운드화 투매 행렬에 가담했다. 이른바 뱅크런 현상이 벌어진 것이다. 영란은행은 프랑스 중앙은행(Bank of France)과 러시아 중앙은행(Russia State Bank)으로부터 일시적으로 금을 지원받음으로써 투자자들을 안심시켜 위기를 돌파할 수 있었다. 우리나라도 2008년 글로벌 금융 위기를 맞아 원화의 가치가 하락하자 미국 연준과 300억 달러의 통화 스와프 계약을 체결해 외환 시장을 안정화시킨 전례가 있다. 이는 100년 전에 영란은행이 활용한 방법과 거의 동일하다. 이 시기에 형성된 선진국 간의 협력은 현재까지도 지속적으로 이어져 위기의 조짐이 보일 때마다 즉시 중앙은행 간 스와프 라인이 재개되었다는 소식이 들리곤 한다.

영란은행은 이렇게 각국 중앙은행들과 긴밀한 협력을 통해 전 세계적으로 화폐 가치를 안정적인 범위 내에서 유지시켰다. 각국은 국내 경기 활성화에 우선순위를 두고 독자적인 통화 정책을 수행하기보다는 영란은행을 중심으로 화폐 가치를 안정적으로 유지하는 것을 최우선 과제로 인식하고 영란은행의 요청에 협력했다. 결과적으로 각국의 통화 정책은 환율 안정화를 위한 정책 수단의 하나가 되었던 셈이다. 그러니 영란은행은 전 세계 통화 정책을 좌지우지하는 세계의 중앙은행이었다. 케인스는 영란은행의 이런 모습을 일컬어 '국제 금융 오케스트라의 지휘자'라는 별명을 지어 주었다.

영란은행의 지휘 아래 파운드화를 중심으로 한 국제 금융 질서가 정착되자 세계 경제는 안정적 성장을 지속할 수 있었다. 점차 더 많은 국가가 금 본위제로 이행하고 영란은행과의 협력 체계에 참여했다. 파운드화로 결제하는 국가들이 늘면서 네트워크 외부성이 확립되었고, 파운드화에 대한 신뢰는 더욱 확고해져 파운드 표시로 자산을 보유하는 관행이 정착되었다. 런던 시장은 파운드화의 주요 거래 시장으로서 풍부한 유동성이 모이는 곳이 되었다. 투자 자금을 필요로 하는 사람들은 이 유동성을 노리고 점점 더 많이 런던으로 모여들었다. 19세기 말경 파운드화는 명실상부한 기축 통화로서 자리매김했다. 당시에 지금의 달러화처럼 파운드화를 대체할 수 있는 통화가 없었기에 어느 누구도 그 지위가 불과 반세기도 지나기 전에 흔들릴 것이라고는 의심하지 못했다.

전쟁의 상흔이 파운드화를 흔들다

영국이 동맹국인 프랑스를 돕기 위해 1914년 독일에 전쟁을 선포할 때만 해도 그 전쟁이 자신에게 어떠한 결과를 낳을지 전혀 예측하지 못했다. 금방 끝날 줄 알았던 전쟁은 유례없는 상처를 남긴 제1차 세계 대전으로 확대되어 무려 4년 반 동안 지속되었다. 영국은 승전국이 되었지만 승리의 기쁨은 잠깐이었다. 영국은 장기간의 전쟁으로 무너진 산업 기반과 급감한 무역, 넘치는 실업자 등 산적한 문제를 해결해야 하는 상황에 처했다.

　전쟁을 치르면서 국제적으로 금 본위제는 완전히 와해되었다. 금 본위제가 유지되기 위한 두 가지 선결 조건인 통화 가치의 안정과 금의 자유로운 수출입이 무너졌기 때문이다. 영국은 전쟁 자금을 마련하기 위해 지폐를 남발했고 이로 인해 파운드화의 가치는 불안정해졌다. 금 본위제는 예치된 금의 일정 비율만큼만 화폐를 발행할 수 있도록 하기 때문에 화폐 가치를 금에 안정적으로 고정할 수 있다. 그에 반해 금에 의해 뒷받침되지 않는 명목 화폐인 지폐의 실질 가치는 종잇조각에 불과하기 때문에 지폐 발행이 증가할수록 파운드화에 대한 신뢰는 하락했다. 영국 정부는 신뢰를 상실한 파운드화를 사람들이 대량 매각할 경우 금이 급속히 고갈될 것을 우려해 파운드화와 금의 태환을 중지시켰다. 그런데 이는 파운드의 가치에 대한 의구심을 더욱 증폭시키는 결과를 빚었다. 금의 수출입도 더 이상 자유롭게 이루어질 수 없었다. 독일이 섬나라인 영국을 공격하는 전술로 영국으로 향하는 선박들을 공격해 자금줄을 압박하는 방법을 택했기 때문이다. 이는 선박을 이용해야 했던 금의 수출입 경로를 막아 버리는 결과를 초래했다.

　금 본위제가 중지되면서 이를 기반으로 했던 영란은행의 선도적 역할과 파운드화의 기축 통화로서의 지위도 중단되었다. 전쟁은 끝났지만 전승국이나 패전국이나 모두 전쟁으로 국내 경제가 피폐해질 대로 피폐해진 상황에서 당장 금 본위제로의 복귀는 어려웠다. 환율은 변동 환율 제도로 변질되어서 무질서하게 요동치기 시작했다. 금 본위제가 무너진 전후 유럽 국가들은 무정부 상태의 국제 통화 체제하에서 두 가지 문제에 직면했다. 첫 번째는 급격한 인플레이션이었다. 금 본위 제도하에서 중앙은행들이 지고의 선(善)으로 인식하던 통화 가치 안정에 대한 압력이 없어지면서 통화 발행이 급격히 증가했던 것이다. 두 번째 문제는 투기성 국제 자본 즉 핫머니(hot money)의 등장이었다. 앞서 설명한 금 본위제의 자동 조절 메커니즘에서 확인할 수 있었던 바와 같이 통화 가치에 대한 암묵적 합의가 있다면 국제 자본은 환율을 자동적으로 안정화시키는 방향으로 이동한다. 하지만 고정 환율 제도의 붕괴로 통화 가치에 대한 공통된 기대 수준이 없어지면 자본은 오히려 외환 시장에서 쏠림 현상을 보이며 변동을 확대하는 방향으로 움직인다. 즉 파운드화가 조금이라도 약화되는 것 같으면 서로 파운드를 투매함으로써 낙폭을 더 키우게 되는 것이다. 파운드화의 가치에 의구심이 있더라도 딱히 다른 대안이 없었더라면 이와 같은 효과가 미미했을지도 모른다. 그러나 제1차 세계 대전 이후 국제 자본은 미국 달러화를 대안으로 보기 시작했다. 미국은 직접적으로 전쟁의 피해를 입지 않았기에 산업 기반을 유지했고 여전히 금 태환을 지키고 있었다. 반면에 금 태환을 중지시킨 유럽 국가들은 국제 자본의 공격에 무방비로 노출되었다.

   제1차 세계 대전이 종결된 후 유럽 국가들은 금 본위 제도로 회귀함으로써 앞의 두 가지 문제를 해결할 수 있을 것으로 믿었다. 인플레이션이 심각했던 독일과 오스트리아를 시작으로 금 본위제 회귀 움직임이 나타났다. 영국은 1925년 금 태환을 재개하면서 다시 한 번 국제 통화 체제의 전면에 나서는 듯했다. 전쟁 중에 금이 상당 부분 미국으로 유출됨에 따라 유럽 지역에서는 금이 부족하게 되었는데, 많은 국가가 파운드화를 금과 같은 외환 보유액으로 보유했기 때문이다. 그러나 무리한 금 태환 재개는 영국에 도움이 되는 결정이 아니었다. 영국이 전쟁을 치르는 동안 미국이 남아메리카의 시장을, 일본이 아시아의 시장을 가로채 가면서 영국의 무역은 종전에 비해 위축된 상황이었다. 자국의 실업 문제, 디플레이션 등 국내 경제 문제도 산적해 있었다. 이 때문에 영국은 대외적인 통화 가치 안정보다는 국내 경기 회복에 중점을 둔 독립적인 통화 정책이 우선시되어야 하는 시점이었던 것이다.

　더군다나 영국은 여기에 더해 또 하나 심각한 실수를 범했다. 대외적으로 파운드화의 건재를 알려야 한다는 강박 관념으로 인해 무리하게 파운드화의 가치를 전쟁 이전과 동일한 수준으로 회귀시켰던 것이다. 독일, 오스트리아 등이 먼저 금 태환을 선언하자 당시 집권당이던 보수당에게는 파운드화의 금 태환 회복이 일종의 국가적 자존심 문제가 되어 버렸다. 전쟁의 상처를 빨리 극복하고 신뢰를 회복한 국가들만이 자국 통화를 금 가치에 고정시키면서 금 태환을 재개할 수 있기 때문이었다. 호주, 남아프리카공화국 등 다른 영연방 국가들까지 금 태환을 재개하자 보수당은 초조해졌다. 결국 국내 여건이 회복되지 못했음에도 영국 정부는 파운드화의 금 태환을 선언하고 그 가치를 전쟁 이전의 교환 비율인 금 11/12온스당 3.17파운드로 정했다. 그러나 전쟁을 치르면서 경제력이 저하된 영국 경제는 전쟁 이전 수준의 파운드화 가치를 도저히 지탱할 수 없었다. 이는 결국 파운드화를 지나치게 고평가한 결과를 낳았다. 영국은 수출 경쟁력 저하로 인한 무역 수지 악화와 국제 자본의 환 투기 공격에 직면했다. 영국 정부는 빠져나가는 금을 붙잡고 파운드화의 가치를 지키기 위해 이자율을 거듭 상향 조정해야 했다. 그러나 이는 국내 경기를 더욱 위축시키는 결과를 낳아 오히려 금이 더 빠르게 유출되는 악순환 구조가 만들어졌다. 영국과 달리 프랑스와 독일은 대폭 절하된 가치로 금 태환을 재개했다. 이로써 이들 나라는 단기간에 국제 수지를 개선하고 통화 가치를 안정시킬 수 있었다. 영국은 이미 저지른 실수를 뼈아프게 후회할 수밖에 없었다.

당시 파운드화 가치를 무리하게 고정시키는 데 앞장선 사람은 다름 아닌 윈스턴 처칠 재무 장관(후에 수상이 되어 제2차 세계 대전을 승리로 이끈 바로 그 처칠이다)이었다. 이런 결정의 배경을 두고 여러 가지 해석이 있다. 케인스가 처칠에게 파운드화를 전쟁 이전 가치로 회귀시킬 경우 10퍼센트 이상 과대평가하는 결과가 되어 무역 수지에 악영향을 미치고 실업이 급증할 것임을 이미 경고했다는 일화도 전해진다.[9] 처칠이 오로지 대외적으로 위신을 세우려고 그러한 결정을 내리지는 않았을 것으로 보인다. 아마도 그는 영국이 화폐 가치의 수호자라는 평판을 지키는 것이 장기적으로 국익에 더 도움이 된다고 판단했을 것이다. 일단 파운드화 가치를 한 번 절하하면 영란은행이 파운드화 절하를 용인했다는 잘못된 시그널이 되어 향후 오히려 투기에 노출되기 쉬울 것이라 생각했을 수도 있다. 또 영국이 프랑스나 독일에 비해 금융업에 대한 의존 비중이 높았다는 점도 처칠의 결정에 영향을 미쳤을 것이다. 앞서 말한 바와 같이 영국은 일찍이 확립된 금 본위제를 바탕으로 국제 금융의 중심지로 발전해 왔다. 파운드화는 세계에서 가장 '안전한 자산'으로 인정받았기에 외국의 중앙은행, 해외 기업, 부유층들이 런던에 예금을 보유하고 투자 활동을 하고 있었다. 만약 이들이 파운드화의 가치에 의구심을 갖고 런던에 보유하고 있던 자금을 뉴욕으로 옮겨 버린다면 영국의 금융업, 나아가서 영국 경제 전체가 입을 타격은 상당히 심각할 터였다. 따라서 수출을 지원하기 위해서는 화폐 가치를 낮추는 것이 바람직하다는 사실을 모르는 바는 아니었으나 처칠을 중심으로 한 보수당 의원들은 금융업을 보호하는 데 우선순위를 두고 '강한 파운드화'를 선택했을 것이라는 주장도 있다.

일단 금 본위제로 회귀했지만 시간이 지나면서 금 본위제가 예전과 같은 방식으로는 운영될 수 없다는 점이 분명해졌다. 영국의 지배력이 약해짐에 따라 각국 통화 당국의 협조가 예전 같지 않았기 때문이다. 가장 먼저 전면에서 파운드화의 재건을 방해한 것은 미국이었다. 제1차 세계 대전 중 미국은 대(對)유럽 수출이 급신장함에 따라 신흥 세력으로 부상했다. 1913년 1억 3000만 달러에 불과하던 미국의 금 보유고는 10년 만에 3배 이상 뛰어올랐고 급기야 1926년에는 전 세계 금의 45퍼센트를 보유하는 상황에 이르렀다. 자신감을 얻은 미국은 독자 노선을 걸으며 영국이 국제 금융 시장의 주도권을 다시 잡으려는 시도를 견제하기 시작했다. 종전 직후 영국 재무부 국장이었던 호트리(Hawtrey)는 케인스의 협조를 받아 1920년부터 각국 중앙은행 간 협력을 확보해 화폐 가치의 안정을 유지하기 위한 방법을 모색했다. 이런 노력의 일환으로 1922년에는 '제노아 컨퍼런스(Genoa Conference)'를 개최해 중앙은행 간 협력을 천명한 '제노아 결정(Genoa Resolution)'을 발표했다. 그러나 영국의 속내를 알아

챈 미국은 컨퍼런스에 참석조차 하지 않았다. 이후 미국은 영란은행이 중심이 되어 중앙은행 협의체를 구성하려 하자 오히려 그 필요성을 정면으로 비판하고 나섰다.[10] 세계 최대 금 보유국인 미국이 참여하지 않는 중앙은행 간 협력은 사실상 무의미한 것이었다. 프랑스와 독일의 협력도 미온적이었다. 결국 예전의 영광을 되찾으려던 영국의 시도는 실패로 돌아갔다.

영국을 힘들게 한 것은 미국만이 아니었다. 1920년대 후반에는 프랑스와 독일까지 대규모 국제 수지 흑자를 기록하며 금 보유를 대폭 늘리는 상황이 되었다. 프랑스는 지속적으로 외환 시장에 개입해 자국 통화인 프랑화의 가치를 낮게 유지해 수출 경쟁력을 높이는 전략을 활용했다. 그 결과 프랑스 중앙은행은 금뿐 아니라 파운드화도 상당량 보유하게 되었다. 영국이 다시 한 번 금융 패권을 잡으려는 시도를 보이자 프랑스는 1927년에 보유한 파운드를 대거 매도하며 공격했다. 프랑스의 움직임에 당황한 투자자들까지 파운드를 투매하면서 파운드의 가치가 급락했다. 프랑스의 공격은 정작 파운드화를 가장 많이 보유하고 있던 자신의 발등을 찍는 결과를 가져오기는 했지만 어쨌거나 파운드화를 흔들겠다는 소기의 목적은 달성했다. 전쟁 이후 미국의 지원으로 예상보다 급속한 경제 발전을 이룩한 독일 또한 중앙은행에 파운드화를 대량 축적했다. 독일 역시 1926년 보유한 파운드화를 대거 금으로 교환하며 파운드화의 위기를 부채질했다.

여기서 또 하나 주목해야 할 것은 영국이 금 본위제로 복귀할 때 전쟁 이후 전개된 국내 정치의 지각 변동을 충분히 인식하지 못했다는 점이다. 장기화된 전쟁은 그동안 정치적으로 침묵했던 일반 국민들

특히 노동자들의 목소리가 높아지는 계기가 되었다. 전쟁이 예상보다 대규모로 확산되고 장기화됨에 따라 귀족 및 그들의 용병들이 주로 참전했던 기존 전쟁과는 달리 일반 국민들까지 모두 전쟁에 동원되었기 때문이다. 나라를 지키는 데 기여한 모든 사람들에 대해 정치적 권리를 인정해야 한다는 참정권 확대 운동이 일었고 투표권은 확대되었다. 화폐 가치의 안정이나 국제 금융 시장에서의 주도권 등은 노동자들에게는 모두 먼 나라 이야기였다. 이들에게 가장 중요한 것은 당장 먹고살 수 있도록 일자리를 확보하는 것이었다. 이제 정치인들에게 최우선 과제는 실업 해소였다. 금 본위제하에서 국제 수지 불균형을 해소하는 자동 조절 장치였던 디플레이션 정책은 정치인들에게 너무 위험한 선택이 되어 버렸다. 게다가 전쟁을 거치면서 유럽 국가들은 미국에 대규모 채무를 지게 되었다. 디플레이션 정책은 국민들의 채무 부담이 급증하기 때문에 거부감이 강할 수밖에 없었다. 변화한 정치 환경에서 환율 안정을 위해 각국 중앙은행이 다시 협력하자는 영국의 제안은 그다지 솔깃한 안이 아니었다. 국제 수지를 개선하면서도 디플레이션 정책을 쓰지 않으려면 인위적인 환율 평가 절하가 가장 효과적인 방법이라는 것을 이미 많은 국가가 깨달았기 때문이다.

따라서 일시적으로 부활한 금 본위제는 살얼음판 위를 걷는 것과 같았다. 1929년 미국 월 가에서 시작된 대공황은 어렵게 지탱되던 금 본위제를 완전히 무너뜨렸다. 대공황으로 은행들이 보유한 담보 가치가 급락하면서 연쇄 부실화되었고 세계 각국은 금융 위기에 직면했다. 각 나라는 당장의 금융 위기를 해결하기 위해 금융 기관에 대규모로 유동성을 지원했다. 이로 인한 유동성 증가는 통화 가치를 급격히 떨어뜨렸다. 오스트리아를 시작으로 유럽 통화들의 절하 물결이 일기 시작했다. 이미 고평가된 환율을 유지하느라 힘들어하던 영국은 대공황의 충격을 버틸 힘이 없었다. 금 유출을 최소화하기 위해 이자율을 계속 높여 자본 유입 경로를 통한 금 유입을 시도해 보았으나 실업률이 급기야 20퍼센트에까지 육박하자 더 이상 이자율을 높일 여력이 없었다.

국제 자본은 영란은행이 파운드화 가치의 하락을 용인할 것이라고 예상하며 더욱 빠르게 파운드화를 투매했다. 영란은행은 결국 1931년 9월 19일 파운드화의 금 태환을 중단했고 이후 3개월 만에 파운드화는 30퍼센트 이상 절하되는 굴욕을 겪었다. 대표적 거품 자산이었던 파운드화는 대공황을 맞아 가장 심각한 급락을 겪어야 했던 것이다. 어느 누구도 이제 더 이상 파운드화를 기축 통화로 보지 않았다. 제2차 세계 대전은 파운드화의 몰락을 가속화시켰다. 영국은 이번에도 승전국이 되었고 유럽의 수호자라는 영예를 얻었지만 국내 경제는 더욱 만신창이가 되었다. 영국의 힘이 약해진 틈을 타 식민지들은 하나하나 독립했고 대영 제국은 기울어 갔다. 파운드화도 그와 운명을 같이해야 했다.

달러, 새로운 슈퍼머니로 등극하다

무소불위의 힘을 과시하던 제국이 갑자기 무너질 때에는 직접적인 원인은 늘 내부에 있기 마련이다. 파운드화가 기축 통화의 왕좌에서 내려오게 된 계기도 영국 내부에 있었다. 전쟁으로 인한 국내 경제 기반의 붕괴, 화폐 가치를 전쟁 이전 수준으로 회복시키려는 무모함, 국제 금융의 지휘자 역할을 되찾기 위해 다른 국가들의 협력을 얻으려다 당한 배신, 이 모두가 파운드화의 몰락을 재촉하는 결과가 되었다. 그러나 반드시 제왕의 잘못만으로 몰락을 맞는 것은 아니다. 그를 대신할 만한 마땅한 대안이 없다면 별 볼 일 없는 제왕도 생각보다 오래 권좌에 머무를 수 있다. 그러나 대안이 있다면 이야기가 달라진다. 새로운 기축 통화로 부상한 달러화가 바로 그 대안이었다. 이로 인해 파운드화의 추락은 가속화했다.

달러화의 기축 통화로서의 부상도 저절로 이루어진 것은 아니었다. 한 나라의 경제가 번성하고 금융 자본이 축적된다고 해서 곧바로 기존의 기축 통화를 대체할 수 있는 것은 아니다. 파운드화의 몰락 이후 달러화가 그 지위를 물려받은 것도 마찬가지였다. 영국이 둔 자충수의 결과로 저절로 이루어진 것이 아니라는 말이다. 기축 통화는 앞서 설명한 바와 같이 '네트워크 외부성'이 크기 때문에 파운드화에 대한 시장의 신뢰가 약해졌더라도 관성에 의해 상당 기간 우월한 지위를 유지할 수 있다. 그러나 미국은 이미 기축 통화의 지위가 주는 이점에 주목하고 왕좌를 탈환하기 위한 준비를 내부에서부터 차근차근 진행해 오고 있었다. 이와 같은 준비 과정이 있었기에 제1차 세계 대전 이후 기축 통화 지위가 달러화로 넘어가게 되었다.

두 차례의 세계 대전을 거치면서 미국이 세계 제1의 경제 규모를 갖게 되었으니 영국이 어떤 정책을 썼더라도 기축 통화는 결국 달러화로 바뀌지 않았겠느냐는 시각도 가능하다. 그러나 반드시 그렇게 되었을 것이라 확신하기는 어렵다. 물론 경제 규모는 한 국가의 화폐가 기축 통화로 부상하기 위한 중요한 요건들 가운데 하나이다. 경제 규모가 큰 국가들은 무역 규모도 크다. 따라서 거래의 편리성으로 인해 그 나라 화폐의 수요도 증가하기 때문이다. 그러나 미국의 국내 생산 규모가 이미 1870년대부터 영국을 앞서고 있었음에도 당시 달러화의 영향력은 미미했다는 점에 주목할 필요가 있다.[11]

1914년 미국의 경제 규모는 영국의 4배에 달했지만 무역 거래와 자본 거래는 여전히 파운드화로 계약되고 결제되었다.[12] 제1차 세계 대전이 일어나기 전까지만 해도 미국의 경제 규모가 세계 최대가 되었다는 사실만으로 달러화가 파운드화의 역할을 대신할 것이라 생각하는 사람들이 많지 않았다. 역사적으로 보더라도 경제 규모가 세계 최대라는 사실만으로 그 나라의 화폐가 반드시 국제 통화로, 특히 기축 통화로 부상하지는 않았다. 경제 규모로 기축 통화가 된다면 국제 무역에서 기축 통화는 늘 존재해야만 했을 것이다. 그러나 파운드화 이전에는 역사적으로 기축 통화라 일컬을 만한 화폐가 없었다. 기축 통화는 경제 규모 이외에도 금융 시장의 발전, 안정적인 국내 경제 기반, 해당 화폐의 가치에 대한 신뢰 등 여러 요건을 두루 갖추어야 한다. 영국은 비록 경제 규모 면에서 미국에 세계 1위 자리를 내주었을지 몰라도 여전히 영연방 국가를 바탕으로 한 탄탄한 국제 무역망을 구축하고 있었다. 또 세계에서 가장 발전된 금융 시장을 갖추고 있었다. 영국이 파운드화의 가치를 수호하려는 의지와 역량에 대한 평판은 세계 최대 규모의 경제인 미국으로서도 단기간에 따라 잡을 수 없었다.

당초 국제 사회에서 달러화의 역할이 크지 않았던 가장 중요한 이유는 미국 내 금융 시장의 발달이 매우 저조했기 때문이다. 당시 미국 경제의 기반을 쥐고 있었던 산업 자본가들이나 농장 대지주들은 금융 자본의 영향력 확대를 두려워해 금융 발전에 소극적이었다. 미국은 19세기 초기부터 중앙은행을 설립하고 금융업을 육성하려는 시도가 있었다. 그러나 규제가 일부 완화될 때마다 금융 기관들의 무분별한 영업 확장이 금융 위기로 번지면서 반신반의하던 정치인들은 금융에 더욱 부정적인 인식을 갖게 되었다. 당시 금융업의 가장 중요한 업무 가운데 하나인 무역 금융은 미국 금융 기관들에게는 허용되지 않았다. 미국의 수출입업자들은 유동성이 풍부하고 효율적인 런던의 금융 시장을 활용했고, 자산가들은 런던의 금융 기관에 자산을 예치했다. 유동성이 부족한 뉴욕의 금융 시장은 작은 충격에도 심한 변동성을 보였다. 제1차 세계 대전 이전까지 미국의 금융 시장은 열네 번의 금융 위기를 겪어야 했다. 영국의 중앙은행인 영란은행이 1694년에 설립되어 화폐 가치의 안정과 금융 시장의 안전판 역할을 해 왔던 데 비해 미국의 중앙은행인 연준은 1914년에야 천신만고 끝에 설립되었다. 게다가 영국은 1816년에 금 단일 본위제로 전환한 데 비해 미국은 1873년까지 금은 복본위제를 유지함으로써[13] 화폐 가치의 안정도 이루어지지 않고 있었다. 화폐 가치의 변동성이 높고 빈번한 금융 위기에도 최종 대부자 역할을 하는 중앙은행이 없는 달러화는 투자자들에게 매력적인 통화가 아니었다. 따라서 국제적으로 달러화에 대한 수요는 미미할 수밖에 없었다.

미국이 상황의 심각성을 인지한 계기가 된 것은 1907년의 금융 위기였다.[14] 1907년의 금융 위기는 하인즈(Frederick Heineze)와 모스(Charles Morse) 두 사람이 유나이티드구리회사(United Coppers)의 주가를 조작한 데서 발단이 되었다. 하지만 그 근저에는 미국의 금융 시장이 기존의 은행 위주에서 새로이 등장하는 신탁 회사와 양분되는 상황에서 이를 뒷받침하는 제도적 변화가 뒤따르지 못했다는 데 원인이 있었다.

1880년대부터 성장한 신탁 회사는 발권 기능은 없었지만 은행과 동일한 여수신 기능을 수행했다. 그러나 은행들과는 달리 부동산 등 대출 대상에 제한이 없다는 점에서 은행보다 높은 수익률을 올릴 수 있었다. 이 때문에 신탁 회사는 급속도로 성장해 은행들과 어깨를 나란히 할 정도가 되었다. 하지만 이들 신탁 회사는 지급 준비금을 쌓지도 않고(은행은 25퍼센트의 지급 준비금을 쌓았다) 당시 단기 자금 지원 기능을 하던 어음 교환소에도 참가하지 않았기 때문에 유동성 위기에 대처할 수 없었다.[15] 역사상 1930년대 대공황 다음으로 최악의 금융 위기라고 평가받는 1907년 금융 위기는 미국 금융 시스템의 취약성, 투기 자본에 대한 관리의 필요성, 위기를 체계적으로 해결할 수 있는 시스템의 도입이 절실하다는 사실을 명백히 알게 한 사건이었다.

그러나 미국이 금융 시스템을 갖추는 과정은 순탄하지 않았다. 가장 시급한 중앙은행 설립부터 난관에 부딪혔다. 연준 설립의 근간이 된 올드리치 플랜(Aldrich Plan)은 이 계획을 주도한 원로 상원 의원 넬슨 올드리치(Nelson Aldrich)의 이름에서 유래한다. 그는 미국 최고 갑부인 록펠러(Rockefeller)와 사돈지간[16](큰딸이 록펠러 2세와 결혼했다)인 데다 올드리치 플랜을 작성하는 데 월 가의 최고 거물들이 대거 참

- 12개 연방준비은행 중 자산 규모가 가장 큰 뉴욕 연방준비은행.
- 미국 제28대 대통령 우드로 윌슨.

여했다. 이 때문에 미국 국민에게는 중앙은행 설립 계획이 재벌과 금융계가 기득권을 확대하기 위한 계획으로 비쳤다. 오랜 논의 끝에 당시 대통령이었던 우드로 윌슨(Woodrow Wilson)은 당초 순수한 민간 금융 기관들이 주축이 되는 민간 은행 위주의 중앙은행을 제안한 올드리치 플랜을 수정했다. 민간 은행들로 구성되는 지역 중앙은행을 만들고 이들 중앙은행을 하나로 묶는 최고 의사 결정 기구를 중앙에 두는 것이었다. 또 대통령이 7명의 의원을 임명함으로써 정부의 통제를 받는 기관으로 변경한 후 이 계획을 통과시켰다. 중앙은행이 설립되자 달러화의 가치가 보다 안정될 것이라는 기대가 조심스럽게 등장했다. 같은 시기에 또 하나의 중요 개혁이 있었다. 미국 은행들이 달러화로 무역 금융 업무를 할 수 있도록 허용한 것이었다. 여기에 연준이 무역 어음 재할인 역할을 개시함으로써 이미 최대 규모의 무역국으로 부상해 있던 미국이 자국 통화로 무역 결제를 시작할 수 있는 여건이 마련되었다.

그러던 차에 제1차 세계 대전이 터졌다. 유럽 한복판에서 일어난 전쟁은 런던을 기반으로 파운드화가 누렸던 네트워크 외부성을 뒤흔들었다. 런던 금융 시장이 불안해지자 국제 자본들은 대안을 모색하기 시작했다. 전쟁의 당사자가 아닌 데다 충분한 경제 규모를 갖추고 있고 불과 얼마 되지 않았지만 중앙은행까지 설립한 미국이 런던의 대안으로 부상한 것은 어쩌면 당연한 일이었다. 종전 후 다른 통화들의 금 태환이 정지되고 가치가 급락할 때도 달러화의 금 태환은 중단되지 않았다. 전쟁 중인 유럽을 상대로 미국이 지속적으로 국제 수지 흑자를 보이며 금을 축적하고 있었기 때문이다. 그러니 앞으로 달러화의 가치가 떨어지지나 않을지 걱정할 필요도 없었다. 이로써 런던의 자금은 뉴욕으로 이동하기 시작했다.

기회를 포착한 미국은 더 적극적으로 달러화의 역할 확대에 나섰다. 월 가의 금융 거물들은 유럽과 남아메리카 시장을 장악하기 위해 앞다투어 해외 지사를 설립하며 영업을 확장해 나갔고 정부는 이들의 노력을 측면 지원했다. 미국은 달러화의 역할을 확대시키기 위해 무역 어음 할인 시장부터 공략했다. 뉴욕 연방준비은행의 총재였던 스트롱(Benjamin Strong, 월 가 출신인 그는 1928년 죽기 전까지 사실상 미국 연준을 이끌었던 실세다)은 달러의 영향력 확대에 결정적 역할을 한 인물로 평가받는다. 그의 지휘 아래 뉴욕 연방준비은행은 미국 은행들이 해외에서 인수한 무역 어음의 재할인 업무를 대폭 확대했다. 또 대미 무역에서 흑자를 보이던 국가의 정부와 기업을 직접 찾아가 달러화로 무역 결제를 하고, 그렇게 해서 보유하게 된 달러를 미국 금융 기관에 예치하도록 설득했다. 스트롱은 이러한 거래가 성사될 수 있도록 보다 유리한 조건을 제시함에 따라 런던 금융 기관의 고객들이 점차 뉴욕으로 눈을 돌리도록 했다. 그의 노력은 불과 몇 년 만에 결실을 맺었다. 1920년대에 들어서는 미국 내 무역 금융의 절반 이상이 달러화로 결제되기에 이르렀고, 1920년대 말에는 미국 밖에서 이루어지는 무역까지 상당 부분이 달러화로 결제되었다. 그는 또 제1차 세계 대전 이후 유럽을 재건하는 데 미국의 역할 강화가 국제 금융 시장에서의 영향력 확대에 결정적인 계기가 될 것이라 보았다. 이를 위해 그는 유럽 국가들이 미국으로부터 자금을 조달하도록 적극 장려했다. 영국은 프랑스나 독일이 유럽 국가들로 이루어진 국제연맹(League of Nation)을 통해 전후 복구 자금을 마련할 것을 원했다. 하지만 미국은 더 유리한 조건을 내걸었고 직접 유럽 정부의 담당자들을 면담해 뉴욕에서 자금을 조달하도록 설득했다.

미국의 대유럽 대출이 급증하면서 유럽 내 달러화의 역할은 빠르게 파운드화를 추격했다. 이 시기에 미국은 자국 금융 자본의 시장 점유율을 높이기 위해 지나치게 경쟁적으로 대출을 확대함에 따라 위험에 대한 평가가 충분히 이루어지지 못했다. 결국 이로 인해 형성된 거품이 1929년 일어난 대공황의 일단의 계기가 되었다는 비판도 있다. 하지만 달러화가 파운드화를 앞지르는 데 이보다 더 효과적인 방법은 없었다. 1920년대 중반부터 달러화의 무역 어음 인수 규모는 파운드화의 2배에 달했다. 또 각국의 중앙은행이나 정부가 보유한 외환 보유액에서 달러화가 차지하는 비중도 파운드화를 넘어서기 시작했다. 제1차 세계 대전이라는 행운과 미국 정부 및 민간의 합동 노력을 바탕으로 1920년대 중반부터 달러화는 파운드화의 영향력을 약화시키고 그에 못하지 않은 지위를 가진 국제 통화로 부상하는 데 성공했다.

물론 영연방 국가를 기반으로 하는 영국의 파운드화 블록은 아직 건재했다. 또 영란은행이 보유한 네트워크와 역량은 단시간에 함락시킬 수 있는 정도는 아니므로 달러화는 잠시 파운드화에 밀려나는 모습을 보이기도 했다. 1929년 대공황과 뒤를 이은 미국의 장기간 경기 침체, 은행 시스템의 붕괴 등을 겪으며 달러화에 대한 비관적 기대가 형성되어 1931년에는 외환 보유고의 달러 비중이 40퍼센트로 감소했다. 이에 비해 파운드화는 외환 보유고의 비중이 50퍼센트에 이르는 재역전 상황이 벌어지기도 했다. 이러한 파운드화의 부활에는 영국의 각고의 노력도 한몫했다. 영국은 1931년 영연방 국가들과 파운드 그룹을 조직했고 1939년에는 파운드 블록으로 명칭을 바꾸어 영연방 국가들 외에 아이슬란드, 몰디브, 쿠웨이트, 요르단, 오만, 바레인, 카타르, 아랍에미리트, 예멘, 시에라리온 등을 가입시켰다. 이는 달러로 넘어가려는 기축 통화의 지위를 어떻게든 잡아 보려는 안간힘이었다.[17] 그러나 이러한 재역전은 일시적이었고 이미 달러화 쪽으로 넘어간 흐름을 뒤집기에는 역부족이었다. 제1차 세계 대전보다도 더 길고 피해가 심각했던 제2차 세계 대전으로 이 흐름은 더 확고해졌다. 미국은 제2차 세계 대전을 거치면서 세계 유일의 슈퍼 파워로 거듭났다. 달러화는 파운드와는 완전히 차별화되는 명실상부한 기축 통화의 지위에 올랐다.

달러 파워, 국제 통화 체제를 장악하다

제2차 세계 대전 이후 달러화는 기축 통화의 지위에 올랐다. 그렇다고 미국 연준이 과거 영란은행과 같은 국제 금융 시장의 조정자 역할까지 수행한 것은 아니었다. 국제 금융 시장은 무정부 상태가 지속되었다. 국제적인 협력이나 합의가 없는 상황에서 각국은 임의로 자국 경제 우선 정책으로 일관했다. 수출 경쟁력을 높이기 위한 화폐 가치의 경쟁적 평가 절하, 일방적인 보호 무역 조치, 자본 통제 등이 빈번하게 시행되었으며 세계 경제는 점점 더 보호적이고 폐쇄적인 쪽으로 흘렀다. 각국 정부는 이러한 상황이 전 세계의 경제적 번영을 방해하며 어느 국가에게도 도움이 되지 않는다는 점을 깨닫고 있었다. 그러나 어느 나라도 선뜻 나서지는 못했다. 국제 협력을 통한 전후의 국제 통화 체제 재건에 가장 먼저 나선 나라는 역시 이러한 국제 문제에 경험이 가장 많았던 영국이었다. 뒤이어 미국 또한 국제 협력을 증진시키기 위한 노력에 적극 나섰다. 미국은 두 번의 세계 대전을 거치며 무역을 통해 크게 성장했기 때문에 성장을 유지하려면 자유 무역을 증진시켜야 한다는 목소리가 높아지고 있었다. 미국 정부는 다른 국가들이 보호 무역 조치를 최소화하도록 압력을 행사하기 위해서는 국제 협력 시스템을 부활시킬 필요가 있다고 보았다.

결과적으로 전후 국제 협력에 대한 논의는 영국과 미국을 중심으로 전개되었다. 영국은 이번에는 달라진 위상 변화를 정확히 인식하고 있었다. 무리하게 파운드화의 역할을 확대하고 달러화와 경쟁하기보다는 좀 더 현실적인 목표를 가지고 협상에 임했다. 즉 달러화에 이어 세계에서 두 번째로 널리 사용되는 파운드화로 국제 금융 시장에서 파트너로서의 지위를 인정받는 것이었다. 또 미국이 전횡을 행사할 수 없도록 견제 수단을 확보하는 것이 협상의 목표가 되었다. 영국은 이미 기울어 버린 국력과 파운드화의 역할을 고려할 때 미국에 대응하려면 새로운 아이디어를 제시하는 수밖에 없다고 판단했다. 이때 협상 테이블에 투입한 인물이 늘 새로운 아이디어로 충만한 경제학자 케인스(John Maynard Keynes, 1883~1946)였다.[18]

케인스는 영국 재무부로부터 요청을 받은 지 몇 주 만에 획기적인 대안을 가지고 나타났다. 그는 달러화의 역할을 제한하기 위해 파운드도 달러도 아닌 완전히 새로운 세계 통화인 '방코르(bancor)'를 만들자는 것과 방코르를 관리할 독립 국제기구로서 '청산연합(Clearing Union)'을 설립할 것을 제안했다. 그의 아이디어는 당시로서는 아무도 상상하지 못했던 새로운 것이었다. 케인스의 생각은 이랬다. 안정적인 세계 경제의 번영을 위해서는 환율 안정이 중요하다. 그러나 국제 수지 불균형이 지속되는 상황에서는 환율이 안정적으로 유지되기 어렵다. 따라서 국제 수지 적자가 누적될 경우 이를 자동적으로 조절할 수 있는 메커니즘이 필요하며, 이것이 바로 청산연합의 역할이다. 일단 고정 환율제를 기본으로 하되 일시적인 국제 수지 적자로 외환이 부족해진 국가들은 청산연합으로부터 방코르를 지급받아 수입 대금을 결제할 수 있다. 국제 수지 적자가 만성화되어 심각한 수준에 이르는 경우에는 기존에 고정된 환율이 경제의 기초를 적절히 반영하지 못한다는 것이 확실하다. 그러므로 청산연합과 협의해 예외적으로 절하를 단행할 수 있다. 고정 환율제를 유지하면서 외환 관리가 필요한 경우에는 자본 통제를 사용할 수도 있다. 국제 수지의 불균형이 발생할 경우 이를 해소할 의무는 적자 국가뿐 아니라 흑자 국가에도 있다. 지속적인 국제 수지 흑자국은 흑자의 일부를 벌금으로 청산연합에 예치해야 하며, 이 예치금은 적자국의 외환 부족분을 충당하기 위해 지원할 수 있다. 케인스의 방안은 물론 당시로서는 영원히 국제 수지 흑자국으로 남을 것 같았던 미국을 겨냥한 것이었다. 미국이 아무런 제한 없이 국제 수지 흑자를 유지해 유럽의 금과 외환을 모두 흡수해 가는 상황을 방지하려는 의도였다.

케인스의 미국 측 협상 파트너는 경제학자이자 재무 장관 자문관으로서 이 문제에 정통했던 화이트(Harry Dexter White, 1892~1948. 이후에 재무 차관, IMF 총재를 역임했다)였다. 케인스와 화이트는 공통점이 많았다. 둘 다 국제 금융에 정통한 경제학자라는 점도 있지만 케인스의 부인인 로포코바가 러시아 출신의 발레리나였고 화이트는 아버지가 제정 러시아에서 미국으로 이민 온 러시아 출신이었다.(화이트White 라는 성은 러시아 성 Weit에서 왔다.) 이러한 점들이 영국과 미국의 이해가 첨예하게 상충된 상황에서도 어려운 협상을 마무리할 수 있게 만들었다. 화이트는 케인스의 제안이 미국 측에 상당한 부담을 준다는 점을 간파했다.

화이트는 국제 수지 흑자 국가인 미국의 부담을 최소화하고 방코르 대신 달러화가 새로운 국제 통화 체제의 중심이 되도록 수정안을 내놓았다. 청산연합 대신에 화폐 발행이라는 신용 창조 기능이 없고 회원국으로부터 출자금을 받아 관리하는 소규모의 안정 기금(stabilization fund)을 제안했다. 화이트는 자본 통제 등 일부 케인스의 제안은 받아들였지만 그 대신 각국은 무역 결제와 관련된 모든 자금의 흐름을 5년 이내에 자유화해야 한다는 조항을 삽입했다. 이는 자본 통제를 통해 간신히 파운드화의 가치를 유지하고 있었던 영국에게는 매우 위협적인 조항이었다. 표면적으로는 자본 통제가 허용되더라도 무역 결제와 관련된 자금을 자유화해 버리면 자본은 수출입 대금을 부풀리는 형식으로 쉽게 빠져나갈 수 있기 때문이다. 물론 영국은 그 피해를 예상하고도 이 조항을 삭제할 수 없었다. 미국 측 주장이 워낙 완강해서였다. 애당초 미국이 협상에 나선 가장 중요한 이유는 모든 무역 장벽을 해소하는 일이었기 때문이다.

1944년 미국 뉴햄프셔에 있는 휴양 도시 브레턴우즈에서 화이트의 수정안이 거의 그대로 반영된 협상안이 채택되었다. 안정 기금은 국제통화기금(International Monetary Fund, IMF. 이하 IMF로 표기)이라는 이름으로 바뀌어 워싱턴에 설립되었다. 당초 케인스가 제안한 청산 연합은 국제 수지의 불균형을 적절히 해소해 환율 안정과 세계 경제의 번영에 기여하는 기구를 의도한 것이었다. 하지만 설립된 IMF는 당초 케인스의 의도와는 달리 자유 무역을 보장하고 달러화의 역할을 더욱 공고히 하는 기구였다. 결과적으로 이 협상의 가장 큰 수혜자는 미국이었다.

브레턴우즈 체제의 출범은 영국과 미국의 대결이 미국의 완벽한 승리로 마무리되었음을 상징적으로 보여 주었다. 제2차 세계 대전 이후 달라진 국가 위상을 본다면 사실 이 대결은 케인스와 화이트라는 개인의 능력과는 무관한 대결이었다. 전쟁으로 생산 시설이 파괴된 유럽을 대신해 미국은 전 세계 산업 생산의 50퍼센트 이상을 담당하고 있었다. 전 세계 통화 가운데 달러화만이 가치 절하의 우려 없이 안전하게 금과 교환될 수 있었고 자본 통제 없이 자유롭게 유통되었다. 반면에 영국은 전쟁 중 재정 부담의 증가 탓에 외환 보유액 규모의 6배에 달하는 대외 채무를 지게 되었다. 방코르와 청산연합은 분명히 국제 통화 제도의 근본적인 약점을 간파해 처방한 이상적이고 획기적인 제도였다. 하지만 달러화와 파운드화에 대한 신뢰가 완전히 뒤바뀐 상황에서 국력까지 약해진 영국이 아이디어만으로 미국에 대항하는 것은 무리였다. 미국은 취약해진 영국의 금융 기반을 정확하게 파고들었다. 케인스를 비롯한 영국의 엘리트들은 이제 미국으로 힘이 넘어갔다는 사실을 뼈아프게 인정할 수밖에 없었다.[19]

브레턴우즈 체제 이후 달러화는 기축 통화로 확고하게 자리 잡았다. 미국은 유럽이나 일본이 어려운 경제 상황에서 공산주의 체제로 선회하거나 미국 무역에 피해를 줄 수 있는 자본 통제나 보호 무역 조치를 시행할 것을 우려했다. 이 때문에 미국은 마셜 플랜(Marshall Plan, 1947년 당시 미국 국무부 장관이었던 마셜이 주도한 미국의 전후 유럽 경제 부흥 계획)과 도지 플랜(Dodge Plan, 1949년 연합군 사령부 재정 금융 고문이었던 조지프 도지가 주도한 전후 일본 경제 부흥 계획)이라는 적극적인 전후 복구 지원 정책[20]을 펼쳤고, 이 또한 달러화의 역할을 비약적으로 확대시키는 계기가 되었다. 달러 자금의 제공은 유럽과 일본의 경제 부흥을 도왔고, 이들 지역의 경제 부흥은 미국 제품의 수요를 창출해 달러는 수출 대금으로 다시 미국으로 돌아오는 선순환 구조를 만들었다. 일단 정상 궤도에 오른 달러화는 네트워크 외부성을 발휘했다. 브레턴우즈 체제가 출범한 지 불과 10년이 지나지 않아 미국의 대외 채무는 급증했고 독일, 일본 등은 신흥 경제 강국으로 부상했다. 미국은 만성적인 국제 수지 적자국으로 전락했지만 세계 각국은 예전에 파운드화의 가치를 보전하기 위해 그랬던 것처럼 이제는 달러화의 가치를 안정적으로 유지하기 위해 협력했다. 1971년 미국이 누적된 적자로 더 이상 달러 절하 압력을 견디지 못하는 상황이 되자 닉슨 대통령이 금 태환을 정지하면서 브레턴우즈 체제는 종말을 고했다. 그러나 브레턴우즈 체제 동안 완전히 자리 잡은 달러 중심 체제는 이후에도 좀처럼 흔들리지 않았다. 달러의 가치가 급격히 상승하거나 또는 하락할 위험이 생길 때마다 미국의 주도 하에 국제 협력은 신속히 이루어졌다.

달러 체제를 유지하기 위한 국제 협력의 가장 대표적 사례가 1985년에 있었던 플라자 합의(Plaza Agreement)였다. 1980년대부터 레이건 정부는 '강한 미국, 강한 달러'를 표방해 대폭적인 감세, 군사비 지출의 증액 등 경제 정책을 추진했다. 이러한 정책은 쌍둥이 적자(재정 수지 적자와 경상 수지 적자)로 이어졌고, 결국 적자에 따른 급격한 인플레이션을 방지하기 위해 연준은 고금리 정책을 유지했다. 하지만 고금리 정책으로 자금이 대량 유입되고 달러가 급격히 절상되어 경상 수지 적자가 더욱 커지는 악순환에 빠졌다. 미국은 달러 가치를 절하시키기 위해 시장 개입이 필요함을 깨달았지만 단독으로 시장에 개입해서는 비용 대비 효과가 확실하지 않다는 점 또한 알고 있었다. 이에 따라 미국은 1985년 뉴욕 플라자 호텔에서 미국, 일본, 독일, 영국, 프랑스로 구성된 G5 재무 장관 및 중앙은행 총재 회의를 개최해서 달러화의 절하를 위해 상호 협력할 것을 합의했다. 회의 직후 일주

일간 27억 달러, 4주간 75억 달러에 달하는 협조 개입을 실시한 결과 달러화는 약세로 반전했다. 이후 1년 간 달러화는 마르크화 및 엔화에 대해 40퍼센트나 절하되어 미국의 대규모 재정 적자 및 경상 수지 적자가 완화되는 길을 열어 주었다.[21]

이후로도 국제 금융 시장의 위기가 발생할 때마다 달러화 가치를 안정적으로 유지하기 위한 노력은 지속되었다. 기축 통화로서 수십 년의 경력을 쌓은 달러화는 현재 가장 신뢰받는 통화가 되어 있다. 앞서 설명한 것처럼 심지어 미국에서 시작된 2008년 글로벌 금융 위기에서조차 달러화는 비교적 잘 견뎌 냈다. 적어도 현재까지는 달러의 종말을 예언했던 사람들을 머쓱하게 만들고 있다.

하지만 미국 달러화의 근본적인 문제는 해결되지 않았다. 1945년 당시 미국은 세계 최대의 무역 흑자 국가였지만 지금은 만성적인 무역 적자 국가이다. 미국은 브레턴우즈 체제 출범 시 무역 흑자국의 과도한 흑자 이익에 대해 세금을 매기거나 몰수할 수 있게 하자는 케인스의 제안을 거절했다. 그런데 지금은 처지가 바뀌었다. 미국이 무역 흑자국인 중국의 의무를 강조하고 있기 때문이다. 미국은 중국의 외환 보유액 증가[22]를 무역 보조금이라고 비난한다. 또 중국이 위안화의 평가 절상을 받아들여야 한다고 주장한다. 이렇게 뒤바뀐 상황에 대해 케인스였다면 과연 어떤 말을 할지 궁금하다.

그들에게는 여전히 소중한 조국의 얼굴

달러화에 기축 통화의 권좌를 내준 파운드화는 이후 마르크화, 엔

• 세계 3위의 국제 통화인 일본 엔화.　　• 평가 절상 압력에 시달리는 중국 위안화.

화에 추월당해 세계 4위로 만족해야 했다. 유로화가 출범하면서는 국제 화폐 시장은 달러와 유로화로 양분되고 파운드가 비집고 들어갈 틈은 더욱 좁아졌다. 오늘날 세계 전체 외환 보유액에서 달러화가 60퍼센트 이상, 유로화가 25퍼센트 이상을 차지하는 데 비해 파운드화의 비중은 약 4퍼센트에 불과하다. 과거의 찬란했던 영광을 생각한다면 불과 100년 만에 파운드가 겪은 몰락의 속도는 놀라울 정도이다. 영국은 양차 세계 대전에서 모두 승전국이었다. 하지만 유로존 위기가 부각될 때마다 양차 대전에서 모두 패전국이었던 독일보다도 국제 금융 시장에서 주목받지 못하는 상황은 참으로 아이러니하다. 오늘날 국제 금융 시장을 안정시키는 열쇠를 쥐고 있는 유로존 논의에서 영국은 프랑스와 독일의 냉대 속에 주변국 취급을 받고 있다. 이제 영국은 독일과 프랑스가 행여 자국과 상의 없이 영국의 이익에 반하는 합의를 도출해 버리지나 않을까 전전긍긍해야 하는 상황이다.

어쩌면 이와 같은 소외는 영국이 자초한 면이 없지 않다. 특히 브라운 정부하에서 유럽 단일 통화인 유로(Euro)에 가입하지 않기로 하면서 적어도 국제 금융에 관한 논의에서 주도권을 쥐는 데 연연하지 않기로 한 것으로 보인다. 영국은 유럽의 통화 협력을 논의하는 초반부터 소극적인 태도를 보였다. 유럽 통합의 논의 자체가 프랑스와 독일 주도로 이루어졌고,[23] 그 로드맵에 따라 통화 통합 논의도 프랑스와 독일 주도하에 있었기 때문이다. 대처 총리는 프랑스 주도의 유럽 통화 통합 논의에 상당한 의구심을 품고 있었던 것으로 알려져 있다.[24] 프랑스는 역사적으로 파운드화나 달러화의 국제적 지위가 올라 영국이나 미국이 반사 이익을 얻는 것에 종종 불만을 드러냈기 때문이다.

대처 총리는 통화 통합 로드맵의 일환으로 일단 유럽 각국 간 통화 가치를 안정화시키고자 하는 협약이었던 유럽환율제도(European Exchange Rate Mechanism, ERM)에 참여하는 것부터 보류했다. 그러다가 1990년 프랑스와 독일이 통화 통합의 구체적 로드맵인 유럽 통화 연맹(European Monetary Union, EMU) 구상안을 가시화시키며 통합에 속도를 내자 그해 10월 뒤늦게 유럽환율제도에 참여했다. 그러나 불과 2년 만에 영국 경제는 심각한 불황을 맞았고 파운드화는 외환 시장에서 국제 투기 세력의 공격 대상이 되었다. 결국 영국은 유럽환율제도를 탈퇴하고 파운드화의 평가 절하를 감수했다. 이러한 쓰라린 경험을 통해 영국은 통화 통합 논의에 있어서만큼은 제3자로 남는 것이 자국에 도움이 된다고 판단한 것으로 보인다.[25] 이후 정권을 넘겨받은 노동당의 블레어 정부는 비록 친(親)유럽적 성향이 있었지만 유로화를 채택하는 문제에서만큼은 소극적 자세를 견지했다. 당초 블레어 총리는 개인적으로는 유로 가입에 호의적이었다. 하지만 고든 브라운이 이끄는 재무부가 3년에 걸친 논란 끝에 유로화가 영국 경제

- '철의 여인'으로 불렸던 마거릿 대처는 유럽 통합에 회의적이었다.
- 토니 블레어 내각에서 재무 장관을 역임할 당시 고든 브라운은 유로화 가입에 반대했다.

에 도움이 되지 않는다는 결론을 내리면서 블레어 총리는 결국 영국이 유로존 밖에 있기로 결정했다.[26]

유로화를 채택하지 않음으로써 영국은 소외되었지만 그들이 이를 후회하는 것 같지는 않다. 물론 당시에는 역사의 기념품에 불과한 파운드화는 박물관에 보내야 한다는 의견이 없지 않았다. 하지만 블레어 총리의 유로화 불참 결정은 완전히 경제적 측면만을 고려한 것은 아니었다. 유로화 가입 여부를 논의할 당시 영국 국민의 유로화에 대한 감정은 매우 부정적이었다. 정치인으로서 국제 관계에 관한 국민의 감정을 무시할 수는 없었을 것이다. 또 오늘날 재정 위기를 겪고 있는 그리스, 스페인, 이탈리아 등 유럽 국가들이 독자적인 통화 정책이나 환율 정책으로 문제를 해결하지 못하고 점점 더 심각한 위기에 빠져들고 있는 상황은 영국의 결정이 국익에 도움이 되는 올바른 것이었음을 재확인시켜 주고 있다. 영국이 파운드화를 포기했더라면 유럽 각국과의 협력을 더욱 강화하고, 유로화 정책에 깊숙이 개입함으로써 국제 금융 시장에서 지금보다 더 나은 위상을 차지했을지도 모른다. 그러나 영국인들은 그 대가로 파운드화에 대한 독자적인 통화 정책을 포기함으로써 자신들의 손발을 묶어 버릴 생각이 없었다. 국내 정책을 남의 손에 맡기지 않겠다는 자신감이 그 배경이었을까. 어쩌면 그런 복잡한 경제적 논리는 아예 처음부터 중요하지 않았을지도 모른다. 다른 무엇보다 영국 여왕의 초상화가 새겨진 파운드화는 영국인들에게 단순한 화폐가 아니라 과거 찬란했던 영광을 되새겨 주는 자부심이자 미래를 위해 힘을 모으는 원동력이기 때문이다.

국제 통화 제도는 대립 아닌 공조의 역사

기축 통화에 대한 논의를 마치며 한 가지 걱정되는 면이 있다. 이 장에서는 기축 통화의 지위가 파운드화에서 달러화로 넘어가는 과정을 소개하다 보니 두 화폐가 경쟁하고 대립하는 양상만 부각한 것 같다. 사실 국제 통화 제도의 역사는 반목과 대결의 역사가 아니고 주로 협력과 상생의 역사였다. 파운드화가 기축 통화일 때는 영란은행의 주도로, 그리고 달러화가 기축 통화일 때는 미국 연준을 중심으로 세계 각국의 중앙은행들이 협조 체제를 유지했다. 영국이 금 본위제로 전환함에 따라 세계 각국이 은의 화폐 기능을 버리고 금 본위제로 전환한 것이 국제 공조의 시작이었다. 1865년 프랑스는 벨기에, 스위스, 이탈리아, 그리스(1868년 가입) 등과 라틴연합(Latin Union)을 결성해 공동의 금은 교환 비율을 채택하는 등 복본위제를 수호하려 했지만 결국 금 본위제로 돌아섰다. 금 본위 제도 아래에서도 영국은 프랑스, 독일, 러시아 중앙은행들과 수시로 금을 지원하거나 지원받아 고정 환율 체제를 유지했다. 또 국내뿐 아니라 해외에서의 금융 위기를 타개했고 전 세계적인 금융 위기의 발발을 방지할 수 있었다. 4장에서 본 바와 같이 1890년 베어링스은행의 유동성 위기 때 영란은행은 국내적으로는 로스차일드 등 민간 은행들의 협조를 얻고, 국제적으로는 프랑스와 러시아로부터 금을 빌려 사태를 수습할 수 있었다. 제1차 세계 대전 중에는 미국이 전쟁으로 인한 인플레이션 때문에 환율 절하 압박을 받는 영국 파운드화를 비롯한 유럽 각국의 환율 유지에 적극 나섰다.

1920년대를 풍미한 중앙은행 출신의 두 사람의 협력은 제1차 세계 대전 이후 전 세계적인 금융 협력과 경제 안정에 큰 기여를 했다. 그 한 사람은 1920년부터 1944년까지 무려 24년간 영란은행 총재를 역임한 몬터규 노먼이고, 또 한 사람은 1914년부터 1928년까지 14년간 초대 뉴욕연방은행 총재를 역임했던 스트롱이었다. 노먼은 민간 은행으로 출발한 영란은행을 공익을 수호하는 중앙은행으로 변신시킨 인물이었고, 스트롱은 막 출범한 미국 연준을 막강한 실권을 지닌 명실상부한 중앙은행으로 정착시킨 인물이었다. 스트롱은 미국 연준 설립 후 최초로 1924년 대대적인 통화 및 신용 완화 정책을 단행했다. 그 이면에는 고갈 상태였던 영란은행의 금 보유액을 확충하도록 해 영국의 금 본위 제도로의 회귀를 지원하려는 의도가 있었다. 스트롱은 미국 금리를 낮게 유지하고 신용을 완화해 영국으로 자본이 몰리고 영국의 수출이 확대되도록 유도했다. 이에 따라 영란은행의 금고가 금으로 다시 채워지면서 영국은 1925년 금 본위제로의 복귀를 결정했다. 이러한 두 사람 사이의 우정과 협력을 바탕으로 제1차 세계 대전 이후 세계 각국은 금 본위제로 다시 뭉쳤다. 1929년의 대공황으로 인해 1931~1936년 사이에 각국은 경쟁적인 평가 절하로 서로에게 상처를 주었다. 하지만 이를 교훈 삼아 1936년에는 미국, 영국, 프랑스가 경쟁적인 평가 절하를 자제하고 자국 화폐의 환율을 바꿀 때는 미리 협의한다는 삼국간 협정을 체결했다. 다른 국가들도 이 협정을 지켰으며 이는 브레턴우즈 체제의 단초가 되었다.

제2차 세계 대전 이후의 국제 금융 통화 제도를 형성한 브레턴우즈 체제도 크게는 국제 협조의 값진 결과였다. 그 논의 과정에서 앞서 소개한 것처럼 미국과 영국 사이의 견해차는 있었지만 그것이 공조의 큰 틀을 흔들지는 못했다. 제2차 세계 대전 이후 새로 만들 국제 금융 체제의 구체적 역할과 기능에 대해서는 영국 측 케인스와 미국 측 화이트의 의견이 대립했다. 하지만 기존의 국제 통화인 금 대신에 명목 화폐가 국제 통화가 되어야 한다는 큰 틀에서의 의견 일치는 커다란 진전이었다. 이후 금풀제(Gold Pool, 1961년 11월 미국과 영국 등 10개국 사이의 1온스당 35달러를 유지하기 위한 금 매매 협정), 특별 인출권 도입(Special Drawing Rights, 1969년 IMF가 도입한 제도로 국제 수지가 악화될 때 외화를 빌릴 수 있는 권리), 스미소니언 합의(Smithsonian Agreement, 1971년 12월 금 1온스당 38달러로 합의 후 44.22달러로 재조정), 킹스턴 합의(Kingston Agreement, 1976년 1월 변동 환율 제도로 전환), 플라자 합의(Plaza Agreement, 1985년 9월 22일 달러의 평가 절하 합의), 루브르 합의

• 세계 최고 경제 포럼으로 부상한 G20 회의.

(Louvre Accord, 1987년 달러 가치 안정을 위한 미국의 재정 적자 감축 촉구) 등은 모두 세계 경제 환경의 변화를 반영해서 달러화 중심의 국제 통화 제도를 유지하려는 각국의 정책적 공조의 결과였다. 원래 협조의 시간은 고요하고 대립의 시간은 시끄러운 법이다. 오로지 반목과 갈등으로 국제 통화 제도의 역사가 점철되었다거나 이러한 대립이 국가의 이익을 도모하는 데 기본 전략이 된다거나 전 세계의 이익을 극대화하는 국제 통화 제도란 원래 존재하지 않는다고 오해하지 않길 바란다.

2013년 초 일본이 공격적인 대규모 양적 완화 정책을 시행하면서 2010년에 중국을 중심으로 벌어졌던 통화 전쟁이 재발하는 것이 아니냐는 우려로 시끄러웠던 적이 있다. 글로벌 금융 위기 이후 잠시 회복하는가 싶던 경제가 다시 불안한 모습을 보이고 있으니 각국은 인위적 환율 절하라는 카드를 꺼내 들고 싶은 유혹에 시달리는 것도 당연하다. 그러나 상생의 역사를 다시 한 번 되새겨야 할 시점이다. 통화 전쟁, 환율 전쟁으로 시끄러운 현실에서 자국의 이익을 극대화하는 전략도 세워야 하겠지만 국가 간에 신뢰를 쌓고 국제적 공조를 만들어 가는 것이 더 중요하다는 사실을 망각해서는 안 된다. 오늘날 각국 경제는 실물과 금융 가릴 것 없이 모두 다른 나라의 경제와 매우 긴밀히 연결되어 있다. 국내 정책을 마련할 때도 그 정책이 다른 나라에 어떠한 영향을 미치고, 그 영향이 어떻게 부메랑이 되어 자국에 돌아오게 될 것인지의 문제까지 고려해야 한다. 그리고 그러한 의무는 국제 금융 시장에 미치는 영향이 큰 국가들일수록 더욱 무겁게 인식해야 한다. 자국 통화가 국제화되어 널리 사용되는 특권에 따른 일종의 '노블레스 오블리주(noblesse oblige)'라고 할 수 있다. 일본이 통화를 공격적으로 확대하자 많은 국가들은 지나치게 확대된 엔화가 신흥국 자본 시장을 넘나들면서 심각한 자본 변동성 문제를 더욱 악화시킬 가능성에 대해 우려를 나타낸 바 있다. 불안정한 국제 금융 시장은 일본의 경제 회복에도 도움이 되지 않는다. 자국의 이익만을 고려하는 통화 전쟁과 화폐 전쟁에서는 어느 나라도 승자가 될 수 없다. 단지 차이가 있다면 조금 잃느냐 아니면 많이 잃느냐뿐이다. 이것이 기축 통화의 역사가 주는 또 다른 소중한 교훈이다.

  브레턴우즈 체제가 출범하고 2년이 지나 돌연 케인스가 사망했다. 그 후 1년 지나서 케인스와 브레턴우즈 체제를 설계했던 화이트마저 사망했다. 둘 다 그 사인(死因)이 심장 마비로 알려져 있다. 그들이 출범시켰던 브레턴우즈 체제는 1971년 닉슨 대통령의 달러의 금 태환 중지 선언으로 형식적으로는 종말을 보았다.(닉슨을 화이트의 사망과 연결시키는 설명도 있다.)[27] 하지만 케인스와 화이트가 산고 끝에 출산한 IMF와 세계은행이 수호하는 달러 중심의 국제 통화 질서는 아직까지 건재하다. 물론 달러 중심의 지금의 통화 체제가 영원히 지속되지는 않을 것이다. 앞으로 세계 경제 지도가 변함에 따라 국가들 사이의 위상을 반영해 달러 중심의 국제 통화 질서도 변화해 갈 것이다. 하지만 케인스와 화이트가 보여 주었던 공조와 상생의 정신은 영원히 잊히지 않았으면 하는 바람이다.

6장

애덤 스미스에게 배우는 화폐의 기본

지금까지 화폐가 어떻게 진화했는지를 역사적 사건들을 통해 살펴보았다. 역사 속의 많은 사건들은 그 자체로 중요하고 기본적인 연구 대상이지만 보다 심층적인 이해를 위해서는 당시 사람들의 생각의 편린들을 엿보는 것도 필요하다. 이번 장과 다음 장에서는 애덤 스미스(Adam Smith, 1723~1790)와 존 메이너드 케인스(John Maynard Keynes, 1883~1946)의 저서들을 통해 경제학의 두 거장이 화폐를 어떻게 이해했는지를 살펴보고자 한다. 이 두 경제학자를 선택한 이유는 한 사람은 경제학의 시조이고, 또 한 사람은 오늘날 가장 유명한 경제학자이기 때문이다. 하지만 그보다 더 중요한 것은 이 두 사람이 공통적으로 각자가 살았던 시대의 고정 관념에 맞서 자신의 화폐관(貨幣觀)을 당당하게 주장했기 때문이다. 이 두 사람의 화폐 이론으로 인해 세상은 화폐와 경제를 더 정확하게 이해하게 되었고, 이들의 정책적 제안은 이후의 화폐 제도 발달에 큰 기여를 했다.

애덤 스미스의 화폐 이론은 당시 팽배했던 중상주의(mercantilism)와 대비해서 이해하는 것이 좋을 것 같다. 중상주의자들은 16세기에서 18세기에 걸쳐 애덤 스미스보다 조금 앞서거나 동시대를 살았던

• 경제학의 시조 애덤 스미스.   • 1776년에 발간된 『국부론』.

유럽 왕실의 정책 조언자들이었다. 그들은 공통적으로 다음 세 가지 정책을 주장했다. 첫째, 국가는 왕실에 충성하는 소수에게 독점권을 부여함으로써 국가의 위계질서를 확립하고 다른 나라와 비교해 우월한 경쟁력을 확보해야 한다는 것이다. 둘째, 국부는 금과 은과 같은 귀금속이므로 이를 확보하기 위해 식민지를 만들어야 한다는 것이다. 셋째, 국가가 적극적으로 수출을 장려하고 수입을 억제해 무역 흑자를 유지함으로써 금과 은과 같은 귀금속을 국내에 축적해야 한다는 것이다. 이러한 중상주의자들의 정책 제안들은 당시 유럽 각국의 정책에 실제로 반영되어 식민지 쟁탈전, 보호 무역주의를 불러일으켰다. 애덤 스미스는 역사적 관찰과 객관적 분석을 통해 중상주의자들의 이러한 도그마를 무너뜨렸고 그 과정에서 근대 경제학이 태동했다.[1]

'화폐는 분업과 교역을 촉진해 국부를 창출한다'

애덤 스미스의 화폐관을 소개하기에 앞서 그의 경제 이론을 전반적으로 짚어 보자. 애덤 스미스가 살았던 시대에는 아직 금화와 은화가 중요한 화폐였고 지폐는 금화와 은화를 보완하는 화폐에 불과했다. 화폐를 어떻게 관리할지에 대한 학자들과 정책 담당자들의 생각도 깊지 않았다. 따라서 애덤 스미스에게 화폐 이론은 독립적인 경제 이론의 영역이 아니었지만 그의 화폐관은 경제 이론 전체를 지탱하는 중요 기둥이었다. 전체적인 경제 이론과의 연계 아래에서 보면 애덤 스미스가 화폐의 역할을 어떻게 파악했는지를 잘 가늠할 수 있다.

오늘날 애덤 스미스를 경제학의 시조로 부르는 이유는 그의 역작 『국부론』 때문이다. 『국부론』의 원제는 『국가의 부의 성질과 원인에 대한 연구(An Inquiry into the Nature and Causes of the Wealth of Nations)』이다. 책 제목에서 짐작할 수 있듯이 애덤 스미스는 이 책에서 무엇이 국가의 부를 증대시키는지를 규명하려고 했다. 그는 방대한 역사적 사실을 바탕으로 귀납적 결론을 도출함으로써 경제학을 학문의 경지로 끌어올렸다. 이 책의 결론을 짧게 정리하면 분업과 교역이 국부의 원천이며 이를 위해 정부는 경제 주체들이 자유롭게 경제 활동을 할 수 있도록 자유방임 정책을 채택해야 한다는 것이다. 그러면 시장에서는 가격이라는 '보이지 않는 손(invisible hand)'이 자원을 가장 효율적으로 배분한다고 했다. 우리가 알고 있듯이 분업은 노동의 특화를 통해 작업의 숙련도를 높이고, 한 가지 작업에 집중함으로써 여러 작업을 수행할 때 소요되는 작업들 사이에서의 전환 시간을 없애 준다. 또 반복적인 작업을 하므로 작업 능률을 높일 수 있는 공구나 생산 방식을 고안해 낼 수 있도록 해서 국부를 증대시킨다. 애덤 스미스의 강의를 들었던 어느 한 학생의 강의 노트에는 이렇게 적혀 있다고 한다. "국가의 부는 흔히 착각하듯이 금과 은의 보유량에 비례하는 것이 아니라 국민의 조직적 작업 능률에 비례한다. 그 작업 능률 향상의 지름길은 분업이다. 따라서 분업은 국부 증대의 필수 요소이다."[2] 이 학생의 강의 노트가 『국부론』의 어느 구절보다 더 압축적으로 애덤 스미스의 생각을 전달한다.

그러나 분업만으로 국부가 증가하지는 않는다. 분업은 자유로운 교역에 의해 뒷받침되어야 한다. 두 사람이 분업을 해서 한 사람은 집만 짓고 또 한 사람은 농사만 짓는다면, 그들이 지은 집과 수확한 농산물은 분업이 이루어지기 전보다 증가할 것이다. 그러나 두 사람 사이에 교환이 이루어지지 않는다면 무슨 소용이 있겠는가. 살 집은 많지만 먹을 식량이 없어 배를 곯거나 반대로 먹을 것은 풍족한데 집이 없어 거리에 나앉는다면 결코 삶이 나아졌다고 할 수 없다. 따라서 노동자 간에, 지역 간에, 그리고 국가 간에 교역이 이루어질 때 궁극적으로 분업이 국부의 증대를 가져다줄 수 있다.

애덤 스미스는 더 나아가 교역이야말로 시장 확대를 가능케 해 노동의 분업을 더욱 심화시킨다고 했다. 실제로 이러한 애덤 스미스의 주장은 당시 영국 정치가들의 생각과 국가 정책을 바꾸었다. 앞에서 본 것처럼 애덤 스미스의 충직한 학생을 자처한 윌리엄 피트 수상은 당시 영국 식민지였던 미국을 계속 식민지로 삼아 착취하는 것보다는 독립시켜 교역하는 것이 국익에 도움이 된다고 생각해 미국 독립을 용인하면서 전쟁을 조속히 종결지었다. 지금 생각하면 상식인 이러한 단순한 생각이 당시 사람들의 생각을 바꾸고 나아가 세상과 역사를 바꾸었다.

그러면 화폐는 애덤 스미스가 중시한 분업 및 교역과 어떠한 관계에 있을까. 분업이 보편화된 경제에서는 재화들 사이의 교환이 필연적으로 발생한다. 그리고 그 재화를 교환하는 매개 수단이 화폐이다. 애덤 스미스는 화폐의 발전 과정을 이렇게 서술했다.[3] "초기에는 대표적인 상품 하나가 교환을 매개했는데, 매개 수단으로 사용된 상품 화폐는 사회마다 달랐다. 고대 농업 경제에서는 소가 보편적인 교환의 수단이자 가치 측정의 수단이었다. 아비시니아에서는 소금이, 인디아의 해안 지역에서는 조개껍데기가, 뉴펀들랜드에서는 말린 대구가, 버지니아에서는 담배가, 웨스트인디아에서는 설탕이 교환의 매개 수단으로 사용되었다. 그러나 이러한 다양한 상품 화폐 가운데 금속이 결국 화폐의 역할을 맡기에 이르렀다. 금속 화폐가 다른 상품 화폐들을 대체하게 된 것은 금속의 내구성과 가분성(divisibility) 때문이다. 스파르타에서는 철이, 초기 로마에서는 구리가 금속 화폐로 사용되었고 그 후로는 금과 은이 금속 화폐의 주종을 이루었다. 금속 화폐도 초기에는 괴(bar)의 형태로 만들어 사용하다가 거래할 때마다 금속의 순도와 중량을 재야 하는 불편을 덜기 위해 순도를 확인하는 인장(stamp)을 찍게 되었고, 나아가 중량을 표시하는 주조된 금속 화폐로 진화했다." 애덤 스미스의 이러한 설명은 우리가 1장에서 살펴본 화폐의 역사적 진화 과정과 정확하게 일치한다. 여기서 우리는 애덤 스미스가 화폐의 여러 기능 가운데 거래의 매개 수단으로서의 기능에 주안점을 두고 있다는 사실을 알 수 있다.

화폐가 교역의 발달을 위해 필수적이라는 애덤 스미스의 생각에 이견이 있을 수는 없지만 화폐에 대한 이러한 생각에 두 가지를 덧붙일 필요가 있다. 첫째, 화폐는 교역뿐 아니라 분업에도 필수적이라는 사실이다. 애덤 스미스는 분업을 자가 노동(self-employment)의 형태로만 설명했지만 오늘날 우리는 대부분 노동을 상품과 마찬가지로 사고팔고 있다. 과거 우리나라에서도 농사철이면 일손을 도와주고 그 대가를 수확한 쌀이나 곡식으로 받곤 했다. 자급자족했던 경제에서는 생활에 필요한 물건이라는 것이 별반 없어서 상품으로 노동의 대가를 받아도 큰 불편이 없었다. 그러나 지금은 상황이 전혀 다르다. 급료를 자신이 일하는 공장에서 생산된 핸드폰이나 화장지로 받는다고 생각해 보자. 불편한 점도 많고 다른 소비품으로 바꾸는 데 시간 낭비도 심할 것이다. 아마 화폐가 없어 급료를 생산물로 받았다면 지금과 같은 대규모 고용과 생산은 불가능했을 것이다. 로마 제국 시대에도 영토가 확대되고 로마가 주변 국가들의 경제 중심지가 됨에 따라서 로마에는 귀족도 노예도 아닌 제3의 신분인 자유인들이 몰려들었다. 이들이 로마로 올 수 있었던 데는 화폐의 힘이 컸다. 그들은 귀족들을 위해 자신의 기술과 시간을 제공하고 그 대가를 화폐 임금으로 받았다. 이로써 로마의 노예제와는 다른 형태의 고용 관계가 출현했고 이것은 로마의 노예제를 흔드는 계기가 되었다. 즉 화폐는 분업이 심화될 수 있는 전제 조건이었다.

둘째, 애덤 스미스는 화폐를 거래의 매개 수단으로만 보았다는 점이다. 그는 1장에서 살펴본 화폐의 다른 기능들에 대해서는 주목하지 않았다. 하지만 오늘날 화폐는 거래의 매개 수단으로서의 기능보다는 가치의 척도나 투자 수단으로서 더 중요해졌다. 큰 거래는 대부분 실물 화폐의 매개 없이 당사자들 사이에서 계좌 이체로 이루어진다. 거래가 화폐의 실물 교환 없이 계좌로 이체되거나 은행권으로 거래되는 경우 그 과정에서 신용이 창출되고 금융이 심화된다. 거래의 매개 수단에 국한해 화폐의 가치를 생각한 애덤 스미스의 인식의 한계는 화폐 사용이 제한적이었고 금융이 발달하지 않았던 당시 상황을 감안해 보면 어느 정도 수긍이 간다. 이와 비교해 불과 150년 후에 또 한 명의 천재 경제학자 케인스는 "화폐는 현재와 미래를 잇는 다리"라고 했다. 케인스가 화폐의 기능 가운데 가장 주목한 것은 화폐의 가격은 이자율이고, 이자율은 사람들이 현 시점에서 바라보는 미래에 대한 기대를 반영한다는 사실이었다. 화폐를 거래의 매개 수단으로 이해하는 애덤 스미스는 케인스의 이 함축적인 표현이 의미하는 바를 이해하지 못했을 것이다. 그러므로 앞으로 이 장에서 살펴볼 애덤 스미스의 화폐 이론은 화폐에 대한 그의 기본적인 인식과 시대적 한계를 감안해서 보아야 할 것이다.

'금과 은의 실질 가격이 개별 상품의 가격과 물가를 결정한다'

이제 본격적으로 애덤 스미스의 화폐 이론을 살펴보자. 애덤 스미스의 화폐에 대한 이론적 관심은 두 가지였다. 하나는 당시 화폐로 사용되던 금과 은의 가치에 대한 관심이었다. 상품의 가격이 금과 은으로 표시되므로 금과 은의 가치 문제는 물가 문제와 같은 것이었다. 또 하나는 화폐로 사용되는 금과 은을 국부로 생각하는 중상주의 사상이 맞느냐 하는 것이었다. 먼저 물가 문제부터 살펴보기로 하자. 다소 이론적인 논의이지만 애덤 스미스의 경제 이론에서 개념적 기초가 되므로 이를 이해하고 넘어가는 것이 필요하다.

경제학이 철학으로부터 독립해 독자적인 학문으로 홀로 서기까지는 오랜 시간이 걸렸다. 초기의 경제학자들은 철학의 전통적인 주제들과 씨름했다. 애덤 스미스도 예외는 아니었다. 예를 들어 가치(value)는 경제학자들에게 근본적이고 매력적인 주제였다. "노동만이 가치를 창조한다."라는 마르크스의 노동 가치론이 현대사에 얼마나 큰 영향을 주었는지를 생각해 보라. 노동 가치론은 사회주의 혁명과 공산주의 국가들의 이론적 토대였다. 그런데 애덤 스미스는 실용적인 경제학자였다. 그에게는 가치보다 가격이 중요한 문제였다. 애덤 스미스도 고대 철학자 플라톤과 마찬가지로 물건의 사용 가치와 교환 가치의 상이함에 주목했다. 물은 인간의 생존에 필수적이라는 점에서 사용 가치가 크지만 물을 주고 그 대가로 다른 물건을 얻을 수 없다는 점에서 교환 가치는 미미하거나 거의 없다.[4] 반대로 다이아몬드는 사용 가치는 미미하지만 교환 가치는 크다. 애덤 스미스에게 가치는 '교환 가치(value in exchange)'를 의미한다. 그 교환 가치가 노동의 양으로 표시되면 '실질 가격(real price)', 화폐 금액으로 표시되면 '명목 가격(nominal price)'이다. 모든 상품에는 실질 가격과 명목 가격이 있고 이 두 가격은 서로 다르다. 보다 근원적이고 정확한 가격은 노동의 양으로 표시되는 실질 가격이지만 노동은 그 성격상 균일한

질이 아니어서 측정하기 어려우므로 화폐로 표시된 명목 가격으로 표시되고 거래된다. 그런데 문제는 명목 가격의 변동성 때문에 발생한다. 실질 가격은 항상 일정한 데 비해 명목 가격은 변동하기 때문이다. 금과 은의 시장 수급과 명목 가격의 움직임과의 관계를 규명함으로써 화폐가 가격 안정성 측면에서 근본적인 문제가 있는지를 규명하는 것이 그의 첫 번째 관심사였다.

이제 본격적으로 애덤 스미스의 첫 번째 관심사인 명목 가격의 안정성이라는 문제를 살펴보자. 왜 애덤 스미스는 노동으로 표시되는 실질 가격을 진정한 교환 가치를 나타낼 수 있는 가격으로 보았을까.[5] 물건의 교환 가치라는 것은 '그 물건의 주인이 가질 수 있는 다른 사람의 노동 또는 그 노동에 의해 생산된 물건에 대한 구매력 또는 통제력'이다. 그러므로 물건의 가격은 그 물건이 지배하는 다른 사람의 노동의 양으로 표시된다. 그리고 노동자의 건강 상태가 같고 근력이 동일하며 숙련도가 같다면 동일한 노동의 양은 노동자에게 동일한 양의 휴식, 자유, 행복을 포기하는 것을 의미하기 때문에 노동의 실질 가격은 변하지 않는다.[6] 하지만 현실적으로 노동은 측정하기 어렵기 때문에 물건의 가격을 노동으로 표시할 수 없다. 대신에 물건의 가격은 화폐로 표시된다. 화폐로는 다른 물건을 살 수도 있고 다른 사람을 고용해 물건을 생산할 수도 있다.

과연 애덤 스미스의 설명대로 실질 가격은 영구불변한가. 현실은 그렇지 않은 것처럼 보인다. 노동 시장에서 노동의 가격은 항상 변동하기 때문이다. 이러한 현실을 애덤 스미스는 어떻게 이해했을까. 그는 이렇게 설명했다. "동일한 양의 노동은 노동자에게는 항상 동일한 가치를 갖지만 노동자를 고용하는 사용자에게는 그 가격이 변한다."[7] 고용주는 노동 시장의 상황에 따라 동일한 노동을 구매한다. 비싼 값을 치를 때도 있고 싼 값을 치를 때도 있으나 그렇다고 '노동의 실질 가격'이 변한 것은 아니고 '노동의 명목 가격'이 변한 것이라는 설명이다. 노동의 실질 가격은 동일한데 화폐인 금 또는 은의 가격이 낮아지거나 또는 높아졌기 때문에 노동의 명목 가격이 변한 것이다. 금과 은의 가격이 낮아져서 노동의 명목 가격이 올랐다면 다른 물건들의 명목 가격도 마찬가지로 올랐을 것이므로 노동의 명목 가격이 올랐다고 해서 노동자의 삶이 나아졌다고 할 수 없다. 실제로 노동자가 더 잘살게 되었는지 아니면 더 어려워졌는지를 볼 때는 노동의 명목 가격이 아니라 실질 가격을 따져 판단해야 한다. 애덤 스미스의 실질 가격과 명목 가격에 대한 정확한 이해가 오늘날 경제학의 물가 이론으로 발전했다. 그는 무려 250년 전에 오늘날의 경제 이론과 일치하는 생각을 했던 것이다.

실질 가격과 달리 금화나 은화로 표시되는 명목 가격은 금이나 은 광산의 채굴 상황에 따라 수시로 바뀌는 폐단이 있다. 금이나 은의 공급이 줄어 금과 은의 가격이 오르면 일반 상품의 가격은 내려가고, 반대로 금이나 은의 공급이 늘어 금과 은의 가격이 내리면 일반 상품의 가격은 올라갔다. 앞에서 살펴본 바와 같이 16세기에 아메리카 대륙에서 금과 은이 유럽 대륙으로 대규모 유입됨에 따라 금과 은의 가격이 종전의 3분의 1로 하락했다. 아메리카는 금과 은의 매장 위치나 채굴 방식이 비교적 쉬워 유럽에 비해 노동의 양이 많이 줄어들었기 때문이다. 따라서 금과 은의 실질 가격이 그만큼 하락한 것이라 할 수 있다. 그 결과 유럽 각국은 극심한 물가 상승의 혼란을 겪어야 했다. 이처럼 그 자체의 가격이 변동하는 것을 화폐로 사용하는 것은 문제가 있었다.

그런데 역사적으로는 이러한 화폐 자체의 실질 가격이 변화하는 것보다는 지배자들의 이익을 위해 인위적으로 만들어진 왜곡이 더 큰 문제였다. 애덤 스미스는 일정 중량을 표시하던 금속 화폐가 모든 나라에서 왕들과 국가의 탐욕과 부정에 의해 원래 중량보다 적게 주조되었던 것을 국민의 신뢰를 저버리는 사악한 행위라고 강하게 비난했다. "속임수로 왕들은 훨씬 적은 부담으로 그들의 부채를 갚고 호화로운 생활을 영위할 수 있었지만, 그들에게 돈을 빌려 준 많은 채권자들은 불공정하게도 빌려 준 돈을 덜 받게 되었다. 이러한 상황은 일반 국민들 사이에서도 발생해서 채무자들에게는 유리하고 채권자들에게는 불리한 결과를 낳았다. 이러한 화폐 가치의 하락은 다른 어떤 사회적 변혁과 재난보다도 더 대폭적이고 더 광범위한 부의 배분을 초래했다."[8] 이 부분은 애덤 스미스 사후 150년이 지나서 케인스가 인플레이션을 통한 정부의 재원 조달을 비판하는 논조와 정확하게 일치한다.

'금은 복본위제는 성립하기 어려우니 금이 화폐의 기본이 되어야 한다'

애덤 스미스가 살았던 당시에도 금화 또는 은화에 함유된 금 또는 은의 양이 적어져 명목 가격이 상승한 경우가 많았다. 금괴나 은괴의 가격은 일반적인 물건의 가격과 마찬가지로 시장에서의 수요와 공급에 따라서 변한다. 그런데 당시에는 금화와 은화의 실제 중량이 표시된 중량에 미달했기 때문에 금괴와 은괴의 가격이 동일한 중량으로 표시된 금화와 은화의 가격보다 높았다. 이 경우에 상인들은 그들 물건의 가격을 평균적인 금화나 은화의 중량에 따라 조정한다. 왜냐하면 물건의 가격을 정할 때 상인들에게 중요한 것은 물건 값으로 받는 금화나 은화의 액면 가격이 아니라 중량으로 정해지는 실제 금화와 은화의 가치이기 때문이다. 따라서 금화나 은화의 중량이 액면 가격에 미달하면 모든 물건들의 명목 가격이 오르는 문제가 발생한다.

당시 영국은 금화와 은화를 모두 법정 화폐로 사용했는데 금화와 은화 사이의 교환 비율이 중량 미달 문제를 더욱 복잡하게 만들었다. 당초에 영국에서는 은화만이 법정 지급 수단이었고 금화는 시장에서 은화와의 교환 비율을 결정하는 역할을 했다. 그런데 금과 은의 교환 비율이 오랫동안 일정하게 유지됨에 따라 그 비율을 법으로 정했고, 금화도 법정 지급 수단으로 받아들였다. 당시의 법정 비율대로라면 1온스의 금화는 3파운드 17실링 10과 2분의 1펜스의 은화와 동일했다. 반면에 1온스의 금괴는 은화로 4파운드에 달했다. 금괴가 중량 미달의 금화보다 더 비싼 것은 당연했다. 1774년 금화의 중량을 원래대로 회복시킨 이후에는 금괴의 가격이 은화 3파운드 17실링 7펜스로 하락했다. 이렇게 원래대로 중량을 회복한 금화의 가격이 금괴보다 높아진 것은 금괴를 금화로 바꾸는 데 명목적인 주조 비용을 내진 않았지만 주조 과정에 소요되는 기간만큼 자금을 묻어 두어야 하기 때문이다. 금화를 원래의 중량대로 회복시키는 재주조(再鑄造)는 결과적으로 성공했다.

논란이 된 것은 은화의 재주조였다. 과연 은화의 재주조도 금화의 재주조와 마찬가지로 긍정적인 결과를 낳을 것인가에 대해 많은 논란이 있었다. 당시 은화의 가격이 은괴에 비해 낮았기 때문에 은화를 은괴로 녹이는 경우가 많아져 은화가 시장에서 자취를 감추었다. 대개는 은화의 재주조가 이러한 문제를 해결해 줄 것으로 생각했지만 애덤 스미스의 생각은 달랐다. 그는 은화의 중량을 정상화하는 재주조는 오히려 은화를 은괴로 녹이려는 유인을 크게 할 뿐이라고 주장했다. 실제로 영국 정부는 은화를 원래 중량에 맞게 재주조해서 공급했지만 소용이 없었다. 새로 주조된 정상적인 중량의 은화도 계속해서 은괴로 녹여 은화가 부족한 상황이 지속되었던 것이다. 애덤 스미스의 예측이 옳았다.

애덤 스미스는 금화와 은화의 법정 교환 비율이 잘못된 데 원인이 있다고 생각했다. 이를 해결하는 방법은 금화에 비해 은화가 더 유리하도록 법정 교환 비율을 바꾸든지(예를 들어 현재 법정 교환 비율이 금1=은10이라면 금1=은8로 바꾸는 것) 아니면 은화를 법정 지급 수단에서 제외하는 것이다. 금과 은의 시장 가격이 수시로 바뀌므로 이를 정확하게 반영해 정하는 것은 불가능하고 따라서 법정 화폐를 금으로 일원화하는 것이 궁극적인 해결책이라고 보았다. 5장에서 살펴본 바와 같이 뉴턴은 과학적 사고와 청렴성으로 금과 은의 법정 교환 비율을 정확하게 정했다. 하지만 그도 금과 은의 시장 가격을 반영해 그 비율을 수시로 바꾸지는 못했다. 그는 훌륭한 과학자였지 훌륭한 경제학자는 아니었다. 뉴턴은 경제학자로서뿐 아니라 투자자로서도 재능이 없었다. 그는 사우스시회사 주식에 투자했다가 버블이 터지는 바람에 무려 2만 파운드나 손실을 입었다고 한다.⁹ 이런 경제적 측면만 보면 애덤 스미스가 뉴턴보다 훨씬 나았다. 그는 두 종류를 법정 화폐로 사용하는 것은 어려우며, 이 경우 보다 가치가 큰 화폐를 법정 화폐로 하고 다른 화폐는 이 법정 화폐와의 교환 비율이 시장에서 자유롭게 결정되도록 하는 것이 바람직하다고 판단했다. 애덤 스미스는 복본위 통화 제도의 문제점을 정확하게 인식한 경제학자였다.

영국과 유럽에서는 애덤 스미스의 생각대로 19세기 중반 이후에 금 본위 제도가 대세로 자리 잡았다. 하지만 미국은 사정이 달랐다. 단일 본위 통화 제도가 좋은지 복본위 통화 제도가 좋은지에 대한 논란은 19세기 후반까지 정치적으로 중요한 쟁점이었고 학계에서도 치열한 논쟁이 벌어졌다. 남북 전쟁이 끝나고 1873년 화폐 주조법을 입법하면서 금과 달러의 교환 비율만 정하고 은과 달러의 교환 비율은 빠뜨린 것이 미국이 금은 복본위 제도에서 금 단일 본위 제도로 이행하는 결정적인 계기가 되었다. 미국은 이후 디플레이션을 겪으면서 그 원인이 금 본위제 때문이라는 비난이 일었다. 금은 복본위 제도를 유지하고 있었다면 금화의 가치가 상승해서 디플레이션이 일어나면 상대적으로 가치가 낮아진 은화가 자연스럽게 금화 대신 사용되어 디플레이션이 완화될 수 있다는 것이다. 은 본위제를 옹호하는 정치 세력들은 당시 입법을 '1873년의 범죄'라고 비난했다. 1896년 민주당의 대통령 후보였던 브라이언(William Jennings Bryan)은 '은의 자유화'를 대선 공약으로 내걸고 복본위 제도로의 환원을 시도했지만 금 본위 제도를 공약으로 내세운 공화당의 맥킨리(William Mckinley) 후보에게 패배했다. 새로운 금 채굴법이 발명되면서 금 생산이 증가해 종전의 디플레이션은 끝나고 오히려 인플레이션이 일어났기 때문이다. 지금까지도 복본위 제도를 옹호하는 경제학자들이 많다. 특히 통화주의의 거두 밀턴 프리드먼이 그 선봉에 섰다.[10]

당시 미국에서 복본위제냐 금 본위제냐 하는 논란은 오늘날 우리가 생각하는 것보다 훨씬 심각하고 첨예하게 대립했던 정치적 쟁점이었다. 이러한 상황에서 우리가 잘 아는 동화 『오즈의 마법사(The Wizard of Oz)』가 1900년에 발표되었다. '도로시'라는 소녀와 동행하는 친구들의 모험을 그린 이 유쾌한 동화에는 화폐 제도를 둘러싼 깊은 정치적 갈등이 담겨 있다. 이 책은 원제가 '온스의 마법사(Wizard of Ounce)', 즉 '금의 마법사'였다고 한다. 금은 복본위제를 주장하는 네브래스카 주 출신의 민주당 브라이언 후보를 간접적으로 지원하기

- 미 민주당 대통령 후보 브라이언. 1896년 선거에서 'No Cross of Gold'를 주장했다.
- 뮤지컬 「오즈의 마법사」의 한 장면.

위해 이웃한 사우스다코타 주의 신문 발행인이자 동화 작가였던 프랭크 바움(Frank Baum)이 동화를 써서 신문에 연재했다고 한다. 여기서 그 줄거리에 정치적 의미를 부여한 해석은 흥미롭다.

캔자스 주(미국의 중심부, 서민층)에 사는 도로시라는 여자아이가 토네이도(사회적 혼란)에 휩쓸려 날아가 도착한 곳은 오즈라는 동네의 서쪽 끝(미국 서부)이었다. 그곳을 다스리던 마녀가 토네이도 때문에 죽은 것(서부 경제 피폐)을 안 도로시는 마녀의 은색 구두를 신는다. 도로시는 길을 가다가 세 친구를 만난다. 양철 인형(공장 노동자), 허수아비(농민), 목소리만 크고 용기 없는 사자(정치인)였다. 이들은 소원을 들어줄 수 있는 마법사가 동쪽 끝(워싱턴 DC)에 산다는 말을 듣고 노란 벽돌길(금 본위 제도)을 따라 여행을 한다. 천신만고 끝에 마법사 집에 도착했지만 마법사는 에메랄드로 만들어져 바깥세상이 파랗게 보이는 집(금권 정치)에 갇혀 사는 무능한 존재(클리블랜드 대통령)였다. 그 마법사는 도로시가 신고 있는 은색 구두(은화)야말로 소원을 이루어 주는 신통한 물건이라고 고백한다. 그 말을 듣고 은색 구두를 부딪히며 소원을 비는 순간 도로시와 친구들은 소원을 이룬다.[11]

'금화와 은화는 물가 안정 측면에서 성공적인 화폐였다'

금속 화폐로서 금과 은은 그 자체의 실질 가격이 변동하는 한계에도 불구하고 지금까지 인류가 사용한 어떤 화폐보다 성공적인 화폐로 평가받는다. 하지만 사람들은 금과 은을 화폐로 사용하는 데 100

퍼센트 신뢰를 하지 않았던 것 같다. 사람들은 금과 은은 계속 생산되어 축적되기 때문에 그 가치는 떨어지고 물가는 오를 것이라고 막연하게 걱정했다. 그러나 경제학자로서 애덤 스미스는 과거의 자료를 분석해 오히려 물가가 내릴 것이라는 정반대의 추론을 내놓았다. 그는 경제가 성장하고 국내외 거래 규모가 커짐에 따라 금화나 은화의 수요가 많아질 것이라고 보았다. 또 소득 수준의 상승으로 귀금속인 금과 은의 수요도 증가하기 때문에 그 가치는 지속적으로 상승할 것으로 판단했다. 애덤 스미스는 자신의 추론을 뒷받침하기 위해 1350~1776년 사이 은의 가치 변동을 세 시기로 구분해 분석했다.

첫 번째 시기인 1350~1570년 사이에 은의 가치는 2배 올랐다. 1350년 밀 1쿼터의 가격이 은 4온스였는데 1500년 초에는 은 2온스로 하락했고 이후 그 가격이 유지되었다. 이 결과는 국부가 증가함에 따라 거래량이 증가해 이를 매개하기 위해서는 더 많은 양의 은이 필요하고, 또 부의 축적에 따라 호사스러운 생활을 영위하기 위해서도 은의 수요는 늘어나기 때문에 은의 가치가 상승한다는 애덤 스미스의 추론과 맞아 떨어졌다. 두 번째 시기는 1570~1636년이다. 이 시기에 옥수수 1쿼터의 가격이 은 6온스 내지 8온스로 상승했다. 이러한 은 가치의 하락은 아메리카 대륙에서 대규모의 은 광산이 발견되었기 때문이다. 세 번째 시기는 1637~1776년이다. 이 시기는 아메리카 대륙에서 발견된 광산으로부터 유입되었던 은으로 인한 은 가치 하락의 영향이 더 이상 나타나지 않은 때였다. 이 기간 가운데 1770년까지 64년간 윈저(Windsor)의 밀 시장에서 거래되는 최상급 밀의 가격은 2파운드 2실링 3분의 1펜스로 이전 60년간 가격보다 1

실링 3분의 1펜스가 올랐다. 애덤 스미스는 이러한 밀 가격 상승의 이유를 은 가치의 하락으로 이해했던 당시의 통념과는 달리 해석했다. 영국 시민전쟁으로 인해 농사와 무역이 부진했고, 농산물 수출 지원금(bounty) 제도의 시행[12]으로 인해 농산물 수출이 증가해서 농산물 가격이 상승했다는 분석이다. 또 당시 금화와 은화의 중량이 심각하게 미달된 것도 가격 상승의 원인으로 보았다. 이로써 애덤 스미스는 은의 가치 하락이 물가 상승의 원인이 아니었다는 것을 실증적으로 증명해 보였다.

금과 은의 가치는 400년 동안 신대륙으로부터 은의 대량 유입으로 인한 물가 상승을 제외하면 비교적 안정적으로 유지되었다. 은에 대한 지속적인 국내 수요 증가뿐 아니라 유럽, 미국, 인도, 중국 등에서 은의 수요 증가도 그 가치를 높이는 요소였다. 은의 축적에도 불구하고 은의 가치가 증가한다는 것은 물가가 지속적으로 오르지는 않는다는 결론과 마찬가지였다. 물가 안정이라는 측면만을 생각한다면 장기적으로 금이나 은과 같은 금속 화폐가 이상적인 화폐라는 점에 의문이 없다. 특히 애덤 스미스처럼 화폐를 거래의 매개 수단으로 이해한다면 경제 규모가 증가함에 따라 거래 규모도 증가할 것이므로 오히려 화폐 가치는 증가하고 물가는 하락할 가능성이 크다.

그런데 왜 물가 안정 측면에서 성공적이었던 금속 화폐가 지폐로 대체되었을까. 금속 화폐가 화폐의 근간을 이룬 시대에 살았던 애덤 스미스에게서 이 질문의 답을 들을 수는 없다. 2장에서 금속 화폐가 지폐로 전환되는 과정을 상세히 살펴보았는데, 그 과정을 화폐의 기능 변화라는 측면에서 생각해 보자.

화폐는 애덤 스미스가 생각한 것처럼 거래를 매개하는 수단에 머무르지 않았다. 산업이 발달하고 자본주의가 심화될수록 화폐는 가치 저장 수단이자 투자 수단이 되었다. 화폐는 물건을 사고파는 판매자와 구매자 사이에 채권 채무를 해소하는 지급 수단으로서의 기능보다는 남는 소득을 저축하는 자금 공급자와 투자 자금을 필요로 하는 자금 수요자 사이에서 자금을 이동시키는 금융 기능이 더 중요해졌다. 또 앞의 장들에서 살펴본 것과 같이 전쟁은 대규모 자금 수요를 만들었다. 이러한 확대된 자금 수요를 충족시키기에 금속 화폐는 한계가 있었다. 금속 화폐로는 1파운드를 투자하기 위해서는 누군가 1파운드를 저축해야 했다. 누군가 덜 소비하고 저축하지 않으면 투자 자금이나 전쟁 자금을 마련할 길이 없다. 반면에 지폐는 찍어 내는 데 제한이 없다. 금속 화폐는 안전하지만 대규모 재원을 조달하기에는 미흡했던 것이다. 이 때문에 금속 화폐는 불안하지만 대규모 재원 조달이 가능한 지폐로 대체되었다.

'소중한 귀금속을 화폐로 사용하는 것은 어리석다'

이제 애덤 스미스의 두 번째 관심사로 넘어가서 화폐를 축적된 국부로 볼 것인지 아니면 사회적 비용으로 볼 것인지에 대해 살펴보자. 앞에서 설명한 대로 당시에는 금화와 은화를 국부의 중요한 부분으로 생각해 이를 확보하려고 자국의 수출을 진흥하고 수입을 규제하는 정책을 권장하는 중상주의가 팽배했다. 그러나 애덤 스미스는 생각이 달랐다. 그는 화폐를 국부로 보는 중상주의자들과는 달리 화폐를 사회적 비용으로 보았다. 지폐가 금과 은을 대체해 금은이 화폐가 아닌 다른 생산적인 목적으로 사용되는 것은 사회적 비용을 줄이는 것이므로 바람직하다고 생각했다. 금과 은의 자유로운 수출입을 옹호하는 한편 금과 은의 기능을 보완하는 지폐의 긍정적인 면을 변호한 것도 이러한 화폐관에서 비롯했다.

애덤 스미스는 화폐를 사회의 고정 자본이라고 보았다. 그래서 화폐를 국가 경제가 돌아갈 수 있게 하는 바퀴에 비유했다.[13] 그는 화폐는 경제가 원활하게 돌아가게 하는 중요 자본이지만 그 자체는 수익이 아니라는 점을 강조했다. 고정 자본을 유지하는 비용을 아낄 수 있는 제도나 기술의 발전은 국가 순수익의 증가를 가져온다. 고정 자본은 그대로 유지하면서 절약한 부분만큼 새로운 노동력을 고용하거나 추가로 원료를 구입해 생산을 증대시키는 데 사용할 수 있기 때문이다. 마찬가지로 금화나 은화 대신 지폐를 사용하면 절약된 금이나 은은 국가의 다른 유용한 용도로 사용될 수 있다. 애덤 스미스는 지폐 가운데 은행 발행 어음(bankers notes)이 금화와 은화를 대체할 수 있는 가장 좋은 지폐라고 생각했다. 언제든지 금화와 은화로 바꿀 수 있다는 고객의 신뢰가 있는 한 은행 발행 어음은 금화와 은화와 동일한 화폐로 기능하기 때문이다.

은행이 고객에게 10만 파운드의 어음을 발행해 대출해 줄 경우 은행은 고객의 지급 요구에 대비해 2만 파운드만 금화나 은화로 금고에 보관하고 나머지 8만 파운드는 다른 용도로 사용할 수 있다. 경험에 의해 20퍼센트만이 은행에 지급 요구로 돌아오고 나머지 80퍼센트는 시장에서 계속 유통된다는 것을 알고 있기 때문이다. 이렇게 국내 거래를 유지하는 데 필요한 금화나 은화는 2만 파운드만 필요하므로 나머지는 해외로 유출된다고 애덤 스미스는 보았다. 애덤 스미스는 이렇게 유출되는 금화나 은화가 일부 고소득층의 사치품 수요를 충족시키기 위한 재화의 수입에 사용된다면 국가 경제에는 도움이 되지 않는다고 했다. 그는 이러한 사치품 수입은 일부에 그치고 대부분은 생산을 위한 원자재, 기계 등 산업 활동에 필요한 물품 구입에 사용될 것으로 예상했다. 그 이유로 '상식적인 신중성의 원칙(principles of common prudence)'의 작동을 들었다. 『국부론』에서 애덤 스미스는 '상식적인 신중성의 원칙'에 대해 더 이상 설명하지 않았다. 추측해보면 애덤 스미스가 그의 경제 이론에서 가정하는 '현재보다 더 나아지려는 욕구를 가진 경제 주체'가 소유한 건전한 자제와 절제를 이 신중성 원칙이라고 부른 듯하다.

한 나라의 산업 활동 규모는 원료, 기계 및 설비, 그리고 노동자의 근로에 달려 있다. 이 세 가지를 구입하기 위해서는 물론 화폐가 필요하지만 화폐 자체가 생산 활동에 투입되는 것은 아니다. 화폐는 거래를 원활하게 하는 수단일 뿐이다. 금이나 은이 더 이상 거래를 매개하는 수단으로 사용되지 않고 유동 자본으로 활용되는 것은 마치 기업가가 우수한 성능의 기계 발명으로 고정 자본을 줄여 생산을 증가시키는 것과 같다. 한 나라의 경제에서 연간 총 생산량과 화폐 간의 비율을 정확하게 계산하기는 어렵지만 이를 계산해 본 당시 학자들은 크게는 5분의 1, 작게는 30분의 1 정도일 것으로 추정했다. 따라서 종전에 화폐로 사용되던 금과 은의 20퍼센트만으로 거래를 지지할 수 있고, 나머지 80퍼센트가 유동 자산으로 활용된다면 생산 활동은 획기적으로 증대할 것이라는 것이 애덤 스미스의 생각이었다.

애덤 스미스는 지폐가 경제 활동 증가에 기여한 예로 스코틀랜드를 들었다. 과거 30년 동안 스코틀랜드의 거의 모든 도시에 은행이 설립되고 지폐가 금화와 은화를 대체한 결과 은화는 20실링의 소액 지폐를 교환하는 데 이외에는 거의 사용되지 않았다. 금화의 사용은 더 드물었다. 1695년 스코틀랜드은행(The Bank of Scotland), 1727년 왕립은행(The Royal Bank)이 설립된 이후 15년 동안 스코틀랜드 내에서의 거래 규모는 4배가 커졌고, 글래스고 시의 경우에는 첫 은행이 설립된 이후 15년간 거래가 2배로 늘었다. 거래 확대의 상당 부분이 지폐 사용과 관련 있음은 의심의 여지가 없다는 것이 애덤 스미스의 생각이었다. 1700년대 초 스코틀랜드에서 유통된 금화와 은화의 전체 규모는 최소한 1만 스털링(sterling)이었는데, 1750년쯤에는 전체 화폐 규모가 2만 스털링으로 확대되었다. 그러나 이 가운데 금화와 은화의 규모는 5000스털링에도 미치지 않았다.

대체된 금화나 은화의 일부는 은행 금고 안에 머물지만 나머지는 화폐가 아닌 용도로 사용되어야 한다. 그렇지 않고 은행 금고 안에서 잠잔다면 아무런 효과가 없다. 특히 지폐가 통용되지 않는 해외(예를 들어 당시 중국에서는 영국 지폐가 지급 수단이 되지 못했다)에서 수입 물품에 대한 대가로 은화를 지급하면 더 많은 원료를 수입할 수 있다. 당시 지폐는 은행이 고객의 무역 어음을 지급일 전에 할인해 주고 발행한 약속 어음이거나 고객들에게 현금 계좌를 만들어 주고 발행하는 약속 어음이었다. 은행들은 신용도가 높은 두 사람의 신용 보증이 있고 담보 가치가 높은 재산을 소유한 고객에게 3000파운드의 현금 계좌를 제공했다. 일종의 대출 약정이었다. 이렇게 발행된 은행 약속 어음은 상인들과 노동자들 사이에서 화폐처럼 사용되었다. 이러한 현금 계좌 덕분에 기업가는 수시로 발생하는 현금 결제를 위한 준비금을 금고에 쌓아 둘 필요가 없어져 더 많은 원료와 기계를 구입하고 더 많은 노동자들을 고용해 생산을 증가시킬 수 있었다. 하지만 애덤 스미스는 은행들이 지폐 발행과 대출을 늘린다고 국가 전체의 자본이 증가한다고 보지는 않았다. 다만 은행들이 화폐 형태로 잠자고 있는 금과 은을 활동적이고 생산적인 자본으로 사용할 수 있게 되었다는 것이다. 애덤 스미스는 화폐로 사용하는 금과 은을 '지상 도로'에 비유했다. 이를 대신해 지폐를 사용하는 것은 '하늘 도로'를 내는 것이어서 기존에 도로가 있던 자리는 목초지나 옥수수 밭으로 경작할 수 있는 것과 같다고 비유했다.

'과도한 지폐 발행을 경계해야 한다'

당시에는 은행들이 마음대로 지폐를 발행하면 지폐가 넘쳐나 문제가 생기지 않을까 하는 걱정이 많았다. 중앙은행(1694년 설립된 영란은행은 당시에 민간 은행에 불과했다)과 금융 감독이라는 개념조차 없었던 시대였기 때문이다. 애덤 스미스는 규제가 없더라도 지폐가 퇴장하는 금화와 은화 이상으로 초과 발행되지는 않는다고 했다. 초과 발행되는 지폐는 국내에서 유통되지 않고 또 해외에서도 거래 수단으로 받아들여지지 않기 때문에 은행으로 다시 들어와 금화나 은화로 교환되리라고 보았기 때문이다. 만일 이러한 교환 요구가 곧바로 충족되지 않으면 은행에 대한 교환 요구가 더욱 확산될 위험이 있기 때문에 은행은 자중한다는 것이다.

애덤 스미스는 은행이 지폐를 초과 발행하면 지불해야 하는 비용이 크다는 점을 다음과 같이 자세히 설명했다. 은행이 지폐를 발행하고 유지하는 데는 두 가지 비용을 부담해야 한다. 첫째, 금화 또는 은화로 교환해 달라는 고객의 요구에 응하기 위해 자기가 발행한 전체 지폐 규모의 일정한 비율을 금화나 은화로 금고에 보관해야 한다. 이러한 금화나 은화는 이자를 받을 수 없다. 금고에 보관해서 대출되지 못함에 따라 포기되는 이자가 은행의 비용이다. 둘째, 금화나 은화로 교환이 일어남에 따라 은행은 금화와 은화를 수시로 확보해 금고를 채워야 하는 비용도 부담한다. 예를 들어 보자. 4만 파운드가 적정한 지폐 발행 규모인 은행은 발행 규모의 4분의 1 수준인 1만 파운드를 금화나 은화로 보관하면 문제가 없다. 이 경우 1만 파운드를 금고에 보관함으로써 이자를 포기하는 비용은 부담하지만 실제 금화나 은화로 금고를 채우는 비용은 발생하지 않는다.(초과 발행이 없으므로 금화나 은화로의 교환 요구가 들어오지 않고 모두 유통된다.) 만일 은행의 오산으로 4000파운드 초과된 4만 4000파운드의 지폐를 발행한 경우 이 은행은 1만 1000파운드를 보관하면 전체 교환 수요에 응할 수 있을까. 아니다. 초과 발행된 지폐 4000파운드는 거래에서 사용되지 않고 은행에 금속 화폐로 교환 요구가 들어오니 이 은행은 1만 4000파운드를 보관해야 한다. 이자 포기 비용이 늘어나는 것이다. 더구나 은행은 지속적으로 금화나 은화를 확보해 금고를 채우는 비용까지 추가 부담하지 않을 수 없다.[14] 애덤 스미스는 모든 은행이 이러한 원리를 잘 인식한다면 지폐는 초과 발행되지 않을 것이라고 했다. 이러한 애덤 스미스의 생각은 은행이 자율적으로 은행권 발행을 조절하므로 중앙은행이 은행들의 은행권 발행을 규제할 필요가 없다는 이른바 '은행 자유주의'의 주장과 일맥상통한다.

그런데 당시의 현실은 애덤 스미스의 생각과는 달랐다. 은행권의 초과 발행이 빈번하게 일어났다. 그래서 영란은행은 지폐를 금화로 교환해 달라는 고객의 요구로 매년 85만 파운드의 금화를 새로 주조해야 했다. 금화를 주조하기 위해 영란은행은 금괴 1온스를 시장에서 4파운드에 구입해 금화 3파운드 17실링 10과 2분의 1펜스를 주조했다. 영란은행은 주조비를 받지 않기 때문에 막대한 손해를 감수해야 했다. 스코틀랜드 은행들의 경우에는 초과 발행된 지폐를 금화나 은화로 교환해 주기 위해 런던에서 금화나 은화를 확보해 보관하는 런던 대리인을 별도로 두어야 했다. 이들에게는 보관 금액의 1.5퍼센트에서 2퍼센트의 수수료를 지불했다. 이러한 대리인의 금화와 은화 확보만으로 교환 수요를 감당하지 못할 경우 스코틀랜드 은행들은 런던의 다른 거래 은행에 교환 증서를 발행하고 금화나 은화를 빌리는 경우가 있었다. 교환 증서를 발행하는 경우 이에 따른 높은 이자와 수수료를 감수해야 하기 때문에 은행들의 손해는 컸다.

이러한 손해에도 불구하고 왜 영란은행과 스코틀랜드의 은행들은 적정량을 초과해 은행권을 발행하는 것일까. 우선 은행들이 초과 발행에 따른 비용을 잘 몰랐다. 그리고 영란은행이 주조비를 영국 재무부로부터 100퍼센트 보상받는 것도 그 원인이었다. 새로 주조해 유통되는 금화와 은화는 통상적인 거래를 유지하는 규모를 초과하는 분량이기 때문에 국내에서 금괴나 은괴로 만들어져 영국 은행에 판매되거나 해외로 반출되었다. 새로운 금화나 은화는 낡고 마모된 금화나 은화에 비해 중량이 무겁기 때문에 금괴로 녹이거나 해외로 반출하는 대상이었다. 이런 이유로 영란은행은 매년 85만 파운드 규모의 금화나 은화를 새로 주조하지만 시중에는 항상 금화나 은화가 모자랐다.

애덤 스미스는 지폐의 초과 발행이 생겨난 발단은 무모한 상인들과 기업들의 자금 초과 거래(overtrading)라고 보았다. 은행은 상인들의 이러한 경향을 경계해야 하므로 이들에게 자본금 전부 또는 대부분을 대출해 주지 말아야 한다고 경고했다. 상인들은 수시로 들어오는 어음을 현금으로 바꾸어 주기 위해 일정 수준의 현금을 비축해야 한다. 이 비축분이 은행이 대출해 줄 수 있는 적정 규모이고 이 부분만큼만 금화와 은화가 지폐로 대체되면 지폐의 초과 발행도 생기지 않는다. 현실적으로는 은행이 상인들의 진성 교환 증서만을 할인해 주면 초과 대출로 인한 화폐의 초과 발행이 발생하지 않을 것이다. 은행은 자신이 발행한 약속 어음이 돌아오면 금고에서 금화나 은화로 바꾸어 주지만, 약속 어음을 발행하고 대신 받은 무역 어음의 만기가 되면 금화나 은화로 지급받으므로 은행 금고에는 항상 일정한 금화나 은화가 유지된다. 애덤 스미스는 이를 이렇게 비유했다. "마치 연못에서 물이 흘러 나가지만 흘러 나간 만큼의 물이 강으로부터 유입되면 연못의 수위가 일정하게 유지되는 것과 같은 이치이다." 오늘날 은행의 역할과 비교해 보면 엄청난 인식의 변화가 있었음을 알 수 있다. 오늘날 기업들이 은행으로부터 받는 대출은 유동 자산의 일부에 한정되지 않는다. 은행은 대규모 설비 투자부터 시작해 대부분의 자본을 기업에 대출해 주고 있다. 애덤 스미스의 비유에 빗대 보면 흘러 나가는 물은 많고 들어오는 물은 적으니 수위는 갈수록 낮아지고 결국 말라 버리는 연못과 같다고 할 수 있다.

'은행의 지폐 발행과 대출은 신중해야 한다'

당시 스코틀랜드에는 늘 추가적인 자금 수요가 있었고, 이를 위해 은행들이 지폐를 더 많이 발행해야 한다는 목소리가 컸다. 이때 아주 획기적인 아이디어를 낸 은행가가 있었다. 앞에서 여러 차례 등장한 존 로라는 은행가였다. 그는 스코틀랜드의 전체 토지 가치만큼의 화폐를 발행하는 은행을 설립해 기업과 상인의 자금 수요를 충족시키자고 주장했다. 존 로는 당시 은행들이 은행권 발행의 기초로 보유하고 있는 금이나 국가의 조세 수입(영란은행은 국가의 조세 수입을 기초로 은행권을 발행했다)보다 토지가 수익성이 더 확실한 실물 자산이라고 강조했다. 토지 은행을 세우려는 그의 제안은 1705년 스코틀랜드 의회에 제출되었다. 하지만 의회는 그의 제안이 너무 위험하고 무모하다는 결론을 내리고 채택하지 않았다.(영란은행의 설립을 주도한 패터슨이 로의 제안에 적극 반대한 내용은 4장에 상세히 나온다.)

로의 이 아이디어는 프랑스에서 채택되어 미시시피 사업(Mississippi scheme)이라는 이름 아래 추진되었다. 토지 은행을 설립해 그 은행의 발권력으로 루이지애나(남쪽으로는 미시시피 강 하구에서 북쪽으로는 북아메리카 중서부에 이르는 현 미국 14개 주에 걸친 광활한 지역으로 미국 국토 면적의 5분의 1에 해당한다)의 땅을 구입하고 이 땅을 발행한 화폐의 가치를 담보하는 기초 자산으로 삼으려는 계획이었다. 미국 땅의 투자 가치에 대한 사람들의 환상 때문에 처음에는 로의 아이디어가 실현되는 듯했다. 하지만 결국 투자 수익이 형편없다는 사실이 밝혀짐에 따라 은행이 발행한 화폐에 대한 태환 요구가 폭주하고 은행은 돌려줄 자산(보유한 땅의 가치는 이미 폭락했다)이 없어 파산하고 말았다. 이 사업은 자금 규모 측면에서나 주주 규모 측면에서나 당시에는 가장 방대한 사업이었지만 주식 버블만 만들고 파산해 버렸다. 결국 미시시피 사업과 로의 아이디어는 실패로 돌아갔다. 하지만 그의 혁신적인 아이디어는 은행의 지폐 발행을 확대해 시장의 자금 수요에 적극 대응해야 한다는 사고의 단초를 제공했다.[15] 그러나 애덤 스미스는 로를 비롯한 상인들이 지폐 발행을 통해 자금 수요에 대응해야 한다는 주장에 반대했다. 그는 은행들의 지폐 발행이 제한적이고 신중해야 한다는 입장을 견지했다. 은행의 신중한 영업이 필요하다는 애덤 스미스의 구체적인 생각을 몇 가지 살펴보자.

애덤 스미스는 지폐의 초과 발행을 방지하기 위해서는 은행이 고객의 현금 계좌를 면밀히 들여다볼 것을 주문했다. 고객별로 4개월에서 8개월 동안 현금 계좌에서 대출해 가는 금액과 상환하는 금액을 비교했을 때, 대출과 상환의 균형을 이루는 고객은 문제가 없지만 대출이 상환보다 지나치게 많은 고객은 못 갚을 위험이 크므로 이러한 거래는 위험하다고 보았다. 그는 스코틀랜드 은행들이 고객들에게 '정기적이고 빈번한 상환'을 요구하는 관행은 이 측면에서 아주 적절하다고 평가했다. 소수 특정인들에게 대출하는 개인 사업가와는 달리 수천 명의 고객을 둔 은행은 모든 고객의 경제 상황을 정확히 알 수 없다. 그러므로 빈번하고 정기적인 상환을 고객 신용 평가 기준으로 삼는 것이 적절하다고 했다. 동시에 이러한 기준을 적용하면 지폐를 초과 발행하는 폐해도 예방할 수 있다고 보았다. 일정 기간 동안 상환보다 대출이 지속적으로 많다는 것은 약속 어음 발행을 통한 대출이 그 고객의 적정 대출 규모를 넘어서고 있다는 증거이기 때문이다.

애덤 스미스는 장기 대출도 위험하다고 경고했다. 신용 있는 고객의 경우에도 은행은 그 고객의 유동 자본 일부만을 대출해야 한다는 것이다. 공장을 짓고 도로를 놓는 등 고정 자본에 대한 투자는 장기간이 지나서야 수익이 실현되기 때문에 그 고객이 빈번하고 정기적으로 상환하는 것이 불가능하고, 따라서 은행의 대출 대상으로 적절하지 않다고 보았다. 이러한 투자에 필요한 자금은 이자를 받아 살아가는 개인 투자자들로부터 채권이나 모기지 형태로 빌려야 한다고 했다. 이와 같은 개인 투자자들은 투자가 실패하는 경우에도 상환받을 수 있을 만큼 채무자의 자본이 충분한지를 면밀히 검토한 후 대출해 주는 채권자들이기 때문이다. 은행의 경우 돈을 빌리는 데 인지세나 변호사 비용이 들지 않고 대출 조건도 유리하므로 장기 사업 투자자들은 은행 대출을 선호한다. 하지만 은행 입장에서는 이들을 경계해야 할 고객이라고 보았다. 이러한 측면에서 애덤 스미스는 전통적인 상업 은행을 염두에 둔 것 같다. 그는 상업 은행이 동시에 투자 업무를 하는 것을 경계한 것이다.

당시 스코틀랜드 은행들은 적정 규모 이상으로 고객들에게 대출을 해 손실을 보거나 이윤이 감소하고 있었다. 그런데도 고객들의 대출 확대 요구는 이어졌다. 기업들은 경제 규모와 거래 규모가 확대됨에 따라 은행 대출도 늘어나야 하고, 은행이 고객의 자금 수요를 충족시켜야 할 의무가 있는 것으로 생각했다. 은행 대출을 받지 못한 고객들은 편법을 활용했다. 바로 인수-재인수의 편법이었다. 구체적인 방식은 다음과 같다. 예컨대 에든버러에 기반을 둔 A는 런던의 B가 2개월 후에 지불하는 가짜 어음을 발행한다. B는 A에 대해 어떤 채무도 지고 있지 않지만 이를 인수한다. 왜냐하면 A가 2개월 후 이 교환 증서를 결제해야 할 시점 전에 자신이 발행하는 이자를 포함하는 증액된 어음을 A가 인수할 것을 약속받았기 때문이다. 이러한 과정을 통해 어음은 결제되지 않고 무기한으로 연장된다. 만일 이 어음이 같은 은행에서 계속 할인된다면 은행은 이 허위 어음을 발견할 수 있지만 여러 은행을 통해 할인이 이루어지면 발견이 어렵다. 또 허위 어음을 찾아낸다고 하더라도 이를 부도 처리하기도 어렵다. 뒤늦게 발견하고 그 금액이 큰 경우 이를 부도 처리하면 은행 자체의 존폐가 위태롭기 때문이다. 이런 경우 은행은 그 할인 조건을 까다롭게 해서 거래 규모를 점차 줄여 나가거나 그 고객이 다른 은행으로 옮겨 가도록 하는 것이 최선이다.

스코틀랜드에서는 고객들의 확대되는 자금 수요에 대응해 에어은행(Ayr Bank)[16]이 설립된 적이 있다. 이 은행은 진성 어음인지 허위 어음인지를 가리지 않고 동일한 할인율로 할인해 주었다. 또 대출 대상도 유동 자본에 한정하지 않고 고정 자본인 토지 개간용 자금까지 대출해 주는 정책을 폈다. 오히려 이러한 고정 자본에 대출해 주는 것이 이 은행의 목적으로까지 인식되었다. 이와 같은 정책으로 인해 적정 규모 이상의 은행 약속 어음이 발행되었고, 초과 발행된 은행 약속 어음을 금화나 은화로 교환하려는 요구로 에어은행의 금고는 항상 비었다. 이 때문에 에어은행은 금화와 은화를 확보해 다시 금고에 채워 넣어야 했다. 결국 이 은행은 2년 만에 그 이름처럼(Ayr와 air의 발음이 유사하다) 공중분해가 되어 문을 닫았다. 애덤 스미스는 에어은행의 영업이 일시적으로 기업의 자금 압박을 해소해 주긴 했지만 장기적으로는 자금 압박을 오히려 확대시켰다고 평가했다. 자금을 공급해 투자 사업이 2년 동안 유지될 수 있도록 했지만 결국은 대출 자금의 규모를 확대시켜 채권자들에게 더 큰 손실을 입게 했고, 국가 전체로도 자금 압박을 심화시켰다는 것이다. 긍정적인 효과는 없었을까. 에어은행이 다른 은행들의 불량 고객들을 유치함으로써 그들의 손실 부담을 완화시켜 준 효과가 있었다는 점은 애덤 스미스도 인정했다.

만일 에어은행이 계속 투자자들을 유치해 금고를 채워 가며 투자 확대를 추구하는 기업들의 자금 수요를 충족시켰다면 국가적으로 유익했을까. 이 의문에 대해 애덤 스미스는 명쾌한 답을 한다. 에어은행이 이윤을 내면서 이러한 영업을 계속했더라도 국가적으로는 이로울 게 없다는 것이다. 이 은행이 투자자를 유치하면 당초 개인 대출을 통해 자금을 받던 고객들의 투자금은 그만큼 줄어들기 때문이다. 전체 투자 자금은 동일한 채 그 규모가 개인 대출에서 은행 대출로 이전하는 효과뿐이라는 말이다. 애덤 스미스는 개인 대출은 고객의 경제 상황을 속속들이 알 수 있어서 더 유리한 투자 사업에 대출하는 데 비해 은행 대출은 그렇지 않기 때문에 대출의 질이 나빠진다고 보았다. 개인 대출을 받는 고객들은 대규모의 투자는 아니지만 더 큰 수익을 올려 대출금을 상환해 나갈 뿐 아니라 산업 활동에 필요한 자금을 확충해 더 많은 고용과 생산을 이루어 낸다는 것이 애덤 스미스의 생각이었다. 경제를 전체적으로 조망하는 애덤 스미스의 혜안과 자유방임과 시장 원리를 존중하는 그의 철학이 엿보이는 대목이다.

'지폐가 금화와 은화를 완전히 대체할 수도 없고 대체해서도 안 된다'

애덤 스미스가 『국부론』을 썼던 1770년대에는 아직까지 금속 화폐가 화폐의 주종을 이루었고 지폐는 단지 보완적인 역할을 하고 있었다. 애덤 스미스는 교환을 매개하는 중추적인 역할은 금속 화폐가 계속 담당할 것으로 보았다. 오늘날처럼 지폐가 완전히 금속 화폐를 대체하는 시대를 예견하지는 못한 것이다. 지폐도 금과 교환이 보장된 태환 지폐만을 생각했지 금과의 교환이 불가능한 불태환 지폐는 상상하지 못했다. 애덤 스미스는 금과 은을 대신해 지폐가 부분적으로 화폐로 사용되는 것을 환영했지만 지폐에 무한 신뢰를 보낸 것은 아니었다. 지폐는 전체 화폐 가운데 일정 부분에 한정해 사용해야 한다고 선을 그었으며 모든 금화나 은화가 지폐로 대체되는 것은 위험하다고 경고했다.

그는 한 나라의 경제에서 발생하는 거래를 상인들 사이의 도매 거래와 상인과 소비자들 사이의 소매 거래로 나누고, 도매 거래에는 지폐를 사용하고 소매 거래에는 금속 화폐를 사용해야 한다고 주장했다. 상인들 사이의 도매 거래에는 고액권이 사용되는 반면에 소비자와의 소매 거래에는 소액권이 사용되므로, 결국 그의 주장은 고액권에만 지폐를 사용해야 한다는 것과 같다. 당시 런던의 경우에는 유통되는 지폐의 최소 단위가 5파운드(영란은행이 1파운드, 2파운드 지폐를 처음 발행한 것은 1797년 나폴레옹 전쟁으로 인해 금화와 은화가 자취를 감춘 때였다)여서 도매 거래에서는 지폐를 사용하고, 소매 거래에는 금화나 은화 같은 금속 화폐를 사용하고 있었다. 반면에 스코틀랜드에서는 소액 지폐가 발행되어 도매 거래나 소매 거래에 모두 지폐를 사용해 금속 화폐가 거의 자취를 감추었다. 애덤 스미스는 정부가 10실링, 5실링의 소액권 지폐 발행을 금지한 이후 스코틀랜드에서 금속 화폐가 다시 등장한 것을 바람직한 현상으로 보았다. 애덤 스미스는 소액권 지폐의 발행을 금지하면 일반 개인들의 자유를 침해하게 된다는 비판에 대해 이렇게 답했다. "신용도가 높지 않은 은행들이 지폐를 발행할 경우 부도 위험이 크고 부도가 나면 소액 지폐를 상대적으로 많이 보유하고 있는 다수 서민들이 피해를 보기 때문에 정부가 입법으로 금지시키는 것이 바람직하다. 이것은 마치 화재의 확산을 막기 위해 방화벽 설치를 의무화하는 입법과 다를 바 없다." 애덤 스미스가 소액권 지폐 발행을 반대한 것은 신용도가 낮은 은행들에 의해 지폐 발행이 남발되어 부도가 빈번해지는 상황을 우려했기 때문이다.

애덤 스미스는 소액 은행권이 부도가 나서 서민들이 피해를 볼 가능성이 높다는 점에 주목했다. 상인들 사이에서는 서로의 신용과 거래 은행의 신용을 잘 잘고 있으므로 스스로 피해를 막을 수 있는 여지가 있다. 하지만 서민들의 소액 거래에서는 규모가 소액이라는 면 때문에 신용 확인이 소홀하다. 또 서로 잘 모르고 거래 은행도 잘 모르기 때문에 신용도 확인이 사실상 불가능하다. 애덤 스미스는 이러한 측면에서 소액 지폐의 유통에 반대했다. 오늘날 금융 투자가 일반화되고 심지어 고도의 파생 상품에까지 일반인들의 직접 투자가 늘어나는 것은 이러한 애덤 스미스의 시각에서는 문제가 아닐 수 없다. 2008년 글로벌 금융 위기에서는 금융 전문가라고 자처하는 국제 투자 은행, 신용 평가사들조차 금융 상품의 위험을 제대로 평가하지 못했다고 하니 일반인들의 금융 투자를 무조건 허용하는 것은 애덤 스미스로서는 절대 용납할 수 없는 일이었을 것이다.

애덤 스미스는 은행들의 지폐 발행에 있어서도 다른 경제 활동에서와 마찬가지로 자유 경쟁이 유익하다는 믿음이 있었다. 은행들은 경쟁이 치열할수록 다른 경쟁자에 의해 야기될 수 있는 악의적 뱅크런을 우려해 지폐를 초과 발행하지 않으려고 자제력을 발휘한다는 것이다. 또 경쟁은 지폐 발행 시장을 작은 단위로 세분화하므로 언제든 발생할 수 있는 대출 기업의 부도가 미치는 부정적인 파급 범위를 제한할 수 있어 공공의 안전도를 높인다. 따라서 은행의 지폐 발행에 대한 정부의 규제는 일정액 규모 이하의 소액권 발행을 제한하고 금이나 은과의 즉각적 교환을 의무화하는 것 이외에는 바람직하지 않다는 것이 애덤 스미스의 신념이었다.

『국부론』을 덮으며

지금까지 애덤 스미스의 『국부론』에서 화폐에 관련된 부분만을 살펴보았다. 오늘날의 발달된 화폐 제도와 화폐 이론에 비추어 본다면 애덤 스미스의 이론은 기초적인 수준에 불과하고 오늘날 현실에 적용할 여지도 크지 않다고 평가할지도 모른다. 사실 애덤 스미스의 이론을 그대로 지금의 금융 정책과 화폐 정책에 적용하기는 어렵다. 경제학의 시조라 불리는 애덤 스미스조차 넘지 못한 이러한 한계는 어디에서 오는 것일까. 무엇보다 화폐의 기본적인 역할이 바뀌었다는 것을 인정해야 한다. 애덤 스미스에게 화폐란 교환을 매개하는 수단이었다. 그리고 그는 지폐가 부분적으로 금화나 은화를 대체하기 시작한 시대에 살았다. 그 지폐라는 것도 오늘날과 같이 법정 화폐로서 금과의 교환이 불가능한 지폐가 아니라 은행들이 금과의 교환을 약속하고 발행하는 은행 약속 어음이었다. 하지만 오늘날 화폐는 가치의 저장 수단이자 투자 수단으로서의 기능이 가장 중요하다. 금화와 은화는 더 이상 화폐로 존재하지 않고 지폐는 완전히 명목 화폐, 법정 화폐로 변신했다. 애덤 스미스로부터 오늘날의 관리 통화 제도에 딱 들어맞는 이론을 기대하는 것은 조선 시대 명의 허균에게 오늘날의 첨단 의료 기술인 심장 이식 수술을 기대하는 것과 마찬가지이다.

그는 화폐의 가장 근본적인 원칙을 발견하고 이론화한 선구자였다. 당시 사람들이 금화나 은화와 같은 '화폐의 환영(幻影)'에 빠져 그 자체를 국부라고 생각하고 이를 확보하는 데 혈안에 되어 있을 때 애덤 스미스는 화폐의 실체를 밝히고 사람들의 인식을 바꾸었다. 그는 화폐가 사람들의 삶과 연결되는 고리는 물가라고 보았다. 실질 가격과 명목 가격을 구분하고 이 연결 고리에 화폐를 놓았다. 애덤 스미스의 화폐 이론에서 구체적인 정책 제안을 구하기보다는 그를 통해 고도로 복잡하고 난해한 화폐 이론에 천착해 오히려 오늘날 우리가 놓치고 있는 '기본'을 다시 한 번 상기했으면 하는 바람이다.

그 기본의 하나는 화폐 공급이 물가를 결정한다는 것이고, 또 하나는 화폐 가치 안정에는 신뢰가 가장 중요하다는 것이다. 물가의 폭등과 폭락으로 인해 많은 사람들이 자기 잘못도 없이 힘들여 모은 재산을 날리는 것은 개인의 입장에서나 사회 전체로 보나 바람직하지 않다. 화폐의 안정적인 공급으로 물가 안정을 도모하는 것은 사회 구성원들이 본연의 생산 활동을 통해 소득을 얻고 재산을 형성할 수 있도록 기본적인 경제 환경을 만들기 위해서이다. 안정적인 화폐 공급이 물가 안정을 100퍼센트 보장하는 것은 아니다. 하지만 안정적인 화폐 공급 없이 물가 안정을 이루기는 불가능하다는 것은 확실하다.

애덤 스미스는 그의 경제 철학인 자유방임 원칙이 화폐에도 적용된다고 보았다. 은행들이 지폐 발행을 스스로 알아서 조절한다고 보았기 때문이다. 오늘날의 금융 현실을 생각하면 맞지 않는 면이 많다. 특히 금융의 탐욕으로 인한 재앙이라고 지탄받는 2008년 이후의 세계 금융 위기 상황에서는 더욱 공허하게 들린다. 일부 사람들은 오늘날 금융 위기의 주범으로 지목하는 신자유주의의 뿌리가 자유주의 사상의 정신적 대부인 애덤 스미스라고 한다. 그는 은행들의 신뢰 확보가 스스로에게 유리하기 때문에 정부가 간섭할 이유가 없다고 생각했다. 오늘날에는 금융 감독 기관이 상세한 규정을 만들어 적용하면서 은행들의 신용 창조를 규제하고 감독한다. 애덤 스미스는 자율에 의해서, 오늘날은 감독 기관에 의해서 은행을 규제하지만 목적은 동일하다. 바로 신뢰 확보를 위해서이다. 화폐에 대한 신뢰가 없으면 그 화폐는 휴지 조각에 불과하다. 우리는 잘 돌아가던 은행도 고객의

- 다이달로스가 아들 이카로스에게 깃털과 촛농으로 만든 날개를 달아 주고 있는 모습.
- 이카로스가 태양을 향해 너무 높이 날다가 촛농이 녹으면서 추락하는 모습.

신뢰가 무너지면 하루아침에 허물어지는 경우를 수없이 목격했다. 금과의 연계가 끊어지고 신용 화폐가 주종을 이루는 현대에는 안정적인 화폐 가치와 금융 시스템을 유지하기 위한 신뢰 확보가 더욱 중요하다.

마지막으로 금화와 은화를 대신해 지폐를 사용함으로써 발생한 위험에 대한 애덤 스미스의 경고를 듣는 것으로 장을 마친다. "기업이나 상인들은 종전의 금과 은으로 포장한 도로로 여행할 때보다 훨씬 더 위험해졌다. 지폐를 사용하는 것은 다이달로스(Daedalus, 새의 깃털과 촛농으로 만든 날개를 만들어 아들 이카로스에게 주었다)의 날개[17]에 매달려 여행하는 것과 마찬가지이다. 지폐를 다루는 어리숙한 사람들의 실수에 의해 위험과 곤란에 처할 뿐 아니라 분별력과 실력 있는 사람들도 지켜 줄 수 없는 위험과 곤란이 닥칠 수도 있다."

7장

화폐 이론과 화폐 정책의 달인 케인스

케인스와 화폐

우리는 흔히 케인스를 화폐와 상관없는 경제학자로 생각한다. 심지어 화폐를 무시한 경제학자로 오해한다. 아마 통화 정책보다 재정 정책을 앞세우는 케인스주의자들의 정책 처방에서 비롯된 오해로 보인다. 그러나 사실은 다르다. 케인스만큼 화폐의 경제 현상을 역사적으로 또 이론적으로 연구하고 분석한 당대 경제학자는 없었다. 케인스의 주요 저서들은 화폐의 원리를 설명하기 위해 저술되었다고 해도 지나치지 않다. 케인스의 초기 저작인 『인도 통화와 금융(Indian Currency and Finance)』(1913), 『화폐 개혁론(A Tract on Monetary Reform)』(1923), 『화폐론(A Treatise on Money)』(1930)에서 알 수 있듯이 경제학자로서 초기에 케인스의 관심은 오로지 화폐였다. 그러므로 케인스가 화폐를 무시했다는 통념은 사실과 다르다. 단지 1929년 대공황이 그의 관심을 재정 지출, 경기 순환, 유효 수요 등으로 돌려놓았을 뿐이다. 혹자는 그의 후기 저작인 『고용, 이자 및 화폐의 일반 이론(The General Theory of Employment, Interest and Money)』(1936)에

이르러 케인스가 종전의 화폐 중심의 경제학자에서 재정 중심의 경제
학자로 변신했다고 한다. 하지만 케인스는 이 책에서도 여전히 이자
율을 분석의 기본 도구로 채택해 화폐 중심의 이론을 펼쳤다.

최근 글로벌 금융 위기와 세계 경제의 불황에 직면한 각국의 정책
을 보면 케인스가 다시 부활한 듯하다. 2008년 이후 세계 경제가 활
력을 잃고 있는 지금 경제적 난관을 타개하기 위한 케인스주의 정책
처방이 큰 쟁점이 되고 있다. 특히 금융 위기가 재정 위기로 번지면서
각국이 재정 긴축 기조로 전환하기 시작했다. 이 와중에 케인스주의
정책 처방인 재정 지출 확대 정책을 계속해야 하는지에 대한 논쟁이
치열하다. 다음의 『파이낸셜 타임스』 기사는 케인스주의 정책 처방에
익숙해 있는 현실을 다시 돌아보게 한다.

오늘날 케인스학파는 1930년대 이후의 미국의 경제 정책을 답습하려는
듯 보인다. 섣불리 재정 긴축을 하면 경제 공황이 올 것이라고 하면서 지금
필요한 것은 재정 완화 정책이라고 말한다. (…) 지금 상황은 당시와 확연
히 다르다. 당시는 첫째, 채권이 미국 내에서 소화되었고, 둘째, 폐쇄 경제
였다. 그러나 현재는 미국이 외국 자본에 의존하고 있고 개방도가 높아서
미국의 부양책은 중국 수출에만 좋은 일을 시킨다. 현재는 디플레 상황이
므로 인플레가 당장 나타나지 않지만 중앙은행이 돈을 계속 풀면 어떤 순
간에 가서 인플레 기대 심리가 치솟게 된다. (…) 30년 전에 영국 대처 행정
부와 미국 레이건 행정부가 성공한 것은 경기 부양인가 긴축인가의 선택
때문이 아니었다. 민간의 신뢰를 살리느냐 죽이느냐의 선택을 잘해서 성
공한 것이다.[1]

문제는 케인스를 재정 지출 만능주의 경제학자로 오해하는 데서 시작되었다고 본다. 케인스에 대한 이러한 편견 때문에 오늘날 세계적인 경제 침체 상황의 탈출구를 모색하는 과정에서 사람들의 관심이 주로 재정 지출 확대 정책에 대한 찬반 논쟁으로 쏠리고 있는 것이다. 케인스는 그의 화폐 이론에서 화폐 발행, 물가와 환율, 금리와 투자, 국제적 통화 정책 공조 등 다양한 문제들을 다루었다. 그런 의미에서 화폐에 대한 케인스의 생각을 곱씹어 봄으로써 보다 다각적이고 균형적인 시각을 가질 수 있고, 이번 글로벌 경제 위기에 대한 적절한 대응 정책도 다각도로 모색할 수 있다. 또 그의 이론을 균형 있고 정확하게 평가하는 것이 우리 시대의 가장 위대한 경제학자에 대한 예의이기도 하다.

　케인스가 화폐에 정통했다는 것은 4장에서 살펴본 것처럼 제2차 세계 대전 이후 새로운 국제 통화 질서를 세우는 논의에서 영국 대표로 참여했다는 사실에서도 확인된다. 영국 정부가 케인스를 자국의 입장을 대변하는 경제학자로 이 논의에 참여시킨 것은 우연이 아니었다. 당시 케인스만큼 화폐 이론과 실상에 정통한 사람은 영국 아니 세계 어느 나라에도 없었다. 결국 케인스의 제안 대신에 미국 대표인 화이트의 안이 채택되었지만 이는 케인스의 학문적 역량과는 무관한 일이었다. 이 결과는 케인스의 학문적 실패라기보다는 당시 떠오르는 신흥 경제 대국 미국을 상대하기에는 내리막길로 접어든 대영 제국의 역량이 부족했기 때문이다.

　따라서 화폐의 역사를 더듬어 가는 과정에서 화폐의 달인 케인스를 빠뜨리기는 어렵다. 앞 장에서 살펴본 애덤 스미스가 금속 화폐 시대의 학문적 사고를 대변한다면 케인스는 새로운 신용 화폐 시대를 대표한다. 케인스가 활동하던 당시는 중앙은행의 역할이 강화되고,[2] 주요국 간의 화폐 주도권을 잡기 위한 갈등과 알력이 절정에 달했다. 또 전쟁으로 인한 인플레이션과 디플레이션, 금융 호황과 금융 붕괴를 동시에 겪은 격변기였다. 상대적으로 널리 알려지지 않았던 화폐에 관한 그의 철학과 이론을 소상히 담은 두 권의 책을 중심으로 당시 논쟁이 되었던 주요 사건들에 대한 '화폐의 달인' 케인스의 해설과 해법을 들어 보자.

『화폐 개혁론(A Tract on Monetary Reform)』(1923)

'인플레이션은 정의롭지 않고 디플레이션은 이롭지 못하다'

제1차 세계 대전(1914~1918)은 세계 경제사에 큰 상처를 남겼다. 전쟁으로 파괴된 생산 시설은 엄청났지만 전후에 복구될 수 있는 것이었다. 그러나 전쟁과 함께 하락한 화폐의 가치는 영영 회복되지 않았다. 전쟁이 종결되고 5년 후인 1923년에도 전쟁 전과 비교해 영국 159퍼센트, 프랑스 411퍼센트, 이탈리아 582퍼센트, 독일 76만 5000퍼센트, 미국 157퍼센트, 일본 192퍼센트 등 모든 나라가 심각한 물가 상승에 시달렸다. 케인스는 이 책 서론에서 1914년부터 시작된 물가 상승과 그에 따른 화폐 가치의 폭락이 근대 경제사에서 가장 중요한 사건이라고 평가했다. 그는 당시 인플레이션을 '사상 전례 없는 폭력'이라고 강하게 비난했다.

케인스에게 화폐는 왜 그렇게 중요했을까. 이 책 머리말에서 케인스는 이렇게 말했다. "화폐는 개인들의 저축과 기업가의 이윤을 가늠하는 잣대이다. 이 잣대가 믿을 수 없다면 어느 누구도 열심히 일하려고 하지 않는다. 실업과 불안정한 임금, 급작스런 저축 손실, 불로이득, 투기, 예상 밖의 손실 등의 경제 문제들이 화폐 가치의 불안정에서 기인한다." 잘 알려져 있듯이 생산비는 세 가지 생산 요소인 노동, 기업가, 자본에 대한 보상인 임금, 이윤, 이자로 구성된다. 케인스는 이러한 일반적인 생산비를 구성하는 생산 요소에 대한 보상 외에 '위험 감수'에 대한 보상이 생산비에서 큰 비중을 차지한다고 보았다. 이러한 위험은 기업이 생산을 계획해서 실행하고 최종적으로 판매하는 기간 동안의 불확실성 때문에 발생한다. 그런데 이러한 위험은 가치 척도인 화폐가 불안정하면 더욱 커진다. 이러한 위험 감수에 대한 비용은 화폐 가치가 안정되면 거의 지불하지 않아도 될 비용이다. 따라서 이렇게 화폐 가치가 불안정해서 감수해야 할 위험이 클 경우에 기업의 생산 의욕은 위축될 수밖에 없다.

화폐 가치와 물가는 역(逆)의 관계이다. 화폐 가치의 하락이 인플레이션이고 화폐 가치의 상승이 디플레이션이다. 인플레이션이나 디플레이션 모두 계층 간의 부의 배분을 바꾸는 한편 부의 창출을 과열시키거나 지체시켜 경제 자체와 그 사회 구성원들에게 나쁜 결과를 낳는다. 특히 케인스는 부의 분배 측면에서는 인플레이션이, 부의 창출 측면에서는 디플레이션이 더 큰 문제라고 했다. 먼저 인플레이션을 보자. 인플레이션은 부를 채권자로부터 채무자로 이전시킨다. 금리가 예상 인플레이션을 반영해서 상승하지만 오르는 물가를 따라잡을 수는 없다. 인플레이션은 저축하려는 의욕에 찬물을 끼얹고 이는 자본 축적을 가로막는다. 채권자들은 주로 지주, 연금 생활자 등 비생산 계층이고 채무자들은 기업가 등 생산 계층이라는 면에서 이러한 부의 배분이 사회적으로 유리하다는 주장도 있다. 하지만 인플레이션이 지나치면 생산보다는 사재기 등 투기를 통해 이득을 보려는 경향이 나타나고 생산은 뒷전으로 밀려난다. 역사적으로 인플레이션을 통한 화폐 가치의 하락은 의도적인 측면이 있었다. 이는 가난한 정부(국민에 대해 채무를 졌다는 의미다)와 상대적으로 강력한 정치적 입지를 보유한 다수의 채무자(역사적으로 채권자는 소수인 반면에 채무자는 다수였다)들에 의해 조장되곤 했다.

다음으로 디플레이션을 보자. 디플레이션은 기업가의 생산 의욕을 떨어뜨린다. 상품을 생산해서 시장에서 판매하기까지는 상당한 시간이 필요하다. 그 사이에 만일 생산물의 가격이 떨어진다거나 시장에서의 수요가 위축된다면 기업은 예상하지 못한 손실을 입을 수밖에 없다. 이러한 위험이 기업가의 생산 활동을 결정하는 주요 변수가 된다. 이는 상대 가격의 변동에서도 기인하지만 전반적인 물가 즉 화폐 가치의 변동에 의해 부풀려진다. 기업가는 원료를 사고 노동자를 고용할 때 화폐로 미리 지불해야 하고 생산된 물건은 나중에 시장에서 판매해 화폐로 수익을 얻는다. 이 때문에 화폐의 가치에 따라 이윤의 크기가 좌우된다. 디플레이션으로 물가 하락이 예상되면 기업은 생산을 줄이거나 생산을 중단할 것이고, 이로 인한 피해는 일자리를 잃거나 임금이 삭감되는 노동자들의 몫이 된다.

케인스는 "인플레이션은 정의롭지 못하고 디플레이션은 이롭지 못하다.(Inflation is unjust and deflation is inexpedient.)"라는 아리송한 문구를 남겼다. 인플레이션이나 디플레이션 모두 정당하지 않은 부의 배분을 초래한다. 그런데 왜 케인스는 인플레이션이 정의롭지 못하다고 했을까. 부를 채권자로부터 채무자로 이전시키는 인플레이션과는 반대로 디플레이션은 부를 채무자에게서 빼앗아 채권자에게 나누어 준다. 그러나 디플레이션으로 손해를 보는 채무자인 기업가는 이 손해를 회피하고 만회할 수단(임금을 삭감하거나 고용을 줄여 대응한다)이 있는 반면에 인플레이션으로 손해를 보는 채권자는 이를 피할 길이 없다.(특히 연금 생활자인 경우 실질 소득의 감소를 감수해야 한다.) 따라서 불공평이 더 심각하게 문제되는 것은 인플레이션이다.

그러면 왜 디플레이션이 이롭지 못하다고 했을까. 노동자는 인플레이션이 생기면 실질 임금이 내려가는 것이 일반적이다. 하지만 노동조합으로 잘 조직화된 일부 노동자들은 오히려 실질 임금을 올릴 수 있고 일반 노동자들도 어느 정도의 명목 임금 상승으로 물가 상승에서 비롯된 구매력 저하를 벌충한다. 그러나 디플레이션으로 인한 고용 감소는 노동자로서는 어떻게 할 수 없는 부분이므로 디플레이션은 이롭지 못하다.

이렇게 화폐 가치의 불안정으로 인한 폐해가 막대한데 왜 화폐의 가치를 결정하는 책임 있는 사람들은 이를 방관해서 사상 초유의 인플레이션과 그 이후 디플레이션이 발생하도록 방치했을까. 케인스는 화폐 가치를 인위적으로 조작하는 것에 대한 당시의 맹목적인 불신을 원인으로 지목했다. 케인스는 이렇게 경고했다. "더 이상 화폐 가치를 자연 현상에 따라 결정되는 날씨나, 다수의 개인들의 독립적인 행동의 결과물로 나타나는 출생률이나, 혁명에 의해서만 바꿀 수 있는 헌법과 같은 범주에 넣으면 안 된다."[3] 케인스가 이 책을 영란은행 총재와 이사들에게 헌정한다고 말한 것은 당시 화폐 가치를 시장에 맡겨 두고 손 놓고 있던 보수적인 자유방임적 통화주의자들에 대한 신랄한 경멸과 조롱이었다.[4]

'인플레이션으로 정부의 곳간을 채우지 마라'

정부가 인플레이션을 통해 민간의 구매력을 정부로 이전시키는 것을 시뇨리지(seigniorage)라고 한다. 원래 시뇨리지는 금화와 은화를 사용하던 때에 정부가 금괴나 은괴를 금화나 은화로 주조하면서 그 대가로 받는 수수료를 일컬었다. 오늘날에는 정부가 화폐를 추가 발행하면 물가 상승으로 민간이 보유하고 있던 화폐의 실질 구매력이 하락한다. 또 그렇게 하락한 만큼 그 구매력이 정부로 이전하게 되는데 이는 일종의 세금과 같은 것으로 시뇨리지라고 부른다.[5] 앞에서도 살펴본 바 있듯이 정부가 이렇게 의도적으로 인플레이션을 활용해 재정을 꾸려 가는 것은 세금을 걷는 것에 비해 저항이 적다는 장점이 있다. 이 때문에 역사적으로 권력자와 정부는 이러한 방법에 의존하려는 유혹에 빠지곤 했다. 하지만 인플레이션은 서서히 퍼지는 질병과 같아서 일반 국민들에게 감당하기 어려운 고통과 손해를 안겼다. 그 결과 큰 저항을 불러일으켜 왕들이 왕위에서 쫓겨나거나 목숨을 잃는 경우도 있었다. 케인스는 이처럼 시뇨리지를 통한 재정 확충이 얼마나 위험한지를 전후 독일의 경우를 들어 경고했다.

 제1차 세계 대전의 패전국 독일은 베르사유에서 열린 파리 강화 회의에[6] 따라 1320억 금 마르크의 전쟁 보상비를 승전국들에게 갚아야 했다.(지폐 마르크가 아닌 금 마르크로 지불해야 했다는 점이 중요하다.) 전쟁으로 산업이 파괴된 상황에서 독일 정부는 보상금의 조달은커녕 세금을 통해 자체 지출 재원조차 조달할 수 없었다. 따라서 유일한 재원 조달 방법은 화폐 발행뿐이었다. 1920년 12월 당시 독일의 화폐량은 8100만 지폐 마르크에 불과했던 것이 2년 6개월 후인 1923년 6월에는 170억 만 지폐 마르크로 늘어났다. 독일 정부가 계속 마르크화를 찍어 낸 영향이었다. 그 결과 1920년에는 1금 마르크가 17지폐 마르크와 교환되었는데 1923년에는 4만 5000지폐 마르크와 교환되었다. 지폐의 양은 약 200배 늘어났는데 그 가치는 2500분의 1 정도의 더 큰 하락 폭을 나타냈다. 화폐의 증가 속도보다 평가 절하 속도가 훨씬 빠르게 일어난 것이다. 그해 8월에 지폐 마르크화의 양은 1160억 지폐 마르크로 증가했고, 1금 마르크를 사기 위해 무려 100만 지폐 마르크가 필요했다. 이는 마르크가 화폐 기능을 상실한 상황에 다다른 것이고, 화폐의 기능 상실은 쿠노(Wilhelm Cuno) 정부의 몰락으로 이어졌다.

 당시 독일의 쿠노 정부가 자신의 몰락을 초래할 정도로 지폐 마르크화를 찍어 낸 이유는 무엇일까. 1920년 12월 당시 유통되는 총 지폐 마르크화의 가치를 영국 파운드화로 환산하면 2억 4000만 파운드였다. 그 후 화폐량은 급속도로 늘었지만 가파른 평가 절하로 인해 총 마르크화의 가치는 1922년 중반에는 1억 파운드로, 1922년 후반에는 6000만 파운드로, 1923년 중반에는 2000만 파운드로 오히려 감소했다. 독일 정부는 이러한 지폐 마르크화의 가치 하락에도 불구하고 매주 100만 파운드, 매월 400만 파운드, 매년 5000만 파운드 가치에 상응하는 지폐 마르크화를 계속 찍어 냈다. 마르크화가 급속도로 평가 절하되는 상황에서 일정한 파운드 가치의 재원을 조달하려면 찍어 내야 하는 지폐 마르크화는 기하급수적으로 확대될 수밖에 없었다. 총 화폐 가치가 2000만 파운드인 상황에서 매주 100만 파운드에 상응하는 화폐를 찍어 냈으니 마르크화는 매주 5퍼센트 이상 평가 절하되는 것이 당연했다. 결국 1923년 8월 쿠노 정부가 몰락한 마지막 주에는 400만 파운드의 가치에 달하는 지폐 마르크화를 찍어 냈다. 이는 시중에 이미 넘쳐 나는 지폐 마르크화의 절반에 해당하는 어마어마한 양이었다. 지폐 마르크화를 찍어 재원을 조달하려는 독일 정부의 목표는 어느 정도 달성되었겠지만, 이로 인한 국가 경제 및 국민의 혼란과 고통은 이루 상상할 수 없는 상황으로 치달았다.

　케인스는 인플레이션이 예상되면 사람들은 현금을 최소한도로 줄이려는 속성이 있기 때문에 화폐 발행을 통한 재원 조달이 무한정 가능한 것이 아니고 오히려 세금보다 비효율적일 수 있다고 했다. 당시 주류였던 통화주의자들은 화폐를 늘리면 이에 비례해 물가도 오른다고 생각했다. 따라서 한 나라에서 유통되는 화폐 총량의 실질 가치는 일정하다는 것이 통념이었다. 과연 그럴까. 앞서 극단적인 독일의 통화 팽창 사례에서 총 화폐의 실질 가치가 급속하게 줄어든 것을 보았다. 물가는 화폐 발행보다 더 빠른 속도로 올라 총 화폐량의 실질 가치는 화폐 발행에도 불구하고 오히려 급감했다. 인플레이션을 통한 재원 조달에 국민들이 속수무책으로 방관하지는 않는다는 케인스의 생각이 맞았다. 화폐 가치가 떨어지면 국민들은 자산을 화폐 대신에 집, 보석, 내구재 등 실물로 바꾸어 보유하려는 경향을 보인다. 또 화폐 보유량을 거래에 필요한 최소한의 수준으로 낮추거나 외국 화폐로 대체하기도 한다. 일반 국민들은 자산을 지키기 위해서는 정책 입안자들이 생각하는 것보다 훨씬 지혜롭고 민첩하게 반응한다. 화폐 발행이라는 정부의 폭탄에 속수무책으로 당하고만 있지는 않는다. 당시 독일 사람들은 맥주를 주문할 때 여러 잔을 한꺼번에 주문했다. 한 잔 마시고 더 주문할 때는 이미 맥주 값이 올라 있으니 말이다. 사람들은 이런 식으로 초인플레이션에 기민하게 대처한다.[7]

'물가는 화폐량과 일대일 관계는 아니지만 화폐로 관리할 수 있다'

일반적으로 케인스의 화폐 수요 이론은 '유동성 선호 이론'으로 알려져 있다. 사람들이 이자 수익을 얻을 수 있는 채권 대신에 화폐를 소유하는 것은 이자 수익보다 화폐가 가진 유동성을 선호하기 때문이라는 것이 이 이론의 요지이다. 즉 화폐 수요를 결정하는 가장 중요한 변수는 이자율인데 화폐 수요는 이자율과 반비례 관계에 있다고 한다. 이러한 유동성 선호 이론은 화폐 수요가 실질 소득에 비례한다고 보는 화폐 수량설과는 상극의 관계이다. 하지만 놀랍게도 초기의 케인스 화폐 이론은 화폐 수량설(여러 가지 다른 버전이 있지만 대체로 화폐 수요가 실질 소득의 함수라는 점은 공통적이다)에 뿌리를 내리고 있다.

다만 통화주의자들에 비해 화폐량과 물가의 관계가 가변적임을 강조한다는 것이 다르다. 통화주의자들의 화폐 수량설을 아주 단순하게 정리하면 물가는 통화량에 비례해 변한다는 것이다. 화폐량을 두 배 늘리면 물가도 두 배 오르고 반대로 화폐량을 반으로 줄이면 물가도 반으로 하락한다는 것이다. 이에 비해 케인스는 화폐량과 물가가 이처럼 기계적이고 일정한 관계가 성립하지 않는다고 했다. 예를 들어 정부가 통화량을 약간 늘리면 경제 주체들은 자신들이 더 부유해졌다고 생각해 보유 화폐량을 종전보다 늘리기 때문에 당장 물가에는 변화가 나타나지 않을 수 있다. 반대로 화폐 발행이 장기적이고 대규모로 늘어날 때는 경제 주체들이 앞으로도 계속 물가 상승을 예상하기 때문에 화폐 보유를 더 축소하게 된다. 이로 인해 물가는 화폐량 발행 속도보다 더 가파르게 상승하기도 한다.[8]

장기에 걸친 통화량과 물가의 통계를 가지고 화폐 수량설의 진위를 실증적으로 검증하려는 시도들이 여러 차례 있었다. 그러나 수많은 시도들에도 불구하고 화폐 수량설은 여전히 논쟁거리이다. 통화주의자들은 경제 주체들의 부와 소득이 일정하고 그들의 화폐 보유 취향이 일관된다는 것, 그리고 경제가 '균형 상태'에 있다는 두 가지 조건 하에서 화폐 수량설이 성립한다고 한다. 따라서 화폐량과 물가 사이의 안정적인 관계를 실증적으로 확인하는 데 실패했다고 해서 화폐 수량설이 틀렸다고 단정할 수는 없다. 단지 통계적인 반증은 이론이 전제하는 조건이 충족되지 않았다는 것을 확인하는 의미로 해석될 수 있기 때문이다. 케인스도 장기적으로는 통화량과 물가가 정비례의 관계는 아니지만 안정적인 관계를 유지한다는 것을 인정했다. 그러나 그는 장기 균형에만 매달리는 통화주의자들의 태도에 대해 이렇게 불만을 토로했다. "장기적으로 우리 모두는 죽고 말걸. 경제학자라는 작자들은 수월하고 쓸데없는 일만 해. 폭풍이 부는 급박한 상황에서도 항상 폭풍이 지나가면 수면이 다시 잠잠해질 거라는 당연한 얘기만 하지."

 케인스의 관심은 실제로 중앙은행이 어떻게 화폐 발행과 민간 은행에 대한 통제를 통해 물가를 관리하느냐 하는 것이었다. 그는 관리 통화 제도에서 중앙은행을 통해 물가를 관리할 수 있고, 또 마땅히 관리해야 한다는 신념에 차 있는 사람이었다. 케인스가 활동하던 시기 영국에서는 은행 예금이 현금의 10배에 가까울 정도였다. 따라서 경제 주체들의 예금 규모와 예금을 받은 은행들의 지급 준비금 보유 비율이 통화량 결정에서 중앙은행의 지폐 발행보다 더 중요했다. 케인스는 예금 규모나 지급 준비금 비율은 민간과 은행이 결정하지만 중앙은행이 이들에게 영향력을 미쳐 조절할 수 있다고 보았다. 중앙은행은 재할인율을 통해 예금 은행이 고객에게 제공하는 예금 금리를 조율하고 예금 규모를 조정할 수 있다. 그리고 필요 지급 준비율을 높이거나 낮추어 은행의 대출과 예금을 통제할 수 있다. 따라서 중앙은행은 화폐량과 가치를 통제할 수단을 충분히 갖고 있었다. 문제는 이러한 통제 수단을 사용하기를 포기하거나 또는 화폐 가치의 안정에 우선하는 다른 목적이 있어서 그 수단을 사용하지 못하는 것이다. 예를 들어 앞서 살펴본 바와 같이 정부가 인플레이션이라는 시뇨리지를 통해 재원을 조달해야 하는 처지라면 화폐 가치의 안정이라는 목적은 뒷전으로 밀려난다.

'화폐적 변동 요인은 환율과 구매력 비율을 같은 방향으로 움직인다'

앞에서 간략하게 한 나라가 자국의 화폐 가치를 관리하는 방법을 살펴보았다. 중앙은행이 자국의 화폐 가치를 관리할 때 직면하는 가장 어려운 문제 가운데 하나는 한 나라의 경제가 고립적이지 않고 다른 나라와 서로 영향을 주고받는다는 점이다. 따라서 다른 화폐들과의 상대적 가치 즉 환율이 화폐 가치의 관리에서 중요한 요소가 된다.

케인스는 화폐 정책이 다른 나라 화폐와의 교환 비율 즉 환율에 어떠한 영향을 미치는지에 대해서도 자신의 이론을 정리했다. 금이나 은과 같은 금속 화폐가 통용되거나 혹은 금이나 은과의 교환이 보장된 지폐가 통용되던 시기에는 환율이 원칙적으로 화폐의 실제 금 중량 또는 법적으로 교환이 보장된 금 중량에 따라 결정되었다. 시장에서의 실제 환율은 두 화폐 사이의 금 비율을 중심으로 상하로 움직였기 때문에 환율이 큰 논쟁거리가 아니었다.[9] 그런데 케인스가 이 책을 저술하던 당시는 제1차 세계 대전 바로 직후였다. 대다수 국가에서 금 태환이 보장되지 않는 지폐가 사용되었고, 화폐와 금과의 연계가 없어지자 환율은 요동쳤고 사람들은 혼란에 빠졌다.

케인스가 주목한 것은 '구매력 균등 이론(purchasing power parity theory, 경제학 교과서에는 '구매력 평가설' 또는 '구매력 평가 이론'으로 나온다. '평가'보다는 '균등'으로 해석하는 것이 이 이론을 더 이해하기 쉽다)'이었다.[10] 이 이론은 화폐가 국내에서나 해외에서나 동일한 구매력을 갖도록 환율이 조정된다는 것이다. 만일 어떤 화폐로 국내에서 살 수 있는 재화의 양이 해외에서 살 수 있는 재화의 양보다 적다면 외국에서 수입하려는 수요가 있다. 수입을 하려면 국내 화폐를 팔고 외국 화폐를 사야 하므로 국내 화폐가 외국 화폐보다 싸지는 방향으로 움직인다. 즉 국내 화폐의 가치가 상대적으로 낮아지는 방향으로 환율 변동이 생기는 것이다. 이러한 움직임은 화폐의 국내 구매력과 해외 구매력이 같아질 때까지 계속 일어난다. 한마디로 환율은 화폐의 국내외 구매력이 동일해지도록 조정된다는 것이 이 이론의 결론이다. 하지만 현실적으로 환율과 구매력이 곧바로 완전히 일치하는 방향으로 움직이지는 않는다. 일반적으로 환율은 구매력보다 변동성이 더 크다. 환율은 투기 대상이 되고 일시적인 자금 이동으로 인해 영향을 받으며 변덕스런 예측에 좌우되기 때문이다. 그래서 환율은 단기보다는 장기에서 구매력 비율에 근접하는 경향을 보인다.

이 이론은 환율의 움직임을 예측하는 데 간단하면서도 유용해 보인다. 환율이 구매력 비율에서 벗어나 있으면 장차 그에 근접하는 방향으로 환율이 바뀔 것으로 예측할 수 있다. 그러나 현실에서는 이 이론의 예측이 늘 맞지는 않았다. 케인스는 이 이론의 치명적인 결점을 두 가지 지적했다. 하나는 현실에서는 운송비, 수출입 관세 등 무역에 수반되는 비용이 적지 않기 때문에 실제로 구매력 비율과 환율이 같아지는 것은 불가능하다. 다른 결점 하나는 보다 근본적이다. 나라마다 차이가 있지만 일반적으로 한 나라의 재화와 용역 가운데는 외국과 교역되지 않는 재화와 용역이 차지하는 비중이 높다. 이러한 재화와 용역을 비(非)교역재라고 한다. 이 비교역재는 구매력 비율 결정에는 큰 영향을 미치지만 실제 교역이 되지 않으므로 환율 결정과는 무관하다. 이와 같은 차이로 인해 환율과 구매력 비율은 같아지지 않는다. 따라서 구매력 균등 이론이 설득력을 가지려면 교역재와 비교역재의 가격이 동일한 방향으로 움직인다는 보장이 있어야 한다. 한 국가의 교역재와 비교역재의 가격이 같이 움직이기 위해서는 그 나라의 노동과 자본이 서로 자유롭게 이동할 수 있어야 하고, 재화와 용역의 가격이 화폐적인 요인에 의해서만 변동해야 한다. 화폐적인 요인은 교역재인지 비교역재인지 상관없이 가격 변동에 균일하게 영향을 미치기 때문이다. 교역재에만 영향을 준다든지 비교역재에만 영향을 주는 비화폐적 요인이 있을 때 환율과 구매력 비율은 서로 따로 놀 수밖에 없다.

  현실적으로 가격 변동은 비화폐적 요인에 의해서도 발생하기 때문에 환율이 구매력 비율에 근접한다는 것은 사실 기대하기 힘들다. 그래서 케인스는 구매력 균등 이론으로부터 '환율이 구매력 비율로 접근해야 한다든지, 아니면 환율이 구매력 비율로 접근하는 것은 시간문제일 뿐'이라고 해석하는 것은 맞지 않는다고 했다. 오히려 구매력 비율과 환율의 변동이 큰 격차를 보일 때는 그 나라의 교역재와 비교역재 사이의 상대 가격에 실질적으로 큰 변동이 있었다고 해석하는 것이 적절하다고 했다. 케인스는 한 나라에서 교역재와 비교역재의 상대적 가치는 잘 변하지 않는 근원적인 경제적 심리적 요인에 따라 결정된다고 보았다. 따라서 일시적으로는 둘의 상대적 가치가 교란될 수 있지만 장기적으로는 교역재와 비교역재의 가격이 같은 방향으로 움직인다고 했다. 특히 교란 요인이 화폐적 요인일 경우에는 서로가 접근한다.

앞서 말한 바와 같이 이러한 접근은 환율이 움직이거나 구매력 비율이 움직이거나 혹은 이 둘 모두 움직여서도 나타날 수 있다. 그런데 케인스는 주로 환율이 움직인다고 보았다. 구매력은 화폐 정책의 변동을 즉각 반영하는 반면에 환율은 어느 때는 지나치게 과잉 반응하고 또 어느 때는 느리게 반응하는 경향이 있기 때문이다. 현실에서는 과연 환율과 구매력 비율 간의 차이가 화폐 정책에 의한 일시적인 것인지 아니면 두 나라 사이의 근원적인 경제 여건이 바뀌어서 발생한 것인지 판단해야 하는 어려움이 있다. 근원적인 경제적 여건이 원인인 경우 환율과 구매력 비율 사이의 격차는 자연스러운 것이고 장기적으로도 해소되지 않는다. 한 나라의 상품이 세계적으로 더욱 선호된다든지, 노동자의 노동 생산력이 향상된다든지, 자본 이동이나 전쟁 보상금의 이동이 있다든지 하면 환율은 근원적으로 변하게 되고 구매력 비율과 차이가 발생한다. 케인스는 당시 유럽 국가들의 환율 변동이 주로 화폐적 요인에 따라 변동했다고 판단했다. 따라서 구매력 균등 이론이 당시 상황에서는 유효하다고 보았다.

'금 본위제 복귀는 우리의 운명을 야만 시대의 유물에 맡기는 꼴이다'

케인스는 제1차 세계 대전 이후에 영국을 비롯한 유럽 국가들이 종전의 금 본위 제도로 돌아가려는 정책에 반대했다. 그는 금 본위제를 '야만 시대의 유물(barbarious relic)'[11]이라고 비하했다. 특히 종전의 금과의 비율로 환원하는 것은 바람직하지도 가능하지도 않다고 단언했다. 제1차 세계 대전을 거치면서 각국의 물가는 몇 배 심지어는 몇십, 몇백 배나 오른 상태여서 종전의 금 비율로 환원하면 심각한 디플레이션을 초래할 것이 확실했기 때문이다.

그런데도 당시 유럽 국가들이 과거의 금 본위 제도로 환원하려는 명분은 세 가지였다. 첫째, 공평성이다. 전쟁 전이나 전쟁 중에 국가는 대규모 국채를 팔아 재원을 조달했으므로 국채를 산 사람들에게 약속한 만큼의 부를 돌려주어야 하는데, 종전의 금 본위제로 환원해야 동일한 금을 돌려줄 수 있다는 것이다. 둘째, 국가의 재정적 위엄과 장래의 신뢰 확보이다. 영국을 비롯해 네덜란드, 스웨덴, 스위스, 스페인이 이러한 입장을 공식적으로 밝혔다. 따라서 이러한 입장에서는 금 본위제로 환원이란 종전의 금 가치로 되돌리는 것을 의미했다. 셋째, 국익 향상이다. 화폐 가치가 올라가면 물가가 안정되어 노동자는 생활비 부담이 줄어들고, 자국 화폐의 금 가치가 높아지면 외국 물건을 값싸게 살 수 있다. 영국으로서는 미국에 갚을 부채 부담도 줄어든다.

이러한 주장은 명백하게 잘못된 것이므로 일일이 반박할 필요도 없다. 당시 전후 상황에서 정치적으로는 어느 정도 설득력을 가졌을지 모르지만 경제적으로는 재앙을 의미했다. 케인스는 종전 수준으로 화폐 가치를 높이면서 금 본위 제도로 환원하는 것은 심각한 디플레이션을 발생시킨다고 경고했다. 디플레이션은 부채를 지면서 실물 자산을 보유하고 있는 기업가들에게는 심각한 타격을 준다. 디플레이션이 50퍼센트 일어나면 은행 대출을 갚을 부담은 두 배 늘어나고, 고정 자산이나 유동 자산의 가치는 절반으로 감소한다. 기업가는 생산을 하기보다는 실물을 현금으로 바꾸려 할 테고 생산은 멈추고 일자리는 사라진다. 케인스는 리라를 종전 수준으로 환원하려는 무솔리니(Mussolini)가 이탈리아 국민들에게 이렇게 솔직히 얘기해야 한다고 했다. "내 정책은 여러분의 임금을 절반으로 줄이고, 정부의 부채를 두 배로 증가시키며, 시실리 섬에서 수출하는 오렌지와 레몬의 가격을 절반으로 줄이는 것이다."[12] 과연 무솔리니가 이탈리아 국민들에게 이렇게 솔직히 말했다면 그의 집권이 가능했을지는 의문이다. 실제로 재정 상황이 건실했던 체코가 1922년에 위험한 디플레이션 실험을 감행했지만 결과는 참담했다.[13] 체코 경제는 심각한 침체와 대량 실업 사태를 맞았다. 체코 화폐의 가치 또한 개선되지 못했고 오히려 불안정한 변동을 계속 겪게 되었다.

케인스는 종전의 화폐 가치로 되돌리는 것이 디플레이션을 발생시켜 문제이지만 금 본위 제도로 환원하는 정책은 더 근본적이고 심각한 문제라고 보았다. 금 본위 제도에서는 환율이 고정되어 있으므로 교역의 불균형이 발생하는 경우 환율은 문제 해결에 속수무책이다. 또 금 본위제는 금이 교역 적자국에서 교역 흑자국으로 이동하게 되므로 무역 흑자국의 물가는 상승하고 무역 적자국의 물가는 하락해서 교역의 균형이 달성된다. 이때 적자국의 중앙은행은 지급 준비금의 감소에 따라 재할인율을 인상하게 되고 이는 예금 은행의 신용 축소로 이어진다. 결국 금 본위 제도는 재화의 수요 축소와 가격 하락으로 이어지는 일련의 과정에서 교역이 균형을 이루는 것이다.

케인스는 금 본위 제도에서 불균형이 조정되는 과정의 신속성과 안정성에 의문을 품었다. 케인스는 이러한 과정에 최소한 수개월이 소요될 것이고, 그동안 중앙은행의 지급 준비금은 고갈될 것으로 보았다. 반면에 관리 통화 제도에서는 환율이 외환 시장에서 수요와 공급에 의해 즉각적으로 변동한다. 예를 들어 아침 외환 시장에서 영국 파운드의 공급(미국 달러에 대한 수요)이 미국 달러의 공급(영국 파운드에 대한 수요)을 초과하면 즉각적으로 환율이 미국 달러에 유리하고 영국 파운드에 불리하게 조정된다. 이에 따라 몇 시간 후에는 영국에서 미국 수출품의 가격은 오르고 미국에서 영국 수출품의 가격은 내린다. 이에 따라 미국 수출품에 대한 수요는 줄고 영국 수출품에 대한 수요는 증가하면서 외환 시장의 달러 수요는 감소하고 파운드 수요는 증가해 환율은 새로운 균형을 이룬다.

케인스에게 금 본위제로의 환원은 역사를 거스르는 것이었다. 그런데 정치인들이나 국민이 불환 지폐 제도보다 금 본위제를 선호한다는 것이 문제였다. 금 본위 제도가 역사적으로 물가 안정을 가져다 준 반면에 제1차 세계 대전 이후의 관리 통화 제도하에서 사람들은 극심한 인플레이션과 디플레이션을 겪었기 때문이다. 케인스는 금 본위 제도가 과거에 비교적 우수한 성적을 낸 것은 내재적 우월성 때문이라기보다는 당시의 상황이 상대적으로 유리했기 때문이라고 했다. 금 본위 제도가 안정적이었던 것은 무엇보다 지속적인 금의 공급이 가능했기 때문이다. 특히 19세기에는 캘리포니아, 호주, 남아프리카에서의 활발한 금광 개발로 금이 지속적으로 유입되었고 이로 인해 전체적으로 화폐 공급이 확대될 수 있었다. 그리고 금을 보유하는 다수의 독립적인 민간 은행들이 있었다. 이들은 금의 공급이 많아지면 지급 준비용으로 금을 많이 보유했고 금의 공급이 부족해지면 금을 적게 보유함으로써 화폐 공급이 일정해져 물가 안정에 도움을 주었다. 그러나 케인스는 1900년 이후에 이르러 상황이 바뀌었다고 했다. 이제 지구촌 모든 지역의 금이 개발되어 추가로 금을 대규모로 공급할 지역이 남아 있지 않았다. 그리고 제1차 세계 대전 이후로 금은 미국 연준으로 집중되어 독립적인 다수 주체들의 의사 결정에 따라 금 가격이 결정되는 구조가 더 이상 아니라고 보았다.

관리 통화 제도는 왜 물가 안정에 취약했을까. 케인스는 전후 인플레이션을 통한 재원 조달이 최우선시되면서 물가 관리가 뒷전에 밀린 것일 뿐 평상시에는 잘 작동할 수 있다고 보았다. 사실 관리 통화 제도는 전쟁이라는 긴급 상황에서 금 본위 제도가 제대로 기능하지 않았기 때문에 이를 구원하려고 등장한 제도이다. 따라서 이 둘을 동일한 기준으로 평가하는 것은 문제가 있다. 야구에서도 실점 위기 상황에서 구원 등판하는 투수의 자책점은 아무래도 높을 수밖에 없다. 케인스는 각국이 금 본위 제도로 환원하더라도 더 이상 과거의 금 본위 제도로 돌아갈 수 없고, 또 과거에 금 본위 제도가 가졌던 장점이 발현되지 않을 것이라고 했다. 전후 미국 상황에서 보듯이 금 본위 제도는 중앙은행이 관리하는 제도로 변질되었기 때문이다. 중앙은행은 경제 활동, 물가, 고용을 안정시키는 목표로부터 자유로울 수 없게 되었다. 금 본위 제도는 사실상 관리 통화 제도와 별반 다르지 않게 되었다. 그러면서도 화폐 가치를 유지하기 위해 비용만 많이 드는 제도인 것이다.

케인스는 당시 유일하게 미국만이 금 본위제를 유지하고 있는 상황에서 영국이 금 본위제로 돌아가는 것은 어리석다고 했다. 다른 나라가 금 본위제로 되돌아가지 않는다면 전 세계적으로 화폐의 가치를 유지하기 위해서는 미국과 영국의 중앙은행이 금의 공급을 도맡아야 하는데, 금 가치를 유지하는 비용이 엄청나게 클 것이기 때문이다. 그리고 더 중요한 것은 미국이 막대한 금을 보유한 상황에서 영국은 미국에 의지할 수밖에 없다. 미국이 도와주지 않으면 영국은 밀려드는 금의 홍수에 익사하든지 아니면 금 고갈로 파산할 처지에 놓이게 된다고 보았다. 미국이 항상 영국과 이해가 같을 수 없기 때문에 미국 연준을 믿느니 영란은행을 믿는 것이 낫다는 것이다. 케인스의 이런 충고에 당시 영국 정치인들은 귀를 막았고 결국 금 본위제로 돌아갔다. 그 결과 파운드화가 몰락하고 영국 경제의 혼란이 가중되었다. 최근 유로 단일 통화 논의에서 영국은 케인스의 충고를 기억했는지는 모르겠지만 유로화를 거부하고 파운드화를 유지했다. 이번에는 독일의 영향력이 두려워서였다. 이러한 상황을 지켜보면서 지하에서 케인스는 어떤 표정을 지었을까.

『화폐론(A treatise on Money)』(1930)

앞서 소개한 『화폐 개혁론』이 케인스의 초기 화폐관을 담고 있는 에세이 같은 책이라면 지금 소개할 『화폐론』은 그의 화폐관을 체계적으로 소개한 본격 경제서이다. 이 책에서 케인스는 당대 경제학자 가운데 가장 심도 있게 화폐의 경제적 현상을 분석했다. 1930년에 출간된 이 책에서도 케인스의 관심은 화폐 가치 즉 물가였다. 발표된 시점은 대공황이 시작된 이후였지만 일부 내용을 제외하고는 대공황 이전에 이미 저술되었다는 점에서 화폐 가치의 안정 즉 물가 안정이 그의 경제학적 사고를 지배했음을 알 수 있다.

'저축은 미덕이 아니고 소비가 미덕이다'

케인스 하면 가장 먼저 떠오르는 것이 '저축은 미덕이 아니고 소비가 미덕이다.'라는 문구이다. 이는 모든 경제학 원론에서 소개되고 있고 신문이나 경제 잡지에서도 자주 인용되어 일반인들에게도 생소하지 않다. 저축을 이유로 소비를 줄이면 수요가 부족해져 생산된 물건은 팔리지 않는다. 그러면 공장은 생산을 줄일 것이고 결국 노동자도 일자리를 잃게 된다는 간단한 경제학적 논리로도 설명이 가능하다. 물론 케인스의 설명은 이러한 일반적 설명과는 다소 차이가 있다. 케인스가 실제로 말하고자 했던 것은 저축은 경제에 나쁘고 소비는 경제에 이롭다는 것이 아니었다. 그는 역사적으로 인간의 부의 창출과 축적 과정에서 가장 중요한 역할을 한 것은 투자를 결정하는 기업가 정신이고, 이러한 기업가 정신은 절약(thrift)이 아닌 이윤(profit)에 따라 움직였다는 것이다. 그런데 저축은 절약의 결과이고 소비는 이윤을 창출하므로 케인스에게 소비는 저축보다 중요했다.

하지만 소비가 미덕이라는 것은 우리 상식과 다소 동떨어지는 면이 있다. 흥청망청 분수에 맞지 않게 소비하다가 가산을 탕진한 사람들이나 해외 자본에 기대어 경제를 지탱하다가 모라토리엄 위기에 처해 국제 기구나 외국으로부터 자금 지원을 받은 국가들의 공통점은 소득에 걸맞지 않은 과다 소비를 했다는 것이다. 기업을 일으키고 사업을 늘려 간 사람들은 대부분 어려운 환경에서도 저축을 통해 사업 자금을 마련해 오늘에 이르렀다. 우리나라의 경우만 봐도 앞 세대들이 지독한 가난 속에서도 덜 쓰고 아껴 오늘날의 한국 경제를 만들었다는 것은 엄연한 사실이다.

케인스는 기업이 적극적으로 활동하기 위해서는 두 가지 전제 조건이 필요하다고 보았다. 하나는 이윤이 기대되어야 하고, 또 하나는 기업이 활용 가능한 충분한 재원이 있어야 한다는 것이다. 저축은 활용 가능한 재원을 기업에 제공한다는 점에서 긍정적 역할을 한다. 기업 활동으로 연결되는 저축은 부의 축적에 도움이 되지만, 기업 활동으로 연결되지 않는 저축은 오히려 부의 감소를 초래한다고 보았다. 따라서 케인스는 저축은 기업 활동을 돕는 가정부(handmaid)나 간호사(nurse)가 될 수도 있고 반대로 기업 활동을 저해하는 것이 될 수도 있다고 보았다. 저축이 긍정적 역할을 할지 아니면 부정적 역할을 할지는 기업가 정신이 있느냐 없느냐에 달렸다는 것이 케인스의 진정한 생각이었다. 그의 설명을 보다 생생하게 전달하기 위해 원문 그대로 인용한다. "If enterprise is afoot, wealth accumulates whatever may be happening to thrift and if enterprise is asleep, wealth decays whatever thrift may be doing."[14]

앞에서 설명한 것처럼 케인스는 부의 창출과 축적에서 중요한 것이 기업가 정신이고 이 기업가 정신을 움직이는 것이 이윤에 대한 기대라고 보았다. 그러면 이윤에 대한 기대를 결정하는 것은 무엇일까. 부분적으로는 평화와 전쟁, 발명, 법률, 인종, 교육, 인구 등과 같은 비금전적 요인이 이윤에 대한 기대에 영향을 준다. 하지만 기업가가 사업을 할 때 가장 중요하게 고려하는 것은 그 사업이 이윤을 낼 수 있는 매력적인 조건을 갖추고 있느냐 하는 것이다. 이런 측면에서 볼 때 금리와 물가는 기업가들의 사업 규모 및 투자 결정에서 가장 중요한 요소이다. 생산한 상품들을 제값을 받고 모두 팔 수 있을지 그리고 판매 수입으로 임금, 금리, 임대료를 지급하고 얼마의 이윤을 남길 수 있을지가 관건이다. 그 답은 금리와 물가에 달려 있고 금리와 물가를 결정하는 변수가 화폐와 금융이다. 케인스가 금융과 화폐를 중요하게 생각한 것은 물가 안정이나 국제 수지 균형이라는 정태적인 목표 때문만은 아니었다. 그에게 화폐는 경제를 돌아가게 하고 경제가 성장하게 하는 조절 가능한 밸브였다. 이 점에서 케인스는 경제 규모는 완전 고용을 유지하는 수준(또는 그 수준 근방)에서 유지된다고 치부해 버리는 전통적인 고전주의 경제학자들과 달랐다.

'금화의 공급이 반드시 국부를 증가시키지는 않는다'

케인스는 역사적으로 크고 작은 경제적 부침(浮沈) 뒤에는 화폐적 요인이 있었다고 생각했다. 고대 수메르와 이집트에서 문명의 발달과 전파 뒤에는 아라비아 반도의 금과 아프리카 대륙의 동(銅)으로부터 얻는 이윤을 확보하려는 동기가 있었다. 아테네의 영화도 라우리움(Laurium) 은광에서 얻어지는 은의 영향으로 그들 상품의 가격이 상승하고 이로 인해 이윤이 확대된 것에 기인했다. 수 세기 동안 왕궁에 쌓아 두었던 페르시아의 금과 은을 정복자 알렉산더가 지중해 연안 지역으로 널리 유통시킨 것이 결국 카르타고와 로마의 번영으로 연결되었다. 또 로마의 쇠퇴와 몰락은 인류 역사상 가장 길고 고통스러웠던 디플레이션과 연관이 있으며, 중세 암흑기는 종교적 이유보다 금과 은의 공급 감소와 관련이 있다고 보았다. 케인스는 16세기 신대륙으로부터의 금과 은의 대규모 유입이 스페인, 영국, 프랑스에 각각 다른 영향을 미친 것을 대표적인 사례로 들고, 그 차이가 어디에서 왔는지를 설명했다.

앞에서 살펴본 바와 같이 16세기에 남아메리카의 금과 은을 유럽에 가져온 주인공은 스페인이었다. 그러나 금과 은을 대량 확보해 자국으로 유입한 스페인의 영화는 오래가지 못했다. 오히려 스페인과 교역했던 영국과 프랑스는 오랫동안 경제적 번영을 누렸다. 케인스는 그 차이를 물가 상승과 임금 상승의 상대적 크기로 설명했다. 물가 상승이 경제 활동과 국부에 미치는 영향을 보기 위해 케인스의 이론을 살펴보자. 케인스는 물가 상승이 임금 상승보다 상대적으로 빠른 경우를 이윤 인플레이션(profit inflation), 반대로 임금 상승이 물가 상승보다 빠른 경우를 임금 인플레이션(wage inflation)이라고 했다. 케인스가 내린 결론의 핵심은 바로 이윤 인플레이션에서 투자하려는 기업가 정신이 발현된다는 것이다. 생산물의 가격이 오르기 때문에 기업가의 수입은 증가하는 반면에 임금 등 생산비는 상대적으로 적게 오르므로 이윤에 대한 기대가 높아지는 것이다. 반대로 임금 인플레이션 상황에서 기업가는 투자를 꺼린다. 따라서 케인스는 당시 스페인에서 물가 상승과 임금 상승 사이의 관계를 보면 금의 유입이 스페인의 국부 증가에 어떻게 기여했는지를 알 수 있다고 보았다. 스페인에서는 1520~1560년 사이에 물가와 임금이 동시에 올랐지만 물가가 임금보다 더 많이 오르는 이윤 인플레이션 상황이었다. 그러다가 그 후 임금 인상이 물가보다 가파르게 상승하는 임금 인플레이션으로 전환되었다. 따라서 스페인에서는 1520~1560년에 걸친 40년이 금의 유입으로 인해 자본이 축적되고 국부가 증진된 시기였다. 그 이후 스페인은 자본 축적과 부의 증가가 멈추었다.

그러면 영국과 프랑스에서는 물가와 임금이 어떻게 움직였을까. 물가의 경우 프랑스는 스페인으로부터 금 유입의 영향을 곧바로 받아 1530년 이후부터 물가가 상승했다. 영국은 스페인의 금이 쏟아져 들어온 지 30년 후에야 본격적인 물가 상승을 경험했다. 임금의 경우 영국에서는 1680~1700년 사이에 가파르게 상승한 반면에 프랑스에서는 1700년까지 급격한 상승 없이 완만하게 올랐다. 따라서 케인스의 분석에 따르면 영국에서 이윤 인플레이션이 나타난 기간은 1550~1650년, 프랑스에서는 1530~1700년이었다. 이 기간 동안 두 국가는 막대한 자본 축적을 통해 국부를 증진시킬 수 있었다. 이처럼 역사상 유례없는 장기간의 황금시대에 오늘날의 자본주의가 잉태되었다. 세 나라가 각각 이윤 인플레이션을 누린 시기와 그 나라가 유럽을 호령하던 시기가 일치한다는 점은 흥미롭다. 1520년에 시작한 스페인의 황금기는 1600년 이후 쇠락하기 시작해 1630년에 마감한다. 반면에 영국은 1585~1630년 사이에 황금기를 맞았다. 특히 1585년은 스페인 필립 왕의 패권이 영국 엘리자베스 여왕으로 넘어가는 시기였는데, 이는 스페인의 이윤 인플레이션의 영향이 끝나는 시기이기도 했다. 또 17세기 후반 영국 제임스 2세의 추락과 프랑스 루이 16세의 득세도 영국의 임금이 가파르게 오른 반면에 프랑스의 임금은 급격하게 상승하지 않은 기간과 일치한다.

 이윤 인플레이션 기간과 국력이 융성하던 시기가 일치한다는 역사적 사실로부터 케인스가 이윤 인플레이션을 선호했다고 오해하면 안 된다. 그는 당시 디플레이션과 인플레이션이 반복되는 상황에서 자신은 물가 안정에 최우선 순위를 두고 있음을 명확히 밝혔다. 케인스는 이윤 인플레이션이 소득 분배의 불평등을 초래하므로 소득 재분배를 위해서는 부자들에 대한 직접세를 부과하는 것이 바람직하다고 보았다. 그는 이윤 인플레이션으로부터 기업의 투자가 늘고, 이에 따라 노동자에게 좋은 조건의 일자리가 늘어난다는 면에서 이윤 인플레이션이 그들에게 불리한 것만은 아니라고 보았다. 케인스가 가장 중요하게 생각한 것은 미래 세대들이 계속 누리게 되는 자본 축적으로부터 생기는 과실이었다. 케인스는 램지(F. P. Ramsey)의 논문을 인용하면서 소득의 10~15퍼센트였던 당시의 자본 축적률이 더 높아져야 장기적으로 바람직하다고 했다. 그래서 당장은 임금이 물가 상승에 미치지 못해 소비가 줄고 강제로 절약을 해야 하는 상황이지만 장기적으로는 자본 축적을 통한 생산성 증가로 이를 충분히 보상받고도 남는다고 했다.

 케인스는 임금이 물가보다 상대적으로 오르지 않아 강제 저축된 부분을 어떻게 사용하느냐가 중요하다고 보았다. 가령 그 몫이 기업가의 비생산적인 소비로 활용된다면 강제 저축의 과실이 노동자에게로 돌아오지 않는다. 반대로 그 몫이 계속해서 투자되고 자본 축적으로 남는다면 그것은 기업가와 노동자 모두의 과실이 된다고 보았다. 이런 차이가 바로 남아메리카로부터 유입된 금이 스페인과 영국에 각기 다른 결과를 낳았을 것이다. 스페인으로 들어온 대부분의 금은 왕실과 귀족의 몫이었다. 이러한 금은 그들의 호화스러운 생활을 뒷받침하는 데 사용되고 자본 축적으로 이어지지 못했다. 반면에 영국에서는 개인 무역업자들이 스페인과 교역을 통해 금을 벌어들였고, 이렇게 번 금은 세계 여러 나라와의 교역에 필요한 자본으로 사용되었다.

금을 획득하는 데는 교역만이 아니라 해적질과 같은 약탈적 수단도 활용했다. 1573~1580년 사이 세 차례에 걸쳐 영국의 상인들과 자본가들로부터 투자 자금을 모아 배와 노예 선원을 마련한 항해사 출신 드레이크(Francis Drake, 1540~1596)는 스페인 상선으로부터 빼앗은 금 360톤과 은 26톤 그리고 다량의 보석을 '골든 하인드(Golden Hind)'에 가득 싣고 귀선했다. 이 가운데 3분의 2는 항해에 투자한 사람들에게 나누어 주었고, 3분의 1은 여왕에게 바쳤다. 여왕에게 바친 돈은 30만 파운드로 당시 영국 왕실의 국고 수입보다 많았다고 한다.

- 프랜시스 드레이크. 16세기 해적의 대명사이자 탐험가, 군인, 무역상으로 대활약한 영국의 영웅이다.
- 드레이크가 타고 대양을 누빈 골든 하인드호. 그레고리 로빈슨의 작품이다.

이 금을 기초로 레반트회사(Levant Company)가 세워졌다. 그 후 레반트회사의 이익금으로 다시 동인도회사(East India Company)가 생겼다. 동인도회사가 대영 제국의 식민지 개척 시대에 펼쳤던 활약상을 감안하면 당시 유입된 금이 향후 대영 제국의 융성에 밑거름이 되었다는 것은 분명하다. 드레이크가 한 짓은 오늘날 기준으로는 해적질이지만 당시 영국 사람들에게 그는 영웅이었다. 영국은 이를 기반으로 '해가 지지 않는 나라'로 번창했으니 정말 "개같이 벌어 정승같이 쓴다."는 우리 속담이 딱 들어맞은 경우이다.

'영국의 금 본위제로의 환원과 금융 긴축은 잘못된 선택이었다'

제1차 세계 대전이 끝나고 영국은 전쟁으로 파괴된 시설을 복구하고 고갈된 유동 자본을 보충하며 바닥난 재고를 쌓기 위한 수요가 넘쳐나 투자 유인이 충분했다. 여기에 군대에서 공장으로 복귀하는 인력의 공급도 기업의 투자에 유리한 여건을 제공했다. 이로 인해 1919년 전쟁이 끝나고 경제 호황을 누렸으나 그 호황이 길지는 않았다. 이미 1921년에 들어서면서 투자가 줄고 실업이 골칫거리로 대두했다. 케인스의 분석 틀에 맞추어 진단한다면 1919년 봄부터 1920년 중반까지는 물가 상승이 임금 상승을 앞지르는 이윤 인플레이션 상황이었고, 1920년 중반부터 1921년까지는 오히려 임금 상승이 물가 상승을 앞지르는 임금 인플레이션 상황으로 바뀌었다. 임금 상승에 대해 중앙은행이 취할 수 있는 대응 조치라는 것은 별반 없다. 그런데 물가가 계속 오르자 중앙은행은 그 이유에 대해 따져 보지도 않고 신용을 축소하는 정책으로 대응했다. 당시 물가는 임금 상승 때문에 오르고 있었고 기업가의 이윤은 오히려 줄어드는 상황이었다. 은행의 금리 인상과 신용 축소로 인해 기업의 이윤은 더 줄어들어 결국 경제는 생산 위축과 실업으로 치달았다. 케인스는 당시 긴축적 금융 정책은 실수였다고 평가했다. 그는 1920년대 영국 정부가 지혜롭게 정책을 시행했다면 미국과 동등한 경제 성장을 했을 것이라며 아쉬워했다.

케인스는 구체적으로 무엇이 그리 잘못되었는지 자세히 명시하지는 않았다. 아마 영국의 금 본위제 환원과 통화 가치의 보전을 위해 긴축적인 통화 정책을 유지한 것에 대한 비판으로 보인다. 영국은 1925년 5월 금 본위제로 복귀했다. 금 본위제로 복귀하기 6개월 전후의 기간 동안 영국은 파운드의 가치를 10퍼센트 끌어올려야 했다. 영란은행은 신용을 회수하고 금리를 올리는 긴축 정책을 사용했다. 그렇지 않아도 이윤이 줄어드는 상황에 있던 기업들은 심각한 이윤 디플레이션을 겪게 되었다. 생산은 위축되고 물가는 하락했다. 이에 중앙은행 총재는 재무 장관에게 임무가 완수되었다고 통보했다. 그러나 물가는 내려갔을지 몰라도 더 큰 재앙이 기다리고 있었다.

기업은 이윤 감소에 세 단계로 대응한다. 첫 번째 대응은 이윤 감소를 수용하는 것이다. 이 대응이 한계에 다다르면 두 번째로 수익성이 낮은 사업부터 줄인다. 마지막으로 노동자들에게 임금 삭감을 요구한다. 사실 마지막 대응이 실현될 때 비로소 임금이 하락하며 새로운 균형에 도달하는 것이다. 그러나 거기까지 가는 데 걸리는 기간은 길다. 영국의 경우 5년 후인 1930년까지 기업들이 두 번째 대응을 하고 있었다. 그런데 영란은행 총재는 세 번째 단계까지 다다른 것으로 착각을 했다. 태풍이 오기 전 잔잔한 바람이 부는 상황을 태풍이 지나간 것으로 오해했던 것이다.

영란은행의 긴축 통화 정책이 간과한 중요한 변화가 영국을 더욱 어렵게 했다. 영국의 정책 담당자들은 자본 이동이 몰고 올 영향력을 감지하지 못했다. 금 본위제로의 환원으로 영국 파운드화의 환율이 높아졌기 때문에 영국의 무역 수지는 악화되었다. 더군다나 국내 생산비가 상승했기 때문에 국내 투자보다는 해외 투자가 더 유리해졌다. 이에 따라 자본이 대규모로 해외로 빠져나갔고 국제 수지는 전체적으로 더 악화되었다. 이러한 투자 자금의 해외 유출을 막기 위해서는 이자율을 높은 수준으로 유지하는 수밖에 없다. 그런데 이를 위해서는 완전 고용을 유지하는 데 필요한 투자를 확보하지 못하는 딜레마에 빠지게 된다. 중앙은행이 직접 임금을 내리지 못한다는 점을 감안하면 정부의 대안은 네 가지라는 것이 케인스의 생각이었다.

첫째, 가장 매력적인 방법으로서 노동 생산성을 높이는 것인데, 이는 가능하더라도 기간이 오래 걸린다. 둘째, 가장 인기 있는 방법으로 관세 등 무역 장벽을 높여 외국으로부터의 수입을 줄이는 것이다. 셋째, 국내 투자가 해외 투자보다 유리하도록 일종의 보조금 지급과 같은 지원을 하는 것이다. 넷째, 전 세계적인 저금리 정책으로 투자를 유인하는 방법이다. 이는 국제 협력이 필요한 방법으로, 각국의 이해가 상충해 협력을 구하기가 어렵다. 이 때문에 1929년 미국 월 스트리트가 불황을 맞고서야 비로소 국제적 협력이 이루어졌다. 케인스는 당시 영국 정부가 이러한 수단을 강구하지 않고 손을 놓고 있었다고 한탄했다.

영국의 가장 큰 적은 스스로 자유방임에 길들여져 있는 것이라고 케인스는 경고했다. 영국은 당시 어느 나라보다 노동자의 생활 수준이 높고 소득의 10퍼센트를 절약해서 저축하는 나라였다. 따라서 영국이 해외로부터 고립된 경제라고 한다면 저축이 충분해서 이자율이 매우 낮은 수준이 될 것이다. 하지만 개방 경제에서 영국의 자금은 투자처를 찾아 해외로 나갈 수밖에 없다. 이에 따라 전체적으로 국제 수지의 균형을 맞추려면 수출을 많이 늘리지 않으면 안 된다. 그러나 케인스는 전 세계적인 불황에서 수출을 늘리는 것은 가능하지 않다고 보았다. 이때 해결책으로는 두 가지가 있다. 하나는 국내 투자를 우대하는 것이고 또 하나는 국내 상품을 우대하는 것이다. 자유방임 원칙을 지키는 것보다는 이러한 실질적인 정책을 통해 실업과 국부의 위축을 막아야 한다는 것이 케인스의 생각이다.

'금 본위제는 각국 중앙은행들이 협력해야 유지된다'

케인스는 적절한 화폐 관리를 통해 물가를 안정시키고 완전 고용을 유지할 수 있다는 신념으로 충만한 경제학자였다. 중앙은행이 국내 은행들을 통제하는 데는 문제가 없으나 그들이 직면하는 중요한 한계는 대외 변수라고 보았다. 외국에서 발생하는 변수와 다른 나라 중앙은행들의 반응에 따라 중앙은행의 정책 효과는 반감되거나 오히려 기대했던 것과 반대로 나타날 수도 있다고 경고했다. 그래서 케인스는 중앙은행들 사이의 협력을 무척 중요하게 생각했다. 금 본위제를

'야만 시대의 유물'이라고 하며 폄하했던 케인스였지만 영란은행이 금 본위제하에서 국제적 공조와 협력을 이끌어 내는 데 발휘한 리더십에 대해서는 '국제 금융 교향악단의 지휘자'라고 극찬했다. 금융 사학자 찰스 킨들버거(Charles P. Kindleberger)도 "막강한 영란은행이 환율 조정, 최종 대부자 역할, 국제 협력 관리를 충분히 주도할 수 있었기 때문에 금 본위제가 어떤 상황에서든 자유자재로 운영될 수 있었다."라고 말했다. 영란은행의 국제 공조 역량에 대한 무한한 신뢰가 있었기에 회원국들이 자국 화폐와 금의 연계를 끊거나 금에 대한 평가를 바꾸려 하지 않아 금 본위제는 유지될 수 있었다.[15]

케인스는 금 본위 제도하에서 각국 중앙은행들이 금 가격의 안정을 위해서는 최소한의 원칙에 대한 공동 선언이 있어야 한다고 했다. 이러한 공동 선언에 들어가야 하는 원칙은 다음과 같다. 첫째, 금은 실제 화폐로 유통시키지 않고 다만 지급 준비용으로 보유한다. 둘째, 지급 준비용으로 금 이외에 외국의 국채와 채권들을 인정한다. 셋째, 각 중앙은행의 필요 지급 준비금은 세계 중앙은행 협의체에서 정한 수준의 20퍼센트를 벗어나지 말아야 한다. 넷째, 중앙은행의 금 매입 최저 가격과 금 판매 최고 가격은 2퍼센트의 마진을 유지한다. 물론 이러한 공동 선언의 원칙을 어겼다고 해서 국제적으로 제재할 방법은 없다. 그렇지만 이러한 원칙을 세우는 것이 금 부족으로 인한 금 가격의 불안정을 최소화하고 신용의 급격한 변동을 방지하는 데 도움이 된다고 보았다.

케인스는 중앙은행들 사이의 협력을 최대화하는 방식은 각 중앙은행을 회원으로 하는 초국가 은행(supernational bank)을 설립하는 것이라고 했다. 그의 이 아이디어는 제2차 세계 대전 후 국제 통화 제도를 논의할 때 영국 정부의 안으로 제시되었다. 4장에서 살펴본 바와 같이 결국 미국 정부 안이 채택되어 케인스의 초국가 은행 구상은 빛을 보지 못했다. (그 구체적 내용은 이 책의 주제와 연관성이 낮아 본문에서 다루지 않았다. 더 궁금한 점은 주를 참고하기 바란다.)[16]

금이라는 비교적 안정적인 가치에 의존하는 금 본위 제도에서도 각국 중앙은행들 사이의 공조가 필수적이다. 하물며 금을 대신해 특정 국가의 화폐가 기존에 금이 수행했던 축(軸)의 역할을 담당하는 오늘날의 국제 통화 제도에서는 국제적 공조의 중요성은 더 말할 나위도 없다. 특히 미국 경제가 세계 경제 및 무역에서 차지하는 위상이 점차 낮아지면서 이제 국제 통화 제도는 미국의 독단적인 결정에 따르기 힘들게 되었다. 미국은 제2차 세계 대전 직후만 하더라도 세계 총 생산액의 50퍼센트, 국제 무역액의 60퍼센트를 차지하는 절대적 위치에 있었다. 그러나 지금은 세계 총 생산액의 25퍼센트, 국제 무역액의 16퍼센트를 차지할 뿐이다. 그리고 2001년부터는 종전의 최대 해외 투자국, 최대 수출국이라는 위치에서 최대 채무국, 최대 무역 적자국으로 전락했다.[16] 흔들리는 달러의 위상은 이러한 경제적 힘의 변화를 반영하는 것이다. 이제 주요국들이 공조하고 협력하지 않고서는 국제 통화 제도가 순조롭게 굴러가지 않는 상황이 되었다. 케인스가 강조한 국제 공조가 더욱 절실히 필요한 시대이다.

'대공황은 고금리가 원인이다.
영란은행과 미국 연준은 금리를 낮추라'

『화폐론』의 결론은 1929년 미국에서 시작된 대공황이 이미 영국을 비롯한 유럽에 상륙한 1930년에 집필되었다. 그래서 케인스는 이 책의 말미에 세계 경제 대공황에 대한 자기 나름의 원인과 해결책을 밝혔다. 그는 이미 제1차 세계 대전 이후의 전비 보상과 관련해 패전국 독일에 과다한 보상액을 요구하는 승전국들의 결정에 신랄하게 비판했다. 또 영국을 비롯한 각국이 금 본위제로 환원하는 것에 반대했던 케인스였기에 세계 경제 대공황에 직면해서도 침묵하지 않고 카산드라(Cassandra, 그리스 로마 신화에 따르면 예언 능력이 있지만 아무도 믿지 않게 된다) 역할을 자처한 것은 당연했다.[18] 과연 케인스는 세계 경제 대공황의 원인이 어디에서 비롯되었고, 이를 해결하기 위해 무엇이 필요했다고 했을까.

케인스가 가장 큰 문제로 지적한 것은 제1차 세계 대전 이후 10년간 지속된 터무니없이 높은 금리였다. 전후 장기 이자율은 종전에 비해 50퍼센트 정도 높았다. 전쟁으로 파괴된 사회 시설과 생산 시설에 대한 복구 수요가 있었던 1919년부터 1925년까지는 높은 이자율이 그런대로 납득이 갔다. 하지만 전쟁 복구 수요가 이미 사라진 1926년부터는 이와 같이 높은 수준의 이자율이 투자를 극도로 위축시켰다. 전후 이자율이 계속 높게 유지된 이유는 무엇일까. 금 본위제로의 환원과 전쟁 보상 및 전비 채무 상환이 그 원인이었다. 우선 신용 공급 측면에서 금 본위제로 환원한 국가의 중앙은행은 금과의 교환 비율

- 트로이 멸망을 예언했으나 아무도 카산드라의 예언을 믿지 않았다.
- 버지니아 울프, 영국의 유명한 소설가로 케인스와 함께 '블룸즈버리 그룹'의 일원이었다.

을 유지하기 위해 신용을 제한하는 방향으로 정책을 유지했다. 미국을 제외한 국가들이 경쟁적으로 금 확보를 최우선 정책으로 삼았기 때문에 신용을 제한하는 정책을 계속 유지했다. 수요 측면에서는 전후 보상비와 전시 채무를 갚기 위해 유동성을 확보하려는 중앙은행과 민간 은행의 수요가 장기 이자율을 높이는 결과를 가져왔다. 1928년부터는 활황인 주식 시장에 투자하기 위한 투기 수요까지 가세해 상황을 더욱 악화시켰다. 이러한 투기적 수요를 꺾으려는 보수적인 중앙은행들이 더욱 신용을 제한한 것이 화근이 되었다.

이러한 과정에서 진정한 투자자들은 신용 시장에서 뒷전으로 밀려났다. 앞에서 언급한 신용 수요자들은 실제 생산과는 무관한 사람들이었기에 높은 이자율에도 계속 투자하려고 한다. 하지만 생산에 종사하는 기업 등 진정한 투자자들은 터무니없이 높은 이자율로는 이윤을 확보하기 힘들기 때문에 신규 투자는 물론 사업을 지속하기조차 어려운 상황이 되었다. 투자가 저축에 비해 부족한 유효 수요 부족

상황에서 물가는 하락하고, 이러한 물가 하락은 기업가의 투자 위축을 초래하는 악순환을 일으켰다. 물론 케인스는 이러한 물가 하락과 투자 위축의 악순환도 바닥이 있음을 인정했다. 기업 입장에서는 문을 닫지 않으려면 최소한의 유동 자산과 재고를 유지해야 한다. 따라서 기업은 더 이상 유동 자산과 재고를 감소시킬 수 없는 시점에 도달할 것이고 이는 물가 상승과 투자 회복으로 전환된다.

그런데 케인스는 왜 이러한 경기의 자동 복원 기능에 의존하지 않고 인위적인 정책 개입을 주장했을까. 그는 장기 금리가 높게 유지될 경우 자동 복원력에 의한 경기 회복은 충분하지도 않고 일시적일 뿐이라고 보았다. 따라서 전 세계적으로 장기 금리를 제1차 세계 대전 이전 수준으로 떨어뜨리는 것이 중앙은행들의 과제였다. 케인스는 아주 구체적으로 처방전을 내놓았다. 영란은행과 미 연준이 은행들로 하여금 금리를 0.5퍼센트로 낮추도록 압력을 가하는 것이다. 동시에 두 중앙은행이 기준 금리를 낮추고 공개 시장에서 장기채를 적극 매입하는 것이다. 이 과정에서 금리가 낮아져 금 보유고가 줄어들 것이므로 두 중앙은행은 금 보유고의 변화에 대응하는 협약을 체결하라는 조언도 잊지 않았다.

'화폐는 현재와 미래를 잇는 다리다'

케인스는 『고용, 이자 및 화폐의 일반 이론』에 이르러 이 장에서 우리가 살펴본 바와는 판이하게 다른 시각으로 화폐를 바라보았다. "화폐의 중요성은 현재와 미래를 연결하는 고리 역할에 있다.(The importance of money essentially flows from its being a link between the presence and the future.)"라는 다소 철학적인 이야기가 그의 달라진 시각을 반영한다. 고전학파 경제학자들의 완전 고용이라는 경제 이론에 반기를 든 케인스는 미래에 대한 기대가 현재의 생산 및 고용 수준에 영향을 미칠 수 있는 경제 이론을 추구했고, 그것을 가능하게 하는 역할을 화폐가 맡는다고 보았다. 케인스의 새로운 이론에서 화폐는 이자율이라는 변수를 통해 유효 수요에 영향을 미친다. 그리고 유효 수요는 고용과 물가를 결정하는 중요 변수로서 역할을 한다.

이러한 케인스의 이론은 이 장에서 소개한 케인스의 초기 화폐 이론과는 큰 차이가 있다. 앞에서 소개한 초기 저작들에서 케인스는 화폐량과 물가의 관계를 화폐 수량설로 설명했다. 그 관계에서 화폐의 유통 속도라는 개념을 상정하고 유통 속도가 일정하지 않고 변한다는 사실을 설명하려고 노력했다. 그러나 『일반 이론』에 이르러 케인스는 화폐의 유통 속도라는 것은 사후에 계산할 수 있는 것일 뿐 별다른 의미도 없고 혼란만 주는 불필요한 개념이라고 하면서 그 의미를 부정한다. 화폐는 이자율의 변화를 통해서만 그 효력을 발휘하는 것으로 바뀐 것이다. 그는 자신의 머릿속에 있는 핵심적인 경제 변수들 즉 화폐, 금리, 물가, 고용을 한꺼번에 이자율로 엮어 내는 정교한 이론을 완성했다. 여기에서 화폐는 투자의 수단이고 가치의 척도라는 세련된 옷으로 갈아입었다. 하지만 이것은 교환의 매개 수단이라는 종전의 옷을 벗어 버린 결과였다.

인플레이션이 핵심적인 경제 문제였던 시대에 화폐는 매개 수단이라는 옷을 입어야 당시 분위기에 어울렸다. 하지만 1929년 대공황 이후에 실업과 디플레이션이 판을 치는 시대가 왔고 화폐는 더 이상 매개 수단이라는 옷을 입고서는 행색할 수 없게 되었다. 그래서 케인스는 화폐를 투자 수단이자 가치 척도라는 옷으로 다시 치장하지 않을 수 없었다. 오늘날의 화폐에 어느 옷이 더 어울리는지는 독자들의 판단에 맡기기로 한다.

  이 장을 마치면서 지금까지 논의와는 다소 거리가 있지만 이 책의 주제와 관련한 근본적 문제를 잠시 생각해 보자. 케인스는 화폐가 사람들의 삶을 윤택하게 하고 국부를 증진시킬 수 있는지에 대해 확실하게 '그렇다'라고 답했다. 그런데 이런 의문이 생긴다. 만일 화폐량을 조정해 이자율을 낮추면 유효 수요가 확대되고 그 결과 고용이 늘어나 생산이 확대된다면 왜 아프리카 국가들은 대부분 아직도 기아에서 허덕일까. 훌륭한 화폐가 없어서인가, 훌륭한 경제학자가 없어서인가. 만일 아프리카 국가들이 훌륭한 경제학자를 영입하고 건실한 화폐 시스템과 중앙은행을 갖추어 통화량과 이자율 관리에 성공하면 금방 경제가 잘 돌아가서 잘살 수 있게 될까. 그리 어렵게 생각할 필요도 없이 대답은 분명히 '아니다'이다. 아프리카 국가들이 가난한 이유는 화폐 정책과 금리 정책이 잘못되어서가 아니다. 개인과 기업의 생산력이 떨어지고 축적된 자본과 기술력이 부족하며 정치 사회 제도가 효율적이지 못하기 때문이다. 이러한 여건이 개선되지 않고는 경제학자가 할 수 있는 일은 별로 없다.

  오늘날 통화주의자들이나 케인스주의자들이 처방하는 경제 정책은 다른 경제 발전의 여건이 이미 갖추어져 있는 상황에서만 물가 안정, 완전 고용 등의 기대하는 효과를 가져다 줄 수 있을 뿐이다. 통화량과 이자율이 경제 발전을 위한 선결 요건들을 만들어 낼 수는 없다. 가령 경쟁하는 이웃 국가들에 비해 기술력의 발전이 더디고 인건비가 높아져 국제 경쟁력을 상실하고 국제 수지가 악화되는 국가가 있다고 쳐 보자. 생산된 물건은 안 팔리고 기업의 생산 활동과 고용은 위축되어 경기는 내리막길을 걸을 것이다. 이런 상황에서 통화량이나 이자율로 상황을 호전시킬 수 있을까? 그렇지 않다. 오늘날 재정 위기와 경제 침체로 어려움을 겪고 있는 유럽 국가들의 문제를 유로라는 단일 화폐의 문제로 보고 화폐 및 금융 제도의 개혁을 통해 유럽 국가들의 경제 문제를 해결하려는 시도가 위태로워 보이는 이유도 이러한 맥락에서이다.

우리는 통화량이나 이자율에 너무 큰 기대를 가져서는 안 된다. 화폐를 통해 우리가 할 수 있는 일은 이미 그 안에 존재하는 경제적 요소들이 잘 돌아가게 하는 것이다. 그렇다고 화폐의 이 기능이 하찮은 것도 쉬운 일도 아니다. 앞에서 화폐가 그 기능을 제대로 하지 못해 경제가 멈추고 경제 주체들이 고통받는 수많은 경우를 보았다. 화폐를 무시하지 말고 그렇다고 화폐에 지나친 기대도 하지 말자.

8장

화폐를 다스리는 지혜와 절제

안정된 화폐와 경제적 번영

인류 역사에서 경제적으로 가장 풍요롭고 윤택한 황금시대는 언제였을까? 서양을 중심으로 생각하면 많은 사람들이 로마 제국(로마 제정 시대 BC 27~AD 476), 도시 국가 베니스(14~15세기), 대영 제국(1815~1914) 시대를 떠올릴 것이다. 이러한 시대의 공통점은 무엇일까. 바로 이 시대를 주도했던 로마, 베니스, 영국이 '낮은 세율, 안정된 화폐'라는 단순한 진리를 실현해 건강하고 활력 넘치는 경제를 만들었다는 점이다. '낮은 세율'은 경제 주체들이 번 돈을 정부에서 세금으로 많이 징수하지 않아 근로 의욕을 높일 수 있으므로 경제 활력을 높이는 데 도움이 된다는 점은 누구나 인정할 수 있다. 그러나 '안정된 화폐'는 어떻게 경제 활력을 만드는 데 도움이 될까.

사람들은 흔히 화폐를 우리 몸의 혈액에 비유한다. 상품과 용역의 거래를 매개하고 소득을 분배하면서 사람과 사람의 손을 거쳐 돌아다니는 화폐가 우리 몸 구석구석에 영양분과 산소를 공급하는 혈액과 흡사하다는 사실에 착안한 비유이다. 우리 몸에 피가 부족해도 또 너무 많아도 건강하지 않다. 화폐도 마찬가지이다. 경제에 부족하지도 넘치지도 않아야 한다. 부족하면 거래가 위축되어 경제가 활력을 잃고 넘치면 인플레이션으로 가격이 폭등한다. 또 피는 맑아야 한다. 피가 맑지 못하면 영양분과 산소가 공급되지 않아 건강을 잃는다. 마찬가지로 불량한 화폐는 퇴장되고 이에 따라 경제가 위축되고 정지한다. 로(John Law)는 이렇게 비유했다. "혈액이 순환하지 못하면 우리 몸은 활력을 잃는다. 마찬가지로 화폐가 제대로 순환하지 못하면 경제의 생기가 부족해진다."[1]

화폐의 양도 문제이지만 안정적인 가치 척도로서 화폐의 질도 중요하다.[2] 과거 유명한 학자들도 화폐가 안정성을 가진 가치 척도가 되어야만 우리 사회와 경제가 건강할 수 있다고 강조했다. 지동설로 유명한 천문학자 코페르니쿠스(Nicolaus Copernicus)는 그의 『화폐 정책에 관한 논고』(1517)에서 "주조 화폐는 주로 금이나 은으로 만든다. 그리고 사고파는 물건의 가격은 이러한 금이나 은의 가치를 기준으로 평가한다. 따라서 금 혹은 은이 가치의 척도가 된다. 그러나 고정성과 항상성이 확보되지 못하면 가치의 척도가 될 수 없다. 가치 척도가 불안한 상황에서는 공공질서가 교란될 수밖에 없다. 도량형의 단위가 통일되지 않은 상태에서는 거래 당사자들을 속이는 방법이 무궁무진한 것과 마찬가지이다."라고 언급했다. 경제학자 케인스 역시 『화폐 가치 변화와 사회의 영향』(1923)에서 "안정적인 가치 척도로서의 화폐가 없다면 이 자본주의는 효율적인 제도로서의 역할을 다하지 못할 뿐 아니라 존립 자체가 불가능할 수도 있다."라고 경고했다.

오늘날 화폐가 수행하는 가치 척도로서의 역할을 감안한다면 화폐를 신호등에 비유하는 것도 적절하다. 신호등이 정상적으로 작동하면 보행자와 차량은 신호를 신뢰하고 자기 갈 길을 간다. 마찬가지로 화폐의 가치가 안정적이면 경제 주체들은 본연의 경제 활동에 전념한다. 노동자들은 인플레이션 때문에 자기 봉급이 절반으로 줄어들지 않을까 걱정하지 않는다. 기업은 실물 자산 투기에 신경을 쓰기보다는 정상적인 생산 활동에만 전념한다. 가계는 과도한 대출로 아파트나 땅을 사려 하기보다는 소득의 일부를 은행에 저축해 미래에 대비한다.

그런데 신호등이 고장 났다고 가정해 보자. 서로 빨리 가려고 다투지만 결국은 뒤엉켜 신경은 신경대로 쓰고 시간은 시간대로 걸려 모두 다 손해를 본다. 화폐에 대한 신뢰가 사라질 때 발생할 혼란을 생각해 보자. 기업은 좋은 물건을 만들어 시장에 팔려고 하기보다는 대출을 많이 받아 실물 자산에 투기하는 데 혈안이 된다. 가계는 정상적인 노동 소득과 이자 소득보다는 투기적인 자산 소득에 더 신경을 쓴다. 모든 경제 주체가 생산과 근로보다는 가격 상승에 기대어 부를 쌓으려고 혈안이 되는 것이다.

신호등이 빨강, 노랑, 초록의 세 가지 색깔로 교통 신호를 보내는 반면에 화폐는 이자율로 신호를 보낸다. 6장에서 언급했듯이 케인스는 화폐의 가격인 이자율을 '현재와 미래를 잇는 다리'라고 했다. 이자율은 소비자에게는 현재 소비의 가치와 미래 소비의 가치 사이의 평가를 반영한다. 또 기업의 입장에서는 현재의 투자가 미래의 수익을 얼마만큼 가져다 줄 것인지에 대한 기대를 대변한다. 이러한 다리가 끊기면 경제의 미래는 없다. 화폐의 가치가 불안정해서 흔들릴 때

이자율은 신호 기능을 잃어버린다. 화폐 발행을 남발해서 이자율이 낮아지고 '값싼 화폐'가 이리저리 몰려다닐 때 사람들은 과소비를 하고 실물 자산에 투기를 해서 부채로 지탱되는 호경기를 만들지만 결국 터질 수밖에 없는 거품 경제를 조장한다. 서브프라임 사태는 값싼 화폐가 초래한 자산 거품의 한 예이다. 반대로 화폐 발행이 과도하게 억제되면 이자율이 올라가서 기업의 투자 의욕이 꺾이고 소비는 위축되어 경제는 활력을 상실한다. 1929년 대공황이 그 일례이다. 당시 미국 연준은 물가 상승의 원인을 초과 신용으로 오판하고 신용 긴축 정책으로 선회했다. 금리가 오르자 금융 투기를 위한 자금 수요 이외의 기업들의 투자 수요는 고금리를 감당하기 어려웠고 이에 따라 총수요가 급속히 위축되었다.

  이처럼 이자율은 현시점에서 그 사회가 생산할 수 있는 재화 가운데 어느 정도를 현재의 소비에 사용하고 어느 정도를 저축해서 미래의 소비로 돌릴 것인지를 결정하는 기준이 된다. 한편 더 장기적으로 보면 그 사회가 생산해 낼 수 있는 재화의 규모도 가변적이다. 이자율은 기업이 얼마만큼 투자해서 생산 활동을 할 것인지를 결정하는 기준이 되므로 전체 경제의 생산 능력과 재화 생산의 규모를 좌우하는 기준이기도 하다. 안정된 화폐는 이자율의 신호 기능이 원활하게 작동해서 투자, 생산, 소비, 저축이 조정되고 경제가 활력을 잃지 않고 건강하게 굴러가도록 한다.

자유로워진 그러나 더 위험해진 화폐

그렇다면 화폐의 진화 과정은 '안정적인 화폐'를 지향해 왔을까. 우리는 1장에서 인류가 최초로 화폐를 발명한 이후 그 모습이 어떻게 변했는지를 살펴보았다. 여기에서 화폐 진화의 역사를 '화폐 가치의 안정성'이라는 측면에서 다시 간략하게 더듬어 보자. 국가마다 그 진화 과정에 차이는 있지만 대체로 초기의 상품 화폐에서 금속 화폐로, 그리고 지폐의 순서로 진화했다. 지폐도 처음에는 금이나 은과 같은 귀금속에 그 가치가 묶여 있다가 이제는 그런 연계도 사라지고 완전히 소재 가치로부터 독립했다. 나아가 이제는 종이라는 물리적 실체도 없이 은행 계좌에 적힌 숫자들이 지폐를 대체하고 있다. 과연 우리는 더 편리하고 신뢰할 수 있는 바람직한 화폐를 갖게 된 것일까.

처음에 화폐는 사람들이 편리하게 거래하기 위한 수단으로 만들어졌다. 단순한 의식주의 기본적인 욕구만 있었던 원시 시대에는 물물 교환만으로도 경제 주체들의 욕구를 충족시킬 수 있었다. 하지만 점차 인구가 늘어나고 욕구가 다양해지면서 물물 교환만으로는 욕구를 충족시키기 어려워졌다. 따라서 이를 충족시키려면 수많은 거래가 필요했고 이러한 거래가 원활하게 이루어지기 위해서는 모든 사람이 신뢰하고 사용할 수 있는 공통의 지불 수단이 필요했다. 이런 공통의 지불 수단이 화폐였다. 편리를 위해 화폐라는 수단을 발명했지만 화폐가 언제 어디서나 안정적인 가치를 유지할 것이라는 경제 주체들의 신뢰가 중요했다. 현재뿐 아니라 미래에도, 주변 지역뿐 아니라 멀리 있는 다른 지역에서도 안정적인 가치를 유지할 것이라는 믿음이 있어야만 화폐로 사용될 수 있다. 고된 생산 활동으로 얻은 생산물을 팔아 생긴 화폐가 다른 생산물을 구입하는 데 사용될 수 없다면 사람들은 현재의 화폐를 버리고 과거의 화폐로 돌아가려는 경향을 보여 왔다. 지폐가 타락하면 금과 은과 같은 금속 화폐로 돌아가고, 금속 화폐가 타락하면 상품 화폐로 되돌아갔다.

이러한 측면에서 사람들이 신뢰할 수 있는 내재적 가치를 지닌 물품이 화폐로 쓰인 것은 당연한 결과였다. 왕이나 권력자에 의해 어떤 물건이 인위적으로 화폐로 선택된 것이 아니다. 화폐는 경쟁에 의해 자연스럽게 선택되었다.[3] 앤드루 카네기(Andrew Carnegie)는 그 과정을 다음과 같이 묘사했다. "처음부터 법으로 어떤 물품을 귀중하다고 정한 후 이 물품이 화폐로 채택된 것이 아니다. 이 물품 자체가 처음부터 귀중품으로 대접받는 한편 화폐로 사용하기에도 적합하다는 사실이 입증되고 난 후 자연스럽게 화폐의 역할을 맡게 되었다. 누가 혹은 무엇이 화폐로 채택한 것이 아니라 화폐로서의 위용을 갖춘 물품이 스스로 화폐로 만들어졌다."

소, 말, 염소 등 가축과 쌀, 밀 등 곡식은 일상생활의 필수품이었으므로 누구에게나 필요한 물건이고 일정한 가치가 유지될 것이라는 신뢰를 받아 화폐로 받아들여졌다. 그러나 이러한 생필품 화폐의 경우 내재적 가치는 확실했지만 휴대와 보관이 어렵고 표준화되지 않아 불편한 점이 많았다. 가치의 신뢰성 측면에서는 완벽에 가까웠지만 거래의 편리성 측면에서는 한계가 있었다. 사람들은 더 편리한 매개 수단을 추구했으며 결국 금과 은 같은 귀금속이 화폐로 사용되었다. 귀금속은 생필품에 비해 휴대와 보관이 편리하고 상대적으로 그

품질이 균일하며 가치의 크기를 마음대로 나눌 수 있었다. 게다가 공급이 일정해 희소성이 유지된다는 특징은 생필품 화폐에 비해 큰 장점이었다. 상품 화폐에서 금속 화폐로의 전환은 화폐의 겉모습만이 아니라 사람들의 화폐관에 근본적인 변화를 주었다. 상품 화폐의 경우에는 사용 가치가 중요하지만 금속 화폐의 경우에는 교환 가치가 중요하다. 사용 가치는 쉽게 변하지 않고 안정적인 반면에 교환 가치는 사람들의 기호의 변화에 따라 수시로 변한다. 상품 화폐에서 금속 화폐로 전환됨에 따라 거래의 편리성은 나아졌지만 신뢰의 견고함은 약해졌다.

  금속 화폐의 근본적 문제는 왕이나 권력자들에 의해 그 가치가 조작될 위험이 항상 내재해 있다는 점이다. 화폐의 역사는 이러한 위험이 현실화되어 많은 사람들이 손실을 입고 경제가 혼란을 겪었음을 보여 준다. 이러한 금속 화폐의 가치 조작이 왕이나 권력자들의 사리사욕에 의해 발생했던 것은 분명히 잘못된 경우였다. 하지만 화폐의 가치와 양을 사람들이 조절할 수 있다는 점이 반드시 재앙인 것은 아니었다. 오히려 사람들에게 유리한 경제적 결과를 낳는 경우도 있었다. 특히 전시에는 화폐량과 가치를 조절할 필요가 있었다. 전쟁을 수행해서 왕실의 안위를 지키고 국가와 국민을 보호하기 위해서는 막대한 재원이 필요했다. 이러한 대의명분을 위해 화폐의 가치가 손상되는 것은 큰 문제가 아니었다. 금속 화폐의 가치 조작은 왕권 시대에도 대부분 왕실의 사치보다는 이웃 나라와의 전쟁 중에 빈번하게 일어났다. 특히 왕이나 독재자가 자신의 이해와 이념 때문에 전쟁을 일으키는 경우 국민들은 고귀한 생명을 희생하는 동시에 모아 놓은 재산까지 화폐 남발로 잃게 되는 이중고를 겪었다. 제2차 세계 대전으로 독일 국민들이 겪었던 희생이 대표적인 사례이다.

　민주 국가에서는 공동체 전체의 이익을 위해 화폐의 가치가 조절되었다. 정치적 입장에 따라 화폐의 가치 유지에 부여하는 정책의 우선순위가 달라지긴 하지만 적어도 국가 전체를 위해 화폐의 가치가 관리된다는 명분은 확고했다. 민주 국가에서도 전시에는 전쟁 수행에 필요한 재원 조달의 역할을 화폐가 맡지 않을 수 없었다. 미국의 독립 전쟁과 남북 전쟁, 그리고 전 세계적으로는 제1·2차 세계 대전을 겪으면서 화폐가 재원 조달 수단으로 활용되었다. 전쟁에서 이기기 위해 재원을 조달하는 것이 화폐 가치의 안정을 유지하는 것보다 우선시되는 것은 당연했다. 수차례의 전쟁과 화폐 남발, 이후의 인플레이션에 대응한 화폐 관리 등을 체험하면서 사람들은 화폐에 대한 신뢰가 '금'이라는 실물보다는 '중앙은행'이라는 제도를 통해 확보될 수 있다는 사실을 깨달았다. 금 본위 제도는 제1·2차 세계 대전을 거치면서 그 종말을 맞았다. 그리고 기축 통화인 미국 달러화마저 1971년 닉슨 대통령의 금 태환 종결 선언으로 금과의 연계가 끊어졌다. 이제 지구상의 주요 화폐들은 내재적 가치로부터 분리되었고 통화 당국이 마음먹은 대로 공급할 수 있는 자유를 얻었다. 이른바 명목 화폐의 시대인 것이다.

　왜 사람들은 가치가 거의 없는 종이 위에 새겨진 숫자를 신뢰할까. 화폐를 발행한 국가, 더 정확하게는 그 국가의 중앙은행을 신뢰하기 때문이다. 중앙은행이 명목 화폐의 가치, 다시 말해 그 화폐로 다른 상품을 살 수 있는 구매력을 지켜 줄 것으로 신뢰하기 때문이다. 그것은 두 가지 면에서의 신뢰이다. 하나는 중앙은행이 화폐의 가치를 안정적으로 유지할 능력에 대한 신뢰이고, 또 하나는 중앙은행이 화폐 가치의 안정을 최우선적으로 추구할 의지에 대한 신뢰이다.

중앙은행의 능력에 대한 신뢰는 큰 도전을 받고 있다. 오늘날에는 화폐의 공급을 중앙은행이 혼자 하는 것이 아니다. '본원 통화(본원 통화는 비은행 민간이 보유하는 현금 통화와 일반 은행이 보유한 지급 준비금이다)'의 공급은 중앙은행이 독자적으로 조절할 수 있지만 경제 활동과 물가에 미치는 통화는 본원 통화에 그치지 않는다. 우리나라에는 2012년 말 기준으로 현금 통화는 44조 원, 결제성 예금은 410조 원, 그리고 정기 예적금 및 단기 금융 상품 등을 포함하면 1832조 원이 돌아다니고 있다. 중앙은행이 불과 50조 원 규모의 본원 통화만을 직접 통제하면서 화폐의 가치(물가)를 관리할 수 있을지 의문이 제기되는 것은 이 때문이다. 다만 중앙은행은 직접 통제하는 본원 통화 외의 다른 통화에도 영향력을 미칠 수단이 있다는 점에서 중앙은행의 능력을 과소평가해서는 안 된다.

중앙은행이 화폐 가치의 안정을 최우선으로 추구한다는 신뢰도 도전을 받는다. 오늘날 국민의 기대는 중앙은행을 포함한 금융 정책 당국이 통화 가치의 안정만을 목표로 하도록 내버려 두지 않는다. 때로는 통화 정책을 경기 활성화의 수단으로도 활용해야 한다. 불경기에는 이자율 인하를 통해 투자를 유인하거나 인위적인 통화 가치의 하락을 통해 수출을 증가시켜야 한다. 나아가 요즘 같은 금융 위기의 와중에는 유동성이 부족한 은행에 유동성을 공급하거나 은행들의 실물 부분에 대한 대출을 독려하기 위해 저리의 유동성을 지원하기도 한다. 화폐 가치의 안정이 중앙은행의 임무 가운데 후순위로 밀리곤 하는 것이다.

사람들은 달러를 '그린백(greenback)'이라고 부르기도 한다. 1862년 미국 남북 전쟁 당시 북군이 발행한 지폐의 뒷면은 녹색이었다. 당시 이 지폐를 그린백이라고 불렀는데 지금까지 미국 달러화는 그 이름으로 불린다. 당시에는 흑백 사진기로 복사하는 위조가 성행했기 때문에 위조 방지를 위해 앞면은 흑백이지만 뒷면은 복사가 되지 않는 초록색으로 했다고 한다. 하지만 컬러 인쇄가 성행하는 오늘날에도 우리나라 지폐를 포함해 세계 각국의 화폐를 보면 초록색이 대세이다. 왜 그럴까. 초록색 잉크가 가격 면에서 저렴하고 종이에 선명하게 인쇄되기 때문이다. 그리고 초록색은 심리적 안정감과 신뢰감을 주기 때문에 화폐에 대한 신뢰를 확보하기 좋다는 점도 고려되었다고 한다.

오늘날 통화 가치의 안정과 신뢰가 통화 정책 당국자들의 지혜와 의지에 달려 있다는 점에서 정책을 담당하는 정부와 중앙은행의 책임은 실로 막중하다. 화폐는 자유를 얻었다. 그 화폐를 절제 속에서 사용한다면 축복이 되겠지만 무분별하게 남용한다면 혼란을 자초할 위험도 내포되어 있다.

화폐와 경제 이론

과연 중앙은행은 화폐 가치를 안전하게 관리할 수 있을까. 지폐, 동전 등의 화폐도 일종의 상품이라고 쳐 보자. 시장에서 거래되는 갖가지 농수산물, 전자 제품 등과 마찬가지로 화폐도 사려는 수요자들과 팔려는 공급자들이 있고 그 사이에서 가격이 결정된다. 다만 일반 상품은 그 고유의 사용 가치가 있는 반면에 현대의 화폐는 고유의 사용 가치가 없다는 것이 다를 뿐이다. 화폐를 사과와 비교해 보자. 정부가 사과의 수요와 공급을 조절해서 사과 가격을 안정적으로 유지하는 정책 목표를 추진한다고 가정해 보자. 이를 담당한 정부 책임자는 우선 내년도 소비자들의 사과 수요와 수확 가능한 사과의 양을 예측한다. 만일 공급이 수요에 미치지 못할 것 같으면 정부가 비축해 놓은 사과 재고를 방출하든지 아니면 수입량을 늘려 가격을 안정시키려고 할 것이다. 반대로 공급이 수요보다 많을 것으로 예측되면 정부 예산으로 사과를 구매하든지 사과의 해외 수출을 장려할 것이다. 아니면 정부가 사과 대신에 배, 귤, 포도 등 다른 대체 농산물로 소비자 수요를 전환해 사과 가격을 안정화시키는 정책도 사용 가능하다. 정부는 사과의 수요와 공급을 정확하게 예측하고 적기에 정책을 집행해 늘 목표한 가격을 유지할 수는 없겠지만 당초 목표했던 것과 크게 다르지 않은 가격을 유지해야 한다. 물론 예상치 못한 장마나 가뭄으로 사과 작황이 크게 악화되는 경우에는 사정이 달라지지만 말이다.

  화폐도 사과처럼 정부나 중앙은행이 그 가격을 유지할 수 있을까. 수요와 공급을 예측하고 불균형을 해소할 수 있는 정책 수단이 있을까. 화폐의 수요와 공급 문제부터 출발해 보자. 여기서 복잡한 화폐 이론을 다루려는 것이 아니다. 화폐 이론을 만들고 적용하는 것은 경제학자들과 정책 입안자들의 몫이다. 우리는 단지 그들이 믿을 만한지만 보려는 것이다.

화폐의 수요부터 시작해 보자. 화폐의 수요는 말 그대로 경제 주체들이 화폐를 얼마나 많이 가지려 하는지를 의미한다. 이렇게 물으면 대개는 화폐는 많이 가질수록 좋다고 답한다. 물론 맞는 말이지만 여기서 우리의 질문은 자신의 부(wealth) 가운데 어느 정도를 실물 자산이나 금융 자산이 아닌 화폐의 형태로 보유하느냐 하는 것이다.

케인스는 이 분야의 전문가였다. 그는 경제 주체들이 화폐를 가지려는 동기를 세 가지로 보았다. 첫째는 '거래적 동기'이다. 사람들은 물건을 사고파는 거래를 하기 위해 화폐를 필요로 한다. 둘째는 '예비적 동기'이다. 비록 당장 거래를 하지는 않지만 예측하지 못한 거래가 발생할 것에 대비해 화폐를 보유하려 한다. 예를 들어 가족이 예상하지 못한 교통사고를 당하는 경우를 대비해 보험을 드는 것과 같은 동기이다. 셋째는 '투기적 동기'이다. 이는 부를 극대화하기 위한 방편으로 화폐를 보유하려는 것이다. 거래적 또는 예비적 동기의 화폐 수요는 경제 활동 규모와 밀접하게 연관되기 때문에 큰 변화가 없다. 그러나 투기적 동기의 화폐 수요는 주식 및 채권의 미래 기대 수익률과 기대 인플레이션 같은 금융 시장의 상황에 따라 크게 변한다. 사실 부를 극대화하기 위해서는 이자 수익을 내지 못하는 현금 대신에 이자를 획득할 수 있는 주식, 채권, 파생 상품 등 금융 수단을 보유해야 한다. 그런데 만약 경제 주체들이 미래에 주식 및 채권 가격이 떨어질 것(이는 채권 수익률이 오른다는 것과 같은 의미이다)이라는 기대가 있으면 금융 상품의 구입을 미루고 현금으로 보유하다가 나중에 금융 상품을 사는 것이 유리하다. 그래서 주식과 채권의 보유 비중은 줄이고 화폐 수요를 늘리게 된다. 또 현금의 구매력도 물가에 따라 변하기 때문에 기대 인플레이션도 투기적 수요에 영향을 주는 중요한 변수가 된다.(기대 인플레이션이 크면 화폐 수요는 줄어든다.) 결론적으로 화폐의 수요는 GDP로 표현되는 경제 규모, 금융 자산 수익률, 예상 물가 상승률에 의해 좌우되고 이러한 변수들이 안정적인 경제 상황이라면 화폐 수요가 어느 정도 예측 가능하다.

이제 화폐 공급으로 넘어가 보자. 각국의 통화 정책 당국이 통화량을 관리하는 대표적인 정책 수단으로는 지급 준비율, 할인율, 공개 시장 조작 세 가지가 있다. 통화 정책 당국은 주로 이런 전통적인 수단을 활용해 통화량을 조절한다. 지급 준비율 정책은 중앙은행이 시중 은행들로 하여금 예금자의 예금 인출 요구에 대비해 총 예금액의 일정 비율 이상을 대출하지 못하게 하는 정책이다. 여기서 정해진 일정한 비율을 지급 준비율이라고 한다. 중앙은행이 지급 준비율을 높이면 시중 은행들은 대출을 줄여야 하므로 화폐 공급은 감소하고, 반대로 지급 준비율을 낮추면 대출을 늘리게 되어 화폐 공급이 증가한다.[4] 다음으로 할인율은 시중 은행이 중앙은행으로부터 차입을 하는 경우 (시중 은행이 유동성이 부족하면 채권 등 금융 자산을 중앙은행에 맡기고 현금을 차입한다) 지불하는 이자율이다. 중앙은행이 할인율을 인상하면 시중 은행들은 중앙은행으로부터 차입을 줄여 통화 공급을 줄이고, 반대로 중앙은행이 할인율을 인하하면 시중 은행들은 중앙은행으로부터 낮은 이자에 보다 많은 자금을 차입해 통화 공급을 증가시킨다. 마지막으로 공개 시장 조작은 중앙은행이 채권과 같은 유가 증권을 단기 금융 시장에서 매매함으로써 통화량을 조절하는 조치이다. 중앙은행이 유가 증권을 매입하고 매입 대금을 현금으로 지급하는 경우에는 통화량이 증가한다. 반대로 중앙은행이 유가 증권을 매각하고 매각 대금을 현금으로 받는 경우에는 통화량이 감소한다. 통화 공급은 중앙은행이 단독으로 하는 것은 아니고 시중 은행들과 함께하지만 중앙은행의 정책이 시중 은행들의 의사 결정에 상당한 영향력을 갖는다. 따라서 중앙은행이 통화 공급의 역할을 전적으로 하는 것은 아니지만 통화 공급을 조절할 수단을 보유한다고 평가한다.

케인스주의 대 통화주의

우리는 화폐의 수요와 공급을 어느 정도 예측할 수 있고 이 둘의 차이를 조절할 수단도 있다. 그러면 우리는 이를 통해 화폐 가치의 안정, 다시 말해 물가 안정을 도모할 수도 있고 또 마음만 먹으면 경기도 조절할 수 있다는 결론에 이른 것인가. 아니다. 언급한 경제 이론만으로는 화폐 가치의 안정이나 물가 관리를 말하기는 아직 요원하다. 앞에서 화폐의 수요와 공급이 균형을 이루는 선에서 이자율이 결정된다는 것을 이야기한 바 있다. 화폐의 수요와 공급을 통해 이자율이 결정되고 이 이자율이 다시 경제 주체들의 소비와 저축, 투자에 관한 의사 결정에 영향을 미쳐 전체 경제 활동의 수준을 결정하는 동시에 물가도 정해진다는 것이다. 그런데 앞에서 설명한 것처럼 물가가 '화폐의 수요와 공급→이자율 결정→GDP와 물가 결정'으로 이어지는 도식적인 과정을 거쳐 결정되는 것일까. 아니다. 복잡한 현실을 단순한 모델로 만들기를 좋아하는 경제학자들이 이렇게 설명하는 것뿐이다. 그것도 케인스주의자라고 하는 일부 경제학자들만 이와 같이 설명한다. 그런데 이와 다르게 생각하는 경제학자들도 많다. 다행스러운 점은 다른 경제학자들은 케인스주의자들보다 화폐와 물가의 관계를 더 밀접하고 단순하게 본다는 것이다.

케인스주의자들의 반대편에 있는 밀턴 프리드먼은 이렇게 불만을 표시했다. "미국 연준은 화폐량을 조절할 권한을 가지고 있으며 그렇게 하고 있다고 입에 발린 말을 한다. 그러나 연준의 실제 행동은 셰익스피어의 희곡「한여름밤의 꿈」에 나오는 데메트리우스의 행실과 좀 닮은 데가 있다. 그는 자기를 사랑하는 헬레나를 멀리하고 헤르미아를 쫓아다니지만 헤르미아는 다른 남자를 사랑한다. 미국 연준은 조절 가능한 화폐량을 마음에 두지 않고 조절 능력이 없는 이자율을 조절하려고 노력해 왔다. 그 결과 양쪽에서 모두 실패했다." 이처럼 프리드먼은 이자율보다는 통화량이 훨씬 바람직한 통화 정책 지표라고 주장한다. 케인스주의자들이 이자율을 통화 정책의 중심 지표로 보는 것과는 상반된다. 통화 정책의 중심 지표를 차지하려는 이자율과 화폐량 사이의 줄다리기는 화폐의 역할에 대한 케인스주의자들과 통화주의자들의 근본적인 인식의 차이에서 비롯된다. 케인스주의자들은 화폐가 이자율을 통해 간접적으로 경제에 영향을 미친다고 보는 반면에 통화주의자들은 화폐가 직접적으로 물가와 경제 활동 수준에 영향을 미친다고 본다. 우리는 통화 정책의 지표로서 통화량이 나은지 아니면 이자율이 나은지에 관한 논쟁에 나설 마음은 없다. 다만 오늘날 가장 큰 영향력을 미치는 경제학자 케인스와 프리드먼이 모두 자신 있게 이자율 또는 통화량을 조절할 수 있다고 한 말을 믿을 수밖에 없다.

그런데 케인스주의자들과 통화주의자들 어느 쪽도 완전 고용을 달성하면서도 인플레이션은 발생하지 않도록 중앙은행이 화폐량을 적정하게 조절하라고 말하지는 않는다. 화폐량을 강조하는 통화주의자들조차 화폐량을 조절하려 하지 말고 손을 떼라고 주장한다. 그들은 경제 규모의 증가에 비례해 일정 비율로 화폐량을 증가시키는 준칙을 지키는 것이 중앙은행이 할 일이라고 못 박았다. 통화량이 중요하다고 주장하며 케인스주의자들과 화폐에 대한 세기의 학문적 대결을 벌여 승리를 거둔 순간에 왜 통화주의자들은 통화량 조절을 포기했을까. 그들은 경제학자나 정책 책임자들의 통화 정책의 효과에 대한 지식이 불완전하다고 보았다. 통화량이 경제에 영향을 미치기까지는 짧게는 3개월에서 길게는 3년이 걸릴 수도 있는데, 정책 효과를 모르면서 통화량을 조절하려는 것은 오히려 경제를 망친다고 보았다. 비유를 하자면 샤워기의 물 온도 조절과도 같다. 처음 샤워기를 틀면 차가운 물이 나오기 때문에 따뜻한 물이 나올 때까지 잠시 기다려야 하는데 이를 참지 못하고 뜨거운 물 쪽으로 손잡이를 돌리고 만다. 그래서 너무 뜨거운 물이 나오면 이번에는 반대로 차가운 물 쪽으로 꼭지를 튼다. 이런 식으로 뜨거운 물과 차가운 물을 반복하게 된다. 이를 밀턴 프리드먼은 '샤워실의 바보'라고 했다. 밀턴 프리드먼은 샤워실의 바보보다는 로봇처럼 정해진 준칙만 고집스럽게 따르는 것이 더 낫다고 생각했다.

그러면 왜 케인스주의자들은 화폐량을 조절하는 정책이 중요하지 않다고 했을까. 불경기에는 정부가 통화량을 늘리더라도 사람들은 자기 수중에 더 들어온 화폐를 고스란히 보유하려 한다. 불경기에는

● 폴 새뮤얼슨.

● 밀턴 프리드먼.

이자율이 낮기 때문에 이자 받는 것을 포기하더라도 수중에 화폐를 더 보유하는 것이 큰 손해가 아니기 때문이다. 오히려 화폐를 보유하고 있다가 나중에 투자 기회를 노리는 것이 더 현명하다고 생각한다. 다시 말해 투기적 화폐 수요가 많아진다는 것이다. 이 경우에 화폐를 추가 발행하더라도 그 화폐는 고스란히 장롱 속에 머물며 시장에서 이자율 하락으로 연결되지 않는다. 이른바 케인스주의자들의 '유동성 함정'의 경우이다. 따라서 통화 당국이 통화량을 증가시켜도 이자율은 꿈쩍하지 않고, 이자율이 내려가지 않으니 경기 부양을 기대할 수도 없다.(케인스주의자들의 경우 화폐는 이자율의 변화를 통해서만 경제 활동에 영향을 미친다고 본다.) 더 심각한 문제는 투자의 변덕스러움이다. 이자율이 내려가더라도 기업들이 투자를 늘린다는 보장이 없다. 투자 결정에 영향을 미치는 변수들은 수없이 많고 이자율은 그 가운데 하나일 뿐이다. 투자의 결정 변수들은 미래의 불확실성을 내포하고 있어서 결국 투자는 미래를 예측하고 위험을 감수하는 '동물적 판단'에 의해 결정된다. 그래서 케인스주의자들은 변덕스러운 민간 투자 대신에 정부가 소비나 투자를 통해 지출을 증가시키는 것이 불경기에 부족한 수요를 보완하는 데 효과적이라고 보았다.

경제 이론과 정책 제안의 차이점에도 불구하고 케인스주의자나 통화주의자들은 화폐가 경제에 미치는 영향에 대한 우리의 지식과 통제 능력이 불완전하다는 것을 확인시켜 주었다. 화폐량이 사람들의 경제 행위에 영향을 미치는 데 얼마만큼의 시간이 걸릴지, 사람들이 중앙은행의 통화량 변화에 어떻게 대응할지 정확하게 예측하는 것은 불가능하다. 하지만 우리의 지식이 불완전하거나 예측이 부정확하다고 해서 정책 당국자들은 아무 일도 하지 말고 수수방관하라는 것은 아니다. 오류 가능성을 염두에 두면서 현재의 정보를 이용해 조정 능력의 범위 내에서 최선의 정책을 궁리하는 것이 정책 담당자의 임무이다. 밀턴 프리드먼이 권유한 대로 로봇이 통화량을 미리 입력한 준칙에 따라 일정하게 증가시킨다고 하자. 로봇은 스스로 작동하는가. 아니다. 로봇을 작동시키는 프로그램은 정책 담당자가 만들어서 입력해야 한다. 그리고 시장 상황에 따라 프로그램을 바꿔 주는 것도 정책 담당자의 몫이다. 특히 금융 시장처럼 새로운 금융 상품이 수시로 출현하고 사람들의 금융 행위가 변덕스러운 경우에는 적시에 프로그램을 바꿔 주는 것이 필요하다. 예를 들어 통화주의자들이 중시한 화폐의 유통 속도는 금융 시장의 상황에 따라 유동적이다. 화폐의 유통 속도를 체크해서 적절하게 프로그램을 바꿔 주지 않으면 준칙에 의한 화폐량의 증가 정책은 경제에 재앙이 될 수도 있다. 1986년 미국 연준은 화폐의 유통 속도 감소에 대응해서 종전의 3~4퍼센트의 통화량 증가 준칙을 파기하고 통화량을 15퍼센트 증가시켰다. 만일 밀턴 프리드먼의 권고대로 계속 3~4퍼센트의 통화량 증가를 고집했다면 미국 경제는 심각한 디플레이션으로 혼란을 겪었을 것이다. 최악의 위험은 사람의 실수가 아닌 로봇의 무념(無念)에서 온다는 것을 기억하자.

모두가 환영할 만한 화폐 제도는 있을까

1980년대를 마지막으로 화폐의 남발로 인한 전 세계적인 인플레이션은 진정되었다. 물론 원유 등 에너지나 농산물 가격의 상승으로 인한 비용 인플레이션은 종종 나타났다. 또 일부 개발 도상국에서 화폐의 남발로 인한 특정 국가 차원의 지역적 인플레이션(2008년 짐바브웨는 초인플레이션으로 1000억 짐바브웨 달러를 1짐바브웨 달러로 리디노미네이션했다)[5]은 끊이지 않고 있다. 하지만 화폐에 관한 한 사람들의 주요 관심사는 국내의 물가 문제에서 국제 환율 문제로 넘어가고 있는 것 같다. 요즘은 화폐 전쟁이니 환율 전쟁이니 하는 자극적인 기사들이 신문 경제면을 뒤덮는다.

오늘날의 세계 화폐 시스템을 살펴보자. 세계 화폐 제도는 '달러화를 기축 통화로 하는 변동 환율 제도'로 압축해서 표현할 수 있다. 따라서 기축 통화 국가인 미국이 달러 가치를 안정적으로 유지할 능력이 있다는 것과 이를 위해 노력할 것이라는 신뢰를 보여 주는 것이 국제 통화 질서를 안정적으로 유지하는 데 절대적으로 중요하다. 그렇다면 과연 우리가 미국 정부의 능력과 신의를 어느 정도까지 믿을 수 있을까. 최근 일부 국가들은 자국의 외환 보유액을 달러 대신에 금이나 다른 국제 통화로 바꾸고 있다. 달러화에 대한 불신 때문이다. 중국은 더 적극적으로 달러의 가치 하락에 대처하는 동시에 자국 경제의 부상에 대비해 준비하고 있다. 자국의 위안화를 달러화에 버금가는 국제 통화로 키우려는 정책을 의욕적으로 추진하는 것이다. 배리 아이켄그린(Barry Eichengreen)은 중국의 위안화가 국제 통화로 성장할 수 있는지에 대해 큰 관심을 보여 왔다. 최근 그는 자신의 생각을 국내 신문에 기고한 바 있다.

위안화를 달러의 경쟁자로 키우려는 중국의 계획은 성공하고 있는 것인가? 이 질문에 대한 답은 중국이 다음 네 가지 문제를 어떻게 해결하느냐에 달려 있다. 첫째, 중국은 금융 시장에서 유동성을 더 높여야 한다. (…) 둘째, 위안화의 미래는 중국이 어떻게 얼마나 자본 시장을 개방하느냐에도 달려 있다. (…) 셋째, 중국 당국이 성장 침체 상황을 얼마나 매끄럽게 잘 처리해 나가느냐이다. (…) 마지막 도전 과제는 '중국의 정치 시스템이 위안화 국제화에 장애물이 될 것인가' 하는 점이다.[6]

그가 언급한 네 가지 과제 가운데 앞의 세 가지는 누구나 동의하는 과제들이다. 국제 통화는 유동성이 높고 국제 거래가 자유로워야 하며 경제 위기 등 통화 가치의 불안정 요인이 없어야 한다. 역사적으로 국제 통화로 사용되었던 그리스, 로마, 이탈리아, 네덜란드 화폐들이 공통으로 지녔던 특징이자 현재 국제 통화로 인정받는 달러, 유로, 파운드, 엔화 등의 특징들이기도 하다. 관심을 끄는 것은 그가 말한 마지막의 '정치 시스템의 개선'이라는 과제이다. 기축 통화와 정치 시스템 사이에는 어떤 연관이 있을까.

19세기와 20세기에 국제 통화가 된 화폐들은 자유 민주 국가에서 발행되는 화폐였다. 국제 통화가 되는 데 왜 민주주의가 중요할까. 아이켄그린은 이렇게 설명한다. "국제적 기축 통화가 되는 데 민주주의가 중요한 이유는 이렇다. 민주적으로 선출된 정부는 금융 시장을 깊이 개발하고 육성하는 데 필수적인 신뢰할 만한 약속을 할 능력을 가장 잘 갖추고 있다. 민주적 정부는 또 채권자의 권리를 함부로 무효화할 수 없다. 그랬다가는 다음 투표에서 집무실 밖으로 쫓겨난다. (…) 중국이 위안화를 국제화된 기축 통화로 만들고자 한다면 중국 당국은 인민이 참여하는 입법 부문의 위상과 영향력을 더 늘리고 관료제 등 정치 시스템을 보다 투명하게 운영해야 한다." 하지만 국제 통화가 되기 위해 중요한 것은 그 화폐의 발행 국가가 민주 국가인지 그렇지 않은지의 문제가 아니다. 중요한 것은 그 화폐의 가치가 안정적이라는 신뢰를 줄 수 있느냐 하는 점이다. 아이켄그린은 민주 국가가 화폐 가치의 안정성을 가장 확실하게 담보한다고 생각했는데 과연 그럴까.

최근의 미국과 유로존의 화폐 정책을 볼 때 민주주의가 화폐 가치의 안정성을 보장하는 가장 좋은 제도인지에 대해 의문이 들지 않을 수 없다. 세 차례에 걸친 미국의 양적 완화 조치에서 달러화의 가치 안정이라는 명분은 보이지 않는다. 오히려 달러의 환율 하락을 의도적으로 유도하고 있다는 느낌을 받는다. 유로존의 그리스, 아일랜드,

스페인 등 재정 위기 회원국에 대한 구제 조치들에서도 마찬가지로 유로화의 가치 안정이라는 목적은 뒷전으로 밀렸다. 일본 아베 정부는 환율 하락 의도를 공공연하게 드러냈다. 최근 세계적 금융 위기 상황에서 국제 통화 국가들의 통화 정책이 오로지 해당 국가와 해당 경제권의 이해에 따라 좌우되고 있다는 인상을 지울 수 없다. 어찌 보면 민주 국가는 국민이 주인이고 그 화폐는 주인인 국민의 이해를 극대화하도록 관리되는 것은 당연하다. 그렇다면 화폐 가치의 안정보다는 화폐 가치의 하락이 그 화폐를 보유한 당사국 국민들의 이해와 맞아떨어질 때 그 정부와 중앙은행은 자국 화폐의 가치 하락을 유도할 것이다. 그러므로 민주 국가가 화폐 가치의 안정에 대한 신뢰를 극대화할 수 있다는 명제가 항상 성립하는 것은 아니다. 국내적인 민주 국가가 국제적으로도 민주 국가가 되는 것은 아니며 특히 화폐 정책에서는 그렇다. 금 태환 중지를 선언한 닉슨 대통령 밑에서 재무 장관을 지냈던 존 코널리(John Connally)는 유럽에 대해 이렇게 말했다. "달러는 우리 통화지만 당신들 문제이다."[7]

개인들 사이에서 신뢰할 수 있는 화폐가 필요하듯이 국가들 사이에서도 무역 거래와 자본 거래를 매개하는 신뢰할 수 있는 화폐가 필요한 것은 당연하다. 영국의 상인들이 무역 초기에는 유리 제품이나 대리석 장식품을 싣고 중국이나 동인도로 가서 현지의 향료나 귀금속과 바꾸는 물물 교환을 주로 했다. 이러한 실물 교역에서는 서로 원하는 물건으로 교역이 제한된다. 두 국가 사이에서는 경제적으로 우월한 국가의 화폐가 채택되지만 그 통화가 제3국과의 무역에는 사용되지 못한다면 얼마나 불편하겠는가. 따라서 국제 통화나 더 나아가 기

• 중국의 경제 핵심 도시인 푸둥(浦東)의 야경.

축 통화는 이러한 불편을 해소하는 과정에서 자연스럽게 출현했다고 볼 수 있다. 기축 통화 국가가 누리는 이익을 지나치게 강조해서 무슨 커다란 음모가 있고, 강대국 사이에서 통화 전쟁을 한다는 시각은 특정 사건을 흥미롭게 설명할 수 있을지는 몰라도 큰 맥락을 짚어 가는 데는 별 도움이 되지 않는다. 오히려 편견과 오해를 심어 주기 쉽다. 오늘날 기축 통화인 달러화에 대해서도 지나친 음모론이나 특정 금융 가문들의 특혜를 대변한다는 시각은 위험하다. 그렇다고 오늘날의 달러화를 기축 통화로 하는 국제 통화 시스템이 최상의 통화 제도이고 미국의 통화 정책이 최선이라고 변호하는 것은 아니다. 분명히 2008년 글로벌 금융 위기 이후 미국, 유로존, 일본 등 선진국들의 통화 정책에는 문제가 있고 앞으로 국제적인 논의가 필요한 부분이다.

최근 주요 선진국들의 화폐 남발을 바라보는 개발 도상국들의 시선은 곱지 않다. 그 가운데 특히 미국 등과 환율을 둘러싸고 빈번하게 대립해 왔던 중국 정부와 경제학자들의 독설은 전쟁을 방불케 한다. 중국의 딩이판(丁一凡)은[8] 미국의 양적 완화 정책을 '목이 말라 급한 김에 독주를 마신 꼴'이라고 비유하면서 이렇게 신랄하게 비판했다. "유동성을 확대하는 것은 술을 마시는 것과 똑같다. 실제로 유동성과 액체를 뜻하는 영어 단어(liquid)도 똑같다. 술을 한 잔 마시면 어느 정도 흥분이 되고 그 자극을 받아 계속 마시고 싶어진다. 그러나 많이 마실수록 흥분과 자극 효과는 감소하고 술에 취할 정도에 이르면 우울증을 느끼게 된다."[9] 심각한 점은 술 마신 사람에게만 문제가 생기는 것이 아니고 술 마신 사람이 운전하는 차에 선량한 행인들이 다친다는 사실이다.

한 나라의 화폐의 가치는 그 나라의 경제 능력과 신뢰도를 반영한다. 따라서 화폐를 안정적으로 만들어 국제 통화가 되게 하기 위해서는 경제를 건실하게 발전시키고 안정적으로 유지하는 방법이 최우선이다. 반대로 화폐의 가치를 인위적으로 조작하거나 국제적으로 통용되도록 무리수를 두는 것은 화폐의 신뢰를 유지하는 데 도움이 되지 않을 뿐 아니라 경제 자체에도 이롭지 않다. 비(非)화폐적이고 근본적인 경제 문제를 화폐로 해결하려는 무리한 정책에서 문제는 확대되고 왜곡되었다. 1925년 윈스턴 처칠의 금 본위제로의 환원, 1992년 영국의 환율 방어 등은 화폐가 경제 실상을 반영하지 못하고 정치 논리에 좌우되었을 때의 실패를 보여 주는 사례였다. 최근 재정 위기를 맞은 남유럽 국가들이 금융 통합을 통해 이를 극복하려는 유로존의 정책에 회의를 갖는 것도 이러한 이유 때문이다. 포르투갈, 스페인, 이탈리아 등 남유럽 국가들의 재정 위기는 이들 국가의 경쟁력

저하로 인한 산업 붕괴에서 기인했다. 유로화 단일 통화가 아니라면 10년간에 걸쳐 서서히 이들 국가의 통화가 평가 절하되면서 수출 경쟁력을 확보하는 조정 과정을 거쳤을 것이다. 그런데 유로화를 공동 통화로 사용함으로써 이들 국가의 환율 조정 과정은 작동하지 않았고, 그 결과가 10년 만에 한꺼번에 곪아 터졌다. 과연 금융 감독을 통일하는 것으로 경쟁력을 잃은 회원국들의 문제를 얼마나 해결할 수 있을지 의문이다.

금의 귀환은 왕의 귀환?

국내적으로나 국제적으로 화폐 가치의 안정을 도모하는 가장 좋은 방법은 무엇일까. 인류가 지금까지 경험했던 화폐 제도들을 돌이켜 볼 때 가장 먼저 떠오르는 후보가 금이다. 금 본위제는 통화를 일정량의 금과 연계시킴으로써 안정된 통화 가치를 유지한다. 화폐가 금의 중량에 연계되어 있어서 화폐 공급을 남발할 수 없고 오로지 금의 증가만큼만 화폐의 증가가 가능하다. 현재 전 세계 금 보유량은 40억 온스이며 채광을 통해 매년 2퍼센트씩 증가하고 있어 금 보유량이 급변할 가능성도 크지 않다. 금 시장은 정부의 조작에서도 자유롭다. 통화 당국이 금의 가격을 지지하거나 억제하려는 목적으로 전 세계 금 시장에 개입하는 것은 사실상 불가능하기 때문이다. 이와 같은 이유로 역사적으로 수많은 사람들이 금 본위제를 높이 평가해 왔다. 일례로 버나드 쇼(George Bernard Shaw)는 "화폐에서 가장 중요한 것은 바로 안정성이다. 이러한 안정성을 추구하기 위해 우리는 금의 안정적 속성을 믿을 것인지 아니면 정부 관료의 정직과 지성에 기댈 것인지 양단간에 결정을 내려야 한다. 물론 이 세상에는 정직하고 똑똑한 사람들이 많겠지만 그래도 자본주의가 존속하는 상황이라면 금을 선택하는 편이 낫다고 말하고 싶다."라고 언급했다. 전 미국 연준 의장 앨런 그린스펀(Alan Greenspan)도 "금과 경제적 자유는 서로 불가분의 관계에 있다. 금 본위제가 아닌 상황에서는 인플레이션으로 인한 재산 손실로부터 저축과 예금을 보호할 방법이 없다. 금은 재산권의 수호자이자 보호자이다."라고 말하며 금 본위제를 적극 지지했다.

실제로 금 본위제하에서 물가는 장기적으로 놀랄 만한 안정세를 보인 것으로 나타났다. 1664년부터 1914년까지 250년 동안 금 본위제를 유지한 영국에서 물가는 안정적이었고 그에 따라 파운드화의 구매력도 안정세를 유지했다. 1664년 물가 지수를 100으로 하면 나폴레옹 전쟁 중에 180으로 상승한 것을 제외하면 대부분의 기간 동안 물가 지수가 100보다 낮았다. 1914년에는 물가 지수가 91이어서 250년 전보다 낮았다. 미국의 경우에도 금 본위제를 시행했던 1834년부터 1913년 사이에 물가는 26퍼센트 범위 내에서 움직였고 1834년과 1913년 물가 지수는 거의 같았다. 이러한 물가 안정은 금 본위제를 시행했던 다른 유럽 국가들에게도 공통적으로 나타났다.[10] 이 기간 동안 전 세계가 산업 혁명을 거치면서 농업 국가에서 공업 국가로 전환하고 고도의 경제 성장을 경험했다는 점을 감안하면 이러한 물가 안정은 두 가지 측면에서 중요한 시사점을 준다. 첫째, 우리는 고도 경제 성장에는 반드시 물가가 상승한다는 고정 관념이 있다. 하지만 이러한 우리의 인식과 경험이 보편 타당한 진실이 아니고 특수한 경우에 불과하다는 점을 알 수 있다. 산업 혁명이라는 전대미문의 경제 발전을 이룬 역사적인 기간 동안에 화폐 가치가 안정되었다니 놀라지 않을 수 없다. 둘째, 산업 혁명이 생산성의 획기적인 증가를 낳았던 반면에 금(화폐)의 공급은 고정되었다면 논리적으로 이 기간 동안 심각한 디플레이션을 겪어야 한다. 왜냐하면 상품의 생산과 거래는 대폭 증가하는데 이를 매개하는 화폐는 일정하므로 화폐의 가치가 높아질 수밖에 없고 이는 디플레이션을 의미하기 때문이다. 그런데 왜 이 시기에 디플레이션이 일어나지 않고 물가가 안정되었을까. 그 해답 가운데 하나는 금의 공급이 충분했다는 것이다. 1848년 캘리포니아, 1851년 호주, 1887년 남아프리카공화국에서 금광이 연달아 발견되어 크게 확대된 산업 활동을 뒷받침할 수 있었다.[11] 만일 이러한 연속적인 금광 발견과 금의 공급이 없었더라도 과연 산업 혁명이 금 본

- 전 연방준비제도이사회 의장이었던 앨런 그린스펀.
- 현 미국 연방준비제도이사회 의장인 벤 버냉키.

8장 화폐를 다스리는 지혜와 절제 — 371

위제하에 순조롭게 진행되었을지 의문이다.

이제 우리의 현실 문제로 돌아가 보자. 현 시점에서 금 본위제로 복귀하는 것이 가능하고 바람직할까. 금 본위제는 물가 안정과 화폐 가치의 안정이라는 측면에서는 오늘날의 관리 통화 제도보다 낫다는 것이 사람들의 통념이다. 특히 지속적인 인플레이션으로 실질 소득과 구매력 감소를 경험한 경우에는 물가 안정이 매우 환영할 일이다. 하지만 금 본위제가 물가 안정에 도움이 된다는 것에도 두 가지 이견이 있을 수 있다. 첫째는 화폐 남발 때문에 일어나는 인플레이션 방지에는 금 본위제가 어느 정도 해결책이 될 수 있지만 원유, 농산물 등 상품 가격 상승 등 공급 측면에서 발생하는 인플레이션에 대해서는 여전히 무기력하다는 것이다. 둘째, 보다 근본적이고 심각한 문제는 금 본위제는 디플레이션에 대해 속수무책이라는 사실이다. 역사는 인플레이션보다 디플레이션으로 인한 경제적 폐해가 심각하고 그것이 증폭 작용을 통해 경제 위기로 이어진다는 것을 보여 주었다. 2008년 글로벌 금융 위기를 맞아 각국은 통화 공급 확대로 위기의 진화에 나서고 있다. 만일 금 본위제로 인해 통화 정책 수단을 사용할 수 없었다면 어떤 결과가 초래되었을지 의문이다.

그러나 금 본위 제도는 국내적인 물가 문제보다 국제적인 환율 문제에서 더 심각한 취약점이 드러난다. 금 본위제는 필연적으로 고정 환율 제도를 뜻하는데, 과연 오늘날 고정 환율 제도가 지탱될 수 있을까. 독자적으로 금 본위제로 복귀하려는 국가가 있을까.

1971년 당시 세계 제일의 경제 대국 미국이 금 태환을 중지할 때 어떤 나라도 독자적으로 금 본위제를 유지하기 어렵다는 점이 이미 확인되었다. 금과 고정된 통화 가치를 유지해야 하는 국가는 더 이상 환율 조정을 통해 국제 수지 불균형을 해소할 수 없다. 국제 경쟁에서 양손을 사용하는 국가들과 달리 한 손만을 사용해서 경쟁해야 하는 것이다. 어느 나라가 이런 불리한 상황을 스스로 선택하겠는가.

그렇다면 모든 국가가 금 본위제를 동시에 채택하는 것은 어떨까. 대영 제국을 중심으로 1870년부터 제1차 세계 대전 전까지, 그리고 제1차 세계 대전 이후 미국을 중심으로 이를 시행했던 경험이 있다. 당시 시행 결과는 비교적 긍정적이다. 하지만 오늘날의 글로벌 경제 상황에서도 금 본위제가 제대로 작동할지는 여전히 의문이다. 이런 측면에서 2001년부터 단일 통화를 사용한 유로존의 경험은 많은 시사점을 준다. 단일 통화는 가장 강력한 고정 환율 제도이기 때문이다. 최근 유로존의 경험은 고정 환율 제도의 문제점을 적나라하게 보여 주고 있다. 고정 환율 제도하에서 구조적 불균형을 조정하는 메커니즘이 원활하게 작동하지 않았던 것이다. 고정 환율의 메커니즘인 적자국에서 흑자국으로 금이 이동하고 이에 따라 적자국에서는 화폐량이 줄고, 반대로 흑자국에서는 화폐량이 늘어 균형을 찾는다는 원론적인 조정 과정이 작동하지 않았다. 금은 이동하지 않고 대신에 흑자국이 적자국에 제공한 자본이 그 불균형을 메웠다. 이러한 자본 이동이 한계점에 다다랐을 때 비로소 경고가 제기되었지만 그때는 이미 위기가 한참 진행된 이후였다. 감내하기 힘든 고통의 조정 과정이 기다리는 것이다.

미국을 비롯한 주요 국가들이 금 본위제로 환원한다면서 이들 국가의 중앙은행들이 금을 확보하려고 한다면 무슨 일이 생길까. 최근 각국의 이른바 '돈 풀기'로 인한 금 투기는 금이 화폐로 사용될 경우 야기될 금값 폭등 가능성에 대한 걱정을 지울 수 없게 한다.

월 가의 큰손들이 금에 '올인' 하는 것은 미국, 유럽 등 주요 경제권이 잇따라 양적 완화를 발표하면서 통화 가치가 하락할 것으로 전망하고 있기 때문이다. 일본에서도 차기 총리로 유력한 아베 신조 자민당 총재가 "윤전기를 돌려 엔화를 무제한 찍어 낼 것"이라고 공언했고, 중국 정부도 초대형 인프라 투자 계획을 연이어 발표하는 등 각국은 돈 풀기를 계속하고 있다. 2008년 글로벌 금융 위기 이후에도 미국 연준이 두 차례에 걸쳐 2조 3000억 달러 규모의 양적 완화를 시행하자 금값이 폭등했다. '재정 절벽'이나 '그렉시트(Grexit, 그리스의 유로존 탈퇴)' 등 불확실성에 대비해 금을 사 놓아야 한다는 주장도 있다. 미국 헤지 펀드인 피듀시어리트러스트의 마이클 물라니 투자 책임자는 "금은 정치인들의 바보짓을 헤징할 수 있는 최고의 수단"이라고 말했다. 세계 각국 중앙은행들도 지난 19개월 동안 연속으로 금 보유량을 늘리고 있다. 미국 헤지 펀드 리지월스의 엘런 게일 수석 전략가는 "재정 균형을 요구하는 목소리도 있지만 시장에서는 각국이 돈 풀기를 계속할 것으로 예측하고 있다."고 말했다.[12]

금 본위가 제대로 시행되기도 전에 금 가격의 폭등과 화폐 가치의 상승으로 전 세계는 디플레이션에 빠질 위험이 있지는 않을까. 화폐 가치에 대한 신뢰를 확보해 그 가치를 안정시켜 줄 금이 이 지구상에 충분히 존재할까. 특히 오늘날의 국제적 금융 투기 자본의 규모를 고려할 때 화폐와 금과의 연계가 지켜질 수 있을지 걱정이 앞선다.

• 재정 위기로 인해 촉발된 유로화의 위기. • 돈 풀기 정책은 금 투기 현상을 불러왔다.

금이 과거의 우아하고 안전한 마차라면 지폐는 오늘날의 신속하지만 위험천만한 자동차이다. 자동차 사고가 빈번하고 인명 피해가 난다고 해서 자동차를 버리고 100년 전의 마차를 다시 주요 교통수단으로 삼으려 한다면 어떻게 되겠는가. 교통사고는 자동차의 브레이크 성능을 높이고 충격을 흡수하는 차체를 만들며 에어백을 설치하는 것으로 줄일 수 있다. 그리고 도로 교통 설비를 개선하고 운전자가 교통 수칙을 준수하도록 하는 것도 사고를 줄이는 방법이다. 그래도 발생하는 교통사고는 자동차 보험을 통해 피해를 보상해 주는 것이 바람직한 정책이다. 화폐 정책도 마찬가지이다. 금 본위 제도로 회귀하기보다는 지금의 관리 통화 제도를 개선하고 현명하게 운용하는 것이 바람직하다.

화폐가 할 수 있는 일, 할 수 없는 일

화폐와 함께한 역사 산책에서 화폐가 삶의 질을 향상시키고 사회와 경제를 번영의 길로 이끌기도 했지만 때로는 소수의 탐욕 및 다수의 맹목적 광기나 공포심에 의해 당시 사람들의 삶을 비참하게 하고 경제를 후퇴시켰던 것을 목격했다. 앞에서 우리는 주로 경제적 측면에서 화폐의 역할을 살펴보았다. 하지만 화폐는 경제적 측면에만 그치지 않고 국가와 사회 전반에 광범위한 영향을 미쳤다. 예를 들어 고대 로마에서 화폐의 유통은 로마 사회의 근간이었던 노예 제도의 붕괴를 초래했다. 화폐 유통이 미성숙한 경제 체제에서는 노동력이 시장에서 거래되지 못하고 신분 계약인 노예 제도가 불가피했다. 노예들은 자신의 노동을 주인에게 제공하는 대가로 주인으로부터 의식주에 필요한 상품을 제공받았다. 그러다가 화폐가 유통되면서 점차 주인에게 의식주를 의존하기보다는 화폐로 임금을 받는 노예들이 생겼고 나아가 노예 노동과는 다른 형태의 노동자가 생길 수 있었다. 로마 제국의 확장으로 유입되는 대다수 외국인들은 임금을 받고 노동을 제공했으며 결국 노예 제도는 해체되었다.

반대의 경우도 있었다. 중세 봉건 시대가 그 예이다. 로마 제국의 몰락으로 경제의 중심이 비잔틴 제국으로 옮아감에 따라 서유럽에서는 금과 은이 부족하게 되고 화폐가 자취를 감추었다. 경제의 단위는 영주가 지배하는 장원으로 한정되고 장원은 자급자족의 경제를 이루었다. 장원 내에서도 농노는 농지를 경작하고 그 대가로 농산물의 일부를 영주로부터 받았다. 화폐가 유통되지 않는 경제에서 고용은 다시 신분 계약으로 되돌아갔으며 경제는 자급자족의 형태가 될 수밖에 없었다. 화폐의 퇴장이 중세 유럽의 경제 침체를 모두 설명할 수는 없지만 그래도 상당 부분 설명력을 갖는다.

또 화폐는 국력의 융성과 쇠퇴의 배경이기도 했다. 근세 역사에서 영국의 부상은 화폐와 금융을 덮어 두고 설명하기 힘들다. 섬나라 영국의 엘리자베스 1세가 어떻게 당시 내로라하던 대국 스페인과 프랑스를 누르고 군림할 수 있었을까. 오랜 역사에서 유럽의 변방으로 주목받지 못했던 섬나라 영국이 대영 제국을 건설할 수 있었던 데는 선진적인 의회 민주 정치 시스템도 역할을 했지만 새로운 화폐 제도와 금융 시스템이 큰 몫을 했다. 섬나라 영국의 국왕은 광대한 지역을 관할하는 프랑스 왕이나 식민지 개척으로 최고의 부호가 된 스페인 왕실에 대적할 수 없었다. 하지만 영국의 상인과 시민들은 새로운 화폐 제도와 금융 시스템으로 재원을 모으고 상선을 조직해 경쟁자들을 밀어내고 세계를 제패했다. 또 그들의 화폐와 금융 시스템을 세계로 보급해 지배적 지위를 유지했다. 나폴레옹 전쟁은 선진 금융 제도를 채택한 영국의 힘을 보여 준 상징적 사건이었다. 영국은 유럽 대륙을 휩쓸고 끌어모은 대규모 금을 기반으로 하는 나폴레옹과의 전쟁에서 무제한으로 자금을 공급한 영란은행, 채권을 소화한 로스차일드를 비롯한 채권 시장이 있었기에 승리할 수 있었다.

화폐는 물질세계에서만이 아니라 정신세계에서도 군림했다. 그리스 철학자 아리스토텔레스는 화폐로 인한 상업화를 경계했다. 기독교 사상에서는 화폐와 금융이 인간을 탐욕스럽게 한다고 여겨 금융을 멀리했다. 이러한 금융 기피는 근세까지 이어져 이자를 받는 대부업을 금지시켰다. 오늘날의 금융 자본주의는 화폐가 얼마나 광범위하게 인간의 정신세계를 지배할 수 있는지를 보여 준다. 알게 모르게 화폐는 보편적인 가치의 척도가 되었다. 모든 선택의 순간에 화폐는 우리의 사고를 지배한다. 세계적인 투자 은행의 은행가를 할지 경제학 교수를 할지를 결정하는 선택의 순간에도 화폐가 개입한다. 강남에 아파트를 살지 판교에 단독 주택을 살지를 결정할 때도 어김없이 화폐는 개입한다. 미술 작품을 살 때도 구매자의 기호보다는 장래에 그 미술 작품이 얼마나 가치를 가질 것인지가 더 중요하다. 화폐가 없었다면 우리의 삶은 더 풍요롭고 더 행복할 것 같다는 생각이 들지도 모른다. 이 때문에 많은 사람이 화폐가 없는 세계를 꿈꾼다.

화폐 없는 세상을 상상해 보자. 물물 교환 경제로 돌아가거나 대표 상품들이 거래를 매개하는 상황 말이다. 화폐가 없다면 인류의 경제생활은 몇백 년 후퇴할지도 모른다. 안정적이고 신뢰할 수 있는 화폐는 경제적 번영을 위해 필수적이다. 굳이 애덤 스미스의 경제 이론을 빌리지 않더라도 국부의 증진을 위해서는 '분업과 교역'이 필요하고 화폐는 '분업과 교역'을 가능하게 하는 선결 조건이다. 화폐가 없어서 한 개인이 농사도 짓고 천으로 옷도 만들고 자녀 교육도 해야 하는 자급자족의 경제를 생각해 보자. 이러한 경제에서는 조지 소로스같이 금융 투자로 천문학적 소득을 올리는 사람이 없을 테고, 소득 불균형에 따른 상대적 박탈감도 적을 것이다. 로스차일드가나 모건가와 같은 금융 가문의 개인적 이해가 국가 정책을 좌지우지하는 부당한 경우도 없을 것이다. 또 금융 버블로 인해 하루아침에 재산을 날리는 일도 없거니와 경이적인 인플레이션으로 인해 화폐가 휴지 조각이 되는 억울한 사례도 없을 것이다.

반대로 개인들이 생존에 필요한 재화를 스스로 얻어야 한다면 오늘날 각 분야에서 빼어난 재능을 보이는 전문가들을 보지 못했을 것이다. 축구 신동 메시는 물론이거니와 말춤으로 웃음을 선사하는 싸이, 심금을 울리는 신의 목소리 파바로티, 그리고 정보 통신의 혁명을 이룬 빌 게이츠도 나오지 않았을 것이다. 일상의 의식주를 스스로 해결해야 하므로 축구만 하고 노래만 부르고 컴퓨터에만 매달리기 어렵기 때문이다. 화폐는 개인들이 잠재력이 높은 분야에 집중해서 자기 능력을 발현할 수 있게 한다. 화폐는 인간성을 말살하기보다는 인간성을 고양한다. 그러기 위해서 우리는 화폐를 지혜롭고 절제 있게 다루어야 한다.

화폐가 인류의 경제적 삶을 윤택하게 하고, 국부를 증진시켜 부강한 나라를 만들며, 사람들의 잠재력을 최고로 발휘해 행복한 삶을 살게 한다고 쳐 보자. 화폐가 이렇게 중요하다면 좋은 화폐 제도만 있으면 개인과 국가의 번영이 저절로 이루어질까. 이에 대해 "화폐는 개

• 화폐 경제의 부작용을 예견한 아리스토텔레스. • 축구 신동이라 불리는 리오넬 메시.

인과 국가의 번영에 필요조건이지만 충분조건은 아니다."라고 답할 수 있다. 안정적인 화폐가 없다면 경제는 건강할 수 없다. 하지만 안정된 화폐가 있다고 해서 항상 경제가 건강하고 성장하는 것은 아니다. 그리스, 로마 제국, 이탈리아 도시 국가들에서 화폐가 활발하게 유통되었기 때문에 이들 국가가 경제적 번영을 누렸다고 말하기는 어렵다. 오히려 이들 국가의 우월한 경제력을 배경으로 화폐가 활발하게 유통되었다고 보아야 한다. 파운드화와 달러화의 기축 통화로서의 지위를 둘러싼 각축도 마찬가지이다. 달러화가 기축 통화의 지위를 얻어서 미국 경제가 대영 제국을 넘어선 것이 아니다. 미국 경제가 영국 경제를 앞섰기 때문에 달러화가 파운드화를 누르고 기축 통화로 부상했다고 보는 것이 당시 경제적 정황과 맞다.

화폐의 역할에 대한 오해와 편견이 화폐를 망치고 경제를 흔드는 결과를 불러올 수 있다. 우리가 섭취해야 하는 필수 비타민 가운데 지용성 비타민(비타민 A, D, E, K)이 있다. 이것은 수용성 비타민(비타민 B, C)과는 달리 더 많이 섭취한다고 해서 더 건강해지는 것은 아니다. 오히려 몸 안에 과도하게 축적되어 부작용을 일으킨다. 화폐도 마찬가지이다. 부족하거나 가치가 불안정하면 경제가 과열되거나 위축되는 등 문제가 발생한다. 이때 화폐 가치를 안정시키고 공급량을 조절해 경제에 활력을 주거나 경기 과열을 예방할 수 있다. 하지만 화폐가 경제를 건강하고 활력 넘치게 할 수 있는 데는 한도가 있다. 그 이상의 역할을 화폐가 하도록 과욕을 부리면 오히려 화폐를 망가뜨리고 경제를 해칠 수 있다. 구조적으로 세입이 세출에 미달해 재정 적자가 발생하는 경우 화폐로 그 부족분을 메운다든지, 대출 금리 부담을 최소화하기 위해서 '값싼 화폐'를 통해 저금리를 유지한다든지, 실물 자산이나 금융 자산의 가격 하락을 신용 팽창으로 지탱한다든지, 그리고 국제 경쟁력 저하를 자국 통화의 인위적 환율 절하로 만회하려는 시도들은 화폐가 할 수 있는 역할의 경계를 넘어 오히려 경제의 건강성을 해칠 위험이 높다.

오늘날 화폐에 대한 그릇된 인식은 두 가지 상반된 태도로 나타난다. 첫째는 화폐를 완전히 무시하는 태도이다. 각종 경제 정책 결정에서 화폐를 독립적으로 다루지 않고 다른 정책 변수를 보완하는 수단으로 보기도 한다. 화폐와 관련해 기껏해야 이자율 정도가 세간의 관심의 대상이다. 통화 증가율, 통화 구성의 변화 등은 극소수 통화 정책 당국자들을 제외하면 대부분의 사람들로부터 관심 밖으로 밀려났다. 1999년 한국은행의 통화 정책이 콜 금리 운용 목표제로 전환한 이후 국민과 언론의 관심은 오로지 매달 금융통화운영위원회가 결정하는 목표 콜 금리에만 있다. 콜 금리 수준을 관리하기만 하면 안정되고 신뢰할 수 있는 화폐가 실물 경제의 순항을 보장할 수 있는지는 의문이다.

둘째는 화폐가 할 수 없는 임무, 나아가 화폐가 해서는 안 되는 임무를 화폐에게 기대하고 맡기려는 태도이다. 오늘날 국제 통화 제도와 관련된 논의를 통화 전쟁, 환율 전쟁으로 부르면서 화폐에서 답을 찾으려는 경향이 있다. 사실 환율은 경제 현상의 결과이지 문제의 본질은 아니다. 환율 조정으로 근원의 경제적 문제가 해결되는 것은 아니다. 항아리 바닥에 구멍이 나서 물이 새고 수위가 낮아지는데, 물을 더 붓는다고 문제가 해결되는 것은 아니다. 물을 부으면 일시적으로는 수위가 다시 올라가겠지만 바닥의 구멍을 메우지 않고서는 결국 수위는 내려갈 수밖에 없다. 그리고 최근 장기적인 양적 완화 정책의 적절성도 의문스럽다. 2008년 글로벌 금융 위기를 맞아 각국 정부들이 재정을 투입해 당장의 금융 위기를 극복하는 과정에서 정부 부채가 늘어났다. 그 여파로 재정 위기가 뒤따르자 각국 정부는 불가피하게 재정 긴축으로 돌아섰고 그로 인해 경기 침체가 지속되고 있다. 최근에는 화폐 발행을 통해 경기 침체를 극복해 보려는 경향이 나타나고 있다. 당장 금융 위기라는 급한 불을 끄기 위한 일시적인 양적 완화는 어쩔 수 없었다고 치더라도 경기 부양을 위해 지속적으로 돈을 찍어 내는 양적 완화 정책은 위태로워 보인다.

최근 일본의 화폐 정책이 좋은 사례이다. 1990년 이후 일본의 경제적 저성장이 구조적인 측면에서 비롯되었다는 것은 누구나 인정하는 사실이다. 노동력 공급의 축소, 저비용 아시아 개도국의 추격, 서비스 부문의 낮은 생산성 등이 저성장의 요인으로 지적된다. 따라서 이러한 근본적 요인을 치유하지 않고서 양적 완화라는 통화 공급 확대를 통해 엔저를 유도하는 것은 위험성이 높다. 일본 수출품의 경쟁력을 높이고 국내 소비와 투자를 확대하려는 것은 단기적으로는 소기의 성과를 거둘 수 있을지 모르지만 장기적으로는 오히려 필요한 구조 조정을 지연시켜 경제를 빠져나오기 힘든 더 깊은 늪으로 몰아넣을지도 모른다. 이러한 일본과는 반대로 영국은 2013년 초부터 양적 완화 정책을 거두어들이기 시작했다. 2009~2012년간 세 차례의 양적 완화 정책을 통해 유동성 부족이라는 위기에 처한 은행들을 구제한 이후 점진적으로 풀었던 화폐를 회수하며 자제하고 있다.[13] 일본과 영

• 환율 하락을 유도한 아베 일본 총리.　• 구로다 하루히코 일본은행 총재.

국 가운데 과연 누가 더 현명한지는 더 지켜봐야 한다. 하지만 시간이 지난다고 그 결과가 분명하게 나타나는 것도 아니다. 시간이 얼마나 흘러야 정책의 결과가 나타날지 불분명하고 또 그 결과가 화폐 정책에서 기인하는지 아니면 다른 정책의 결과인지 구분하기도 어렵기 때문이다. 경제학이 어렵고 경제 정책에 대한 이견이 분분한 것도 이 때문이다.

　육체적 건강을 추구하는 것이 의학이고, 정신적 건강을 추구하는 것이 신학·철학이며, 정치적 건강을 도모하는 것이 법학·정치학이라면, 경제학은 물질적 건강을 추구하는 학문이다.[14] 경제학은 과거의 경험과 관찰을 바탕으로 보다 나은 미래를 추구한다. 이제 우리는 화폐의 역사가 들려주는 값진 교훈을 바탕으로 화폐가 할 수 있는 일과 화폐가 할 수 없는 일을 구별함으로써 좋은 화폐를 가꾸는 일을 시작해야 한다. 그것이 건강한 경제를 세우고 국민을 윤택하고 행복하게 하는 일의 첫걸음이다.

에필로그
화폐의 역사가 가르쳐 주는 몇 가지 교훈

　화폐와 함께 인류가 걸었던 장구한 시간과 광활한 공간을 산책해서 우리가 사는 마을 입구에서 걸음을 멈추었다. 마을로 들어서는 순간 우리의 여정은 더 이상 가뿐한 산책이 아니라 고단한 출근길이 될 것 같은 두려움에 감히 더 나아갈 엄두가 나지 않는다. 잠시 마을 어귀에서 배낭을 내려놓고, 운동화 끈도 풀고, 남은 생수로 목도 축이며 걸어온 여정을 돌아보자. 우리는 이번 산책의 '가이드'였다. 산책을 이끈 가이드로서 일정을 짤 때 의도했던 바를 밝히는 것도 나쁘진 않을 것 같다. 오히려 당초의 목적을 밝히고 뜻한 바를 충분히 달성했는지 평가받는 것이 마땅할지도 모른다. 우리가 산책을 계획할 때 의도했던 것은 여섯 가지로 요약할 수 있다. 가이드의 이번 산책의 의도를 참고해 다음에는 우리가 안내했던 길과 다른 길을 찾아가 주기를 감히 바란다.

하나, '화폐는 중요하다.' 역사의 많은 동행자들 가운데 화폐를 택한 것은 오늘날 화폐의 중요성이 제대로 인식되지 못하고 있다는 아쉬움 때문이다. 혹자는 반문할지도 모르겠다. '아니 지금처럼 돈이 전부인 시대가 있었는가. 돈으로 안 되는 게 없는 세상인데'라고. 오늘날은 돈을 얼마나 벌고 어떻게 불릴 것인지에만 관심이 있다. 생산과 투자가 원활하고 건강한 일자리를 만들며 일한 대가를 제대로 분배해 우리 모두의 삶을 윤택하게 하는 화폐의 역할에는 관심이 없다. 이런 일은 경제학자나 정책 담당자들 몫이라고 치부해 버리는지도 모르겠다. 하지만 학자나 정책 담당자들로 하여금 화폐를 제대로 연구하고 관리하게 만드는 것은 결국 우리 모두에게 달려 있다. 스스로의 관심이 그 시작인 것이다. 그러나 화폐가 모든 경제 문제를 해결할 수 있다는 생각 또한 경계해야 한다. 화폐를 앞세워 세계 패권을 잡겠다든지, 환율이 경제 문제를 해결하는 만병통치약이라든지, 경제 위기가 전적으로 화폐 남발과 금융의 탐욕 때문이라는 생각은 오히려 문제 해결을 어렵게 만든다.

둘, '화폐의 본질은 신뢰이다. 신뢰가 사라지면 화폐도 사라진다.' 앞에서 살펴보았듯이 역사 속에서 화폐의 모습은 다양했다. 생필품, 장식품, 금이나 은과 같은 귀금속, 종이 등으로 거듭 진화했으며 최근에는 예금 계좌의 숫자로 만나고 있다. 이렇게 화폐의 모습은 다양하게 변했지만 변하지 않은 한 가지가 있다. 조개껍데기, 금화, 지폐를 화폐로 기능하게 한 것은 사람들의 신뢰라는 사실이다. 1년 동안 열심히 가꿔 수확한 농산물의 대가로 조개껍데기를 받으면 나중에 송아지를 사려 할 때 그 주인이 지금의 나처럼 조개껍데기를 기꺼이 받을 것이라는 '일반적 수용성'에 대한 확신이 조개껍데기를 화폐로 기능하게 한다. 이 일반적 수용성은 화폐의 가치가 안정적일 때 강화된다. 하지만 화폐의 가치가 불안정해지면 화폐의 일반적 수용성은 흔들린다. 신뢰가 흔들리면 값비싼 대가를 지불해야 하고 한번 흔들린 신뢰를 되찾기도 힘들다.

셋, '화폐는 재원 조달 수단으로 남용되면 부패한다.' 케인스주의자들과 통화주의자들은 경제를 분석하고 처방전을 내놓는 데 늘 대립했지만 이구동성으로 말하는 것이 있다. 화폐 발행을 통해 재원을 조달하려는 생각을 버리라는 것이다. 재원 조달의 압박을 받는 순간 어떤 이론도 지혜도 통하지 않았다는 것이 역사의 교훈이다. 과거에 인플레이션으로 화폐가 부패한 것은 당시 경제학자들과 정책 담당자들이 무지하거나 사악해서가 아니다. 재원을 조달해야 한다는 압박감이 그들의 유용한 지식과 예리한 지혜를 무용하게 했다. 오늘날 관리 통화 제도 아래에서 화폐는 인플레이션을 통한 재원 조달 수단으로 남용될 위험뿐 아니라 초(超)저금리, 부실 채무의 보전, 완전 고용의 달성 등 정치적 인기 영합 수단으로 남용될 위험에도 노출되었다. 화폐가 흔들리지 않게 잡아 줄 수 있는 닻이 절실하게 필요하다.

넷, '국제 통화 제도에서 민주주의는 없다.' 화폐 제도나 기축 통화는 투표로 채택되는 것이 아니다. 국제 통화 제도는 세계 경제를 좌지우지하는 한 국가나 소수 국가들의 이해에 따라 결정된다. 파운드화 시절도 그랬고 지금도 마찬가지이다. 어떤 면에서 현재의 국제 통화 제도는 더더욱 자의적이고 불공평하다. 제1차 세계 대전 이후에 이미 대부분의 금이 영란은행에서 미국 연준으로 이동한 상황에서 케인스는 영국 정부의 금 본위제로의 환원을 비판하면서 "미국 연준보다는 영란은행을 믿는 편이 낫다."라고 말했다. 영란은행에 대한 케인스의 깊은 불신을 감안하면 놀라지 않을 수 없다. 이는 무능력하더라도 자기 나라 중앙은행이 다른 나라 중앙은행보다는 자국의 이익을 지킬 수 있다는 말이다. 최근의 금융 위기 상황에서 미국, 유로존, 중국, 일본 등의 통화 정책을 보면 더욱 실감이 난다. 미국 연준은 전 세계 모든 나라에게 이로운 정책보다는 자국의 이익에 맞는 정책을 내놓는다. 다른 강대국들도 마찬가지이다. 민주주의가 성숙할수록 정부는 국민의 눈치를 봐야 하니 당연한 일이기도 하다. 적어도 그런 면에서 영란은행이 국제 통화 제도를 지휘할 때가 더 좋았다고 그리워하는 사람들도 있다. 하지만 지금 우리는 미국 연준을 비롯한 각국 중앙은행들의 변덕을 예의주시하며 현명하게 대응하는 수밖에 없다.

다섯, '화폐 제도는 제국 멸망, 전쟁 같은 극한 상황에서 바뀐다.' 우리는 화폐의 역사에서 화폐 제도의 변화가 늘 전쟁과 관련 있는 것을 보았다. 특히 근대 이후의 역사에서 나폴레옹 전쟁, 미국 독립 전쟁과 남북 전쟁, 제1·2차 세계 대전, 베트남 전쟁은 화폐 제도의 근간을 뒤흔든 사건들이었다. 전쟁은 기존의 화폐 제도와 금융 수단으로 충족시킬 수 없는 대규모 재원 조달이 필요하기 때문이다. 이와 더불어 전쟁만큼 사람들의 가치관과 고정 관념을 파괴하는 위력을 가진 사건도 없다는 점에서 화폐가 갖는 강력한 신뢰와 관습의 연결 고리는 전쟁이 아니고서는 절단될 수 없기 때문이기도 하다. 이런 면에서 현재 달러 중심의 국제 화폐 제도가 단순히 달러 약세라든가 금융 위기 정도의 충격으로 인해 흔들릴 것 같지는 않다.

여섯, '금융은 때로 정치가의 웅변이나 종교의 설교보다 강력하다.' 기독교의 강력한 이자 금지 설교도 대부업을 질식시키지 못했다. 스페인의 무적함대를 격퇴한 영국의 해상력은 여왕의 웅변이 아니라 런던 시티 상인들의 경제적 이윤 동기와 그들의 자본을 조직화한 금융에서 나왔다. 대륙을 휩쓸었던 프랑스의 영웅 나폴레옹 군대도 영국 로스차일드가의 금융의 힘에 굴복했다. 오늘날 자본주의를 발달시킨 것도 특정 사상가나 정치인의 호소가 아니라 채권 시장과 주식 시장의 자본 동원력이다. 금융이 늘 긍정적 영향을 준 것은 아니지만 새로운 금융 수단이 나오지 않았다면 오늘날 자본주의는 몇 세기는 뒤처졌을 것이다.

책을 마치며 두 가지 면에서 아쉬움이 남는다. 하나는 우리가 직접 사료를 뒤지거나 고증하지 못하고 주제와 관련된 다양한 서적들을 참고하며 집필했다는 점이다. 하지만 여러 서적을 참조하고 비교해 가장 객관적인 부분들을 채택했으며 역사적 사실로 검증되지 않은 소설 같은 해석은 가능한 한 포함시키지 않으려고 노력했다. 참고 문헌이나 주석을 다는 데 신경을 썼지만 부족한 점이 많은 것도 사실이다. 다른 하나는 제2차 세계 대전 이후의 화폐 제도를 다루지 못했다는 점이다. 가장 큰 이유는 이 시기의 화폐 제도를 다루기에는 우리의 지식이 충분하지 않았다. 예를 들어 최근까지의 화폐 이론이나 환율 이론만 하더라도 여러 갈래로 분화되어 이를 소화하고 정리해서 소개하기가 쉽지 않다. 그리고 반복되는 개도국 금융 위기, 유로화의 시행, 글로벌 금융 위기와 금융 시장의 재편, 미국의 양적 완화 조치, 환율 전쟁, 중국의 부상과 국제 통화 주도권 등 최근의 화폐 제도와 시장 상황을 보면 어느 하나 간단하지 않다. 그렇지 않아도 훌륭한 학자들과 정책 담당자들이 머리를 맞대고 고민하는 문제에 우리가 할 수 있는 일은 거의 없다고 생각했다. 또 현재 정부 정책을 담당하는 입장에서 민감한 경제 문제에 개인의 의견을 내놓는 데 대한 걱정도 있었다.

하지만 아쉬움이 있어야 열정과 기대가 생긴다. 더 고민해야 하거나 고민하고 싶은 부분은 '화폐 및 금융 부문과 실물 부문과의 연계'이다. 오늘날 대다수 경제학자들은 화폐는 물가를 결정하는 변수이거나 아니면 이자율에 영향을 미쳐 실물 부분에 영향을 주는 것 정도로 생각한다. 그것도 장기 영향은 없고 단기에만 영향을 준다고 여긴다. 그러나 화폐와 금융 제도를 재단한 18세기의 이론가들은 금융의 역할을 고용 및 성장과 연계해 생각했다. 본문에서 여러 차례 소개했던 존 로를 세계 최초의 금융 버블을 초래한 도박꾼이나 사기꾼으로 보는 시각도 있다. 하지만 한편으로 그는 새로운 화폐와 금융 제도로 인류의 경제적 부를 획기적으로 확대할 수 있다는 원대한 사고를 한 금융 개혁가로 평가할 만했다. 그의 아이디어들은 후대에 이어져 실제로 오늘날의 화폐 제도와 금융 기법으로 발전했다. 그가 꿈꾸었던 지폐는 금화를 완전히 대체했다. 중앙은행의 주식을 4분의 1은 현금으로, 4분의 3은 국채로 국민들이 살 수 있게 해서[1] 프랑스 왕실의 재정을 확충하려던 기막힌 발상은 정부에 돈줄을 대 주는 중앙은행 탄생의 단초가 되었다. 오늘날에도 정책 담당자들은 암묵적으로 금융 통화 정책이 물가 안정뿐 아니라 더 광범위하고 강력하게 실물 경제에 영향을 줄 것이라고 기대한다. 그 관계를 밝히고 증명하는 방법으로는 수식이나 추상화된 경제 모델을 제시하는 것보다는 근대 이후 수많은 역사적 사실로부터 귀납적으로 추적하는 것이 올바른 접근이라고 생각한다. 우리가 여기에서 시도한 화폐의 역사 산책은 그 밑바탕이 될 것으로 확신한다.

둘째는 '최적 환율 이론'이다. 오늘날 환율만큼 세간의 주목을 받는 경제학의 주제가 있을까. 학문, 정책, 시장의 세 영역이 서로 어우러져 뜨거운 관심을 쏟아 내고 있다. 환율만큼 확실한 정책 수단도 없다. 무역 적자, 실업과 경기 침체, 인플레이션 등 각종 경제적 골칫거리에 평가 절하 정책은 만병통치약처럼 처방된다. 모든 나라가 저환율을 정책 수단으로 이용하는 바람에 환율 전쟁이라고까지 한다. 단순하게는 환율을 낮추면 자국 생산품의 가격 경쟁력이 높아져 생산이 활발해지고 고용도 늘고 무역 수지도 개선된다는 논리이다. 오늘날 저환율의 환상(legacy)은 누구도 부정할 수 없이 강력하다. 하지만 허점도 많다. 단기적으로 무역 수지 개선 효과가 있다손 치더라도 장기적으로는 어떤 결과를 가져다줄지 의문이다. 예를 들어 중장기적으로 소비, 저축, 투자는 어떤 영향을 받는지, 자본 이동에는 어떤 영향이 있는지, 경제 전체로는 이롭다고 하지만 경제를 구성하는 부분(기업, 근로자, 비교역재 부분 등)에는 각기 어떤 효과를 미치는지 등 중장기 영향이 전체적으로 이해되어야 적절한 정책 선택이 가능하다.

머리말에서 밝혔듯이 우리가 이 책을 쓰게 된 계기는 박물관에 갇힌 화폐를 구출하기 위해서였다. 박물관에 진열되어 삶에서 멀어진 화폐를 우리 곁으로 가져오기 위한 의도였다. 화폐의 최초 발명에서부터 그 진화 과정을 추적해 보면서 우리가 잊고 있었던 화폐에 관한 원칙과 교훈을 발견하고 현재 생활과 연결시켜 생각해 볼 수 있었다.

그러면서 깨닫게 된 중요한 사실이 하나 있다. 화폐를 가두었던 것은 박물관이라는 물리적 공간이 아니라 바로 우리 스스로의 머리와 마음이었다. 언제부턴가 우리는 화폐를 중요한 경제 변수로 여기지 않고 화폐적 현상에 대해 무심해졌다. 기껏해야 이자율 정도에 눈길을 주는 수준에 머물렀다. 아니라고 하는 사람들도 있을지 모른다. 하지만 우리가 화폐 증가율을 면밀히 살펴보고 화폐 구성의 변화를 토론한 것이 언제였는지를 생각해 보라. 바로 이러한 우리의 무관심과 편견이 화폐를 고물 취급하게 하고 화폐를 박물관에 가두었다.

이 책을 엮어 가는 과정에서 서로의 지식을 나누고 부족한 부분은 채우며 또 공동의 믿음을 확인하고 서로 다름을 인정하는 것만으로도 충분히 보람 있었다. 그리고 항상 여럿은 혼자보다 지혜롭다는 것을 깨달았다. 오랜만에 잡은 책과 잘 들리지 않는 영어 때문에 고생하면서도 당초에 세웠던 화폐 역사 산책을 낙오자 없이 마칠 수 있었던 것은 서로에 대한 격려와 신뢰의 덕분이었다. 감사한다. 우리 가운데 몇몇은 이미 학업을 마치고 본업에 복귀했고 일부는 아직 런던에 남아 학업 중이다. 모두 늦깎이 공부 무사히 마치고 원하는 바를 다 이루고 직장에 복귀할 수 있기를 바란다.

2013년 8월

주

1장 화폐와 함께 떠나는 역사 산책

1 오늘날 글로벌 금융 위기의 단초를 2008년 리먼 사태보다 앞서는 2007년 미국의 서브프라임 위기에서 찾기도 한다.
2 "미국 주 정부, 금화와 은화 추구", 『CNN 머니』, 2012년 2월 3일자를 참조하라.
3 국내에는 『화폐 경제학』이라는 이름으로 번역되었다. 1장 '돌 화폐의 섬'에서 인용.
4 일반적으로 '투자의 수단'으로서 화폐의 기능은 '가치의 저장 수단'에 포함되어 별도로 언급하지 않는다. 그러나 자본주의 사회 특히 금융이 발달한 화폐 경제에서는 소극적인 가치 저장 수단보다는 투자 수단으로서의 기능이 중요하다고 생각해 이를 명시적으로 서술했다.
5 이 한 문장에도 복잡한 이론과 반론이 있다. 오스트리아 학파인 칼 멩거(Carl Menger)는 저서 『화폐의 기원(On the Origin of Money)』에서 물물 교환 과정에서 욕망의 이중적 일치를 해결하기 위해 화폐가 생겼다고 설명했다. 그러나 여기에 대해 크나프(Georg Knapp)는 『화폐 국정설(The State Theory of Money)』에서 화폐는 법의 산물이라고 주장했다. 전자가 화폐의 개인적이고 미시적인 속성을 강조하는 반면에 후자는 공동체적이고 국가적인 속성을 강조한다. 이 책에서는 주로 전자의 관점에서 화폐의 역사를 살펴보기로 한다. 자세한 내용은 차현진, 『숫자 없는 경제학』, 2011, pp.43-44를 참조하라.
6 Felix Martin, *Money*, 2013, p.12를 참조하라.
7 이들은 너무 작고 약해 애초에 장식용이나 화폐로 사용하려고 만든 것으로 보인다.
8 위의 책, p.42, "옥수수, 석탄 등은 특정 지역에서는 희귀한 반면, 다른 지역에서는 풍부하게 존재하는 단점이 있으며 보관이나 운반에도 큰 비용이 소요된다."

9 위의 책, p.43. "화폐의 재료는 단순히 가분적이어야 할 뿐만 아니라 분리된 것들의 합이 분리되기 전 덩어리로 존재할 때와 가치 면에서 동일해야 한다."
10 지금의 터키 일부 주에 해당하는 소아시아의 서부 지방에서 기원전 7~기원전 6세기에 번영한 왕국이다. 동서 교통의 요충지에 위치해 고대부터 주변과 활발한 무역 거래를 통해 번성했으나 기원전 546년 페르시아 제국의 일부가 되었다.
11 기원전 431년에서 기원전 404년까지 고대 그리스에서 아테네 주도의 델로스 동맹과 스파르타 주도의 펠로폰네소스 동맹 사이에 일어난 전쟁이다. 27년간 계속된 전쟁에서 스파르타 주도의 펠로폰네소스 동맹이 승리하면서 그리스의 주도권은 아테네에서 스파르타로 넘어갔다.
12 여기에서는 서로마 제국의 멸망을 의미한다. 동로마 제국은 1453년 오스만 튀르크에 의해 멸망하기 전까지 1130년간 수도인 콘스탄티노플을 중심으로 무역의 중심지로 번영했다. 우리는 서유럽을 중심으로 화폐의 역사를 살펴보고 있으므로 서로마 제국의 멸망을 로마 제국의 쇠퇴로 해석했다. 중개 무역이 번성했던 동로마 제국의 화폐 '노미스마타'는 실제적인 국제 화폐로서 널리 유통되었다. 오해 없길 바란다.
13 30년 전쟁은 1618~1648년 독일 지역을 중심으로 로마 가톨릭(구교)과 프로테스탄트(신교) 간에 벌어진 종교 전쟁(1618~1629)이었지만 점차 영토와 무역 등 각국의 이해관계와 얽히면서 국제 전쟁(1630~1648)으로 비화했다. 전쟁으로 독일은 황제권이 약화되고 국토가 황폐화되면서 분열이 촉진되었다. 한편 네덜란드와 스위스는 독립했고 프랑스와 스웨덴은 영토를 확장했다.
14 차현진, 『애고니스트의 중앙은행론』, 2007, p.358.
15 미국 중앙은행 제도는 다소 혼동을 준다. 1914년 설립 시 워싱턴에 연방준비위원회(Federal Reserve Board)를 두고 지방에 12개의 연방준비은행(Federal Reserve Bank)을 두었다. 1935년에 연방준비위원회는 연방준비제도이사회(Board of Governors of Federal Reserve System)로 개명되었다. 이 책에서는 이를 줄여 '연준'으로 통일했다.
16 쑹훙빙 지음, 홍순도 옮김, 『화폐 전쟁 2』, 랜덤하우스코리아, 2011, pp.100-105에서는 중앙은행인 제국은행이 전쟁 배상금 지급이나 재정 위기 극복을 위해 화폐를 남발했다는 주장에 반대 의견을 제시했다. 베르사유 조약에 따라 독일은 금이나 파운드, 달러로 배상하게 되어 있으므로 자국 통화를 과도하게 발행하면 가치가 하락해 오히려 역효과가 발생한다는 것이다. 또 1922년 제국은행은 이미 민영화되었기 때문에 금이나 외화를 기반으로 한 민영 은행들의 무분별한 화폐 발

행과 투기 세력에 의한 환 투기 가능성을 제기하고 있다. 평가가 엇갈리는 문제이므로 독자들 스스로 판단하길 바란다.
17 금 환 본위제(gold exchange standard)는 금 본위 제도의 일종으로 발권 준비로서 금 대신에 금 본위의 화폐, 즉 금 본위제를 취하고 있는 나라의 금환(브레턴우즈 체제하의 미국 달러)을 보유하고, 이를 통해 간접적으로 자국 화폐와 일정 가치를 유지하는 화폐 제도이다.
18 정운찬, 『화폐와 금융시장』, 2000, p.39를 참조하라. 어떤 재화가 화폐로 통용되기 위해서는 '시장 수용성'을 갖추어야 하는데, 상품 화폐의 경우 고유의 가치에 의존했으나 화폐의 역사가 발전하면서 금속 화폐는 화폐에 대한 수요와 관습의 힘에 따라 사회적 가치를 계속 유지했다. 이에 비해 지폐는 '국가의 공신력'에 의존해 시장 수용성을 갖게 되었다고 설명하고 있다.
19 전한(前漢) 왕조 1대의 역사를 기록한 『한서(漢書)』 중의 한 편이다.
20 현재 「한서지리지」에는 8조 중 총 3개 조의 내용만 기록되어 있다. 이 중 "남의 물건을 도둑질한 자는 소유주의 집에 잡혀 들어가 노예가 됨이 원칙이나 배상하려는 자는 50만 전을 내놓아야 한다."라는 규정이 있다.
21 일본의 경우 최초로 화폐가 주조된 것은 690년이라고 한다.
22 이 단락은 한국은행 홍보 교육 자료 「화폐 이야기」 중 "지폐가 아닌 동전에 의해 초래된 인플레이션의 폐해"(2000.2.17)를 참조했다.
23 몬테네그로, 바티칸, 모나코, 안도라.
24 유로존에 가입하려면 예산 적자가 GDP의 3퍼센트, 국가 부채가 GDP의 60퍼센트 이내, 낮은 물가 상승률 등 마스트리흐트 기준에 적합해야 한다.
25 신용 카드나 직불 카드는 은행의 결제 계좌를 통한 자금 이체 방식인 반면에 전자 화폐는 매체나 네트워크상에 저장된 가치로 결제하는 방식이다. 한편 신용 카드는 후불인 반면에 전자 화폐는 선불이라는 면도 서로 다르다. 전자 화폐는 주로 플라스틱 카드에 집적 회로를 내장해 화폐 가치를 저장하는 IC 카드형과 인터넷 등 네트워크에 돈을 저장해 필요할 때마다 사용하는 네트워크형으로 구분된다.
26 "가상 화폐 비트코인, 폭등락 거듭 후 회복세", 『이데일리』 인터넷판, 2013년 4월 23일자를 참조하라.

2장 금화와 은화의 아바타, 지폐의 홀로서기

1 왕양 지음, 김태일 옮김, 『환율전쟁』, 2010, pp.25-27에서 인용.

2 루안충샤오 지음, 정영선 옮김, 『금의 전쟁』, 2011, p.353에서 인용.
3 "美 3차 양적 완화 임박…금 사재기", 『매일경제신문』 A2면, 2012년 8월 24일자를 참조하라.
4 이 절은 정운찬, 『화폐와 금융시장』, 2000, 제2장(화폐와 금융시장의 기초지식)에서 주로 인용.
5 다음의 피터 번스타인 지음, 김승욱 옮김, 『금, 인간의 영혼을 소유하다』, 2010, p.56을 참조하라. "그리스의 크로이소스는 자신의 개혁 조치를 실행하는 과정에서 복본위제의 통화 시스템을 발전시켰다. 이 시스템은 그 후 오랫동안 대부분의 국가에서 사용되었다. 은화는 금을 사용하기에는 너무 작은 단위의 화폐로 사용되었다. 그리고 금은 대부분 해외 무역의 재원으로 사용되었다. 이집트인들과 마찬가지로 크로이소스는 금과 은의 상대적 가치를 10 대 1로 정했다. 이 비율은 사용의 편리를 위해 정해진 것이었으며, 크로이소스가 이 비율을 법으로 정해 놓은 것은 아니었다. 이 복본위제 시스템은 유용한 면을 가지고 있었다. 그러나 앞에서 살펴보았듯이 두 가지 금속을 바탕으로 한 화폐 시스템이 안정을 유지한 적은 드물었다. 시간이 흐르면서 이 두 가지 금속의 공급량이 달라져 상대적 가치가 변화를 일으켰기 때문이다."
6 위의 책, pp.52-53에서 주로 인용.
7 위의 책, p.43.
8 위의 책, p.53.
9 위의 책, p.65.
10 정운찬, 앞의 책, p.35.
11 피터 번스타인, 앞의 책, p.76, "지중해에서 흑해, 그리고 스코틀랜드의 경계선에서부터 이집트의 최남단 지역에 이르는 제국을 소유한 로마인들은 매년 적어도 5톤의 금이 채굴되고 있음에도 불구하고 주화를 만드는 데 필요한 금의 공급량이 항상 부족하다는 사실을 알게 되었다."
12 위의 책, p.79.
13 정운찬, 앞의 책, p.36.
14 피터 번스타인, 앞의 책, p.217.
15 위의 책, p.154.
16 위의 책, p.218. "1542년부터 1547년까지 헨리 8세가 실시한 정책은 너무나 노골적이었기 때문에 그의 조치는 '통화의 대타락(The Great De-basement)'이라는 이름으로 알려지게 되었다. 헨리 8세가 통화를 타락시킨 것은 1540년대에 프랑스

와 벌인 전쟁의 직접적인 결과였다. (…) 당시 어느 역사가가 표현한 대로 그는 '전력을 다해 조폐국을 혹사시켰다."

17　1858년 마크로드가 그레셤의 법칙이라고 부르면서 경제 원칙으로 유명해졌다.
18　위의 책, p.164.
19　위의 책, p.164. "1500년에 유럽에서 여러 가지 형태로 사용되던 금 — 주화, 저장물, 기타 온갖 장식품 등 — 을 모두 합한다 해도 각 면의 길이가 2미터쯤 되는 정육면체 한 개 정도에 불과할 것이다."
20　위의 책, p.170. "암흑의 시대였던 14세기에 발생한 정치적 불안과 화폐 가치의 하락은 상류 사회의 파산을 가져왔으며, 이 때문에 상류 사회의 사람들은 새로이 많은 재물을 얻기 위해 외국으로 사업을 하러 나서게 되었다. 이 모든 조건은 바다를 이용해서 포르투갈의 권력과 영향력을 확대하려는 야심을 품고 있던 항해의 왕자 엔리케에게 더없이 완벽한 무대가 되어 주었다."
21　위의 책, p.178.
22　위의 책, p.180.
23　위의 책, p.199.
24　위의 책, p.180.
25　알렉산더 융 지음, 송휘재 옮김, 『화폐 스캔들』, 2012, p.91.
26　피터 번스타인, 앞의 책, p.194.
27　위의 책, pp.216-217. "경제사가인 글린 데이비스는 이 물가 혁명을 '이상하고 의미심장하다'고 묘사한다. 16세기 사람들도 이 문제에 대해 수많은 논란을 벌였다. 당시의 문헌에 언급되어 있는 몇 가지 요인을 꼽아 본다면 농업의 쇠퇴, 터무니없는 많은 세금, 인구 문제, 시장 조작, 높은 노동 비용, 유랑자들, 사치, 제노바인들과 같은 사업가들의 책략 등이 있다."
28　물론 '가격 혁명'이 인플레이션이라는 부정적 영향만을 준 것은 아니다. 최영순은 『경제사 오디세이』에서 귀금속 유입에 따른 물가 상승이 농민과 지주들에게는 어려움을 준 반면에 상인과 제조업자들에게는 자본 축적의 계기가 되었다며, 이를 근대 자본주의 발흥의 한 계기로 지적하고 있다. 그는 이 과정에서 토지와 연계된 토지 귀족들이 신흥 상공인들에게 주도권을 넘겨주는 사회적 위상 변화가 촉진되는 결과를 낳았다고 설명한다. 아울러 그는 신대륙으로부터의 원자재 유입은 아프리카와의 노예 무역을 가능하도록 만들어 줌으로써 유럽 — 아프리카 — 아메리카를 연결하는 삼각 무역을 통해 유럽에 막대한 부가 축적되는 계기가 되었다고도 주장한다. 한편 유럽은 아시아에서 필요한 재화를 얻기 위해 '은'을 지불했으며 이

는 아시아 경제에도 큰 영향을 미쳤다. 알렉산더 융(앞의 책, pp.97-100)은 귀금속의 발견이 라틴 아메리카에서는 시민 계급 형성과 근대적 자본주의 생성을 가로막으며 대지주와 노예제 경제를 고착시키고 봉건 사회를 만들어 냈다고 주장한다.

29 피터 번스타인, 앞의 책, p.206.
30 위의 책, p.204, "1500년대에 스페인으로 운반된 금의 양이 많았던 것은 사실이지만 16세기 중반에 정점에 이르렀다가 1610년 이후에는 급격하게 줄어들었다. 은의 양은 1600년경에 정점에 이르렀다가 1630년경 이후부터 급격한 하향 곡선을 그리게 되었다."
31 위의 책, p.209.
32 밀턴 프리드먼 지음, 김병주 옮김, 『화폐 경제학』, 2009, p.65.
33 피터 번스타인, 앞의 책, p.126.
34 위의 책, p.127.
35 이 단락은 한국은행 홍보 교육 자료 「화폐 이야기」 중 "주화에도 위·변조 방지 요소가 있다"(2001.7.16)에서 인용.
36 피터 번스타인, 앞의 책, pp.165-166.
37 피터 번스타인, 앞의 책, pp.223-228는 무역박람회의 번성과 종이 화폐로서의 '환어음' 등장에 대해 상세하게 소개하고 있다. "16세기에 또 다른 의미심장한 경제적 혁신이 이루어졌다. 전통적인 제도였던 무역박람회가 이때에야 비로소 경제적 의미에서 더 중요한 역할을 수행하기 시작하면서 오늘날까지 이어지는 금의 역할 변화를 야기했다. (…) 박람회에 설치된 많은 부스를 차지한 것은 환전상이었다. 스페인의 메디나 델캄포에서 열린 박람회에서는 다른 나라의 화폐로 작성된 지불 약속증서를 교환하는 활동만이 이루어졌다. 이런 약속증서의 교환은 환어음(bills of exchange)이라고 불렸다. (…) 어음 거래인들은 상품을 공급하는 사람들에게 미리 돈을 지불하고 그 상품의 대금을 나중에 구매자에게서 받음으로써 은행과 같은 역할을 하는 경우가 흔했다. 총액을 결제하는 대신 어음에서 차이가 나는 금액만을 결제하고, 많은 어음 거래인들이 참가하는 활동을 사업으로 확립시킴으로써, 이 어음 시장은 어음의 차액을 결제할 때 동전이 필요한 경우를 크게 감소시켰다. (…) 그러나 무역박람회라는 제도가 없었더라면 이러한 어음 교환 과정은 제대로 효과를 발휘할 수 없었을 것이다. 무역박람회는 각국에서 온 어음 거래인들과 환전상들이 서로 만나서 어음을 사고팔며, 각자 받을 돈을 외환으로 결제하는 장소가 되었다."
38 캐서린 이글턴·조너선 윌리암스 외 지음, 양영철·김수진 옮김, 『화폐의 역사』,

pp.187-222를 참조하라.
39 피터 번스타인, 앞의 책, p.239.
40 피터 번스타인, 앞의 책, p.243, "쿠빌라이 칸의 '조폐국은 (…) 매우 조직적이어서 그것을 본 사람이라면 누구나 칸을 연금술의 대가로 생각할 것이다'라고 기술했다."
41 위의 책, p.224, "칸의 무서운 권력이 지폐의 성공을 위한 필요조건이었음은 분명하지만, 사람들이 '기꺼이' 지폐를 받아들인 것은 아마도 칸의 권력 이상의 것과 관련이 있을 것이다. 거대한 땅덩어리가 유럽의 어떤 독립 국가나 도시 국가보다 중국의 경제를 더 자급자족적으로 만들었는지도 모른다."
42 당시 화폐 단위는 프랑과 데니에르이고 아시냐는 화폐 단위가 아니라 은 본위 화폐 제도라는 설명도 있다. 차현진, 『애고니스트의 중앙은행론』, 2007, p.296, 각주 10을 참조하라.
43 정운찬, 앞의 책, p.20.
44 알렉산더 융, 앞의 책, pp.264-267.
45 피터 번스타인, 앞의 책, p.251.
46 위의 책, p.165.
47 이 절은 주로 김인준·이영섭, 『국제금융론』, 2004, 제18장(환율제도와 국제통화제도의 변천)과 피터 번스타인, 앞의 책, 제13장 및 15장에서 인용.
48 프리드먼과 슈워츠의 『미국 화폐사(Monetary History of the United States, 1867-1960)』 등 일부에서는 연준이 과도한 투기를 우려해서 긴축 통화 정책을 실시하는 바람에 미국의 자본 공급(exporting capital)을 중단시키도록 만듦에 따라 금이 부족했던 유럽 국가들에서도 금리를 올리도록 만드는 효과를 발생시키면서 상황을 악화시켰다며 연준 실책론을 제기하기도 한다.
49 김인준·이영섭, 『국제금융론』, 2004, p.494. "독일에 막대한 자금을 대부해 주었던 영국은 6년밖에 지나지 않은 1931년에 급기야 금 본위 제도를 포기하고 파운드화의 평가 절하를 단행했다."
50 이 단락은 주로 피터 번스타인, 앞의 책, pp.364-365에서 인용.
51 이 절은 주로 김인준·이영섭, 앞의 책, 제18장(환율제도와 국제통화제도의 변천)에서 인용.
52 미국 경제학자 로버트 트리핀(Robert Triffin)이 『금과 달러의 위기: 자유태환의 미래』에서 지적했다.
53 전자 화폐는 효율성, 편의성이 있지만 종이 화폐에 비해 안전성, 프라이버시 등에

서 우려가 제기될 수 있어 '현금 없는 사회'로 바로 이행하기는 어려울 것이라는 견해가 다수 입장이다.
54 알렉산더 융, 앞의 책, p.263, "니얼 퍼거슨은 '화폐 발행과 금 본위제 사이의 연결 고리가 풀리면 예외 없이 화폐 유동성 증가로 이어졌으며 그와 함께 세계가 아직까지 경험하지 못한 대출 붐이 일어났다는 것은 불가피한 진실'이라고 설명한 바 있다."
55 짐 로저스 지음, 박정태 옮김, 『상품시장에 투자하라』, 2004를 참조하라.
56 소시에테 제너럴의 딜런 그라이스의 말이다. 사트야지트 다스 지음, 이진원 옮김, 『익스트림 머니』, p.64에서 인용.
57 밀턴 프리드먼 지음, 김병주 옮김, 『화폐 경제학』, 2009, pp.298-299.

3장 금융의 빛과 그림자

1 니얼 퍼거슨 지음, 김선영 옮김, 『금융의 지배』, 2010, p.9에서 인용. 저자는 화폐의 부상은 인류의 부상에 필수적이었다고 언급하고 있다.
2 위의 책, pp.33-42를 참조하라.
3 로마 제국의 전성기인 이른바 팍스 로마나를 건설한 시기로 기원전 30년부터 2세기까지를 말한다.
4 Andreu, Jean, *Banking and Business in the Roman World*, Cambridge University Press, 1999, p.112에서 인용.
5 로마의 금융 부분은 구형건·송수영, 「역사적 관점에서 본 금융: 창조적 파괴 혹은 파괴적 창조(A Historical Perspective on Finance: Creative Destruction versus Destructive Creation)」, 한국증권학회, 2012, pp.1-16에서 인용.
6 네덜란드의 역사가인 요한 하위징아(1872~1945)는 중세를 다음과 같이 분류하였다. 중세 초기는 476~1000년, 중세 중기는 1000~1300년, 중세 후기는 1300~1453년이다. 476년은 서로마 제국이 멸망한 때이고, 1453년은 동로마 제국인 비잔틴 제국이 멸망한 때이다.
7 Robert S. Lopez, Center for Medieval and Renaissance Studies, 'The Dawn of Medieval Banking', *The Dawn of Modern Banking*, Yale University Press, 1979, pp.1-23을 참조하라.
8 니얼 퍼거슨 지음, 김선영 옮김, 앞의 책, pp.36-39에서 인용.
9 중세 유럽에서 사용하던 금화 단위이다.

10 E. Victor Morgan, *A history of Money*, Penguin Books, 1965, pp.205-206.
11 한자 동맹(Hanseatic League)은 13~17세기에 독일 북쪽과 발트 해 연안에 있는 여러 도시 사이에서 이루어졌던 연맹이다. 주로 해상 교통의 안전 보장 및 공동 방호와 상권 확장 따위를 목적으로 했다. 라인 강으로부터 발트 해, 북해에 걸쳐서 수상 교통과 운수, 무역에 종사했다. 북해와 발트 해 방면에서 목재, 모피, 철 따위와 대구 같은 수산물, 곡식과 맥주 등을 저지대와 서부 독일로 운송하고, 동양의 향료 및 영국의 양모나 기타 가공품을 북방으로 운반했다. 후에는 동유럽의 산업 원료를 중개하여 서유럽의 수공업자에게 공급했다.
12 니얼 퍼거슨 지음, 김선영 옮김, 앞의 책, pp.46-52 및 구형건·송수영, 앞의 논문, pp.16-24를 참조하라.
13 조반니 데 메디치(Giovanni di Bicci de' Medici, 1360~1429)가 메디치 가문을 열어 로렌초 메디치(Lorenzo di Piero de' Medici, 1449~1492)에 이르러 가문의 번영은 정점에 달했다. 로렌초는 위대한 자로 칭송받았으며 당시 피렌체 역시 이탈리아 정치의 중추적인 지위를 차지하게 되었다. 피렌체의 르네상스 문화가 최고조에 이른 것도 이 무렵인데, 인문주의적 교양을 폭넓게 지녔던 로렌초는 학예 특히 철학 연구를 장려했다.
14 차현진, 『숫자 없는 경제학』, 2011, pp.17-18.
15 이 절은 니얼 퍼거슨 지음, 김선영 옮김, 앞의 책, pp.52-54에서 인용.
16 자세한 내용은 6장을 참조하라.
17 유럽 대륙과는 달리 영국에서는 투자 은행이 자리 잡지 못했다. 아마 1866년 도산한 투자 은행 오버랜드거니(Overend Gurney)로 인한 충격으로 투자 은행에 대한 경계심이 강했던 것 같다.
18 니얼 퍼거슨 지음, 김선영 옮김, 앞의 책, pp.69-121을 참조하라.
19 루안총샤오 지음, 정영선 옮김, 『금의 전쟁』, 2011, pp.206-207.
20 리룽쉬 지음, 원녕경 옮김, 『세계 금융의 지배자 로스차일드 신화』 및 론 처노 지음, 노혜숙 옮김, 『금융 권력의 이동』을 참조하라.
21 게토(ghetto)는 소수 인종이나 소수 민족 또는 소수 종교 집단이 거주하는 도시 안의 특정 구역을 가리키는 말이다. 중세기에 유럽에서 설치한 유대인 강제 거주 지역, 나치 독일이 만든 유대인 강제 수용소, 미국에서 흑인 등이 사는 빈민가가 게토에 속한다.
22 로스차일드 가문이 워털루 전쟁의 정보를 미리 활용해 대투기를 했다는 속설은 독일의 나치 정부에 의해 각색되었다고 보는 것이 정설이다(니얼 퍼거슨). 속설에

따르면 정보의 중요성을 미리 간파했던 네이션은 워털루 전쟁에 정보원을 투입해 나폴레옹 군이 대패했다는 소식을 가장 먼저 입수했다고 한다. 영국의 웰링턴 장군이 전장을 정리하고 나폴레옹의 패배를 확정해 정부 공문을 보낸 것은 로스차일드 가문보다 무려 30시간이나 늦었다고 한다. 처음에 영국군이 대패했다고 믿은 투자가들은 영국 국채를 시장에 내다 팔았다. 100파운드에 달하던 영국 국채는 한때 5파운드까지 떨어졌으며 네이션은 이를 헐값에 사들이기 시작했다. 그러나 영국의 승리가 알려지자 국채 가격은 폭등했고 로스차일드가는 5000만 파운드를 투자해 2억 3000만 파운드를 벌었다고 한다.

23 이 절은 론 처노 지음, 강남규 옮김, 『금융제국 J.P. 모건』 1, 2권 및 론 처노 지음, 노혜숙 옮김, 앞의 책과 "J.P. 모건, 신비의 베일 속에서", 『뷰스앤뉴스』(인터넷 기사) 2008년 9월 20일자를 참조하라.
24 존 피어폰트 모건은 대서양의 양쪽 대륙을 오가며 영미식 교육과 문화를 모두 흡수하는 소년 시절을 보냈다. 이러한 환경과 교육은 런던과 뉴욕의 양쪽에서 막대한 금융업을 할 수 있는 배경을 마련해 주었다.
25 차현진, 『애고니스트의 중앙은행론』, 2007, pp.272-277.
26 2005년 이후로 JP Morgan & Chase로 바뀌었다.
27 니얼 퍼거슨 지음, 김선영 옮김, 앞의 책, p.57.
28 위의 책, pp.7-20을 참조하라.

4장 영란은행, 중앙은행의 살아 있는 역사

1 삼형제 가운데 존은 영란은행 초대 총재가 되었고, 제임스와 에이브러햄은 이사가 되었다.
2 패터슨은 1691년과 1692년에 각각 영란은행 설립안을 의회에 제출했으나 채택되지 않았다. 이 안은 영란은행에 법정 화폐를 발행할 권리를 부여했다.
3 쑹훙빙 지음, 차혜정 옮김, 『화폐 전쟁 1』, 랜덤하우스코리아, 2008, p.29.
4 모든 주식은 재무부 법무관(Treasury Solicitor)에 귀속되었다.
5 사우스시회사의 버블은 네덜란드에서의 튤립 버블(1637), 프랑스에서의 미시시피 버블(1720)과 함께 근대의 3대 버블로 알려져 있다.
6 CCTV 경제 30분 팀 지음, 류방승 옮김, 『화폐전쟁, 진실과 미래』, 2009, p.62.
7 영국 정부는 1997년 영란은행이 수행하던 국채의 발행 및 관리 업무를 재무부 산하의 국가채무관리청(UK Debt Management Agency)으로 옮기는 방안을 발표했다.

이에 따라 1998년 4월부터 국채의 발행 및 관리 업무를 국가채무관리청에서 수행하고 있다. 그러나 국채의 발행 규모, 만기 구조, 국채의 보유 주체 등은 영란은행의 통화 정책에 미치는 영향이 크기 때문에 여전히 재무부와 영란은행 간의 긴밀한 협력 속에서 결정된다.

8 아래 표에서 영란은행의 정부 대출 증가와 독점적 지위 간의 직접적인 함수 관계를 확인할 수 있다.

1694~1844년까지 영란은행법의 변천

연도	영란은행법 개정 내용	존속 기한
1694년	· 120만 파운드 정부 대출(이자율 8퍼센트)	· 1705년까지 최소 11년간 존속 보장
1697년	· 100만 파운드 영란은행 자본 증자 · 영란은행 수입에 대한 면세 혜택 부여 · 영란은행에 독점적 정부 대출 은행 권한 부여	· 1710년까지 최소 13년간 존속 보장
1708년	· 40만 파운드 정부 대출(무이자) · 250만 파운드 영란은행 자본 증자 · 6명 이상의 Join Stock Bank의 은행권 발행 금지	· 1732년까지 최소 24년간 존속 보장
1713년	· 120만 파운드 국채 인수·유통(연 3퍼센트 이자, 연 8000파운드 수수료 수취)	· 1742년까지 최소 29년간 존속 보장
1742년	· 160만 파운드 정부 대출(무이자) · 총 320만 파운드 채무에 대한 이자율을 3퍼센트로 인하	· 1764년까지 최소 22년간 존속 보장
1764년	· 100만 파운드 2년 단기 국채 인수·유통(1766년 상환 완료)	· 1786년까지 최소 22년간 존속 보장
1781년	· 200만 파운드 정부 대출(이자율 3퍼센트)	· 1812년까지 최소 31년간 존속 보장
1800년	· 300만 파운드 정부 대출(무이자)	· 1833년까지 최소 33년간 존속 보장
1833년	· 정부 채무의 367만 파운드를 영란은행에 상환 · 영란은행권에 법화(legal tender) 지위 부여	· 1855년까지 최소 22년간 존속 보장
1844년	· 잉글랜드, 웨일스에서 화폐 발행의 독점권 부여	· 1855년까지 최소 11년간 존속 보장

England Charters 1694~1844, 7 Aug 2003, Table X

9 Michael C. Lovell, 'The Role of the Bank of England as Lender of Last Resortin the Crises of the Eighteen Century', *Explorations in Entrepreneurial History*, October 1957, pp.8-21.
10 루안총샤오 지음, 정영선 옮김, 『금의 전쟁』, 2011, pp.228-229.
11 금 본위제로 복귀했지만 불완전한 형태였다. 400온스 이상의 금괴로만 바꾸어 주었으니 정부들만 바꿀 수 있었다.
12 차현진, 『애고니스트의 중앙은행론』, 2007, pp.496-506.
13 1935년 연방준비위원회는 연방준비제도이사회(Board of Governors of Federal Reserve System)로 개명되었다.

5장 기축통화, 파운드와 달러의 각축

1 Barry Eichengreen, *Exorbitant Privilege: The rise and fall of the dollar*, Oxford University Press, 2010, p.2.
2 이 문단은 위의 책, pp.3-4를 참조하라.
3 국가가 금속 화폐를 주조할 때 정부가 받는 주조 수수료 또는 주조 과정에서 남기는 금속 중량이 주조 차익이다. 지폐의 경우 '주조 차익' 개념에 대한 견해가 분분하다. 첫째는 증가한 본원 통화가 주조 차익이라는 견해이다. 둘째는 본원 통화 증가에 더해서 물가 상승에 따른 기존 본원 통화 채무의 실질 가치 하락을 포함시키는 견해이다. 셋째는 본원 통화 공급과 관련된 실질 이자 경감분만이 진정한 주조 차익이라는 견해이다. 여기서는 엄밀한 이론적 분석에 관계없이 달러나 국채 발행으로 미국이 얻는 이익을 주조 차익이라고 표현했음을 독자들이 양해해 주기 바란다. 차현진, 『애고니스트의 중앙은행론』, 2007, p.249를 참조하라.
4 CCTV 경제 30분 팀 지음, 류방승 옮김, 『화폐전쟁, 진실과 미래』, 2009, p.6을 참조하라.
5 프랑스의 보수 경제학자이자 자유 시장주의자로서 20세기 중반 큰 영향력을 행사했던 자크 루에프(Jacques Rueff)는 미 달러의 과도한 특권을 비판하며 이와 같은 표현을 사용했다.
6 Niall Ferguson, *Empire, How Britain made the modern world*, 2003, p.22를 참조하라. 니얼 퍼거슨은 1688년의 명예혁명이 일반적으로 군주에 대한 의회의 정치적 승리로 인식되고 있으나 사실은 영국 귀족이 영국과의 식민지 쟁탈 전쟁에서 승리한 네덜란드와 경제적 합병을 희망해 네덜란드의 윌리엄 오렌지 공을 공동

왕으로 추대했기 때문에 발생한 측면이 있다고 해석한다.
7 오순상, 「국제금융제도의 변천과 주요 이슈 및 전망」, 한국은행 국제협력실, 2005, p.22.
8 화폐 경제학자들은 복수 본위제와 단수 본위제를 둘러싸고 가장 길고 치열한 논쟁을 벌였다. 밀턴 프리드먼은 금 본위제보다는 금은 복수 본위제를 강력히 옹호했다. 밀턴 프리드먼의 『화폐 경제학』 6장은 두 제도를 잘 비교해 준다.
9 Barry Eichengreen, *Globalizing Capital*, Princeton University Press, 2008, pp.57-58.
10 위의 책, pp.60-61.
11 Barry Eichengreen, *Exorbitant Privilege: The rise and fall of the dollar*, 2010, p.17.
12 CCTV 경제 30분 팀 지음, 류방승 옮김, 앞의 책, p.145를 참조하라.
13 미국은 공식적으로 금 본위제로 전환하는 결정을 내리지 않았다. 1873년 입법으로 달러의 교환 비율을 20.67달러에 금 31.1그램으로 정하는 한편 은과의 교환 비율은 정하지 않았다. 이로 인해 미국은 사실상 금 본위제로 이행했다. 사람들은 여기에 음모가 있었다고 해서 그 이후 정치적 논란이 지속되었다.
14 이 문단은 Barry Eichengreen, *Exorbitant Privilege: The rise and fall of the dollar*, 2010, pp.22-33을 참조하라.
15 차현진, 『애고니스트의 중앙은행론』, 2007, pp.253-286을 참조하라. 1907년 금융위기의 원인과 이후 미국 연준 설립에 미친 영향에 대한 자세한 설명을 담고 있다.
16 위의 책, P.505.
17 CCTV 경제 30분 팀 지음, 류방승 옮김, 앞의 책, p.85.
18 Barry Eichengreen, *Exorbitant Privilege: The rise and fall of the dollar*, pp.45-47.
19 Niall Ferguson, *Empire, How Britain made the modern world*, 2003, p.353.
20 1948~1951년 마셜 플랜에 따라 유럽 14개국에 총 120억 달러가 제공되었다. 하지만 도지 플랜에 대일 원조 자금을 민간에 제공한다는 내용이 있지만 주요한 내용은 균형 재정과 고정 환율이었다. 유럽 국가들이 환율 절하를 하는 상황에서 1달러=360엔의 고정 환율로 일본은 오히려 불황을 겪었지만 6·25 전쟁으로 인한 전쟁 물자 수요 증가로 불황을 탈출했다.
21 오순상, 「국제금융제도의 변천과 주요 이슈 및 전망」, 한국은행 국제협력실, 2005, p.102.

22 중국의 외환 보유액은 전 세계 보유액의 30퍼센트, 자국 GDP의 50퍼센트에 달한다.
23 유럽의 통화 협력 논의는 IMF의 특별 인출권(SDR)에 해당하는 ECU를 만들어 보자는 아이디어에서 시작되었다. 그런데 정작 이에 대해 영국이 소극적이었다는 사실은 아이러니하다. SDR과 ECU 모두 케인스의 방코르 아이디어를 원형으로 하고 있기 때문이다.
24 Barry Eichengreen, *Exorbitant Privilege: The rise and fall of the dollar*, 2010, p.87.
25 위의 책, p.129.
26 영국 재무부는 내부에서 최고의 역량을 가진 직원들로 태스크포스 팀을 구성해 3년에 걸쳐 유로화 가입시 영국 경제에 미칠 영향을 종합적으로 분석했다. 2003년에 최종 발표한 보고서는 유로존 가입이 영국의 대유럽 무역을 증진하고 경제 발전에 도움이 될 수 있으나, 긍정적 효과가 나타나기 위한 선결 조건인 유럽 내 국가들끼리의 경제 여건의 수렴과 영국 국내 시장의 유연성이 아직 미성숙하므로 유로존 가입을 서두를 필요가 없다고 결론을 내렸다.
27 1947년 6월 19일 화이트가 IMF 총재를 사임한 것은 당시의 매카시즘 때문이었다. 그는 소련 스파이 활동 혐의로 조사를 받았고 얼마 지나지 않아 심장 마비로 사망했다. 당시 의원이었던 닉슨은 매카시즘 청문회에서 맹활약했다. 자세한 내용은 차현진, 『숫자 없는 경제학』, 2011, pp.265-269를 참조하라.

6장 애덤 스미스에게 배우는 화폐의 기본

1 애덤 스미스에 앞서 데이비드 흄(David Hume)은 무역 흑자로 금과 은을 축적하는 것이 불가능하다고 주장하는 등 중상주의의 오류를 지적했다. 그에 따르면 무역 흑자국은 상품 가격과 소득 수준이 올라가고 무역 적자국은 상품 가격과 소득 수준이 낮아져 결국 무역 불균형이 자동 해소된다고 했다.
2 토드 부크홀츠 지음, 이승환 옮김, 『죽은 경제학자의 살아 있는 아이디어』, 1994, p.37에서 인용.
3 이 부분은 *The Wealth of Nations*의 Volume 1, Book 1, Chapter 4 'Of the Origin and Use of Money'를 참조했다.
4 생수가 콜라보다 비싼 현실에서는 다소 맞지 않는다.
5 독자들은 마르크스의 노동 가치론과 혼동하지 않길 바란다. 마르크스는 가치란 노

동으로부터만 나온다는 생각을 했던 것이고, 애덤 스미스는 가치의 원천이 아닌 가치의 척도를 노동으로 본 것이다.
6 Adam Smith, *The Wealth of Nations*, Volume 1, p.34-35.
7 위의 책, p.38에서 인용.
8 위의 책, p.32에서 인용.
9 CCTV 경제 30분 팀 지음, 류방승 옮김, 『화폐전쟁, 진실과 미래』, 2009, p.66.
10 밀턴 프리드먼 지음, 김병주 옮김, 『화폐 경제학』, 2009, 3~7장까지 참조하라.
11 차현진, 『숫자 없는 경제학』, 2011, pp.197-199에서 부분 발췌 인용.
12 1688년 옥수수 수출 지원금이 도입되었다.
13 이에 반해 데이비드 흄은 『화폐론』에서 화폐는 무역이라는 톱니바퀴 자체는 아니고 톱니바퀴를 원활하게 돌게 하는 윤활유라고 했다.
14 은행이 4000파운드의 초과 발행분이 항상 금과 교환되기 때문에 이를 바꾸어 주고 그만큼의 금을 다시 확보해 금고를 채워야 한다.
15 로의 아이디어를 진성 어음주의(real bills doctrine)로 평가하기도 한다. 차현진, 『애고니스트의 중앙은행론』, 2007, pp.291-297을 참조하라.
16 본사를 에어에 두었고 지점은 에든버러와 덤프리스에 있었다.
17 다이달로스는 그리스 로마 신화에 나오는 건축가이다. 새 깃털과 촛농으로 날개를 두 개 만들어 자신과 아들 이카로스의 팔에 끼우고 밖으로 탈출했다. 이카로스는 해를 보고 호기심이 생겨서 점점 가까이 날다가 촛농이 다 녹아 그만 떨어져서 죽었다.

7장 화폐 이론과 화폐 정책의 달인 케인스

1 "케인스학파는 1930년대 이후로 나아진 것이 없다", 『파이낸셜 타임스』, 2012년 2월 2일자를 참조하라.
2 미국의 연준은 유럽 국가들보다 200년 이상 늦은 1914년에 설립되었다.
3 Keynes, *A Tract on Monetary Reform*, 1923, 서문 p.40에서 인용.
4 위의 책, 서문 p.5.
5 시뇨리지에 대한 더 자세한 내용은 5장 미주 3을 참조하라.
6 케인스는 영국 대표로 이 회의에 참가했으나 독일에 대한 보복적이고 비논리적인 배상금 청구에 반발해 사표를 쓰고 「평화의 경제적 귀결(Economic Consequence of the Peace)」이라는 논문을 발표해 세상의 주목을 받았다.

7 통화주의자들과 케인스주의자들은 적응적 기대를 가정하기 때문에 사람들이 일정한 시차를 갖고 적응한다고 본다. 반면에 1960년대 등장한 합리적 기대론자들은 합리적 기대를 가정하므로 사람들이 미리 완벽하게 예측할 것이라고 생각해서 적응이라는 개념조차 없다.
8 이는 화폐의 유통 속도에 대한 통화주의자들과 케인스의 논쟁이다. 통화주의자들은 유통 속도가 일정하다고 본 반면에 케인스는 가변적이라고 보았다.
9 금 본위 제도, 금 환 본위 제도에서도 시장 환율은 수요와 공급에 의해 변동한다. 특히 중앙은행의 환율 방어 능력이 의심받을 때는 투기 세력에 의해 환율은 크게 변동한다.
10 카셀(Gustav Cassel, 1866~1945)이 1918년에 소개한 이론이다. 그 이전에 리카도(David Ricardo, 1772~1823)가 그 개념을 체계화한 바 있다.
11 루안총샤오 지음, 정영선 옮김, 『금의 전쟁』, 2011, p.224.
12 Keynes, 앞의 책, p146에서 인용.
13 1922년 체코 재무 장관 알로이스 라신(Alois Rasin)은 체코 화폐인 코루나(koruna)의 가치를 3배 올리는 시도를 했다.
14 Keynese, *A Treatise on Money*, 1930, Volume 2, p.149에서 인용.
15 루안총샤오 지음, 정영선 옮김, 『금의 전쟁』, 2011, p.224에서 인용.
16 지금까지 우리의 화폐 논의와는 다소 거리가 있고 지나치게 지엽적이지만 관심 있는 독자들을 위해 소개하고자 한다. 이 초국가 은행은 각국 중앙은행이 실제 자본을 납입하지 않고 향후 필요하면 납입한다고 약속한 자본금을 기반으로 설립된다. 오로지 중앙은행들과만 거래하고 금, 증권, 중앙은행 대출을 자산으로, 중앙은행들의 예금(supernational bank-money, SBM)을 부채로 갖는다. 이 예금은 고정된 교환 비율로 금으로 사거나 금으로 바꿀 수 있는데, 2퍼센트의 마진이 붙는다. 초국가 은행은 임의로 지급 준비금을 금으로 쌓는데 예금과 고정 비율이 될 필요는 없다. 각국의 화폐는 금과 동일한 교환 비율로 SBM과 교환되는데 역시 2퍼센트의 마진이 붙는다. SBM은 중앙은행들에게는 금과 동일한 지급 준비금으로 통한다. 각 중앙은행은 금을 예치하고 SBM 계좌를 갖게 된다. 이후에도 추가로 금을 예치하거나 다른 중앙은행에게서 구입하거나 또는 초국가 은행에게서 대출을 받아 SBM을 늘릴 수 있다. 초국가 은행은 중앙은행들에 대한 대출 금리와 대출 한도를 조정해 전체 SBM의 규모를 적절하게 조절한다. 또 공개 시장에서 장단기 증권을 사고팔 수 있다. 다만 사는 경우에는 증권 표시 통화에 대한 중앙은행의 동의를 요한다. 이러한 활동을 통해 초국가 은행은 SBM의 가격을 안정시키고 전

세계적으로 투자와 저축이 일치되도록 한다. 초국가 은행은 대출 금리, 대출 한도, 공개 시장 개입의 수단을 통해 목적을 달성하기도 하지만 더 유용한 수단은 각국 중앙은행들 사이의 협의와 공동의 행동이라고 했다. 이러한 협력은 매월 열리는 초국가 은행의 이사회에서 자연스럽게 만들어진다고 보았다.

17 CCTV 경제 30분 팀 지음, 류방승 옮김, 『화폐전쟁, 진실과 미래』, 2009, p.135.
18 케인스의 친구였던 버지니아 울프의 남편 레너드는 1931년 케인스에게 케인스산드라(Keyenssandra)라는 별명을 붙여 주었다고 전해진다.

8장 화폐를 다스리는 지혜와 절제

1 루안총샤오 지음, 정영선 옮김, 『금의 전쟁』, 2011, p.208에서 인용.
2 금속 화폐 시대에는 양과 질이 서로 다른 차원이지만 오늘날의 관리 통화 제도 아래에서는 화폐의 양과 질은 같은 동전의 양면이다.
3 1장에서 화폐의 역사를 설명할 때 화폐의 기원에 대한 서로 상반된 두 가지 이론이 있음을 지적했다. 1장 미주 4를 참조하라. 상품 화폐에는 개인적, 미시적 화폐 기원설이 적용되고 금속 화폐와 지폐에는 공동체적, 국가적 화폐 이론이 더 설득력이 있는 것 같다.
4 영국의 경우 1981년 지급 준비 제도를 폐지했다가 2006년 5월 자발적 지급 준비 제도를 부활시켰다. 이는 통화량 조절보다 금리 안정을 꾀하기 위한 제도이다. 대부분 영연방 국가에서는 지급 준비 제도를 폐지했다. 자세한 내용은 차현진, 『애고니스트의 중앙은행론』, pp.356-396을 참조하라.
5 사트야지트 다스 지음, 이진원 옮김, 『익스트림 머니』, 2011, pp.354-356에서 인용.
6 "위안화를 기축 통화로 만들려면…중국의 4가지 숙제", 『조선일보』 C7면, 2012년 10월 13일자를 참조하라.
7 CCTV 경제 30분 팀 지음, 류방승 옮김, 『화폐전쟁, 진실과 미래』, 2011, p.90에서 인용.
8 중국 국무원 발전연구센터 세계경제연구소 부소장이었다. CCTV 경제 30분 팀 지음, 류방승 옮김, 위의 책, p.101에서 인용.
9 위의 책, p.137에서 인용.
10 루안총샤오 지음, 정영선 옮김, 앞의 책, pp.311-312.
11 차현진, 『숫자 없는 경제학』, 2011, p.31.
12 "금에 다시 돈 몰려", 『한국경제신문』 C7면, 2012년 11월 21일자를 참조하라.

13 Andrew Sentance, Massive Japanese QE stimulus risks disappointment, *City AM*, 2013년 4월 5일자, p.16.
14 토트 부크홀츠 지음, 이승환 옮김, 『죽은 경제학자의 살아 있는 아이디어』, 1994, p.19.

에필로그

1 알렉산더 융 지음, 송휘재 옮김, 『화폐스캔들』, 2012, p.113.

참고 문헌

공통 문헌

니얼 퍼거슨 지음, 김선영 옮김, 『금융의 지배』, 민음사, 2010.
밀턴 프리드먼 지음, 김병주 옮김, 『화폐 경제학』, 한국경제신문사, 2009.
쑹훙빙 지음, 차혜정 옮김, 『화폐 전쟁 1』, 랜덤하우스코리아, 2008.
쑹훙빙 지음, 홍순도 옮김, 『화폐 전쟁 2』, 랜덤하우스코리아, 2011.
차현진, 『숫자 없는 경제학』, 인물과사상사, 2011.
차현진, 『애고니스트의 중앙은행론』, 율곡출판사, 2007.
Barry Eichengreen, *Globalizing capital: a history of the international monetary system*, Princeton University Press, 2008.
Glyn Davies, *A history of Money: From Ancient Times to the Present Day*, 3rd ed. University of Wales Press, 2002.
John Maynard Keynes, *The General Theory of Employment, Interest and Money*, BN Publishing, 2008.
Milton Friedman, *Money Mischief: Episodes in Monetary History*, Houghton Harcourt Publishing Company, 1994.
Niall Ferguson, *The Ascent of money, A financial history of the world*, Penguin Books, 2009.
Todd Buchholz, *New Ideas from Dead Economists*, Penguin Press, 1990.

1장 화폐와 함께 떠나는 역사 산책

김학은, 『돈의 역사』, 학민사, 1994.
정운찬, 『화폐와 금융시장』, 율곡출판사, 2000.
캐서린 이글턴·조너선 윌리엄스 외 지음, 양영철·김수진 옮김, 『화폐의 역사』, 말·글빛냄, 2008.
한국은행, 『알기 쉬운 경제지표 해설』, 2010.
한국은행 홍보 교육 자료, 화폐연대기표(http://www.bok.or.kr/).
배리 아이켄그린·피터 테민, "금처럼 무거운 환율의 족쇄", 『이코노미 인사이트』 5호, 2010.
Edward Victor Morgan, A history of Money, Penguin Books, 1965.
Felix Martin, Money, The Bodley Head Ltd, 2013.
James Surowiecki, A brief history of Money, Spectrum, IEEE, Vol.49 , Issue : 6, 2012, pp.44-79.
Jonathan Williams, Money : A history, British Museum Prss, 1997.
Joe Cribb, Money from Cowrie Shells to Credit Cards, British Museum Prss, 1986.
L. Randall Wray, An Irreverent Overview of the History of Money from the Beginning of the Beginning through to the Present, Journal of Post Keynesian Economics, Vol. 21, No 4, 1999, pp.679-687.

2장 금화와 은화의 아바타, 지폐의 홀로서기

김인준·이영섭, 『국제금융론』, 율곡출판사, 2004.
알렉산더 융 지음, 송휘재 옮김, 『화폐스캔들』, 한국경제신문사, 2012.
정운찬, 『화폐와 금융시장』, 율곡출판사, 2000.
피터 L. 번스타인 지음, 김승욱 옮김, 『금, 인간의 영혼을 소유하다』, 작가정신, 2010.
Lake Fiona, The Outlook for the Dollar as a Reserve Currency : What History Tell Us, Goldman Sachs, Global Viewpoint, No. 05/14b, 2005.
Liaquat Ahamed, Lords of Finance : 1929, the great depression and the bankers who broke the world, Windmill Books, 2010.
Pierre Vilar, A history of gold and money : 1450-1920, Verso Books, 1984.

3장 금융의 빛과 그림자

론 처노 지음, 노혜숙 옮김, 『금융 권력의 이동』, 플래닛, 2008.
론 처노 지음, 강남규 옮김, 『금융제국 J.P. 모건』 1, 2권, 플래닛, 2007.
루트비히 폰 미제스 지음, 김이석 옮김, 『화폐와 신용의 이론』, 한국경제연구원, 2011.
리룽쉬 지음, 원녕경 옮김, 『세계금융의 지배자 로스차일드 신화』, 시그마북스, 2011.
시오노 나나미 지음, 김석희 옮김, 『로마인 이야기』 3~10권, 한길사, 2004.
Marc Levinson, Guide to Financail Markets, The Economist, 2009.
Paul Krugman, The return of Depression economics and the Crisis of 2009, Norton & Company.
Simon Johnson & Kwak, 13 Bankers(The Wallstreet Takeover and the Next Financial Meltdown), Pantheonbooks, 2010.

4장 영란은행, 중앙은행의 살아 있는 역사

성범용, 『국제금융의 이론과 정책』, 박영사, 1994.
에드워드 챈슬러 지음, 강남규 옮김, 『금융투기의 역사』, 국일증권경제연구소, 2000.
Angela Redish, Lender of last resort policies: From Bagehot to Bailout, University of British Columbia, 2001.
Richard Roberts & David Kynaston, The Bank of England Money, Power & Influence 1964-1994, Oxford Clarendon Press, 1995.
Robert Neild, The National Debt in Perspective, Jan 2012, Relationship of Changes in the National Debt to Changes in GDP, 1816 to 2010.
Ronald I. Mckinnon, The Rules of The Game: International Money in Historical Perspective, Stanford University, 1993.
Walter Bagehot, Lombard Street: A description of the money market, London Henry S. King and co, 1873.
Whanjon Lee, Will the Renminbi as an International Reserve Currency?, Asian Development Bank, 2010.

5장 기축 통화, 파운드와 달러의 각축

박지향, 『영국적인, 너무나 영국적인』, 기파랑에크리, 2006.
오순상, 「국제금융제도의 변천과 주요 이슈 및 전망」, 한국은행, 2005.
Barry Eichengreen, *Exorbitant Privilege : The rise and fall of the dollar*, Oxford University Press, 2010.
Niall Furguson, *Empire : How the Britain made the modern world*, Penguin Books, 2003.

6장 애덤 스미스에게 배우는 화폐의 기본

Adam Smith, *An Inquiry into the Nature and Causes of the Wealth of Nations*, the University of Chicago Press, 1976.

7장 화폐 이론과 화폐 정책의 달인 케인스

John Maynard Keynes, *A Tract on Monetary Reform*, BN Publishing, 2008.
John Maynard Keynes, *A Treatise on Money*, Martino Publishing, 2011.
John Maynard Keynes, *Indian Currency and Finance*, Cosimo Inc., 2006.

8장 화폐를 다스리는 지혜와 절제

Tim Congdon, *Reflections on Monetarism : Britains vain search for a successful economic strategy*, Edward Elgar Publishing Ltd, 1992.
Lewis Nathan and Addison Wiggin, *Gold : The Once and Future Money*, JohnWiley & Sons, Inc, 2007.
Frederic Mishkin, *The Economics of Money, Banking and Financial Markets*, 9th, Pearson, 2010.
David Smith, *The rise and fall of Monetarism*, Pelican, 1987.

사진 저작권

p.19(좌) ⓒ Eric Guinther / CC BY-SA 3.0
(우) 미 연방 정부 저작물
p.24(우) ⓒ PHGCOM / Wikimedia Commons / CC BY-SA 3.0
p.29(좌) ⓒ Classical Numismatic Group, Inc. http://www.cngcoins.com / CC BY-SA 3.0
(우) ⓒ Classical Numismatic Group, Inc. http://www.cngcoins.com / CC BY-SA 3.0
p.36(우)1 ⓒ Sailko / Wikimedia Commons / CC BY-SA 3.0
(우)2 ⓒ Classical Numismatic Group, Inc. http://www.cngcoins.com / CC BY-SA 3.0
p.47(우) 미 연방 정부 저작물
p.51(좌) ⓒ 한국은행
(우) ⓒ 한국은행
p.53(좌) ⓒ 한국은행
(우) ⓒ 한국은행

p.68(좌) ⓒ Suseno / CC BY-SA 3.0
(우) ⓒ Bjørn Christian Tørrissen / CC BY-SA 3.0
p.71(좌) ⓒ Mark Hirschey / CC BY-SA 2.0
(우) CC0 1.0
p.81(우) ⓒ Gregory Zeier / CC BY 3.0
p.97(좌) 미 연방 정부 저작물
(우) 미 연방 정부 저작물

p.110(좌) ⓒ Paul Stein (PaulSteinJC) / CC BY-SA 2.0
(우) ⓒ Harald Dettenborn / CC BY 3.0

p.115(좌) ⓒ Marie-Lan Nguyen / CC BY 2.5
(우) ⓒ Rasiel Suarez / CC BY-SA
p.141(좌) ⓒ Mattlever at the English language Wikipedia / CC BY-SA
p.149(우) ⓒ ChrisRuvolo / Wikipedia / CC BY-SA 3.0

p.164(우) ⓒ UK in Italy / CC BY-ND 2.0
p.202(좌) ⓒ Bank of England / CC BY-ND 2.0

p.208(좌) ⓒ Photos.com
(우) ⓒ Photos.com
p.217(우) ⓒ Julie Cookson / CC BY-SA 2.0
p.238(좌) ⓒ Dmadeo / CC BY-SA 3.0
p.249(좌) ⓒ Photos.com
(우) ⓒ Photos.com
p.251(좌) ⓒ Chris Collins of the Margaret Thatcher Foundation / CC BY-SA 3.0
(우) Open Government Licence v1.0.
p.255(좌) ⓒ Gobierno de Chile / CC BY 2.0

p.297(우) ⓒ Marie-Lan Nguyen / CC BY 2.5

p.329(우) ⓒ Кожин, СемёнЛеонидович / CC BY-SA

p.361(좌) ⓒ Innovation & Business Architectures, Inc. / CC BY 1.0
(우) CC0 1.0
p.367(좌) ⓒ Henrik Hansson Globaljuggler / CC BY-SA 3.0
p.371(좌) 미 연준 이사회 저작물
(우) 미 연준 이사회 저작물
p.375(좌) ⓒ Photos.com
(우) ⓒ Photos.com
p.379(우) ⓒ Christopher Johnson / CC BY-SA 2.0
p.383(좌) 미 국방부 저작물
(우) ⓒ Abhisit Vejjajiva / CC BY 2.0

사진저작권 — 415